족보닷컴과 함께하는

BON 본

중등 과학

3-2

Structure | 구성과 특징

본교재

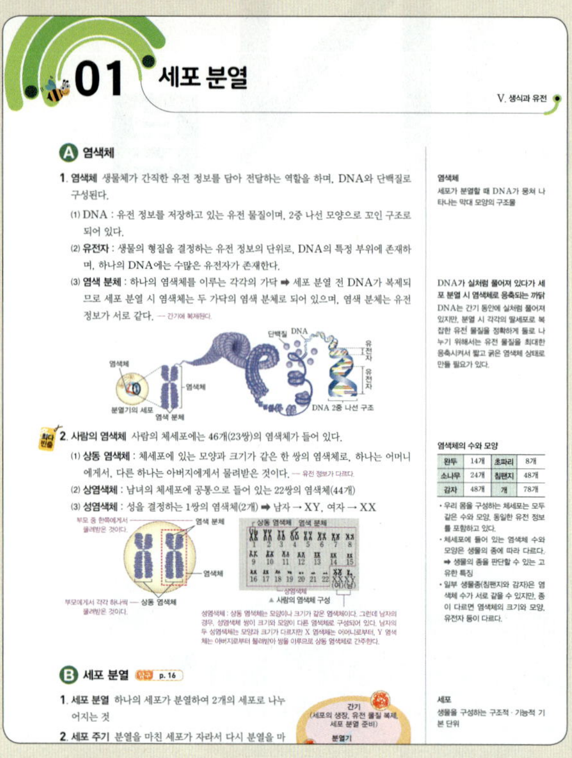

● 개념 정리
교과서의 주요 개념과 시험에 자주 나오는 내용을 다양한 시각 자료와 함께 정리하였습니다.

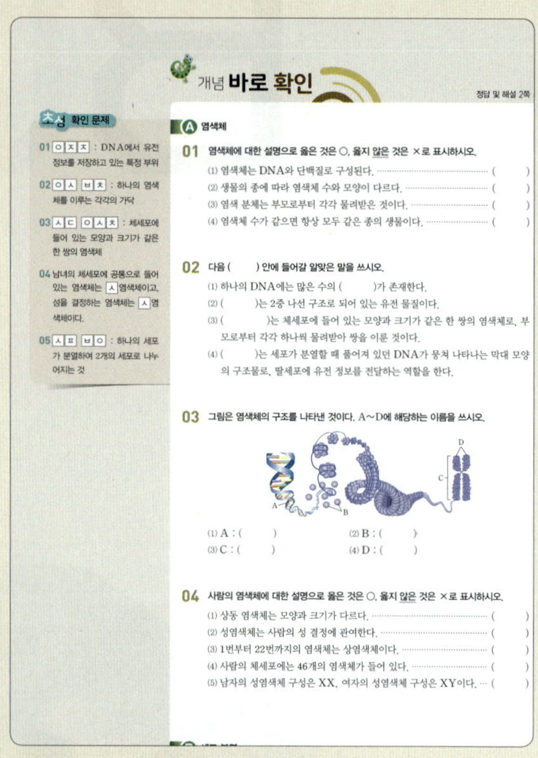

● 개념 바로 확인
학습한 개념을 바로 확인할 수 있는 문제로 구성하였습니다.

시험 대비 교재

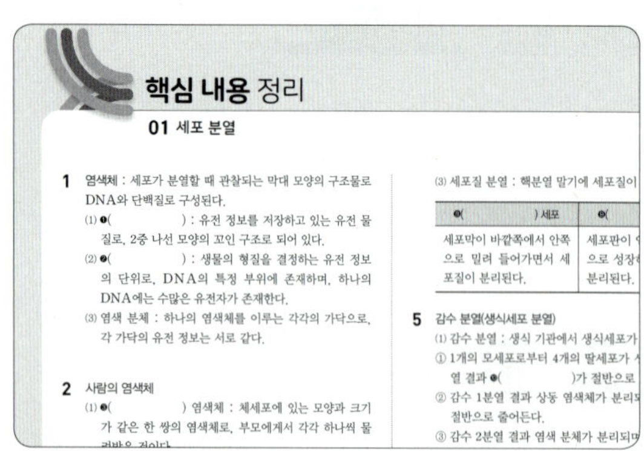

● 핵심 내용 정리
시험 직전 단원별 핵심 개념을 다시 한 번 확인합니다.

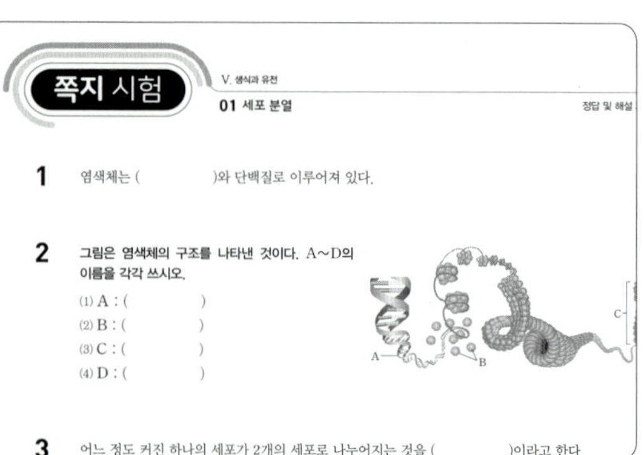

● 쪽지 시험
배운 내용을 확실히 알고 있는지 점검해 봅니다.

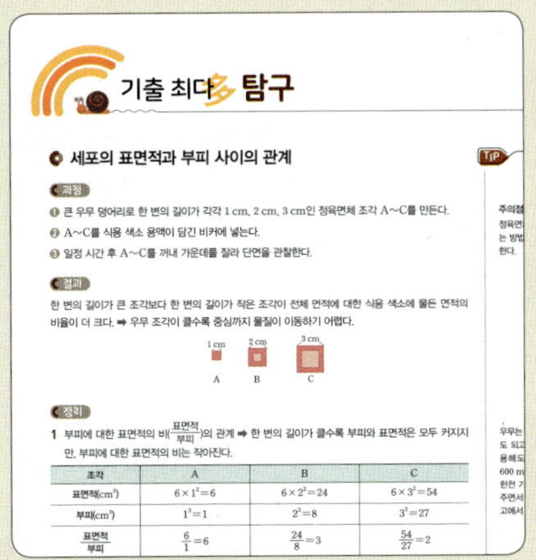

기출 최다 탐구

시험에 자주 출제되는 주요 탐구를 과정부터 결과까지 집중적으로 분석하였습니다.

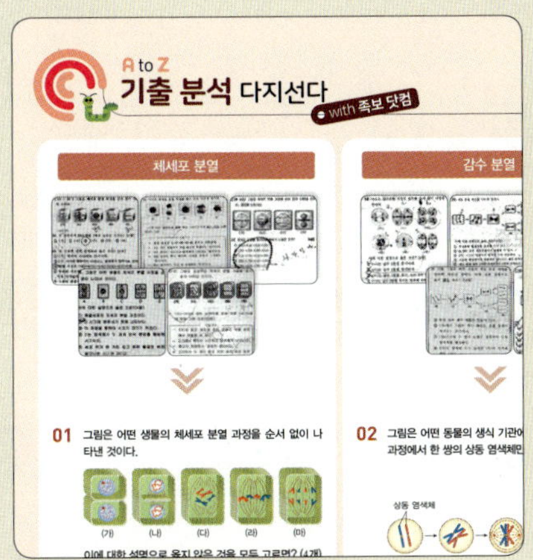

기출 분석 다지선다

실제 학교시험지를 심도 있게 분석하여 시험에 출제될 수 있는 다양한 선택지를 제시하였습니다.

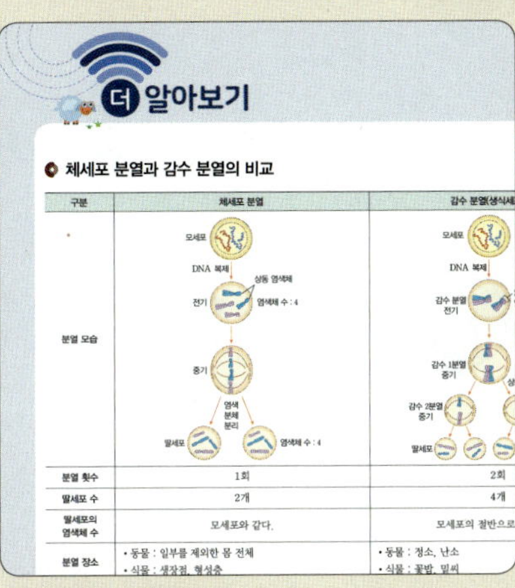

더 알아보기

개념 정리만으로 이해하기 어려운 내용을 쉽고 자세하게 설명하였습니다.

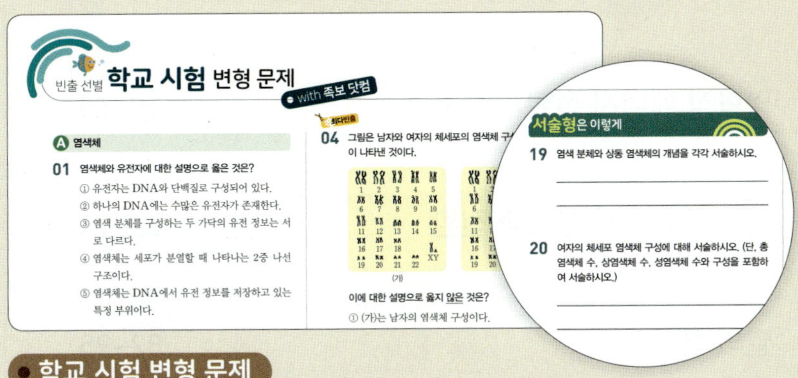

학교 시험 변형 문제

족보닷컴에서 제공하는 학교시험지를 빈도별, 유형별로 분석하여 시험에 출제될 가능성이 높은 문제로 구성하였습니다.

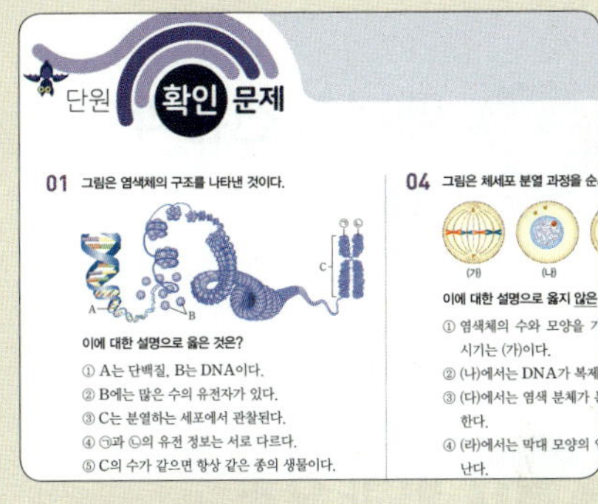

단원 확인 문제

대단원을 마무리하는 실전 문제로 최종 점검해 봅니다.

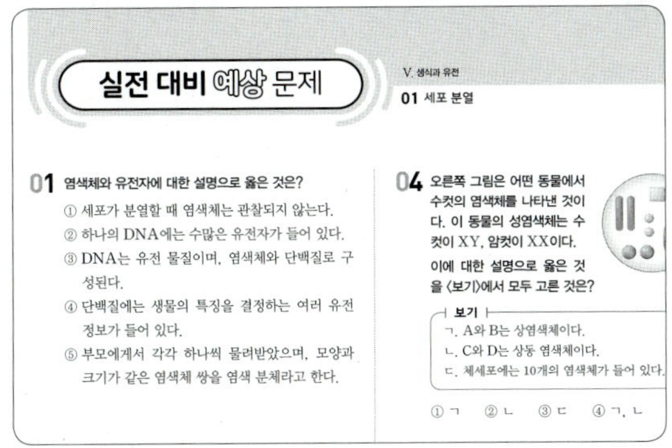

실전 대비 예상 문제

다양한 예상 문제를 통해 학교시험을 완벽하게 대비합니다.

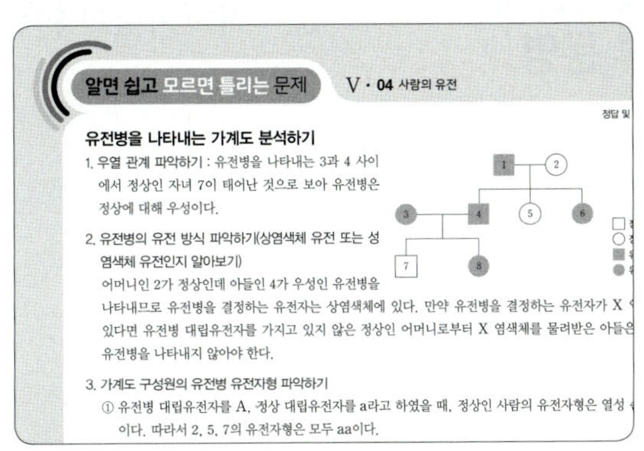

알면 쉽고 모르면 틀리는 문제

암기가 필요하거나 연습이 필요한 문제를 제시하였습니다.

BON 본 중등과학과
내 교과서 비교하기

족보닷컴과 함께하는

이투스북

BON 본

중등 과학
3-2

족보닷컴에서 제공하는
학교시험지를 빈도별,
유형별로 분류하여 적용

필수 탐구 및
자료 집중 분석

시험에 꼭 출제되는
다양한 유형의 문제 제시

STAFF

발행인 정선욱
퍼블리싱 총괄 남형주
개발 김태원 진영준 이주영 백익송
기획·디자인·마케팅 조비호 김정인 강윤정 닷츠 이츠북스
유통·제작 서준성 신성철

검토에 도움을 주신 선생님

강지우	더본수학과학학원	류태호	봄봄학원	오창석	강북멘토스학원	정종권	학문당학원
구본우	전문과외	박금희	생각하는수학과학학원	위용	종로엠스쿨학원	정철	동작미래탐구학원
구자승	구자임수학과학학원	박성현	화명미래탐구학원	유문근	델타사이언스	정현애	아토즈수과학학원
권일준	멘토학원	박우진	더베스트단과학원	윤석희	윤씨네과학마을학원	정희진	은평해법수학학원
기서희	업앤탑수학과학학원	박진영	JYP과학학원	윤신일	MSK수학과학학원	진호성	유쾌한과학학원
김경중	피큐브아카데미	방철환	엠에스스퀘어과학학원	윤중환	일중학원	차병건	지니어스올이즈에듀
김남용	사이코과학학원	배소영	f(x)수학과학학원	이경식	올과학학원	채종훈	꽉잡는과학교습소
김도유	유과탐과학학원	백대성	하이탑수학과학학원	이계혁	서울학원	최봉윤	본수학과학전문학원
김민경	너희가별이다학원	서준한	위더스학원	이석민	신수연수학과학학원	최선진	선진과학교습소
김병조	유베스트학원	송승현	준과학학원	이선학	why+학원	최유영	본수학과학전문학원
김승경	하이필학원	송지현	메타수학파머스어학원	이재성	목동하이스트본원	최은섭	하나학원
김용웅	상명중학교	신승재	한울학원	이재형	백현우과학학원	최정환	서울대S.E.M학원
김원창	위더스학원	신지영	강백석영어학원	이주영	이주영과학학원	최진	절대학원
김유리	세화여자중학교	심준희	상무종합학원	이한조	닥터엠에스학원	홍현정	클과학교실
김은미	김선생수학과학학원	심창용	파란나무학원	이호정	광교중학교	황기찬	루트스카이학원
김은희	킴스과학학원	안민정	김현학원	임효섭	메타과학교습소	황정원	황쌤과학학원
김재길	과수원학원	안종수	김태호학원	임효섭	한터학원	황정원	edi학원
김종욱	오름수학과학학원	양재석	와이지학원	장미	준과학학원	황제선	대성다수인학원
김태양	본수학과학전문학원	엄순근	이에스케이엄순근학원	전훈	청명중등생학원		
김태우	JEET학원	연석홍	미덕중학교	정욱	조인식수학과학학원		
김학재	통찰미래인재학원	오경진	네오과학학원	정재희	가토수학과학학원		

BON 본 중등과학 3-2   202105 초판 1쇄   202401 초판 2쇄

펴낸곳 이투스에듀(주) 서울시 서초구 남부순환로 2547
고객센터 1599-3225   **등록번호** 제2007-000035호   **ISBN** 979-11-6598-779-4 [53400]

동아	미래엔	비상교육	천재교육
168~181	174~187	162~169	180~195
182~187	188~189	170~171	196~201
188~195	190~197	176~181	202~212
196~205	198~205	182~189	213~223
214~223	212~219	198~203	230~237
224~239	220~235	208~217	238~247
246~255	255~263	226~233	249~257
261~264 266~272	256~264 266~271	238~247 252~257	264~267 271~278
282~295	282~295	266~275	286~295

Contents | 차례

V 생식과 유전

VI 에너지 전환과 보존

VII 별과 우주

VIII 과학기술과 인류 문명

생식과 유전

01 세포 분열

Ⓐ 염색체

1. 염색체 생물체가 간직한 유전 정보를 담아 전달하는 역할을 하며, DNA와 단백질로 구성된다.

(1) **DNA** : 유전 정보를 저장하고 있는 유전 물질이며, 2중 나선 모양으로 꼬인 구조로 되어 있다.

(2) **유전자** : 생물의 형질을 결정하는 유전 정보의 단위로, DNA의 특정 부위에 존재하며, 하나의 DNA에는 수많은 유전자가 존재한다.

(3) **염색 분체** : 하나의 염색체를 이루는 각각의 가닥 ➡ 세포 분열 전 DNA가 복제되므로 세포 분열 시 염색체는 두 가닥의 염색 분체로 되어 있으며, 염색 분체는 유전 정보가 서로 같다. — 간기에 복제된다.

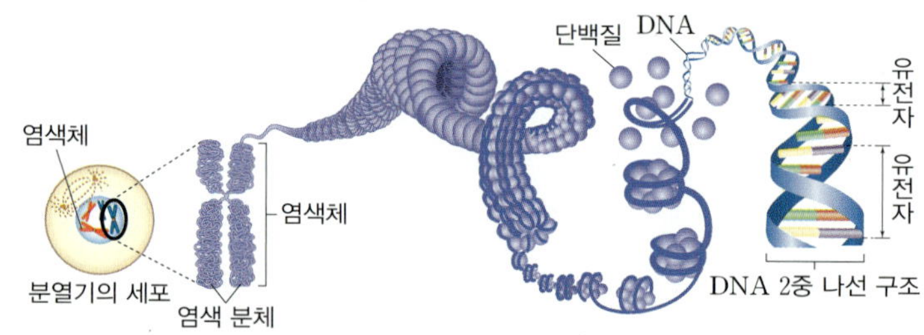

2. 사람의 염색체 사람의 체세포에는 46개(23쌍)의 염색체가 들어 있다.

(1) **상동 염색체** : 체세포에 있는 모양과 크기가 같은 한 쌍의 염색체로, 하나는 어머니에게서, 다른 하나는 아버지에게서 물려받은 것이다. — 유전 정보가 다르다.

(2) **상염색체** : 남녀의 체세포에 공통으로 들어 있는 22쌍의 염색체(44개)

(3) **성염색체** : 성을 결정하는 1쌍의 염색체(2개) ➡ 남자 → XY, 여자 → XX

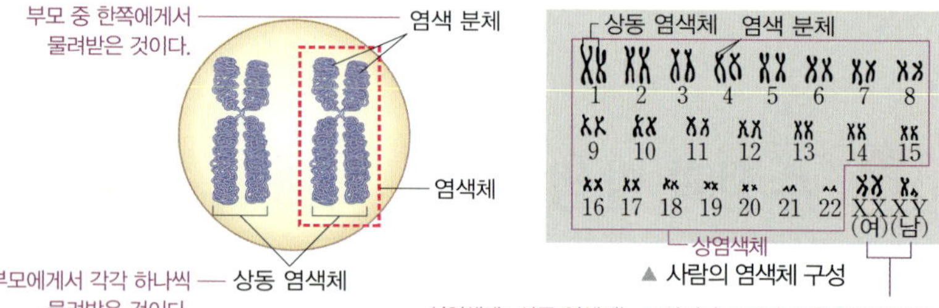

성염색체 : 상동 염색체는 모양이나 크기가 같은 염색체이다. 그런데 남자의 경우, 성염색체 쌍이 크기와 모양이 다른 염색체로 구성되어 있다. 남자의 두 성염색체는 모양과 크기가 다르지만 X 염색체는 어머니로부터, Y 염색체는 아버지로부터 물려받아 쌍을 이루므로 상동 염색체로 간주한다.

Ⓑ 세포 분열   탐구 p. 16

1. 세포 분열 하나의 세포가 분열하여 2개의 세포로 나누어지는 것

2. 세포 주기 분열을 마친 세포가 자라서 다시 분열을 마칠 때까지의 과정으로, 간기와 분열기로 구성된다.

(1) **간기** : 세포가 생장하고 핵 속의 유전 물질이 복제되며, 다음 세포 분열을 준비하는 시기이다. — 세포 주기의 대부분을 차지한다.

(2) **분열기** : 모세포가 분열하여 2개의 딸세포가 생성되는 시기이다. — 핵분열+세포질 분열

염색체

세포가 분열할 때 DNA가 뭉쳐 나타나는 막대 모양의 구조물

DNA가 실처럼 풀려져 있다가 세포 분열 시 염색체로 응축되는 까닭

DNA는 간기 동안에 실처럼 풀려져 있지만, 분열 시 각각의 딸세포로 복잡한 유전 물질을 정확하게 둘로 나누기 위해서는 유전 물질을 최대한 응축시켜서 짧고 굵은 염색체 상태로 만들 필요가 있다.

염색체의 수와 모양

완두	14개	초파리	8개
소나무	24개	침팬지	48개
감자	48개	개	78개

- 우리 몸을 구성하는 체세포는 모두 같은 수와 모양, 동일한 유전 정보를 포함하고 있다.
- 체세포에 들어 있는 염색체 수와 모양은 생물의 종에 따라 다르다.
  ➡ 생물의 종을 판단할 수 있는 고유한 특징
- 일부 생물종(침팬지와 감자)은 염색체 수가 서로 같을 수 있지만, 종이 다르면 염색체의 크기와 모양, 유전자 등이 다르다.

세포

생물을 구성하는 구조적·기능적 기본 단위

세포 분열과 생장(성장)

생장은 세포의 수가 늘어나서 일어나는 현상으로, 세포의 크기가 커지는 것이 아니다. ➡ 몸집이 큰 생물은 작은 생물보다 세포의 수가 많으며, 세포의 크기는 거의 비슷하다.

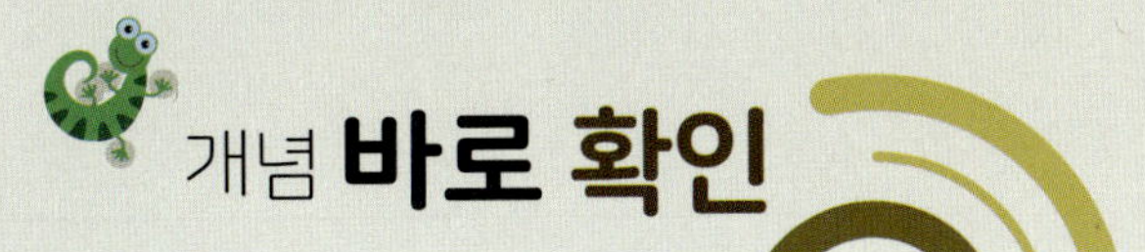

Ⓐ 염색체

01 염색체에 대한 설명으로 옳은 것은 ○, 옳지 <u>않은</u> 것은 ×로 표시하시오.

(1) 염색체는 DNA와 단백질로 구성된다. ·· (   )

(2) 생물의 종에 따라 염색체 수와 모양이 다르다. ···························· (   )

(3) 염색 분체는 부모로부터 각각 물려받은 것이다. ···························· (   )

(4) 염색체 수가 같으면 항상 모두 같은 종의 생물이다. ···················· (   )

02 다음 (   ) 안에 들어갈 알맞은 말을 쓰시오.

(1) 하나의 DNA에는 많은 수의 (   )가 존재한다.

(2) (   )는 2중 나선 구조로 되어 있는 유전 물질이다.

(3) (   )는 체세포에 들어 있는 모양과 크기가 같은 한 쌍의 염색체로, 부모로부터 각각 하나씩 물려받아 쌍을 이룬 것이다.

(4) (   )는 세포가 분열할 때 풀어져 있던 DNA가 뭉쳐 나타나는 막대 모양의 구조물로, 딸세포에 유전 정보를 전달하는 역할을 한다.

03 그림은 염색체의 구조를 나타낸 것이다. A~D에 해당하는 이름을 쓰시오.

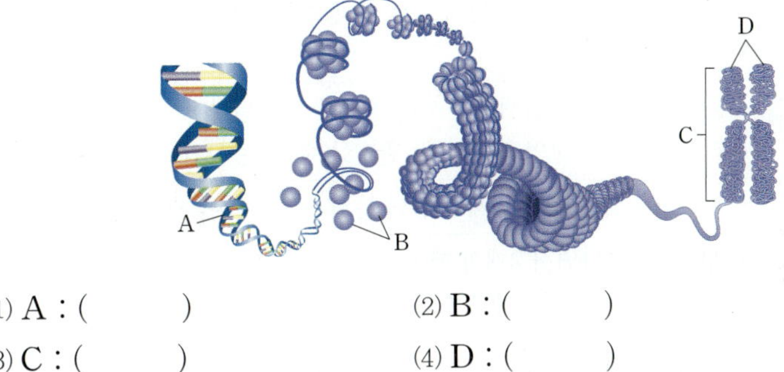

(1) A : (   )   (2) B : (   )

(3) C : (   )   (4) D : (   )

04 사람의 염색체에 대한 설명으로 옳은 것은 ○, 옳지 <u>않은</u> 것은 ×로 표시하시오.

(1) 상동 염색체는 모양과 크기가 다르다. ·· (   )

(2) 성염색체는 사람의 성 결정에 관여한다. ······································ (   )

(3) 1번부터 22번까지의 염색체는 상염색체이다. ······························ (   )

(4) 사람의 체세포에는 46개의 염색체가 들어 있다. ························· (   )

(5) 남자의 성염색체 구성은 XX, 여자의 성염색체 구성은 XY이다. ··· (   )

Ⓑ 세포 분열

05 다음 설명에 해당하는 세포 주기를 쓰시오.

(1) (   ) : 세포가 생장하고 핵 속의 유전 물질이 복제되는 시기이다.

(2) (   ) : 모세포가 분열하여 2개의 딸세포가 생성되는 시기이다.

01 세포 분열

C 체세포 분열 탐구 p. 17

1. 체세포 분열

(1) 몸을 구성하는 체세포가 분열하여 2개의 세포를 만드는 과정이다.

(2) 1개의 모세포로부터 2개의 딸세포가 생성되며, 상동 염색체가 분리되는 것이 아니므로 체세포 분열 후 염색체 수에는 변화가 없다. — 딸세포는 모세포와 유전 정보가 같다.

체세포 분열
하나의 체세포가 2개의 체세포로 나누어지는 것으로, 체세포 수를 늘려 생장을 하게 하거나 몸의 손상된 부분을 대체하기 위한 분열이다.

2. 체세포 분열 과정 핵분열이 일어난 후 세포질 분열이 일어난다. 기출 분석 p. 18

(1) **핵분열** : 연속적으로 일어나며, 염색체의 모양과 행동에 따라 전기, 중기, 후기, 말기의 4단계로 구분된다.

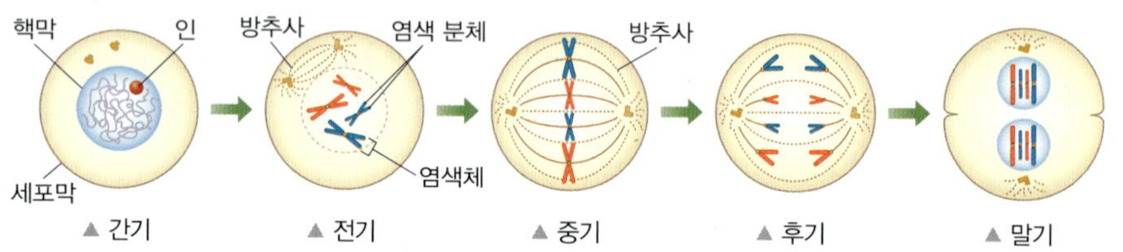

간기		• 세포의 크기가 커지고, 핵막이 뚜렷하게 보이며, 염색체가 핵 속에 실처럼 풀어져 있다. — 염색사라고도 한다. • DNA(유전 물질)가 복제되어 그 양이 2배로 늘어난다.
핵분열	전기	• 핵막이 사라지고, 막대 모양의 염색체가 나타난다. • 하나의 염색체는 두 가닥의 염색 분체로 이루어져 있다. • 방추사가 형성된다.
	중기	• 방추사가 부착된 염색체가 세포 중앙에 배열된다. • 염색체의 수와 모양을 가장 잘 관찰할 수 있는 시기이다.
	후기	• 방추사에 의해 각 염색체의 염색 분체가 분리되어 세포의 양극으로 이동한다.
	말기	• 핵막이 나타나면서 2개의 핵이 만들어진다. • 염색체가 풀어지고, 세포질 분열이 시작된다.

모세포와 딸세포
• 모세포 : 세포 분열이 일어나기 전의 세포
• 딸세포 : 세포 분열 결과 새로 만들어진 세포

방추사
단백질로 된 가느다란 실 모양의 구조물로, 염색체를 이동시킨다.

(2) **세포질 분열** : 핵분열 말기에 세포질이 나누어져 2개의 딸세포를 형성한다.

동물 세포	식물 세포
	세포판 / 새로운 세포벽 / 딸세포
딸세포	
세포막이 바깥쪽에서 안쪽으로 밀려 들어가면서 세포질이 분리된다.	2개의 핵 사이에 형성된 세포판이 안쪽에서 바깥쪽으로 성장하여 세포질이 분리된다.

딸세포는 어느 정도 커지면 체세포 분열을 반복한다.

중기의 특징
핵분열 중 가장 짧은 시기이며, 염색체를 가장 뚜렷하게 관찰할 수 있는 시기이다.

3. 체세포 분열의 의의 — 단세포 생물(아메바, 짚신벌레 등)의 경우에는 체세포 분열로 생긴 딸세포가 새로운 개체가 된다.

(1) **생장** : 세포 수가 늘어나 몸집이 커진다.

(2) **발생** : 수정란이 어린 개체가 된다.

(3) **재생** : 상처가 아물게 하고, 수명이 다하여 죽은 세포를 보충한다.

체세포 분열 장소

구분	분열 장소
동물	몸 전체
식물	생장점, 형성층

06 ㅊㅅㅍ 분열 : 몸을 구성하는 체세포가 분열하여 2개의 세포를 만드는 과정

07 체세포 분열은 ㅎ 분열이 일어난 후 ㅅㅍㅈ 분열이 일어난다.

08 핵분열은 간기 → ㅈㄱ → ㅈㄱ → 후기 → 말기의 순서로 진행된다.

09 체세포 분열의 중기에는 ㅂㅊㅅ가 부착된 염색체가 세포의 중앙에 배열된다.

10 ㄷㅁ 세포에서는 세포막이 바깥쪽에서 안쪽으로 밀려들어가면서 세포질이 분리되고, ㅅㅁ 세포에서는 세포 중앙에 세포판이 만들어지고, 이것이 바깥쪽으로 생장하여 세포질이 분리된다.

ⓒ 체세포 분열

06 체세포 분열에 대한 설명으로 옳은 것은 ○, 옳지 <u>않은</u> 것은 ×로 표시하시오.

(1) 간기에 유전 물질의 복제가 일어난다. ⋯⋯⋯⋯⋯⋯⋯⋯⋯ (   )

(2) 분열 결과 4개의 딸세포가 만들어진다. ⋯⋯⋯⋯⋯⋯⋯⋯⋯ (   )

(3) 핵분열은 전기, 중기, 후기, 말기로 구분한다. ⋯⋯⋯⋯⋯⋯⋯ (   )

(4) 모세포의 상동 염색체가 분리된 후 딸세포에 들어간다. ⋯⋯⋯⋯ (   )

07 다음 설명에 해당하는 체세포 분열의 시기를 쓰시오.

(1) (   ) : 핵막이 사라지고, 염색체가 나타난다.

(2) (   ) : 염색 분체가 분리되어 세포의 양극으로 이동한다.

(3) (   ) : 방추사가 부착된 염색체가 세포의 중앙에 나란히 배열된다.

08 오른쪽 그림은 어떤 생물의 체세포 분열 전기에 관찰되는 염색체 모양을 나타낸 것이다.

체세포 분열 결과 생긴 딸세포의 염색체 모양을 그리시오.

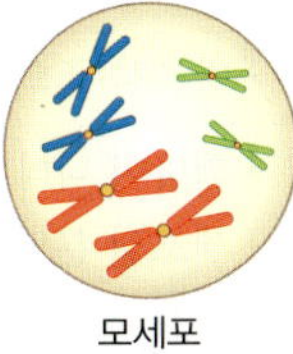

모세포   딸세포

09 그림 (가)~(라)는 체세포 분열 과정을 순서 없이 나타낸 것이다.

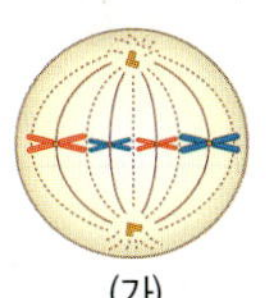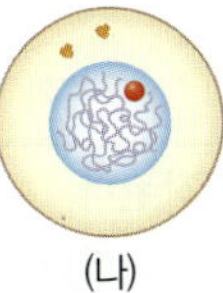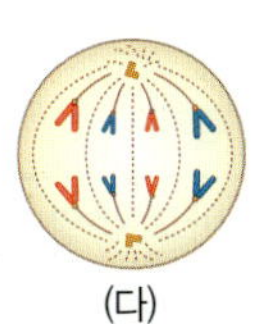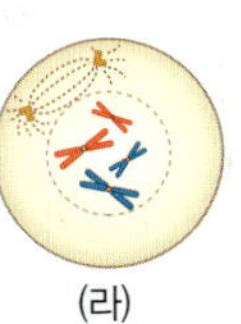

(가)   (나)   (다)   (라)

(1) 분열 과정을 간기부터 순서대로 나열하시오.

(2) 세포의 크기가 커지고 DNA가 복제되는 시기를 쓰시오.

(3) 염색체의 수와 모양을 뚜렷하게 관찰할 수 있는 시기를 쓰시오.

10 핵분열 과정을 전기, 중기, 후기, 말기로 구분하는 기준을 쓰시오.

11 그림은 염색체 수가 4인 어떤 생물의 체세포 분열 후기의 모습을 나타낸 것이다. 체세포 분열 결과 이 세포가 갖는 염색체 수를 쓰시오.

Ⓓ 감수 분열(생식세포 분열)

1. 감수 분열

(1) 생식 기관에서 생식세포를 만들기 위한 분열이다.

(2) 1개의 모세포로부터 4개의 딸세포가 생성되며, 상동 염색체가 분리되므로 감수 분열 결과 염색체 수가 절반으로 줄어든다.

2. 감수 분열 과정 감수 1분열과 감수 2분열이 연속해서 일어난다. **기출 분석** p. 18

(1) **감수 1분열** : 상동 염색체가 분리되므로 분열 후 염색체 수가 절반이 된다.

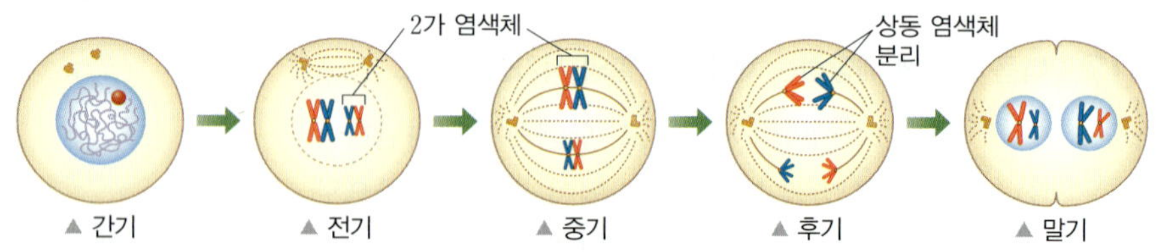

감수 1분열	전기	• 핵막이 사라지고, 방추사가 나타난다. • 상동 염색체끼리 결합한 2가 염색체가 나타난다.
	중기	• 2가 염색체가 세포 중앙에 배열된다.
	후기	• 방추사에 의해 상동 염색체가 분리되어 세포의 양극으로 이동한다.
	말기	• 핵막이 나타나고, 2개의 핵이 생성된다. • 세포질 분열에 의해 2개의 딸세포가 생성된다.

(2) **감수 2분열** : 염색 분체가 분리되므로 분열 후 염색체 수에는 변화가 없다. — DNA양은 반감된다.

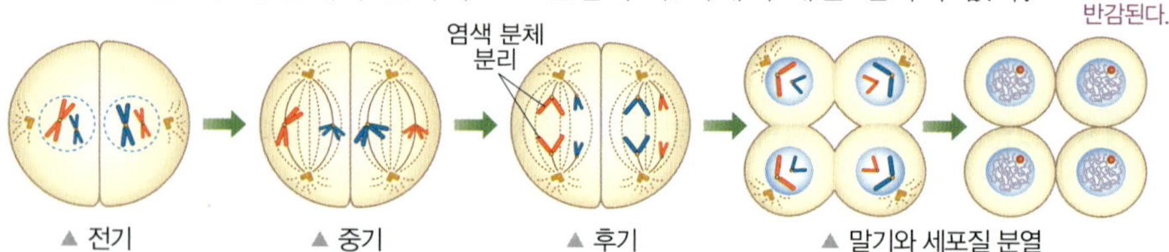

감수 2분열	전기	• 간기 없이 바로 분열이 시작된다. • 핵막이 사라지고, 방추사가 나타난다.
	중기	• 염색체가 세포 중앙에 배열된다.
	후기	• 방추사에 의해 각 염색체의 염색 분체가 분리되어 세포의 양극으로 이동한다.
	말기	• 핵막이 다시 나타나고 염색체가 풀어진다. • 세포질 분열에 의해 4개의 딸세포가 생성된다.

3. 감수 분열의 결과 감수 분열로 만들어진 생식세포의 염색체 수가 체세포의 절반이기 때문에 생식세포 2개가 결합하여 생긴 자손의 염색체 수는 부모와 같다. ➡ 세대를 거듭해도 자손의 염색체 수가 항상 일정하게 유지된다. — 다양한 염색체 조합에 의해 유전적 다양성이 증가한다.

4. 체세포 분열과 감수 분열의 비교 **더 알아보기** p. 19

구분	체세포 분열	감수 분열
분열 횟수	1회	2회
분열 결과	생장, 조직 재생	생식세포 생성
딸세포 수	2개	4개
2가 염색체	형성되지 않는다.	형성된다.
염색체 수의 변화	변화 없다.	절반으로 줄어든다.

감수 분열 장소

식물	• 밑씨 : 난세포 생성 • 꽃밥 : 꽃가루 생성
동물	• 난소 : 난자 생성 • 정소 : 정자 생성

2가 염색체

감수 1분열 전기에 상동 염색체끼리 접합하여 형성된 구조로, 감수 분열에서만 나타난다. 4개의 염색 분체로 이루어져 있어 4분 염색체라고도 한다. 감수 1분열 전기와 중기에서만 관찰된다.

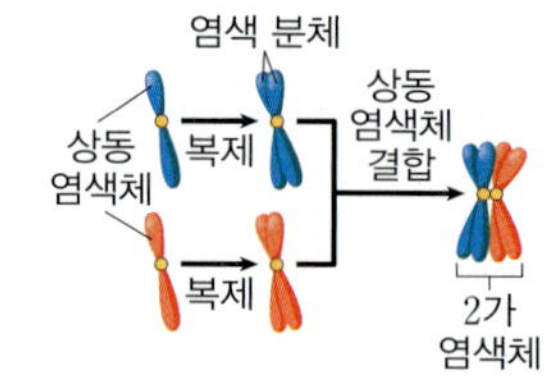

염색체 구성 비교

• 체세포 : 상동 염색체가 쌍으로 존재한다.
• 생식세포 : 상동 염색체 중 하나만 가지며, 체세포에 비해 염색체 수가 절반이다.

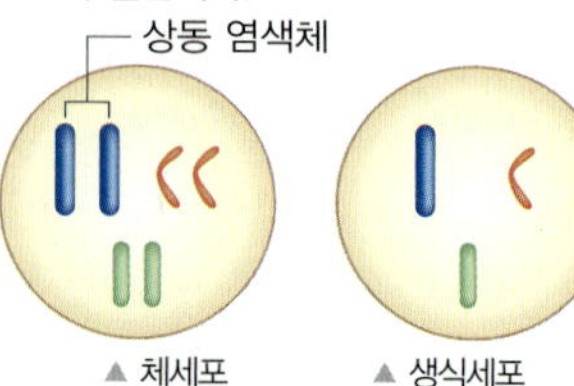

• **예** 어떤 생물에서 체세포의 염색체 수가 6(상동 염색체가 3쌍)이면 생식세포의 염색체 수는 3이다.

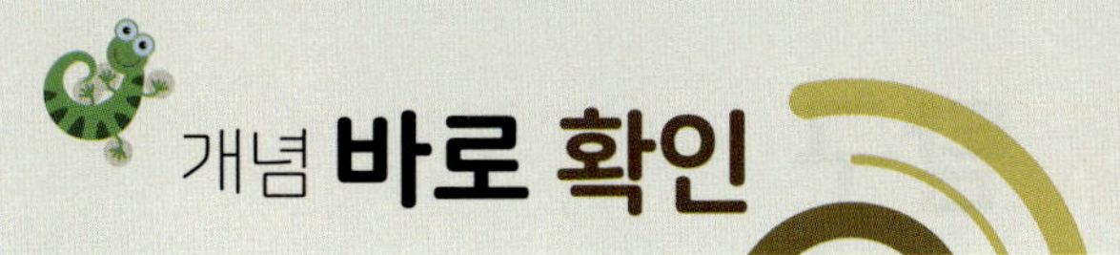

11 ㄱ ㅅ 분열 : 생식 기관에서 생식세포를 만들기 위한 분열

12 2가 염색체는 감수 분열의 전기에 ㅅ ㄷ ㅇ ㅅ ㅊ 가 접합하여 형성된다.

13 감수 2분열에서는 ㅇ ㅅ ㅂ ㅊ 가 분리되므로 분열 후 염색체 수에는 변화가 없다.

14 ㅊ ㅅ ㅍ 분열 결과 염색체 수는 변화가 없고, ㄱ ㅅ 분열 결과 염색체 수는 절반으로 줄어든다.

Ⓓ 감수 분열(생식세포 분열)

12 감수 분열에 대한 설명으로 옳은 것은 ○, 옳지 <u>않은</u> 것은 ×로 표시하시오.

(1) 생식세포를 만드는 세포 분열이다. ·························· ( )

(2) 감수 2분열이 일어날 때 간기에 DNA가 복제된다. ·················· ( )

(3) 생식세포의 염색체 수는 체세포의 염색체 수와 같다. ················· ( )

13 다음 설명에서 감수 1분열에 해당하면 '감수 1', 감수 2분열에 해당하면 '감수 2'라고 쓰시오.

(1) 분열 결과 염색체 수가 절반으로 줄어든다. ·················· ( )

(2) 염색 분체가 분리되어 세포의 양극으로 이동한다. ··············· ( )

(3) 상동 염색체가 분리되어 세포의 양극으로 이동한다. ·············· ( )

(4) 2가 염색체가 세포의 중앙에 배열되고, 방추사가 각각의 상동 염색체에 붙는다.
·························· ( )

14 오른쪽 그림은 감수 분열 과정을 나타낸 것이다. ㉠~㉢ 중 2가 염색체에 해당하는 것을 쓰시오.

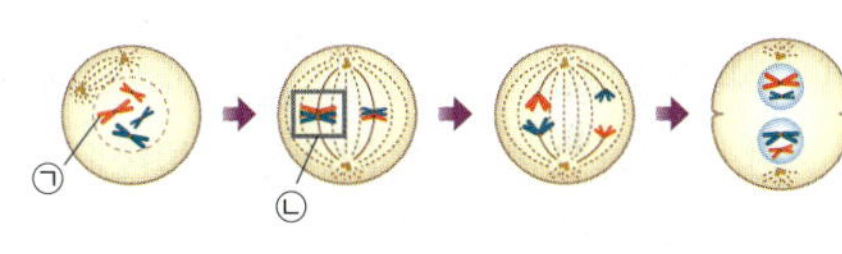

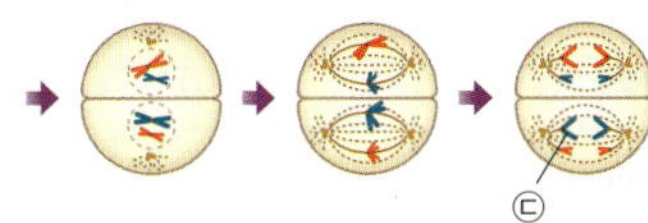

15 감수 분열 중 오른쪽 그림과 같은 분열이 일어나는 시기를 쓰시오.

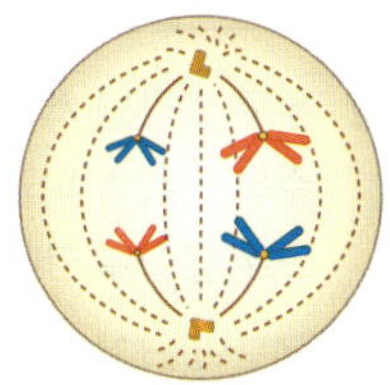

16 다음은 동물과 식물에서 일어나는 생식세포 분열에 대한 설명이다. ( ) 안에 들어갈 알맞은 말을 쓰시오.

> • 동물의 경우 정소에서 ( )가 만들어질 때, 난소에서 ( )가 만들어질 때 일어난다.
> • 식물의 경우 꽃밥에서 ( )가 만들어질 때, 밑씨에서 ( )가 만들어질 때 일어난다.

17 표는 체세포 분열과 감수 분열을 비교한 것이다. ㉠~㉣에 들어갈 알맞은 말을 쓰시오.

구분	체세포 분열	감수 분열
분열 횟수	1회	㉠ ( )
분열 결과	생장, 조직 재생	㉡ ( ) 생성
딸세포 수	2개	㉢ ( )
㉣ ( )의 변화	변화 없다.	절반으로 줄어든다.

기출 최다多 탐구

🔸 세포의 표면적과 부피 사이의 관계

과정

❶ 큰 우무 덩어리로 한 변의 길이가 각각 1 cm, 2 cm, 3 cm인 정육면체 조각 A~C를 만든다.

❷ A~C를 식용 색소 용액이 담긴 비커에 넣는다.

❸ 일정 시간 후 A~C를 꺼내 가운데를 잘라 단면을 관찰한다.

결과

한 변의 길이가 큰 조각보다 한 변의 길이가 작은 조각이 전체 면적에 대한 식용 색소에 물든 면적의 비율이 더 크다. ➡ 우무 조각이 클수록 중심까지 물질이 이동하기 어렵다.

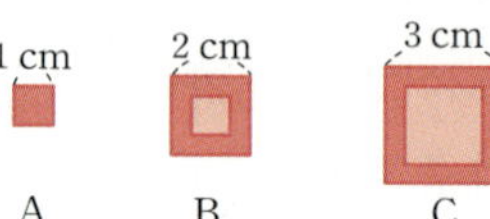

정리

1 부피에 대한 표면적의 비($\dfrac{\text{표면적}}{\text{부피}}$)의 관계 ➡ 한 변의 길이가 클수록 부피와 표면적은 모두 커지지만, 부피에 대한 표면적의 비는 작아진다.

조각	A	B	C
표면적(cm^2)	$6 \times 1^2 = 6$	$6 \times 2^2 = 24$	$6 \times 3^2 = 54$
부피(cm^3)	$1^3 = 1$	$2^3 = 8$	$3^3 = 27$
$\dfrac{\text{표면적}}{\text{부피}}$	$\dfrac{6}{1} = 6$	$\dfrac{24}{8} = 3$	$\dfrac{54}{27} = 2$

2 우무 조각을 세포라 하고 식용 색소를 생명 활동에 필요한 물질이라고 할 때, 세포의 크기가 작을수록 단위 부피당 표면적이 커져 생명 활동에 필요한 물질이 빠른 속도로 세포 중심까지 퍼져나가므로 물질 교환이 효율적으로 일어난다.

3 세포의 크기가 커지면 단위 부피당 표면적이 줄어들어 생명 활동에 필요한 물질 교환이 어려워지므로 세포가 일정 크기로 커지면 2개로 나뉘는 세포 분열이 일어난다.

TIP

주의점

정육면체에서 표면적과 부피를 구하는 방법을 기억하여 계산을 신중하게 한다.

우무는 묵으로 만들어진 것을 구입해도 되고 한천 가루로 묵을 만들어 사용해도 된다. 묵을 만들 경우 물 600 mL에 한천 가루 10 g을 넣고 한천 가루가 다 녹을 때까지 잘 저어주면서 끓인 후 우유팩에 부어 냉장고에서 하루 정도 굳혀서 사용한다.

확인 문제

01 이 탐구에 대한 설명으로 옳은 것은 ○, 옳지 <u>않은</u> 것은 ✕로 표시하시오.

(1) A는 B보다 부피와 표면적이 모두 작다.
.... ( )

(2) 부피에 대한 표면적의 비는 B가 C보다 크다.
.... ( )

(3) 세포의 크기가 클수록 단위 부피당 표면적의 비가 커진다. .... ( )

(4) 세포가 일정 크기로 커지면 세포는 세포 분열을 통해 2개의 세포로 나누어진다. ·· ( )

시험에서는 이렇게!!

02 우무 조각이 세포라고 할 때, 큰 세포와 작은 세포 중 어느 것이 물질 교환이 효율적으로 일어나는지 쓰시오.

03 그림은 각각 한 변이 1 cm, 2 cm인 정육면체를 나타낸 것이다.

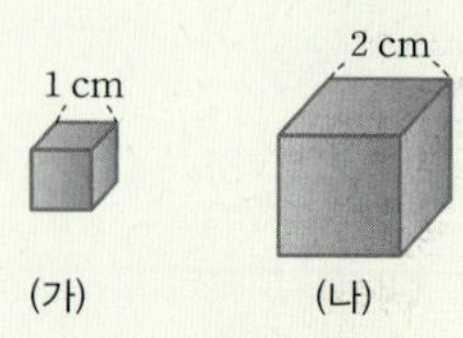

(가)와 (나)의 $\dfrac{\text{표면적}}{\text{부피}}$ 값을 구하시오.

◉ 체세포 분열 관찰

(과정

❶ 양파의 뿌리를 기른 후, 뿌리 끝 부분을 1 cm 정도 자른다.

❷ 뿌리 조각을 에탄올과 아세트산을 3 : 1로 섞은 용액에 하루 정도 담가 둔다. ➡ 고정 : 세포의 활동을 멈추게 하여 세포의 형태를 그대로 유지하는 과정

❸ 뿌리 조각을 50 °C∼60 °C의 묽은 염산에 10분 정도 담가 둔다. ➡ 해리 : 세포 간의 결합력을 약화시켜 세포가 쉽게 분리되도록 하기 위한 과정

❹ 증류수로 씻어낸 뿌리 조각을 받침 유리에 올려놓고 끝 부분을 1∼2 mm 정도 자른 후, 아세트올세인 용액을 떨어뜨린다. ➡ 염색 : 아세트올세인 용액으로 핵과 염색체를 붉게 염색하는 과정

❺ 뿌리 끝을 해부침으로 잘게 찢은 후, 덮개 유리를 덮고 연필에 붙어 있는 고무로 가볍게 두드린다. ➡ 분리 : 세포들이 겹치지 않게 분리하는 과정

❻ 현미경 표본을 거름종이로 덮고 엄지손가락으로 지그시 누른 후, 현미경으로 관찰한다. ➡ 압착 : 세포를 한 층으로 얇게 펴 주는 과정

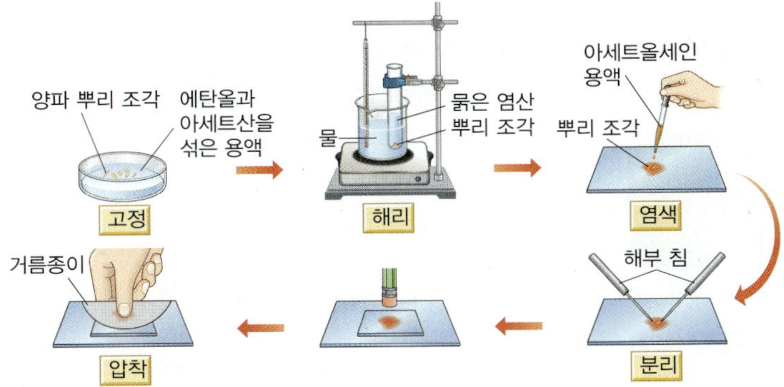

(결과 및 정리

1 양파의 뿌리 끝 부분을 사용하는 까닭은 양파의 뿌리 끝에는 생장점이 있어 체세포 분열이 활발하게 일어나기 때문이다.

2 아세트올세인 용액은 염색체를 구성하는 DNA를 붉게 염색하므로 붉은색으로 염색된 핵과 염색체가 관찰된다.

3 세포 분열 중 간기는 세포 주기의 대부분을 차지하기 때문에 간기의 세포가 가장 많이 관찰된다.

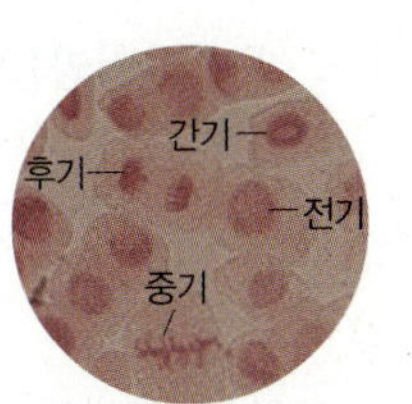

TIP

주의점

1. 묽은 염산이 손에 닿거나 눈에 들어가지 않도록 한다.
2. 가위나 안전 면도날을 사용할 때는 손을 다치지 않도록 조심한다.
3. 엄지손가락으로 누를 때는 덮개 유리가 깨지지 않도록 유의하여 지그시 누른다.

양파 뿌리의 체세포 분열 관찰을 위한 현미경 표본 제작은 고정 → 해리 → 염색 → 분리 → 압착 순서로 진행된다.

아세트올세인 용액 대신 아세트산 카민 용액을 사용하여도 같은 결과를 얻을 수 있다.

염색체를 관찰하기에 가장 좋은 시기는 염색체가 세포 중앙에 배열하는 중기이다.

확인 문제

04 이 탐구에 대한 설명으로 옳은 것은 ○, 옳지 않은 것은 ×로 표시하시오.

(1) 양파 뿌리 끝 부분에는 생장점이 있어 체세포 분열이 일어난다. ·················· (　　　)

(2) 가장 많이 관찰되는 세포는 중기의 세포이다.
·················· (　　　)

(3) 해리 과정은 세포 간의 결합력을 약화시켜 세포가 쉽게 분리되도록 하기 위해서이다.
·················· (　　　)

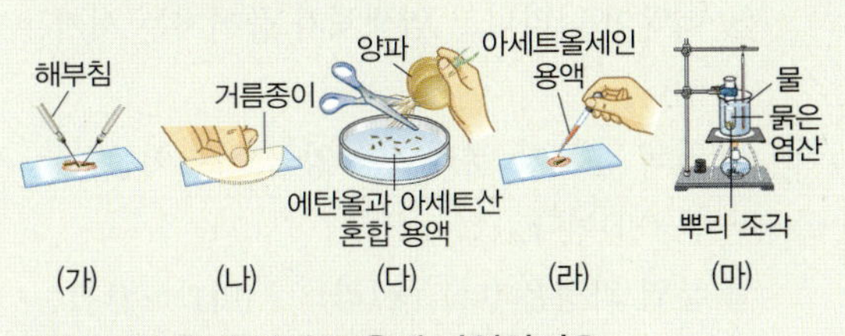

05 그림은 양파의 뿌리 끝 세포를 관찰하기 위한 실험 과정을 순서 없이 나타낸 것이다.

실험 과정을 순서대로 옳게 나열하시오.

체세포 분열

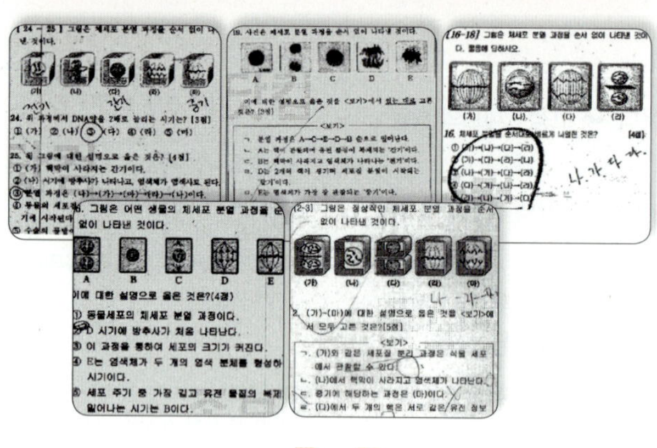

감수 분열

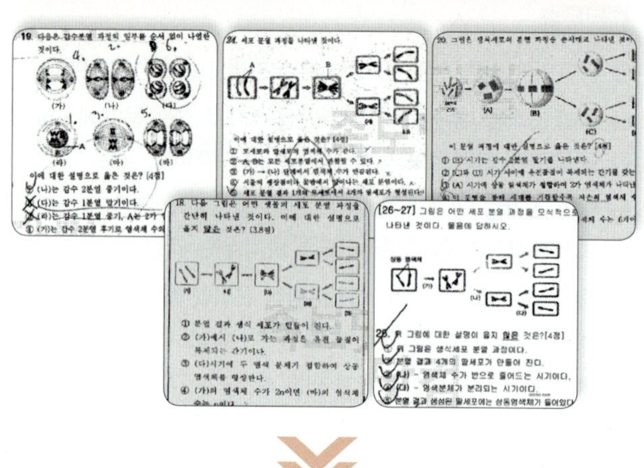

01 그림은 어떤 생물의 체세포 분열 과정을 순서 없이 나타낸 것이다.

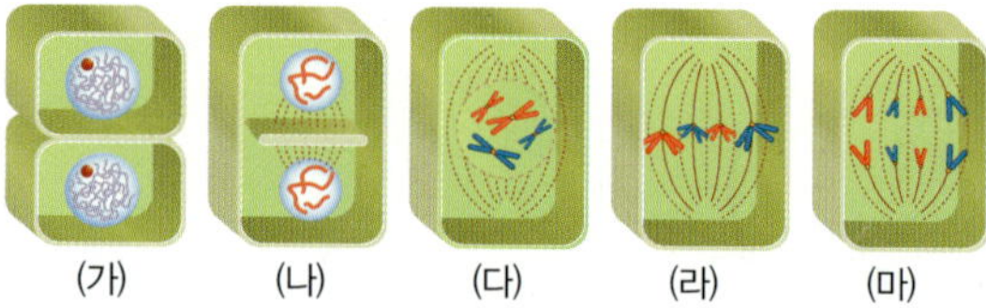

이에 대한 설명으로 옳지 <u>않은</u> 것을 모두 고르면? (4개)

① (가)는 분열 결과 형성된 딸세포이다.

② 분열 결과 염색체 수가 절반으로 감소한다.

③ (나)를 통해 식물의 체세포 분열 과정임을 알 수 있다.

④ (다)에서 상동 염색체가 접합하여 2가 염색체를 형성한다.

⑤ 핵막이 사라지면서 막대 모양의 염색체가 나타나는 시기는 (다)이다.

⑥ 양파의 뿌리 끝을 관찰하면 (라)의 세포가 가장 많이 관찰된다.

⑦ 염색체 수와 모양을 관찰하기에 가장 좋은 시기는 (라)이다.

⑧ 핵막이 나타나고 염색체가 풀어지는 시기는 (마)이다.

⑨ 염색 분체가 분리되어 양극으로 이동하는 시기는 (마)이다.

⑩ 분열 과정은 (다) → (라) → (마) → (나) → (가) 순으로 진행된다.

02 그림은 어떤 동물의 생식 기관에서 일어나는 세포 분열 과정에서 한 쌍의 상동 염색체만을 나타낸 것이다.

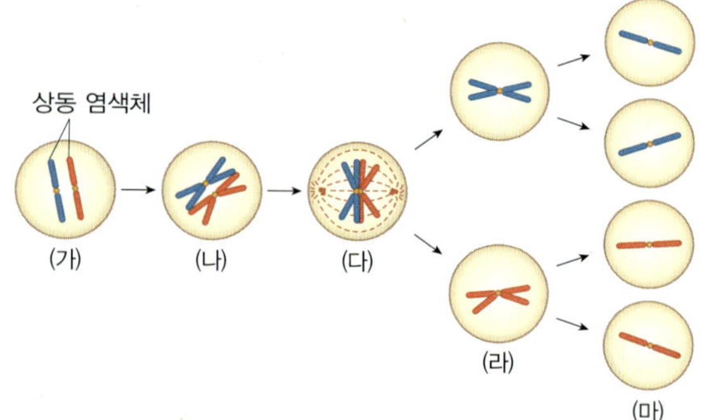

이에 대한 설명으로 옳지 <u>않은</u> 것을 모두 고르면? (3개)

① 상처가 났을 때 그림과 같은 분열이 일어난다.

② (가) → (나) 과정에서 염색체 수가 2배로 증가한다.

③ (가) → (나) 과정에서 유전 물질이 2배로 증가한다.

④ 상동 염색체가 접합하여 2가 염색체가 나타나는 시기는 (나)이다.

⑤ (다) → (라) 과정에서 상동 염색체의 분리가 일어난다.

⑥ (라) → (마) 과정에서 염색 분체의 분리가 일어난다.

⑦ 세포 분열 결과 1개의 모세포에서 4개의 딸세포가 형성된다.

⑧ (가)의 염색체 수가 20이라면 (마)의 염색체 수는 5이다.

● 체세포 분열과 감수 분열의 비교

구분	체세포 분열	감수 분열(생식세포 분열)
분열 모습	모세포 → DNA 복제 → 전기(상동 염색체, 염색체 수 : 4) → 중기 → 염색 분체 분리 → 딸세포(염색체 수 : 4)	모세포 → DNA 복제 → 감수 분열 전기(2가 염색체, 염색체 수 : 4) → 감수 1분열 중기(상동 염색체 분리) → 감수 2분열 중기(염색 분체 분리) → 딸세포(염색체 수 : 2)
분열 횟수	1회	2회
딸세포 수	2개	4개
딸세포의 염색체 수	모세포와 같다.	모세포의 절반으로 감소한다.
분열 장소	• 동물 : 일부를 제외한 몸 전체 • 식물 : 생장점, 형성층	• 동물 : 정소, 난소 • 식물 : 꽃밥, 밑씨
의의	간기의 모세포와 동일한 유전 정보를 가진 딸세포를 형성하여 세포의 수를 증가시킴으로써 생장, 발생, 재생 등이 가능하다.	• 세대를 거듭해도 염색체 수가 일정하게 유지된다. • 유전적 다양성 증가 : 감수 1분열에서 상동 염색체의 무작위 배열과 분리로 유전적 다양성이 증가한다.
주요 특징	• 2가 염색체를 형성하지 않는다. • 후기에 염색 분체가 분리된다.	• 감수 1분열 전기에 2가 염색체가 형성된다. • 감수 1분열에서는 상동 염색체가 분리되고, 감수 2분열에서는 염색 분체가 분리된다.

유제 01

그림은 어떤 생물의 체세포에 들어 있는 염색체 구성을 모두 나타낸 것이다.

(1) 이 생물의 체세포에 들어 있는 상동 염색체는 모두 몇 쌍인지 쓰시오.

(2) 이 생물에서 체세포 분열이 일어났을 때 만들어지는 딸세포의 염색체 수를 쓰시오.

유제 02

그림은 염색체 수가 4인 모세포의 분열 결과 형성된 두 딸세포의 염색체를 모두 나타낸 것이다.

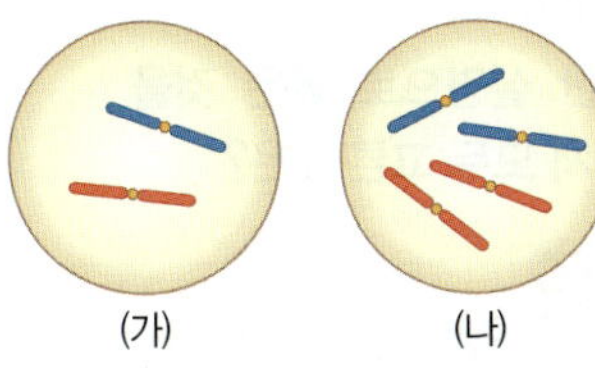

(1) (가)와 (나) 중 체세포 분열 결과 형성된 딸세포를 고르시오

(2) (가)와 (나) 중 감수 분열 결과 형성된 딸세포를 고르시오.

A 염색체

01 염색체와 유전자에 대한 설명으로 옳은 것은?

① 유전자는 DNA와 단백질로 구성되어 있다.

② 하나의 DNA에는 수많은 유전자가 존재한다.

③ 염색 분체를 구성하는 두 가닥의 유전 정보는 서로 다르다.

④ 염색체는 세포가 분열할 때 나타나는 2중 나선 구조이다.

⑤ 염색체는 DNA에서 유전 정보를 저장하고 있는 특정 부위이다.

02 그림은 염색체의 구조를 나타낸 것이다.

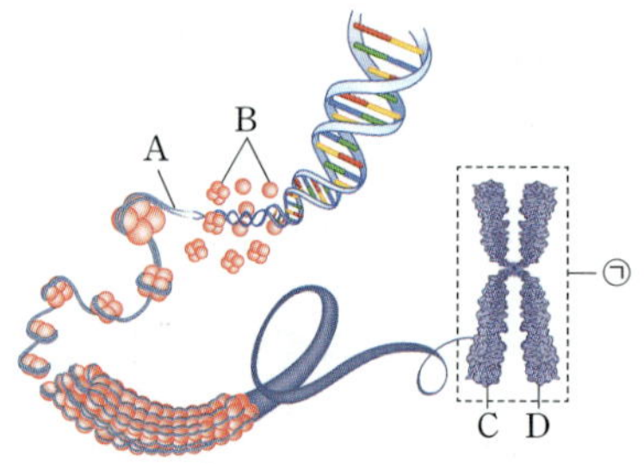

이에 대한 설명으로 옳지 **않은** 것은?

① A는 DNA, B는 단백질이다.

② A에는 많은 수의 유전자가 있다.

③ C와 D는 염색 분체이다.

④ ㉠은 분열하는 세포에서 관찰된다.

⑤ C와 D는 부모에게서 각각 하나씩 물려받은 것이다.

03 오른쪽 그림은 어떤 생물의 체세포에서 쌍을 이루고 있는 크기와 모양이 같은 2개의 염색체를 나타낸 것이다.

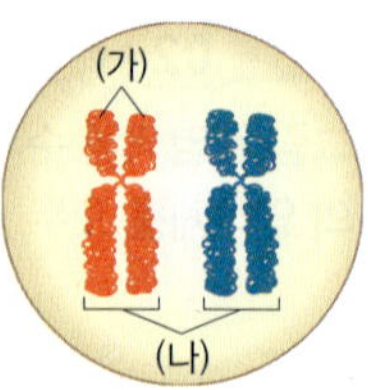

이에 대한 설명으로 옳은 것을 〈보기〉에서 모두 고른 것은?

─ 보기 ─

ㄱ. (가)는 상동 염색체이다.

ㄴ. (나)는 유전 정보가 서로 다르다.

ㄷ. (나)는 부모에게서 각각 하나씩 물려받은 것이다.

① ㄱ ② ㄴ ③ ㄱ, ㄴ ④ ㄱ, ㄷ ⑤ ㄴ, ㄷ

04 그림은 남자와 여자의 체세포의 염색체 구성을 순서 없이 나타낸 것이다.

(가)	(나)

이에 대한 설명으로 옳지 **않은** 것은?

① (가)는 남자의 염색체 구성이다.

② 1번에서 22번까지는 상염색체이다.

③ X 염색체와 Y 염색체는 성염색체이다.

④ 사람의 체세포 1개에는 46개의 염색체가 있다.

⑤ (나)의 X 염색체는 모두 어머니에게서 물려받았다.

B 세포 분열

탐구 p. 16

세포의 표면적과 부피 사이의 관계를 바탕으로 세포 분열이 필요한 까닭을 알아두자.

05 표는 정육면체 한 변의 길이 변화에 따른 표면적과 부피의 변화를 나타낸 것이다.

한 변의 길이(cm)	1	2	3
표면적(cm^2)	6	24	54
부피(cm^3)	1	8	27

정육면체를 세포라고 가정할 때, 이에 대한 설명으로 옳은 것은?

① 세포가 커질수록 부피가 작아진다.

② 세포가 커질수록 표면적이 작아진다.

③ 세포가 커질수록 물질 교환이 효율적으로 일어난다.

④ 세포가 커질수록 부피에 대한 표면적의 비가 작아진다.

⑤ 세포가 커질수록 필요한 물질을 세포 중심까지 빠르게 흡수할 수 있다.

C 체세포 분열

기출 분석 p. 18

체세포 분열 과정에서 각 단계의 특징에 대해 알고 있어야 하며, 각 단계를 순서대로 나열할 수 있어야 해.

[06~07] 그림은 체세포 분열 과정을 순서 없이 나타낸 것이다.

(가)　　(나)　　(다)　　(라)　　(마)

06 간기부터 순서대로 옳게 나열한 것은?

① (가) → (나) → (다) → (라) → (마)
② (가) → (다) → (라) → (마) → (나)
③ (다) → (라) → (마) → (가) → (나)
④ (다) → (라) → (마) → (나) → (가)
⑤ (라) → (마) → (나) → (가) → (다)

최다빈출

07 (가)~(마)에 대한 설명으로 옳지 <u>않은</u> 것은?

① (가) – 세포가 성장하고 유전 물질이 복제된다.
② (나) – 다시 핵막이 나타나고 염색체가 풀어진다.
③ (다) – 핵막이 뚜렷하게 관찰된다.
④ (라) – 염색체가 세포의 중앙에 배열된다.
⑤ (마) – 염색 분체가 분리되어 세포의 양극으로 이동한다.

08 체세포 분열에 대한 설명으로 옳은 것을 모두 고르면? (2개)

① 체세포 분열 결과 염색체 수가 줄어든다.
② 세포질 분열이 일어난 후 핵분열이 일어난다.
③ 1개의 모세포로부터 4개의 딸세포가 생성된다.
④ 상처 난 부분을 아물게 할 때 체세포 분열이 일어난다.
⑤ 식물의 경우 생장점, 형성층에서 체세포 분열이 활발하게 일어난다.

09 그림은 동물 세포와 식물 세포에서 세포질 분열이 일어나는 모습을 순서 없이 나타낸 것이다.

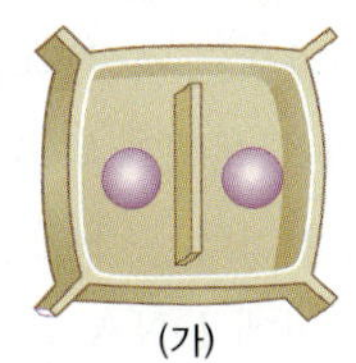 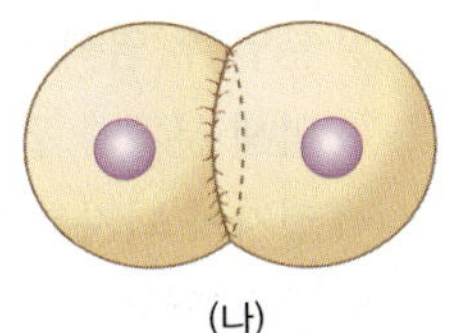

(가)　　　　(나)

이에 대한 설명으로 옳은 것을 〈보기〉에서 모두 고른 것은?

보기

ㄱ. (가)는 식물 세포, (나)는 동물 세포이다.
ㄴ. (가)에서는 세포판이 만들어진다.
ㄷ. (나)에서는 세포막이 안쪽에서 바깥쪽으로 잘록하게 들어간다.

① ㄱ　　　　② ㄴ　　　　③ ㄱ, ㄴ
④ ㄱ, ㄷ　　　⑤ ㄱ, ㄴ, ㄷ

탐구 p. 17

양파 뿌리 끝을 이용한 체세포 분열 관찰 실험에서 각 과정에 대해 알아두자.

[10~11] 그림은 양파 뿌리에서 체세포 분열을 관찰하기 위한 실험 과정을 순서 없이 나타낸 것이다.

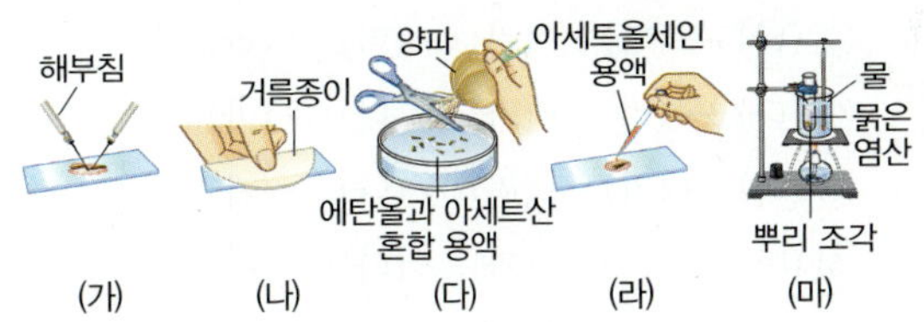

10 (가)~(마)에 해당하는 각 과정을 다음에서 골라 쓰시오.

> 해리, 분리, 압착, 고정, 염색

최다빈출

11 이 실험에 대한 설명으로 옳은 것을 모두 고르면? (2개)

① (나)는 염색체를 분리시키는 과정이다.
② (다)는 세포 분열을 계속 진행시켜 중기의 세포가 많아지도록 하는 과정이다.
③ (라)는 핵이나 염색체를 붉게 염색하는 과정이다.
④ (마)는 조직을 연하게 하는 과정이다.
⑤ 실험은 (마) → (라) → (다) → (가) → (나) 순으로 진행된다.

D 감수 분열(생식세포 분열)

12 감수 분열에 대한 설명으로 옳지 <u>않은</u> 것은?

① 핵분열이 연속으로 2번 일어난다.
② 분열 후 염색체 수가 절반으로 줄어든다.
③ 염색 분체가 결합한 2가 염색체가 나타난다.
④ 정자와 난자를 만들 때 일어나는 세포 분열이다.
⑤ 감수 1분열과 2분열 사이에 DNA 복제는 일어나지 않는다.

[13~15] 그림은 감수 분열 과정 중 일부를 순서 없이 나타낸 것이다.

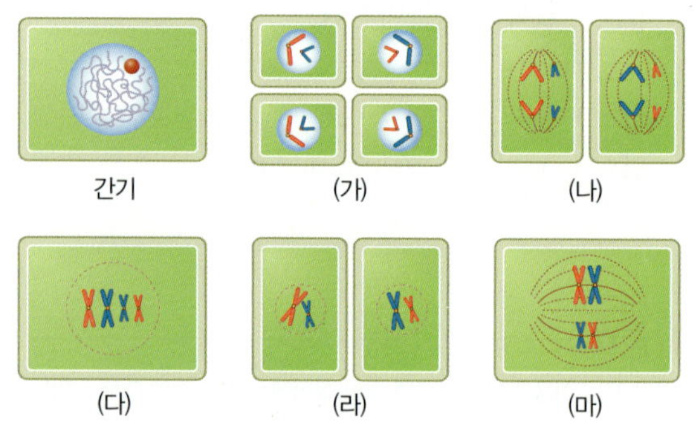

13 (가)~(마)를 순서대로 옳게 나열한 것은?

① (가) → (나) → (다) → (라) → (마)
② (나) → (다) → (가) → (마) → (라)
③ (다) → (라) → (가) → (나) → (마)
④ (다) → (마) → (라) → (나) → (가)
⑤ (마) → (라) → (가) → (다) → (나)

14 (가)~(마) 중 2가 염색체가 관찰되는 시기를 모두 고르시오.

15 이와 같은 세포 분열이 일어나는 장소는?

① 사람의 간
② 백합의 꽃밥
③ 개구리의 피부
④ 양파의 뿌리 끝
⑤ 봉선화의 형성층

감수 분열의 특징에 대해 알아두고, 특히 감수 1분열과 2분열의 차이점에 대해 알아두자.

최다빈출

16 그림은 어떤 생물에서 일어나는 세포 분열 과정을 나타낸 것이다.

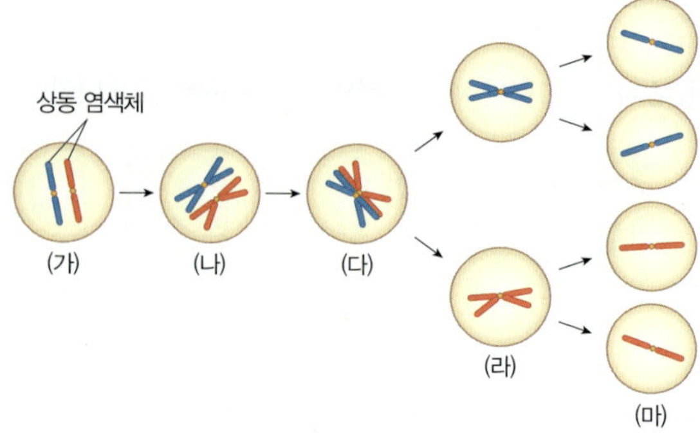

이에 대한 설명으로 옳은 것을 〈보기〉에서 모두 고른 것은?

〈보기〉
ㄱ. (가) → (나) 과정에서 DNA가 복제된다.
ㄴ. (다) → (라) 과정에서 상동 염색체가 분리된다.
ㄷ. (라) → (마) 과정에서 염색체 수가 반으로 줄어든다.
ㄹ. 염색체 수는 (가)가 (마)의 4배이다.

① ㄱ, ㄴ ② ㄱ, ㄷ ③ ㄷ, ㄹ
④ ㄱ, ㄴ, ㄹ ⑤ ㄴ, ㄷ, ㄹ

17 체세포 분열과 감수 분열을 비교한 내용으로 옳은 것을 모두 고르면? (2개)

	구분	체세포 분열	감수 분열
①	분열 횟수	2회	1회
②	2가 염색체	형성 안 됨	형성됨
③	딸세포 수	4개	2개
④	염색체 수	변화 없음	절반으로 감소함
⑤	분열 결과	생식세포 형성	생장, 재생

18 오른쪽 그림은 어떤 생물에서 일어나는 세포 분열 과정 중 한 시기를 나타낸 것이다.

이 세포의 (가) 분열 시기와 (나) 분열 결과 만들어지는 딸세포의 염색체 수를 쓰시오.

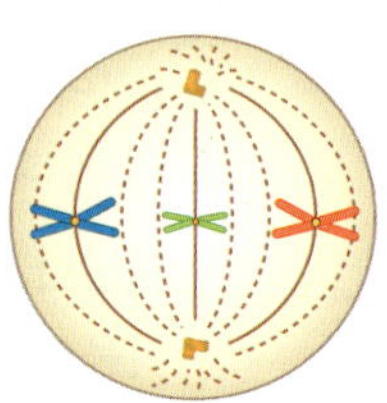

서술형은 이렇게

19 염색 분체와 상동 염색체의 개념을 각각 서술하시오.

20 여자의 체세포 염색체 구성에 대해 서술하시오. (단, 총 염색체 수, 상염색체 수, 성염색체 수와 구성을 포함하여 서술하시오.)

21 체세포 분열을 관찰하기 위해 양파 세포의 뿌리 끝을 사용하는 까닭을 서술하시오.

22 그림은 식물에서 체세포 분열이 일어나는 모습을 나타낸 것이다.

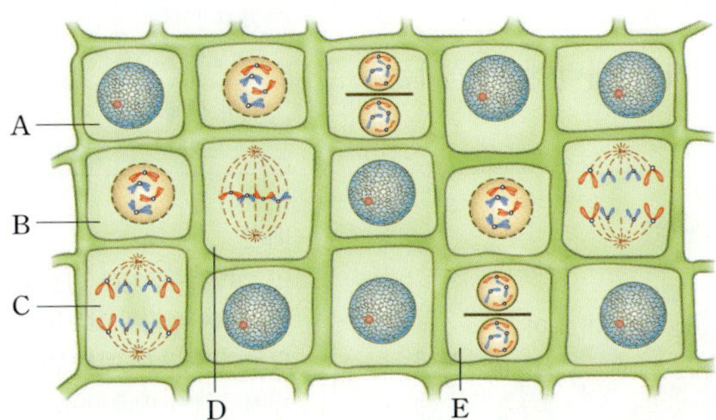

현미경으로 관찰했을 때 A~E 중 가장 많이 관찰하는 세포의 기호를 쓰고, 그 까닭을 서술하시오.

23 생물이 대를 거듭해도 염색체 수가 일정하게 유지되는 까닭을 서술하시오.

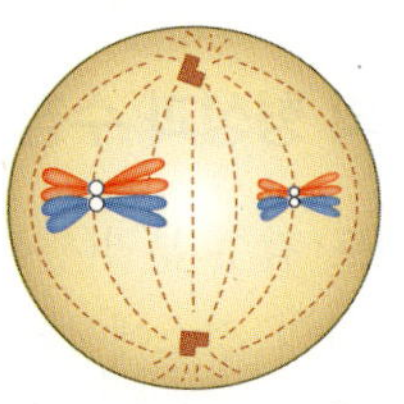
24 그림은 세포 분열 과정 중 한 시기의 세포를 나타낸 것이다.

이 세포는 세포 분열 과정 중 어느 시기에 해당하는지 쓰고, 그 까닭을 서술하시오.

25 다음은 완두에 대한 설명이다. 다음 물음에 답하시오.

- 완두의 체세포 1개당 염색체 수는 14이다.
- 완두의 꽃밥에서는 감수 분열이 진행되어 꽃가루가 생성되는데, 5개의 세포가 감수 분열을 거쳤다.

(1) 감수 분열 결과 5개의 세포로부터 만들어진 꽃가루 수를 쓰시오.

(2) 1개의 꽃가루에 들어 있는 염색체 수를 쓰시오.

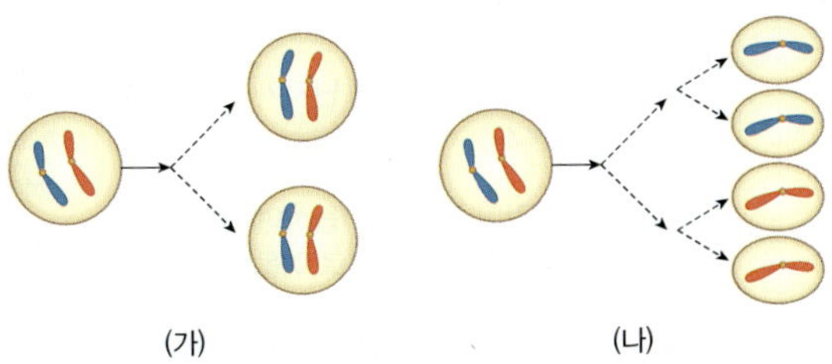
26 그림은 서로 다른 종류의 세포 분열 과정을 나타낸 것이다.

(1) (가)와 (나)의 세포 분열 종류를 쓰시오.

(2) 분열 횟수, 딸세포 수, 염색체 수 변화 면에서 (가)와 (나)를 비교하여 서술하시오.

02 수정과 발생

A 생식세포의 형성과 수정 [더 알아보기] p. 26

1. 사람의 생식세포 감수 분열(생식세포 분열)을 통해 남자의 정소에서는 정자가, 여자의 난소에서는 난자가 만들어진다.

(1) **정자** : 머리에 유전 물질이 들어 있는 핵이 있으며, 정자가 움직일 수 있도록 꼬리가 있어 운동성을 가진다.

(2) **난자** : 유전 물질이 들어 있는 핵이 있고, 스스로 움직이지 못한다. 세포질에 많은 양분을 저장하고 있어 정자보다 크기가 크다.

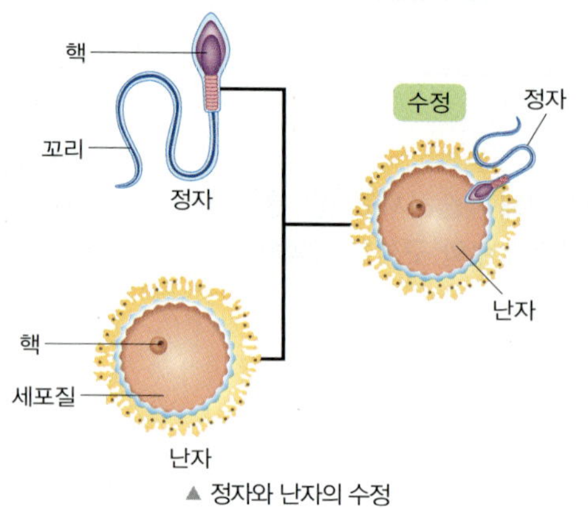

▲ 정자와 난자의 수정

2. 수정 정자와 난자가 만나 정자의 핵과 난자의 핵이 결합하는 과정 ➡ 염색체 수가 체세포의 절반인 정자와 난자가 수정하여 만들어진 수정란은 체세포와 염색체 수가 같다.

정자와 난자의 비교

구분	정자	난자
생성 장소	정소	난소
크기	작다.	크다.
운동성	있다.	없다.
염색체 수	23개	23개

B 사람의 발생 [기출 분석] p. 27

최다 빈출

1. 발생 수정란이 세포 분열을 거쳐 하나의 개체로 되기까지의 과정

(1) **난할** : 수정란의 초기 세포 분열로, 체세포의 분열이지만 세포의 생장 없이 빠르게 분열한다. ➡ 난할이 진행되면 각 세포의 크기는 작아지며, 전체의 크기는 수정란과 비슷하다.

(2) **착상** : 수정 후 약 일주일이 지나 수정란이 포배 상태가 되어 자궁 내막에 파묻히는 현상 ➡ 착상되었을 때부터 임신되었다고 한다.

배란에서 착상까지의 과정

배란	난자가 난소에서 배출되어 수란관으로 나온다.
수정	수란관에서 정자와 난자가 만나 수정한다.
난할	수정란이 난할을 거듭하여 세포 수를 늘리면서 자궁으로 이동한다.
착상 (임신)	수정 후 약 일주일이 지나면 포배가 되어 자궁 안쪽 벽에 파묻힌다.

난할
2세포기 배아 4세포기 배아
8세포기 배아
수정란
상실배 포배
수정
배란
난소
자궁 내막
착상

난할 시의 변화

세포 수	증가한다.
세포 1개의 크기	작아진다.
세포 1개당 염색체 수	변화 없다.
배아 전체의 크기	수정란과 비슷하다.

배란
약 28일을 주기로 난소에서 난자가 성숙하여 수란관으로 배출되는 현상으로, 양쪽 난소에서 번갈아가며 한 달에 1개씩 배출된다. 임신이 되면 배란은 일어나지 않는다.

태반에서 물질 교환의 원리
모체와 태아의 혈관은 직접 연결되어 있지 않아 태아와 모체의 혈액은 직접 섞이지 않는다. 태반에는 모체의 혈액이 가득 차 있어 태아의 모세 혈관과 모체의 혈액 사이에 확산 현상에 의해 물질 교환이 일어난다.

(3) 임신된 후 배아는 모체로부터 양분을 공급받고, 체세포 분열을 계속하여 조직과 기관을 만들고 하나의 개체로 성장한다.

- **태반의 형성** : 착상 후 태아와 모체 사이에 태반이 형성되며, 태반에서 물질 교환이 일어난다. — 모체에 있는 해로운 물질이 태아에게 전달될 수 있다.

- **배아와 태아** : 수정란이 첫 번째 세포 분열을 시작했을 때부터 수정 후 8주까지를 배아라 하고, 그 이후부터를 태아라고 한다. — 임신 초기 3개월 이내에 태아 신체의 중요 부분이 발달한다.

2. 출산 수정 후 약 266일이 지나면 태아가 모체 밖으로 나오는 출산이 일어난다.
— 배란 후 약 280일

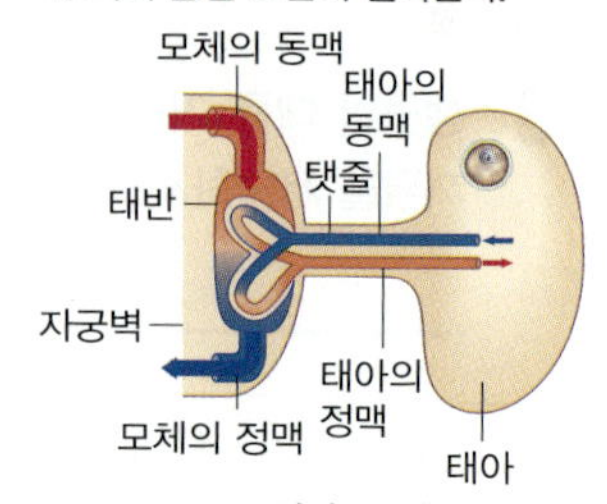

— 영양소, 산소
— 노폐물, 이산화 탄소

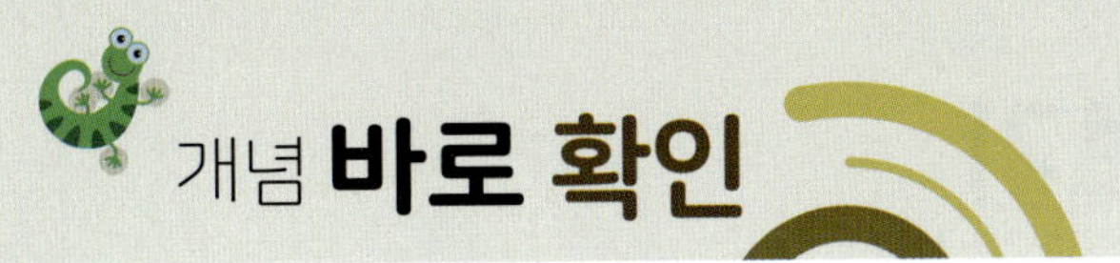

Ⓐ 생식세포의 형성과 수정

01 사람의 생식세포 형성과 수정에 대한 설명으로 옳은 것은 ○, 옳지 <u>않은</u> 것은 ×로 표시하시오.

(1) 난자는 정자보다 크기가 크다. ···································· (　　)
(2) 정자는 체세포 분열을 통해 형성된다. ···················· (　　)
(3) 수정란의 초기 세포 분열은 체세포 분열이다. ·········· (　　)
(4) 수정란은 정자보다 염색체가 23개 더 많다. ············ (　　)
(5) 수정이 일어났을 때부터 임신되었다고 한다. ············ (　　)

Ⓑ 사람의 발생

02 다음 (　　) 안에 들어갈 알맞은 맞을 쓰시오.

(1) 수정란이 난할을 하면 세포의 수는 (　　)하고, 세포 하나의 크기는 (　　)한다.
(2) 수정 일주일 후 수정란이 (　　) 상태가 되어 자궁 내막에 파묻히는 현상을 (　　)이라고 한다.
(3) 착상 후 태아와 모체 사이에 (　　)이 형성되어 물질 교환이 일어난다.

03 그림은 여자의 생식 기관에서 일어나는 초기 발생 과정을 나타낸 것이다. 물음에 답하시오.

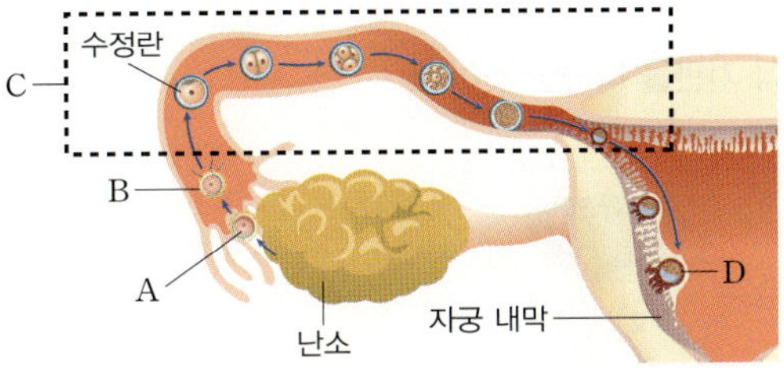

(1) 난소에서 난자가 배출되는 A를 무엇이라 하는지 쓰시오.
(2) 수란관에서 정자와 난자가 결합하는 B를 무엇이라 하는지 쓰시오.
(3) C가 진행되면 세포 1개당 염색체 수가 어떻게 되는지 쓰시오.
(4) D에서 어떤 상태로 배아가 자궁 내막에 파묻히는지 쓰시오.

04 태반에서 태아와 모체 사이에 물질 교환이 일어날 때, 태아에서 모체로 이동하는 물질을 〈보기〉에서 모두 고르시오.

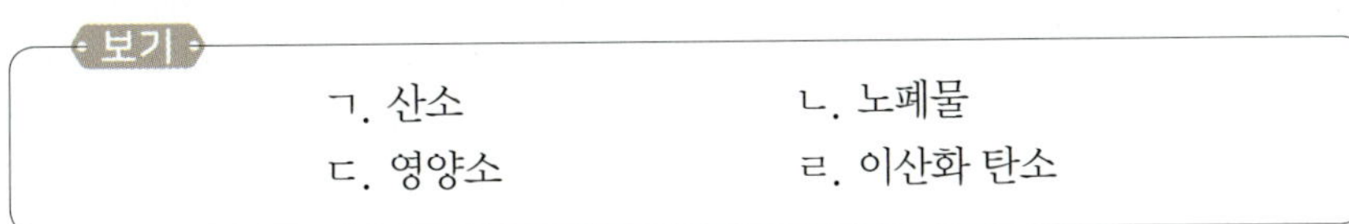

보기	
ㄱ. 산소	ㄴ. 노폐물
ㄷ. 영양소	ㄹ. 이산화 탄소

더 알아보기

◉ 생식 기관의 구조와 기능

❶ 남성의 생식 기관

정소, 부정소, 수정관, 요도 등으로 이루어져 있다.

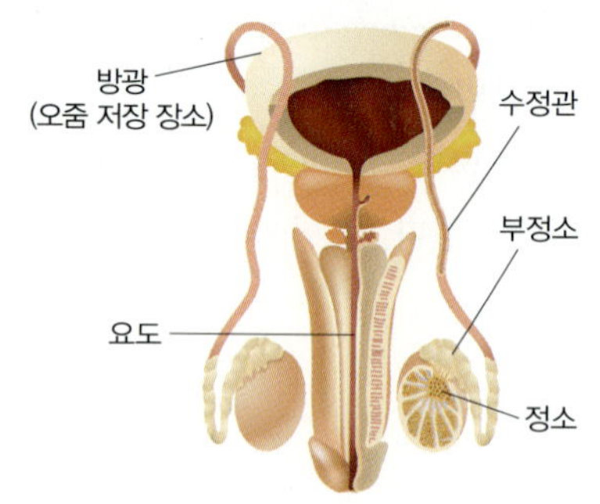

정소	정자를 생성하고, 남성 호르몬을 분비한다.
부정소	정자가 일시적으로 저장되는 곳으로, 이곳에서 정자가 성숙하여 운동 능력을 갖추게 된다.
수정관	부정소에 저장되어 있던 정자가 이동하는 통로이다.
요도	오줌과 정자를 몸 밖으로 내보내는 통로이다.
정자의 이동 경로	정소(정자 생성) → 부정소 → 수정관 → 요도 → 몸 밖

❷ 여성의 생식 기관

난소, 수란관, 자궁, 질 등으로 이루어져 있다.

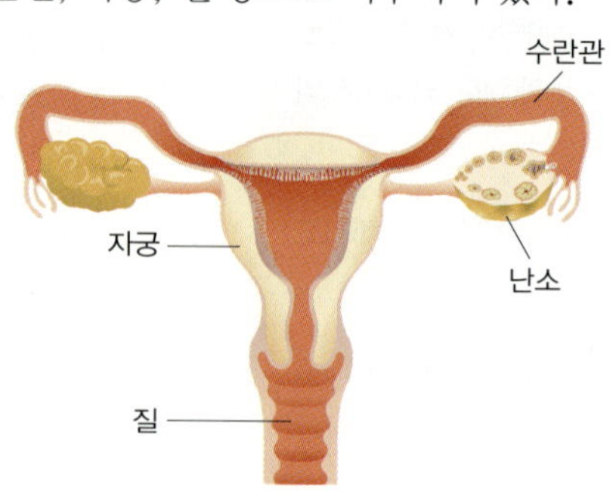

난소	난자를 생성하고, 여성 호르몬을 분비한다.
수란관	배란된 난자와 수정란이 자궁으로 이동하는 통로이다.
자궁	임신했을 때 태아가 자라는 장소이다.
질	출산 시 태아가 모체 밖으로 나가는 통로이다.
난자의 이동 경로	난소(난자 생성) → 수란관 → 자궁 → 질 → 몸 밖

유제 01

그림은 남성의 생식 기관을 나타낸 것이다.

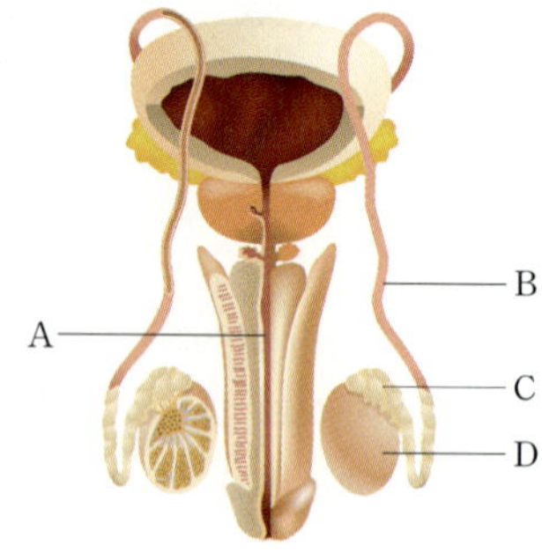

(1) A~D의 이름을 쓰시오.

(2) A~D 중 감수 분열이 일어나는 장소를 기호로 쓰시오.

(3) 다음은 정자가 생성되어 몸 밖으로 나가는 경로를 나타낸 것이다. ( ) 안에 들어갈 알맞은 기호를 쓰시오.

( ) → ( ) → ( ) → ( ) → 몸 밖

유제 02

그림은 여성의 생식 기관을 나타낸 것이다.

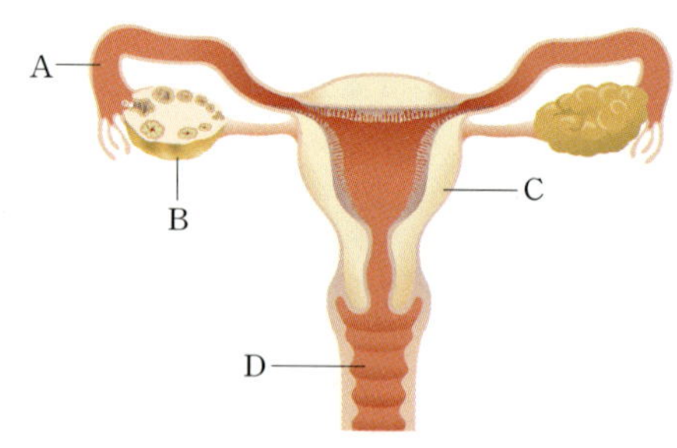

(1) A~D의 이름을 쓰시오.

(2) A~D 중 난자가 만들어지는 장소를 기호로 쓰시오.

(3) A~D 중 배아가 착상하여 태아가 자라는 장소를 기호로 쓰시오.

(4) 정자와 난자가 만나 수정이 이루어지는 곳의 기호를 쓰시오.

사람의 생식 기관의 구조와 기능

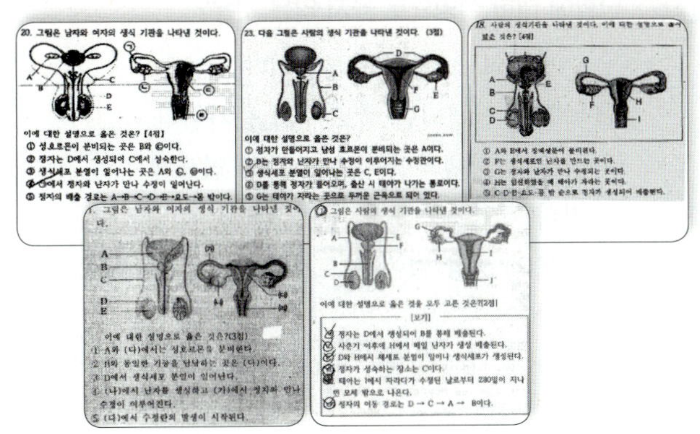

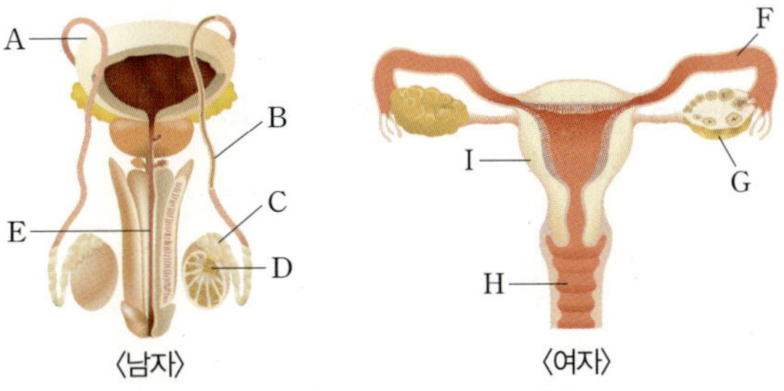

사람의 발생

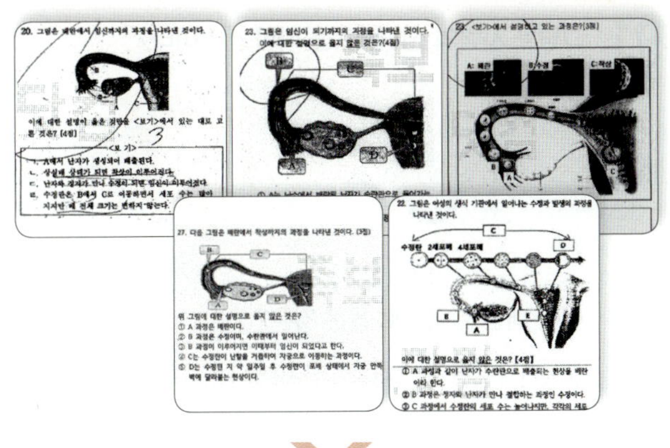

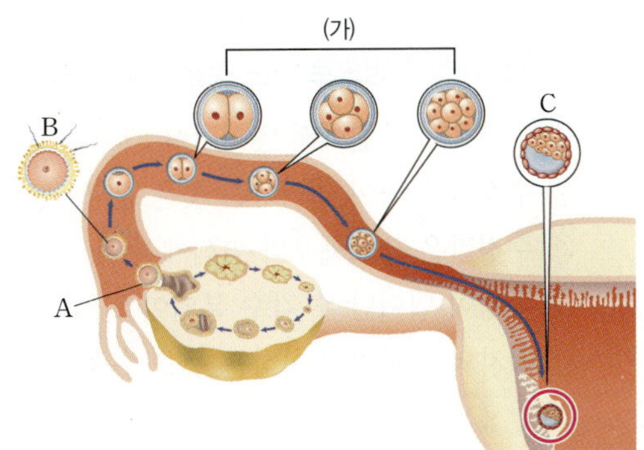

---

01 그림은 사람의 생식 기관을 나타낸 것이다.

〈남자〉 〈여자〉

이에 대한 설명으로 옳지 <u>않은</u> 것을 모두 고르면?

(답 3개)

① A에서 남성 호르몬이 생성된다.
② B는 정자가 이동하는 통로이다.
③ C는 정자가 잠시 머물면서 성숙하는 장소이다.
④ D에서 생식세포 분열이 일어난다.
⑤ E는 정자가 몸 밖으로 나가는 통로이다.
⑥ F는 난자와 수정란이 자궁으로 이동하는 통로이다.
⑦ G에서 체세포 분열을 통해 난자가 만들어진다.
⑧ H는 정자가 들어오고 태아가 나가는 통로이다.
⑨ I는 정자와 난자가 수정되는 장소이다.
⑩ 난자의 생성 및 이동 경로는 G → F → I → H → 몸 밖 순이다.

---

02 그림은 사람의 배란에서 착상까지의 과정을 나타낸 것이다.

이에 대한 설명으로 옳지 <u>않은</u> 것을 모두 고르면?

(답 3개)

① A는 약 28일을 간격으로 일어난다.
② 임신이 되더라도 A는 주기적으로 일어난다.
③ B는 수란관에서 일어난다.
④ B는 정자와 난자가 만나는 수정 과정이다.
⑤ (가)는 수정란의 초기 세포 분열 과정이다.
⑥ (가) 과정에서 세포 1개의 크기는 변화 없다.
⑦ (가) 과정이 일어날 때 세포의 생장이 거의 없다.
⑧ (가) 과정에서 세포 1개당 염색체 수는 감소한다.
⑨ C가 일어날 때 배아는 포배 상태이다.
⑩ 배아가 자궁 안쪽 벽에 파묻히는 C가 일어났을 때부터 임신되었다고 한다.

Ⓐ 생식세포의 형성과 수정

최다빈출

01 그림은 사람의 생식세포를 나타낸 것이다.

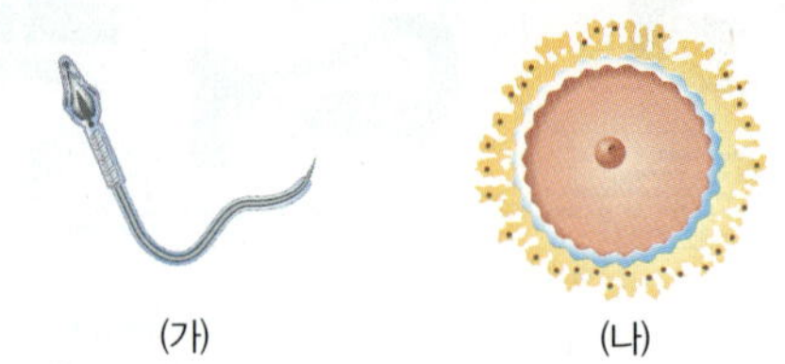

(가)　　　　　(나)

이에 대한 설명으로 옳은 것은?

① (가)는 난자, (나)는 정자이다.
② (가)는 46개의 염색체를 가진다.
③ (가)에는 핵이 없지만, (나)에는 핵이 있다.
④ (가)는 운동성이 있고, (나)는 운동성이 없다.
⑤ (가)는 난소에서, (나)는 정소에서 만들어진다.

02 수정에 대한 설명으로 옳은 것을 모두 고르면? (2개)

① 수정은 수란관에서 일어난다.
② 수정과 착상이 일어나는 곳은 같다.
③ 수정란은 생식세포와 염색체 수가 같다.
④ 수정이 일어난 후 감수 분열이 일어난다.
⑤ 정자와 난자가 결합하는 것을 수정이라고 한다.

더 알아보기 **p. 26**

사람의 생식 기관, 특히 여성의 생식 기관의 구조와 기능에 대해 잘 알아두자.

03 그림은 여성의 생식 기관을 나타낸 것이다.

이에 대한 설명으로 옳은 것을 〈보기〉에서 모두 고른 것은?

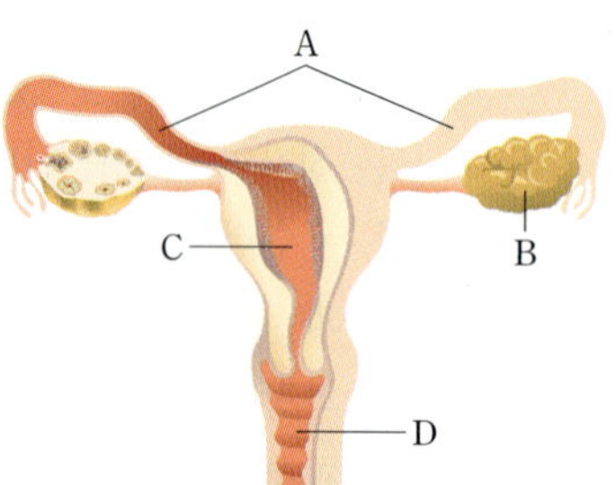

보기

ㄱ. A와 C에서 생식세포 분열이 일어난다.
ㄴ. B에서 난자가 만들어진다.
ㄷ. D에서 수정란이 형성된다.

① ㄴ　　　② ㄷ　　　③ ㄱ, ㄴ
④ ㄱ, ㄷ　　　⑤ ㄴ, ㄷ

Ⓑ 사람의 발생

04 난할에 대한 설명으로 옳지 <u>않은</u> 것은?

① 수정란의 초기 세포 분열이다.
② 난할이 진행되면 세포 수가 증가한다.
③ 난할이 진행되면 세포 1개당 염색체 수는 증가한다.
④ 세포의 생장 없이 빠르게 분열하는 체세포 분열이다.
⑤ 난할이 진행되어도 배아 전체의 크기는 비슷하게 유지된다.

기출 분석 **p. 27**

배란에서 착상까지 일어나는 과정을 이해하고, 각 과정의 특징에 대해 알아두자.

[05~06] 그림은 수정란의 형성과 초기 발생 과정을 나타낸 것이다.

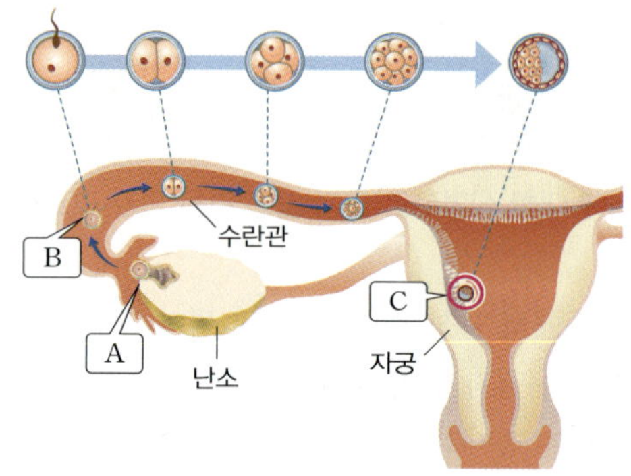

05 A~C에 해당하는 과정의 이름을 쓰시오.

최다빈출

06 이에 대한 설명으로 옳은 것을 〈보기〉에서 모두 고른 것은?

보기

ㄱ. A 과정은 정자와 만났을 때에만 일어난다.
ㄴ. B가 일어나면 이때부터 임신되었다고 한다.
ㄷ. C가 일어난 후 태반이 만들어진다.
ㄹ. C는 수정 후 약 일주일이 지나 포배 상태가 되어 일어난다.

① ㄱ, ㄴ　　　② ㄷ, ㄹ　　　③ ㄱ, ㄴ, ㄷ
④ ㄱ, ㄷ, ㄹ　　　⑤ ㄴ, ㄷ, ㄹ

07 다음은 난소에서 배란된 난자가 정자와 만난 후 임신 및 출산이 되기까지의 과정을 순서 없이 나타낸 것이다.

> (가) 수정　　(나) 착상　　(다) 배란
> (라) 출산　　(마) 난할

이를 순서대로 옳게 나열한 것은?

① (가) → (나) → (다) → (라) → (마)
② (나) → (다) → (가) → (마) → (라)
③ (다) → (가) → (마) → (나) → (라)
④ (라) → (나) → (마) → (가) → (다)
⑤ (마) → (나) → (라) → (다) → (가)

08 태아와 모체 사이에서 일어나는 물질 교환에 대한 설명으로 옳은 것을 〈보기〉에서 모두 고른 것은?

> **보기**
> ㄱ. 태아는 모체로부터 영양소와 산소를 공급받는다.
> ㄴ. 모체는 태아로부터 이산화 탄소와 노폐물을 받아들인다.
> ㄷ. 태반에서 태아의 혈액과 모체의 혈액은 서로 섞이지 않는다.
> ㄹ. 모체가 섭취한 알코올은 태반을 통해 태아로 전달되지 않는다.

① ㄱ, ㄷ　　② ㄴ, ㄹ　　③ ㄱ, ㄴ, ㄷ
④ ㄴ, ㄷ, ㄹ　　⑤ ㄱ, ㄴ, ㄷ, ㄹ

09 사람의 발생에 대한 설명으로 옳지 <u>않은</u> 것은?

① 착상 이후에 태반이 만들어진다.
② 착상되었을 때의 배아 상태를 태아라고 한다.
③ 태아는 수정된 지 약 266일 뒤에 모체 밖으로 나온다.
④ 임신 초기 3개월 이내에 태아 신체의 중요 부분이 발달한다.
⑤ 수정란이 세포 분열을 하면서 여러 과정을 거쳐 개체가 되는 것을 발생이라고 한다.

10 그림은 사람의 정자와 난자가 수정하여 수정란이 된 모습을 나타낸 것이다.

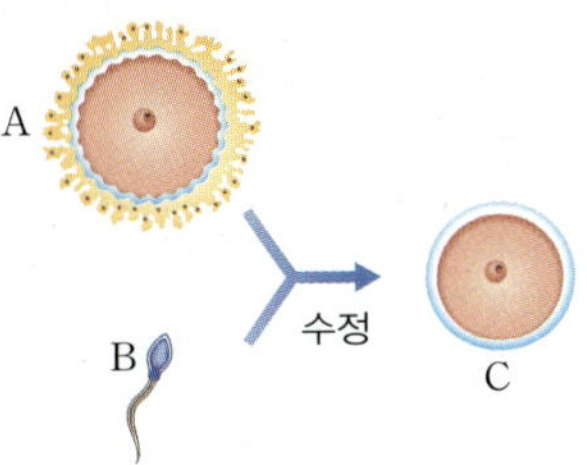

A~C의 염색체 수를 비교하여 서술하시오.

____

____

11 그림은 수정란의 난할 과정을 나타낸 것이다.

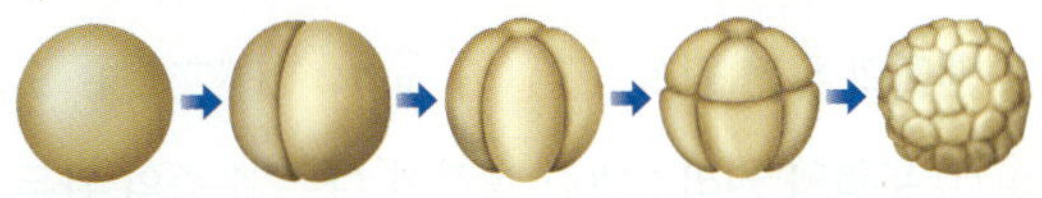

이를 통해 알 수 있는 난할의 특징을 서술하시오. (단, 세포 1개의 크기, 배 전체의 크기, 세포 1개당 염색체 수를 포함하여 서술하시오.)

____

____

12 언제부터 태아라고 하는지 그 시기를 포함하여 서술하시오.

____

____

03 멘델의 유전 원리

A 유전 용어

유전	부모의 형질이 자손에게 전달되는 현상
형질	생물이 지니고 있는 여러 가지 특성 예 모양, 색깔, 성질 등
대립 형질	한 가지 특성에 대해 서로 뚜렷하게 대비되는 형질 예 둥근 완두 ↔ 주름진 완두, 노란색 완두 ↔ 초록색 완두
표현형	유전자 구성에 따라 겉으로 드러나는 형질 예 완두 씨 모양이 둥근 것, 주름진 것
유전자형	유전자 구성을 알파벳 기호로 나타낸 것 예 RR, Rr, rr
순종	한 형질을 나타내는 대립유전자 구성이 같은 개체 예 RR, rr, rrYY
잡종	한 형질을 나타내는 대립유전자 구성이 다른 개체 예 Rr, Yy 등
우성	대립 형질이 다른 순종끼리 교배하였을 때 잡종 1대에서 나타나는 형질
열성	대립 형질이 다른 순종끼리 교배하였을 때 잡종 1대에서 나타나지 않는 형질

B 멘델이 밝힌 유전 원리

1. 멘델의 실험

(1) 멘델은 완두의 교배 실험을 통해 우열의 원리, 분리의 법칙, 독립의 법칙과 같은 유전의 원리를 밝혀냈다.

(2) 생물에는 한 가지 형질을 결정하는 한 쌍의 유전 인자가 있으며, 유전 인자는 부모에서 자손으로 전달되어 다시 쌍을 이룬다. — 멘델의 가설

2. 멘델의 유전 원리 [기출 분석 p. 34] [더 알아보기 p. 35]

최다빈출 (1) **우열의 원리** : 대립 형질이 다른 순종의 완두끼리 교배하였을 때 잡종 1대에서 우성 형질만 나타나는 현상이다. 잡종 1대에서 표현되지 않는 형질을 열성이라고 한다.

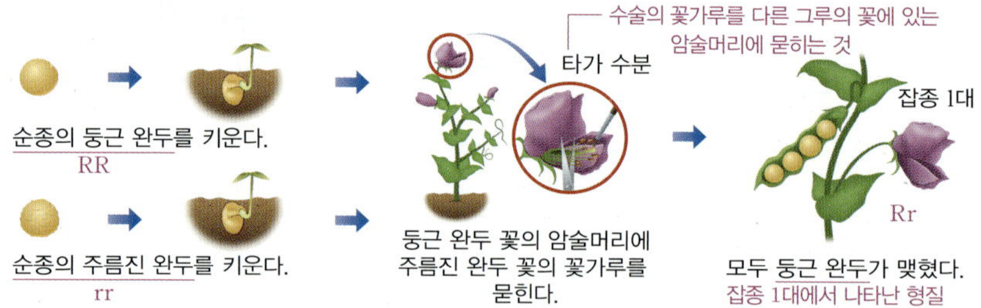

(2) **분리의 법칙** : 생식세포가 형성될 때 유전 인자(대립유전자)는 분리되어 각각 다른 생식세포로 들어간다. 그 결과 잡종 1대를 자가 수분한 잡종 2대에서 우성과 열성이 일정한 비율로 나타나는 현상이다. ➡ 잡종 2대에서 우성 표현형 : 열성 표현형 =3 : 1로 나타난다.

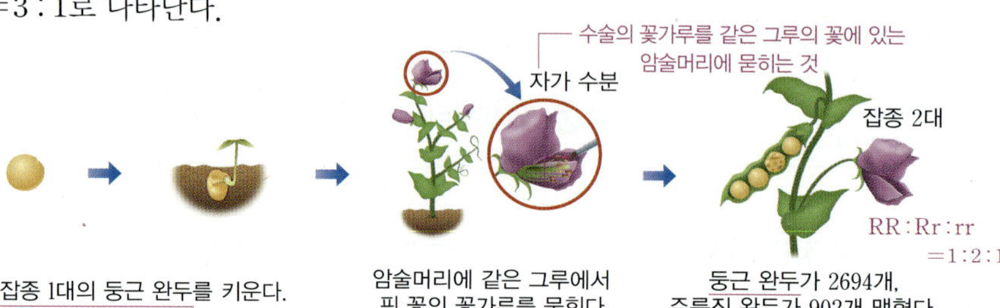

대립유전자

• 대립 형질을 결정하는 유전자로, 상동 염색체에서 동일한 위치에 존재한다.

• 우성 유전자는 알파벳 대문자로, 열성 유전자는 알파벳 소문자로 표시한다.

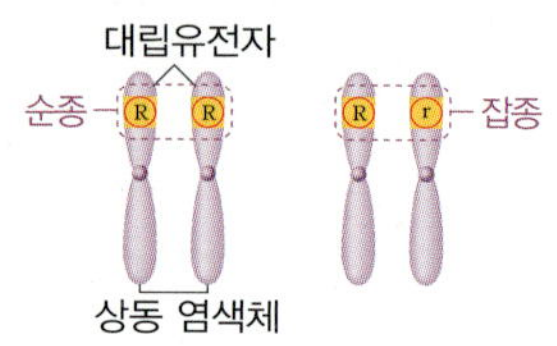

완두가 유전 연구의 재료로 적합한 까닭

• 자손의 수가 많다.
• 대립 형질이 뚜렷하다.
• 한 세대가 짧아 단시간에 여러 세대를 관찰 가능하다.
• 자가 수분과 타가 수분이 모두 가능하며, 인위적인 교배 실험에 적합하다.

멘델이 선택하여 실험한 완두의 7가지 대립 형질

구분	우성	열성
씨 모양	둥글다	주름지다
씨 색깔	노란색	초록색
콩깍지 모양	매끈하다	주름지다
콩깍지 색깔	초록색	노란색
꽃 색깔	보라색	흰색
꽃의 위치	잎 겨드랑이	줄기 끝
줄기의 키	크다	작다

우열의 원리와 분리의 법칙

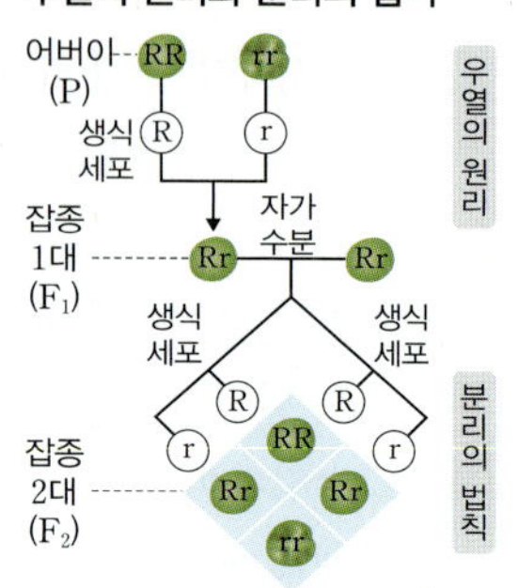

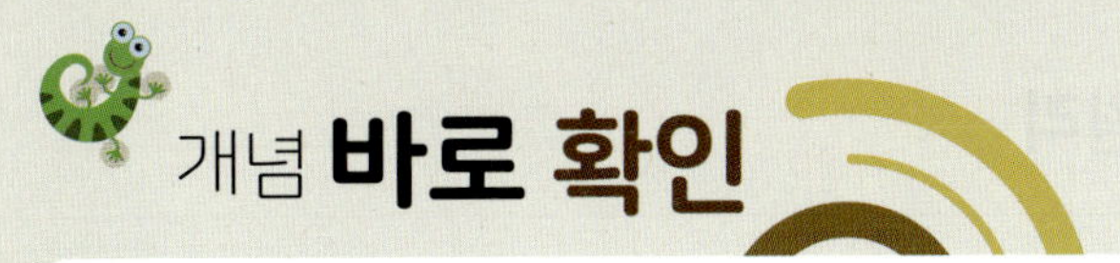

01 ㅍㅎㅎ : 유전자 구성에 따라 겉으로 드러나는 형질

02 ㅇㅈㅈㅎ : 유전자 구성을 알파벳 기호로 나타낸 것

03 한 형질을 나타내는 대립유전자의 구성이 같은 개체를 ㅅㅈ 이라 하고, 대립유전자의 구성이 다른 개체를 ㅈㅈ이라고 한다.

04 대립 형질이 다른 순종 개체끼리 교배하였을 때 잡종 1대에서 나타나는 형질을 ㅇㅅ이라 하고, 나타나지 않는 형질을 ㅇㅅ이라고 한다.

05 ㅂㄹ의 법칙 : 생식세포를 만드는 과정에서 한 쌍의 대립유전자가 분리된 후 서로 다른 생식세포로 들어가는 유전 원리

Ⓐ 유전 용어

01 유전 용어에 대한 설명으로 옳은 것은 ○, 옳지 <u>않은</u> 것은 ×로 표시하시오.

(1) 유전자형이 Rr인 것은 순종이다. ································· (   )

(2) 완두의 보라색 꽃과 흰색 꽃은 대립 형질이다. ·············· (   )

(3) 형질은 생물이 지니고 있는 여러 가지 특성이다. ·············· (   )

(4) 유전은 부모의 형질이 자녀에게 전달되는 현상이다. ············· (   )

Ⓑ 멘델이 밝힌 유전 원리

02 표는 멘델이 실험에 이용한 완두의 대립 형질이다. ㉠~㉣에 들어갈 알맞은 말을 쓰시오.

구분	우성	열성
㉠( )	둥글다	주름지다
㉡( )	노란색	초록색
콩깍지 모양	매끈하다	㉢( )
줄기의 키	크다	㉣( )

03 완두가 유전 실험 재료로 사용되기 적합한 까닭에 해당하는 것을 〈보기〉에서 모두 고르시오.

보기
ㄱ. 자손의 수가 적다.
ㄴ. 대립 형질이 뚜렷하다.
ㄷ. 한 세대가 길어 단시간에 여러 세대 관찰이 가능하다.
ㄹ. 연구자가 의도대로 인위적인 교배 실험에 적합하다.

04 그림은 순종의 둥근 완두(RR)와 주름진 완두(rr)를 교배하여 얻은 결과를 나타낸 것이다. 물음에 답하시오.

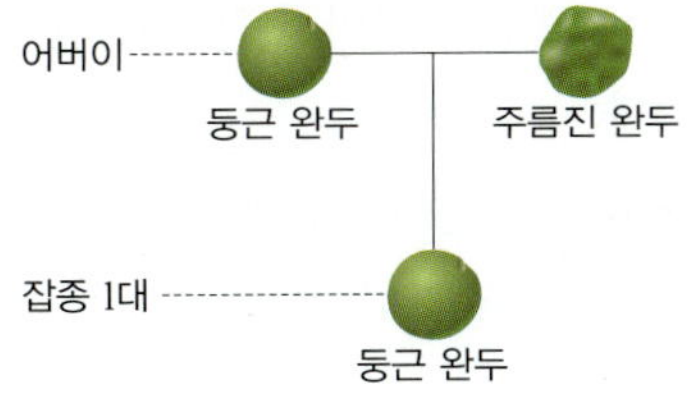

(1) 잡종 1대의 유전자형을 쓰시오.

(2) 완두의 씨 모양에서 둥근 모양과 주름진 모양 중 어느 것이 우성인지 쓰시오.

05 다음은 멘델의 유전 원리 중 분리의 법칙에 대한 설명이다. (   ) 안에 들어갈 알맞은 말을 쓰시오.

잡종 1대를 자가 수분시켰을 때 (   )는 분리되어 각각 다른 생식세포로 들어가며, 그 결과 잡종 2대에서 우성 : 열성=(   )의 일정한 비율로 나타난다.

 **(3) 독립의 법칙** : 두 쌍 이상의 대립 형질이 동시에 유전될 때 각각의 형질을 결정하는 유전 인자(대립유전자)는 서로 영향을 주지 않으며 독립적으로 유전되는 현상이다.

> **[예 – 완두 씨의 모양과 색깔 유전]**
>
> - 순종의 둥글고 노란색 완두(RRYY)와 순종의 주름지고 초록색 완두(rryy)를 교배하여 잡종 1대 (F_1)인 둥글고 노란색 완두(RrYy)를 얻는다. ➡ 완두의 모양과 색깔을 결정하는 각 유전자 쌍은 서로 다른 염색체에 있기 때문에 잡종 1대(F_1)인 둥글고 노란색 완두는 4종류의 생식세포(RY, Ry, rY, ry)를 생성한다.
> - 잡종 1대인 완두를 자가 수분하여 잡종 2대(F_1)인 완두를 얻는다. ➡ 잡종 2대(F_1)에서는 표현형이 둥글고 노란색(R_Y_), 둥글고 초록색(R_yy), 주름지고 노란색(rrY_), 주름지고 초록색(rryy) 완두가 9 : 3 : 3 : 1의 비율로 나타난다.
>
> 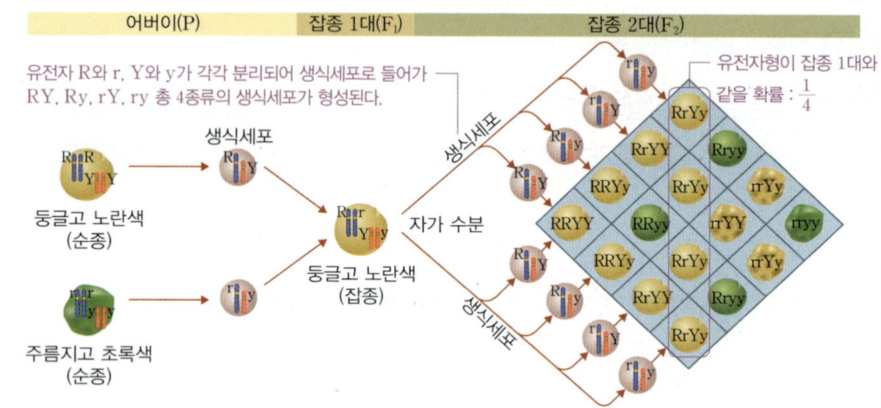
>
>
> ➡ 완두 씨의 모양과 색깔에 대한 유전자 쌍이 서로 영향을 주지 않고 각각 분리되어 서로 다른 생식세포로 들어간다.

C 중간 유전

1. 중간 유전 대립유전자 사이의 우열 관계가 뚜렷하지 않아 잡종 1대에서 부모의 중간 형질이 나타나는 유전 현상 ➡ 우열의 원리가 성립하지 않는다. — 분리의 법칙은 성립한다.

2. 중간 유전의 예 – 분꽃의 꽃잎 색깔 유전

(1) 순종의 빨간색 꽃잎 분꽃(RR)과 순종의 흰색 꽃잎 분꽃(WW)을 교배하면 잡종 1대에서 분홍색 꽃잎 분꽃(RW)만 나타난다. ➡ 빨간색 꽃잎 유전자(R)와 흰색 꽃잎 유전자(W) 사이의 우열 관계가 뚜렷하지 않다.

(2) 잡종 1대의 분홍색 꽃잎 분꽃을 자가 수분하면 잡종 2대에서 빨간색 꽃잎(RR), 분홍색 꽃잎(RW), 흰색 꽃잎(WW)이 1 : 2 : 1의 비율로 나타난다.

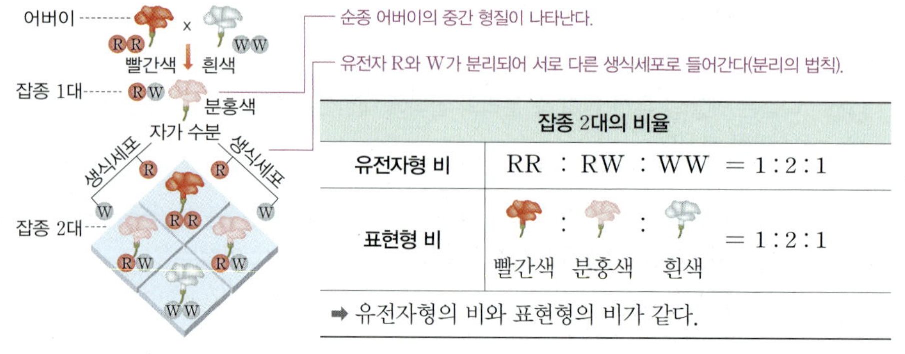

잡종 2대의 비율	
유전자형 비	RR : RW : WW = 1 : 2 : 1
표현형 비	: : = 1 : 2 : 1 빨간색 분홍색 흰색

➡ 유전자형의 비와 표현형의 비가 같다.

유전 인자

멘델은 형질을 결정하는 유전 단위를 유전 인자로 불렀으며, 이는 현재의 대립유전자에 해당한다.

생식세포

생식세포는 생식에 관여하는 세포로, 수컷의 정세포 또는 정자, 암컷의 난세포 또는 난자가 이에 해당한다.

잡종 2대에서 완두 씨 모양에 대한 표현형의 비

둥근 모양 : 주름진 모양 = 12 : 4 = 3 : 1

잡종 2대에서 완두 씨 색깔에 대한 표현형의 비

노란색 : 초록색 = 12 : 4 = 3 : 1

독립의 법칙이 성립되기 위한 조건

각각의 형질을 결정하는 대립유전자가 서로 다른 염색체에 있어야 한다.

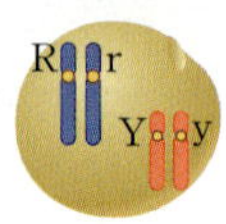

중간 유전

빨간색 분꽃과 흰색 분꽃을 교배하면 잡종 1대에는 중간 형질인 분홍색 분꽃만 나오는데, 이는 대립유전자 사이의 우열 관계가 불분명하기 때문이다. 그러나 잡종 1대를 자가 수분하면 잡종 2대에서는 분리의 법칙에 따라 빨간색 분꽃과 흰색 분꽃이 다시 나타난다.

06 그림은 순종의 둥글고 노란색 완두(RRYY)와 순종의 주름지고 초록색 완두(rryy)를 교배하여 얻은 잡종 1대를 자가 수분하여 잡종 2대를 얻는 과정을 나타낸 것이다. 둥근 모양은 주름진 모양에 대해, 노란색은 초록색에 대해 우성이며, 완두 씨의 모양과 색깔을 결정하는 유전자는 서로 다른 염색체에 있다.

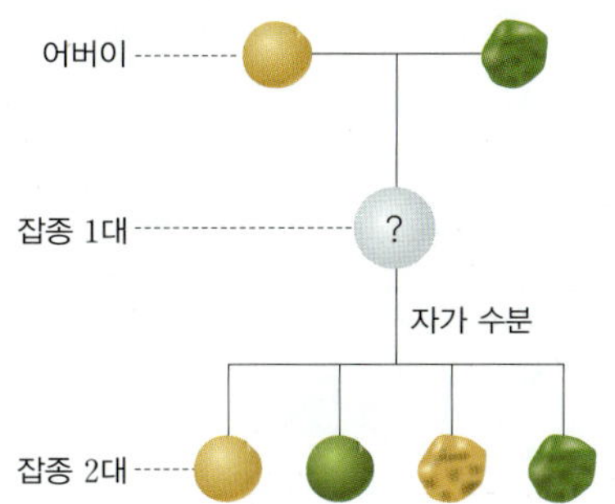

(　　　) 안에 들어갈 알맞은 말을 쓰시오.

⑴ 잡종 1대 완두의 유전자형은 (　　　)이다.
⑵ 잡종 1대 완두의 표현형은 (　　　)이다.
⑶ 잡종 2대의 표현형은 둥글고 노란색 : 둥글고 초록색 : 주름지고 노란색 : 주름지고 초록색＝(　　　)이다.
⑷ 잡종 1대를 자가 수분하여 잡종 2대에서 총 160개의 완두를 얻었다면, 이 중 둥글고 초록색인 완두는 이론상 (　　　)개이다.

07 다음은 멘델의 유전 원리 중 독립의 법칙에 대한 설명이다. (　　　) 안에 들어갈 알맞은 말을 쓰시오.

> (　　　) 이상의 대립 형질이 동시에 유전될 때 각각의 형질을 결정하는 대립유전자는 서로 영향을 주지 않으며 (　　　)으로 유전된다.

C 중간 유전

08 오른쪽 그림은 순종의 빨간색 분꽃(RR)과 순종의 흰색 분꽃(WW)을 교배하여 얻은 잡종 1대를 나타낸 것이다.

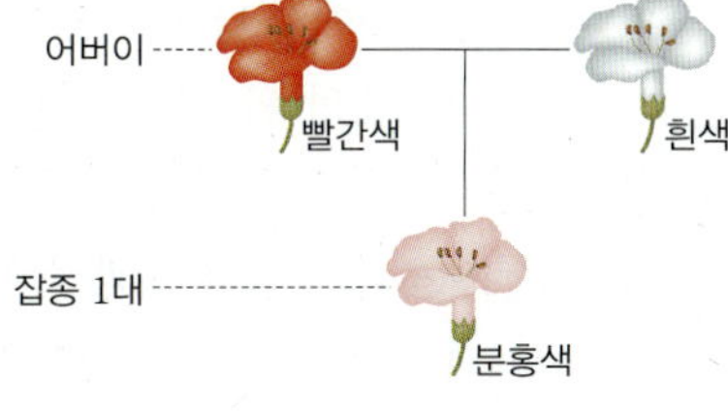

⑴ 잡종 1대의 유전자형을 쓰시오.
⑵ 잡종 1대를 자가 수분하여 잡종 2대에서 총 100개의 씨를 얻었다면, 이 중 분홍색 분꽃은 이론상 (　　　)개이다.

09 중간 유전에 대한 설명으로 옳은 것은 ○, 옳지 않은 것은 ×로 표시하시오.

⑴ 분리의 법칙은 성립한다. ··· (　　　)
⑵ 우성 대립유전자와 열성 대립유전자가 뚜렷하게 구분된다. ··········· (　　　)
⑶ 분홍색 분꽃을 자가 수분하였을 때 나타나는 자손의 표현형은 3가지이다.
·· (　　　)

멘델의 유전 원리(우열의 원리, 분리의 법칙)

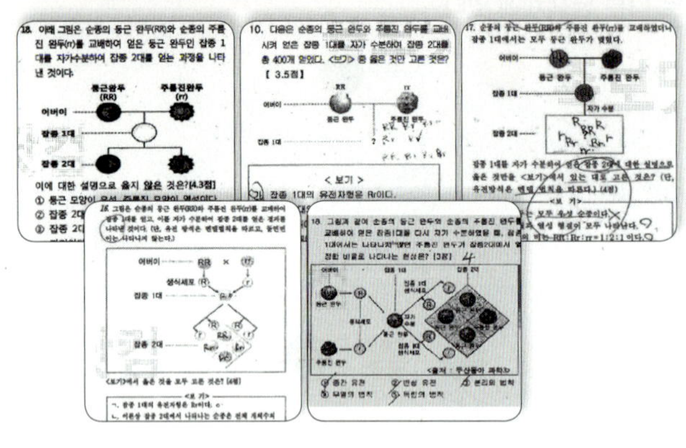

멘델의 유전 원리(독립의 법칙)

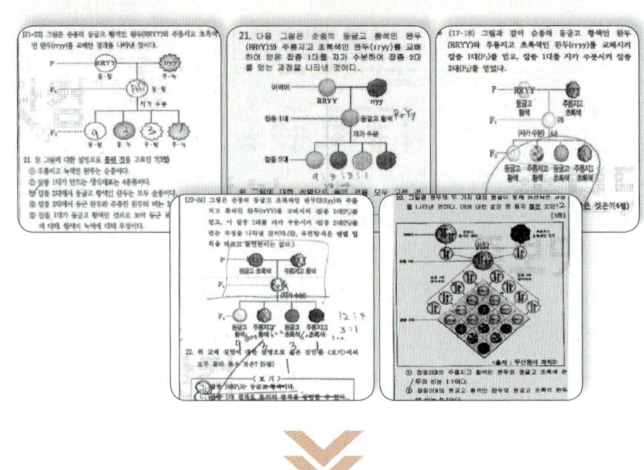

01 그림은 순종의 노란색 완두와 순종의 초록색 완두를 교배하여 얻은 잡종 1대를 자가 수분하여 잡종 2대를 얻는 과정을 나타낸 것이다.

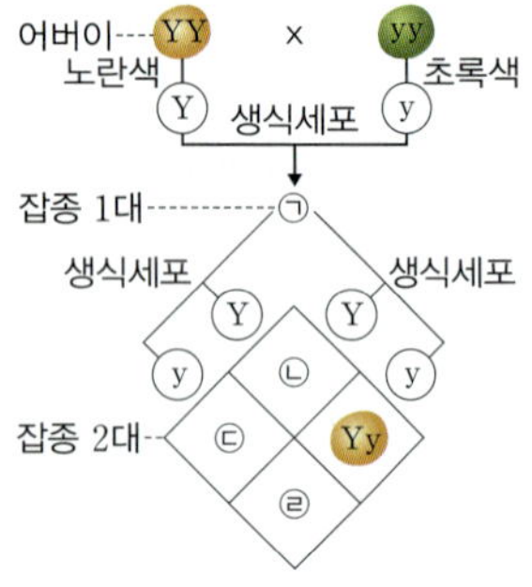

이에 대한 설명으로 옳은 것을 모두 고르면? (4개)

① 잡종 1대의 유전자형은 Yy이다.

② 대립유전자 Y가 y에 대해 열성이다.

③ 잡종 1대에서 나오는 형질이 열성이다.

④ 잡종 1대의 완두에서 4종류의 생식세포가 형성된다.

⑤ ㉠~㉣ 중 순종은 ㉡과 ㉣이다.

⑥ ㉡과 ㉢의 표현형은 서로 다르다.

⑦ ㉣은 초록색 완두이다.

⑧ 잡종 2대에서 노란색 완두와 초록색 완두의 분리비는 1 : 1이다.

⑨ 잡종 2대에서 총 400개의 완두를 얻었다면 이 중 노란색 완두는 이론상 300개이다.

⑩ 잡종 2대에서 총 800개의 완두를 얻었다면 이 중 초록색 완두는 이론상 400개이다.

02 그림은 순종의 둥글고 노란색 완두와 순종의 주름지고 초록색 완두를 교배하여 얻은 잡종 1대를 자가 수분하여 잡종 2대를 얻는 과정을 나타낸 것이다.

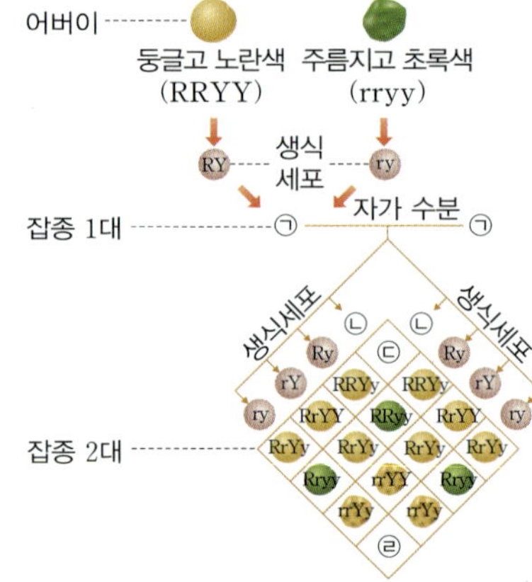

이에 대한 설명으로 옳지 않은 것을 모두 고르면? (3개)

① ㉠의 유전자형은 RrYy이다.

② 잡종 1대에서 나오는 형질이 우성이다.

③ 잡종 1대의 완두에서 4종류의 생식세포가 형성된다.

④ ㉠, ㉢, ㉣ 중 잡종은 ㉢과 ㉣이다.

⑤ ㉢은 둥글고 노란색 완두이다.

⑥ ㉣은 주름지고 초록색 완두이다.

⑦ 잡종 2대에서 둥근 완두 : 주름진 완두＝2 : 1이다.

⑧ 잡종 2대에서 총 1600개의 완두를 얻었다면, 이 중 주름지고 노란색 완두는 이론상 900개이다.

더 알아보기

정답 및 해설 9쪽

멘델의 유전 원리를 이용하여 완두의 개수 구하기

한 쌍의 대립 형질의 유전

그림은 순종의 노란색 완두(YY)와 순종의 초록색 완두(yy)를 교배하여 얻은 잡종 1대(Yy)를 자가 수분하여 잡종 2대를 얻는 과정을 나타낸 것이다.

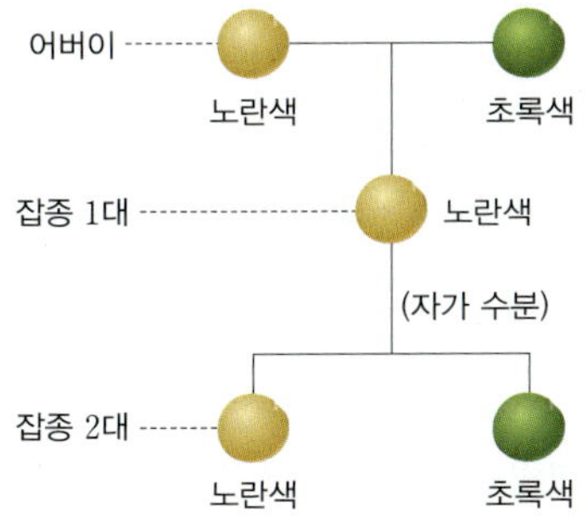

표현형 비 = 3 : 1

1. 잡종 1대를 자가 수분하였을 때, 잡종 2대에서 나올 수 있는 자손의 유전자형과 표현형 구하기

생식세포	Y	y	
Y	YY	Yy	노란색
y	Yy	yy	초록색

➡ 잡종 2대에서 노란색(YY, Yy) : 초록색(yy)=3 : 1로 나온다.

2. 잡종 2대에서 총 100개의 완두를 얻었다면, 잡종 2대에서 특정 형질을 가진 완두의 개수 구하기

① 노란색 완두의 개수 : $100 \times \frac{3}{4} = 75$개

② 초록색 완두의 개수 : $100 \times \frac{1}{4} = 25$개

③ 잡종 1대와 유전자형이 같은 완두의 개수 : $100 \times \frac{2}{4} = 50$개

두 쌍의 대립 형질의 유전

그림은 순종의 둥글고 노란색 완두(RRYY)와 순종의 주름지고 초록색 완두(rryy)를 교배하여 얻은 잡종 1대(RrYy)를 자가 수분하여 잡종 2대를 얻는 과정을 나타낸 것이다.

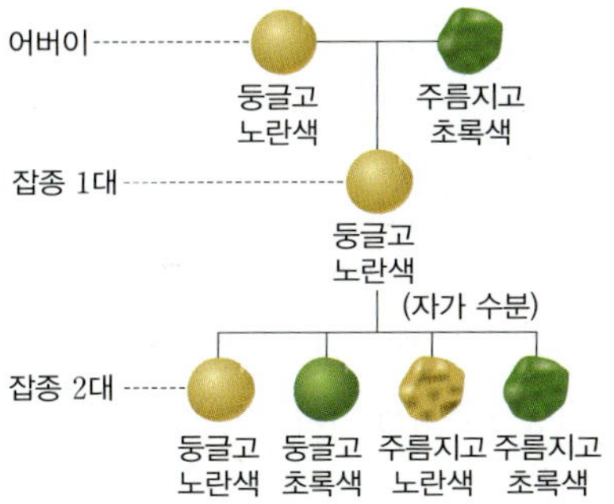

표현형 비 = 9 : 3 : 3 : 1

1. 잡종 1대를 자가 수분하였을 때, 잡종 2대에서 나올 수 있는 유전자형과 표현형 구하기

생식세포	RY	Ry	rY	ry
RY	RRYY	RRYy	RrYY	RrYy
Ry	RRYy	RRyy	RrYy	Rryy
rY	RrYY	RrYy	rrYY	rrYy
ry	RrYy	Rryy	rrYy	rryy

둥글고 노란색 / 둥글고 초록색 / 주름지고 노란색 / 주름지고 초록색

➡ 잡종 2대에서 둥글고 노란색(R_Y_) : 둥글고 초록색(R_yy) : 주름지고 노란색(rrY_) : 주름지고 초록색(rryy)= 9 : 3 : 3 : 1로 나온다.

2. 잡종 2대에서 총 160개의 완두를 얻었다면, 잡종 2대에서 특정 형질을 가진 완두의 개수 구하기

① 둥글고 노란색 완두 : $160 \times \frac{9}{16} = 90$개

② 둥글고 초록색 완두 : $160 \times \frac{3}{16} = 30$개

③ 주름지고 초록색 완두 : $160 \times \frac{1}{16} = 10$개

유제 01

순종의 노란색 완두와 순종의 초록색 완두를 교배하여 잡종 1대인 노란색 완두를 얻은 다음, 이 잡종 1대를 자가 수분하여 잡종 2대를 얻었다.

잡종 2대에서 총 200개의 완두를 얻었다면, 다음과 같은 형질을 가진 완두의 개수를 구하시오.

(1) 노란색 완두의 개수 : (　　　)

(2) 초록색 완두의 개수 : (　　　)

유제 02

순종의 둥글고 노란색 완두와 순종의 주름지고 초록색 완두를 교배하여 잡종 1대인 둥글고 노란색 완두를 얻은 다음, 이 잡종 1대를 자가 수분하여 잡종 2대를 얻었다.

잡종 2대에서 총 800개의 완두를 얻었다면, 다음과 같은 형질을 가진 완두의 개수를 구하시오.

(1) 둥글고 노란색 완두의 개수 : (　　　)

(2) 주름지고 노란색 완두의 개수 : (　　　)

(3) 주름지고 초록색 완두의 개수 : (　　　)

A 유전 용어

01 유전 용어에 대한 설명으로 옳지 <u>않은</u> 것은?

① 형질은 생물이 지니고 있는 여러 가지 특성이다.
② 유전은 부모의 형질을 자손에게 물려주는 현상이다.
③ 표현형은 유전자 구성을 알파벳 기호로 나타낸 것이다.
④ 순종은 형질을 나타내는 대립유전자 구성이 같은 개체이다.
⑤ 우성은 대립 형질이 다른 순종끼리 교배하였을 때 잡종 1대에서 나타나는 형질이다.

02 대립 형질에 대한 설명으로 옳은 것을 〈보기〉에서 모두 고른 것은?

─ 보기 ─
ㄱ. 대립유전자 구성이 같거나 다른 형질이다.
ㄴ. 한 가지 특성에 대해 뚜렷하게 대비되는 형질이다.
ㄷ. 완두의 보라색 꽃잎과 흰색 꽃잎은 대립 형질이다.
ㄹ. 완두의 초록색 꼬투리와 초록색 씨는 대립 형질이다.

① ㄱ, ㄷ　　② ㄴ, ㄷ　　③ ㄴ, ㄹ
④ ㄱ, ㄴ, ㄷ　　⑤ ㄴ, ㄷ, ㄹ

03 다음 유전자형에서 순종인 것을 〈보기〉에서 모두 고른 것은?

─ 보기 ─
ㄱ. Aa　　ㄴ. bb　　ㄷ. RRyy
ㄹ. BBDd　　ㅁ. AABbDd　　ㅂ. aabbdd

① ㄱ, ㄴ　　② ㄴ, ㄷ　　③ ㅁ, ㅂ
④ ㄴ, ㄷ, ㅂ　　⑤ ㄹ, ㅁ, ㅂ

B 멘델이 밝힌 유전 원리

04 완두가 유전 연구의 재료로 적합한 까닭이 <u>아닌</u> 것은?

① 대립 형질이 뚜렷하다.
② 자유로운 교배가 가능하다.
③ 기르기 쉽고 한 세대가 짧다.
④ 자가 수분과 타가 수분이 모두 가능하다.
⑤ 자손의 수가 적어 통계적인 분석에 용이하다.

[05~07] 그림은 순종의 둥근 완두(RR)와 순종의 주름진 완두(rr)를 교배하여 얻은 잡종 1대를 자가 수분하여 잡종 2대를 얻는 과정을 나타낸 것이다.

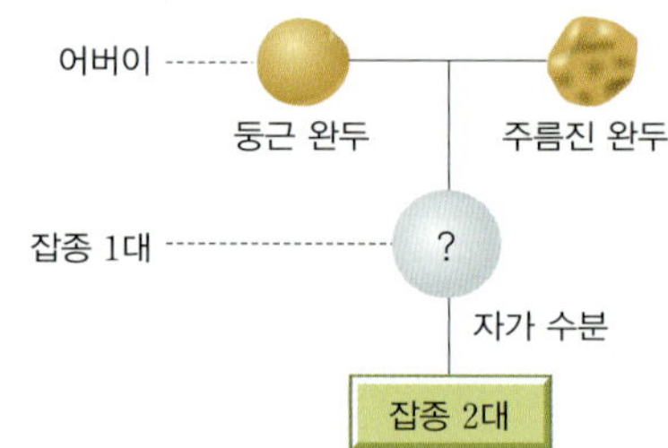

05 잡종 1대의 유전자형과 표현형을 쓰시오.

(1) 유전자형 : (　　　　　)
(2) 표현형 : (　　　　　)

06 잡종 1대를 자가 수분한 결과, 잡종 2대에서 나타나는 둥근 완두와 주름진 완두의 표현형의 비는?

① 1 : 1　　② 1 : 2　　③ 1 : 3
④ 2 : 1　　⑤ 3 : 1

최다빈출
07 잡종 1대를 자가 수분한 결과, 잡종 2대에서 나타나는 유전자형의 분리비를 옳게 짝 지은 것은?

	RR : Rr : rr		RR : Rr : rr
①	1 : 1 : 1	②	1 : 2 : 1
③	1 : 1 : 2	④	2 : 1 : 1
⑤	3 : 0 : 1		

기출 분석 p. 34 · 더 알아보기 p. 35
한 쌍의 대립 형질의 유전을 통해 우열의 원리와 분리의 법칙이 어떻게 적용되는지 알아두자.

[08~09] 그림은 순종의 노란색 완두(YY)와 순종의 초록색 완두(yy)를 교배하여 얻은 잡종 1대를 자가 수분하여 잡종 2대를 얻는 과정을 나타낸 것이다.

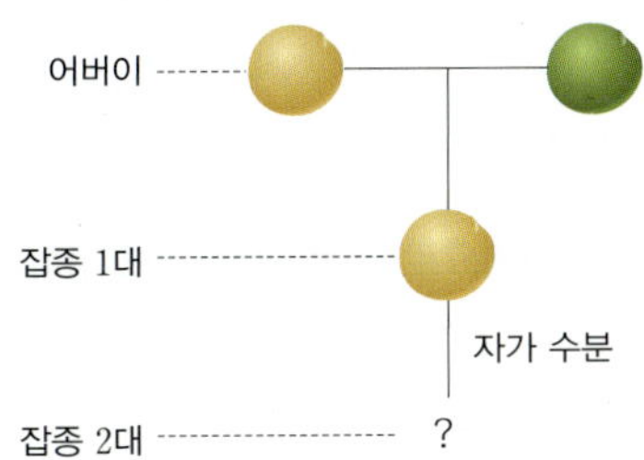

08 이에 대한 설명으로 옳지 <u>않은</u> 것은?

① 잡종 1대는 잡종이다.

② 분리의 법칙이 성립한다.

③ 노란색 완두가 우성이다.

④ 잡종 2대에서 완두의 유전자형은 3가지이다.

⑤ 잡종 2대에서 노란색 완두가 나올 확률은 $\frac{1}{4}$이다.

09 잡종 2대에서 총 200개의 완두를 얻었다면, 이 중 유전자형이 잡종 1대와 같은 것은 이론상 모두 몇 개인가?

① 0개　　② 50개　　③ 100개

④ 150개　　⑤ 200개

10 그림과 같이 (가) 키 큰 완두와 (나) 키 작은 완두를 교배하였더니 자손에서 키 큰 완두와 키 작은 완두가 1:1의 비로 나타났다.

(가)와 (나)의 유전자형을 옳게 짝 지은 것은?
(단, 키 큰 완두가 키 작은 완두에 대해 우성이며, 큰 키 유전자는 T, 작은 키 유전자는 t로 표시한다.)

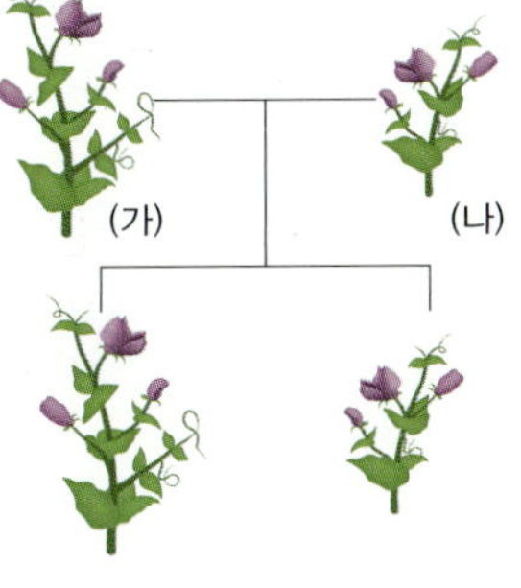

	(가)	(나)		(가)	(나)
①	TT	TT	②	TT	Tt
③	Tt	Tt	④	Tt	tt
⑤	tt	Tt			

[11~13] 그림은 순종의 둥글고 노란색 완두와 순종의 주름지고 초록색 완두를 교배하여 얻은 잡종 1대를 자가 수분하여 잡종 2대를 얻는 과정을 나타낸 것이다.

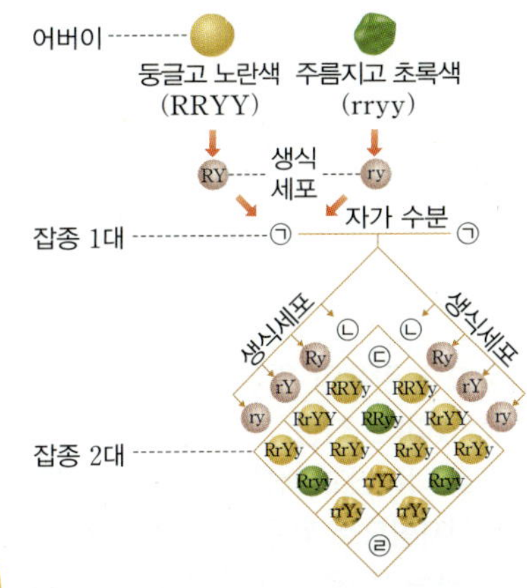

11 이에 대한 설명으로 옳지 <u>않은</u> 것은?

① ㉠은 둥글고 노란색 완두이다.

② ㉡의 유전자형은 RY이다.

③ ㉢과 ㉣은 모두 순종이다.

④ 잡종 1대의 완두에서 4종류의 생식세포가 형성된다.

⑤ 잡종 2대에서 둥근 완두 : 주름진 완두＝2 : 1로 나온다.

12 잡종 2대에서 총 1600개의 완두를 얻었다면, 이 중 주름지고 노란색 완두는 이론상 모두 몇 개인가?

① 100개　　② 300개　　③ 600개

④ 900개　　⑤ 1600개

13 잡종 2대에서 총 1600개의 완두를 얻었다면, 이 중 ㉢ 완두는 이론상 모두 몇 개인가?

① 100개　　② 300개　　③ 600개

④ 900개　　⑤ 1600개

14 다음 중 자손에서 주름지고 초록색 완두가 나올 수 있는 경우는? (단, 완두 씨의 모양이 둥근 유전자는 R, 주름진 유전자는 r, 완두 씨의 색깔이 노란색 유전자는 Y, 초록색 유전자는 y로 표시한다.)

① RRYY × rryy
② RRYY × RRYY
③ RRyy × rrYY
④ RrYy × RrYy
⑤ RrYY × Rryy

15 (가) 둥글고 노란색인 완두와 주름지고 초록색인 완두를 교배하였더니, 잡종 1대에서 둥근 완두 : 주름진 완두=1 : 1로 나타났고 색깔은 노란색만 나타났다.
(가)의 유전자형으로 옳은 것은? (단, 완두 씨의 모양이 둥근 유전자는 R, 주름진 유전자는 r, 완두 씨의 색깔이 노란색 유전자는 Y, 초록색 유전자는 y로 표시한다.)

① RRYY
② RrYy
③ rrYY
④ RRYy
⑤ RrYY

ⓒ 중간 유전

16 중간 유전에 대한 설명으로 옳은 것을 〈보기〉에서 모두 고른 것은?

> 보기
>
> ㄱ. 분리의 법칙이 성립하지 않는다.
> ㄴ. 우열의 원리가 성립하지 않는다.
> ㄷ. 대립유전자 사이의 우열 관계가 뚜렷하지 않다.
> ㄹ. 순종의 빨간색 꽃잎 분꽃과 순종의 흰색 꽃잎 분꽃을 교배하면 잡종 1대에서 분홍색 분꽃만 나온다.

① ㄱ, ㄷ
② ㄴ, ㄷ
③ ㄴ, ㄹ
④ ㄱ, ㄴ, ㄷ
⑤ ㄴ, ㄷ, ㄹ

[17~19] 그림은 순종의 빨간색 꽃잎 분꽃(RR)과 순종의 흰색 꽃잎 분꽃(WW)을 교배하여 얻은 잡종 1대를 자가 수분하여 잡종 2대를 얻는 과정을 나타낸 것이다.

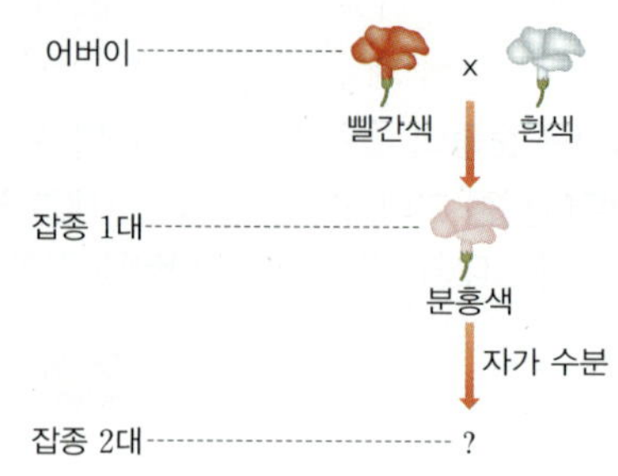

최다빈출

17 이에 대한 설명으로 옳은 것을 〈보기〉에서 모두 고른 것은?

> 보기
>
> ㄱ. 잡종 2대에서 표현형의 분리비는 3 : 1이다.
> ㄴ. 잡종 2대에서 나타나는 꽃잎 색깔의 종류는 3가지이다.
> ㄷ. 빨간색 꽃잎 유전자가 흰색 꽃잎 유전자에 대해 우성이다.

① ㄱ
② ㄴ
③ ㄷ
④ ㄱ, ㄴ
⑤ ㄴ, ㄷ

18 잡종 2대에서 총 200개의 분꽃을 얻었다면, 이 중 분홍색 분꽃은 이론상 모두 몇 개인가?

① 0개
② 50개
③ 100개
④ 150개
⑤ 200개

19 잡종 1대를 어버이와 같은 순종의 빨간색 분꽃과 교배하였을 때 나타날 수 있는 자손의 분꽃 색을 모두 열거한 것은?

① 빨간색
② 분홍색
③ 빨간색, 분홍색
④ 빨간색, 흰색
⑤ 빨간색, 분홍색, 흰색

서술형은 이렇게

20 멘델이 사용한 완두가 유전 실험의 재료로 적합한 까닭을 세 가지만 서술하시오.

____

____

21 멘델이 정의한 우성과 열성의 개념에 대해 각각 서술하시오.

____

____

____

22 멘델의 유전 원리 중 분리의 법칙에 대해 서술하시오.

____

____

____

23 다음은 키가 큰 완두와 키가 작은 완두의 교배 실험 결과이다.

> • A 키가 큰 완두와 C 키가 작은 완두를 교배하였더니, 모두 키가 큰 완두만 나왔다.
> • B 키가 큰 완두와 C 키가 작은 완두를 교배하였더니, 키가 큰 완두와 키가 작은 완두가 비슷한 비율로 나왔다.

A와 B의 유전자형을 각각 쓰시오. (단, 키 큰 완두가 키 작은 완두에 대해 우성이며, 큰 키 유전자는 T, 작은 키 유전자는 t로 표시한다.)

____

____

24 그림은 순종의 둥글고 노란색 완두(RRYY)와 순종의 주름지고 초록색 완두(rryy)를 교배하여 얻은 잡종 1대를 자가 수분하여 잡종 2대를 얻는 과정을 나타낸 것이다.

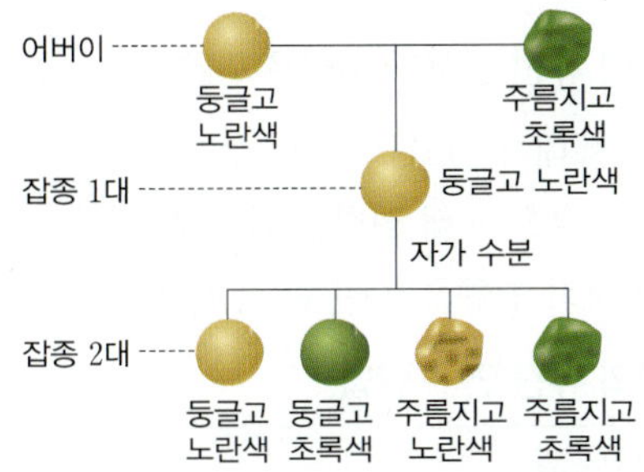

(1) 잡종 2대에서 둥근 완두 : 주름진 완두, 그리고 노란색 완두 : 초록색 완두의 비를 각각 쓰시오.
- 둥근 완두 : 주름진 완두 = (　　　　)
- 노란색 완두 : 초록색 완두 = (　　　　)

(2) (1)을 토대로 멘델이 밝혀낸 유전 원리와 그 유전 원리에 대해 서술하시오.

____

____

____

25 그림은 순종의 빨간색 꽃잎 분꽃(RR)과 순종의 흰색 꽃잎 분꽃(WW)을 교배하여 얻은 잡종 1대를 자가 수분하여 잡종 2대를 얻는 과정을 나타낸 것이다.

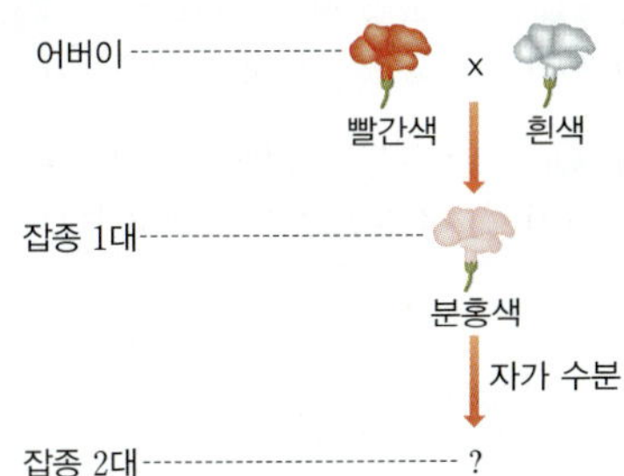

(1) 잡종 1대에서 분홍색 꽃잎 분꽃만 나타나는 까닭을 서술하시오.

____

____

(2) 잡종 2대에서 표현형의 분리비와 유전자형의 분리비를 서술하시오.

____

____

04 사람의 유전

A 사람의 유전 연구

1. 사람의 유전 연구가 어려운 까닭 — 완두가 유전 연구의 재료로 적합한 까닭의 반대이다.

(1) 한 세대가 길고, 자손의 수가 적다.
(2) 자유로운 교배 실험을 할 수가 없다.
(3) 환경의 영향을 많이 받고, 대립 형질이 복잡하다.

2. 사람의 유전 연구 방법

연구 방법	특징
가계도 조사	• 가족과 친척의 특정 형질을 조사하여 유전 형질이 여러 세대를 걸쳐 어떻게 유전되는지 알아보는 방법 ➡ 형질이 우성 또는 열성인지의 여부, 형질을 결정하는 유전자가 상염색체 또는 성염색체에 있는지의 여부, 태어날 자손이 특정 형질을 가질 확률을 알 수 있다.
쌍둥이 연구	• 쌍둥이의 성장 환경과 특정 형질의 발현이 어느 정도 일치하는지 조사하는 방법 ➡ 유전과 환경이 특정 형질에 끼치는 영향을 알아보는 데 이용된다. • 1란성 쌍둥이는 유전적 구성이 서로 같으며, 이들의 형질 차이는 환경의 영향으로 나타날 가능성이 높다. — 성별은 항상 같다. • 2란성 쌍둥이는 유전자 구성이 서로 다르며, 이들의 형질 차이는 유전과 환경의 영향으로 나타난다. — 성별은 같을 수도 있고 다를 수도 있다. 한 개의 난자가 한 개의 정자와 수정 → 수정란이 둘로 나뉘어 각각 태아로 발생 → 유전적으로 동일함 ▲ 1란성 쌍둥이 / 두 개의 난자가 각각 다른 정자와 수정 → 각각의 수정란이 별개의 태아로 발생 → 유전적으로 동일하지 않음 ▲ 2란성 쌍둥이
통계 조사 (집단 조사)	• 특정 형질이 나타난 사례를 많이 수집하여 자료를 통계적으로 분석하는 방법 ➡ 형질이 유전되는 특징과 유전자의 분포 등을 예측할 수 있다.
염색체와 유전자 조사	• 염색체 수와 모양 분석 ➡ 염색체 이상에 의한 유전병을 진단할 수 있다. • DNA 또는 유전자 분석 ➡ 특정 형질에 관여하는 유전자를 알아낼 수 있다.

가계도

특징 형질을 여러 세대에 걸쳐 조사하여 그림으로 나타낸 것

가계도 표시 기호

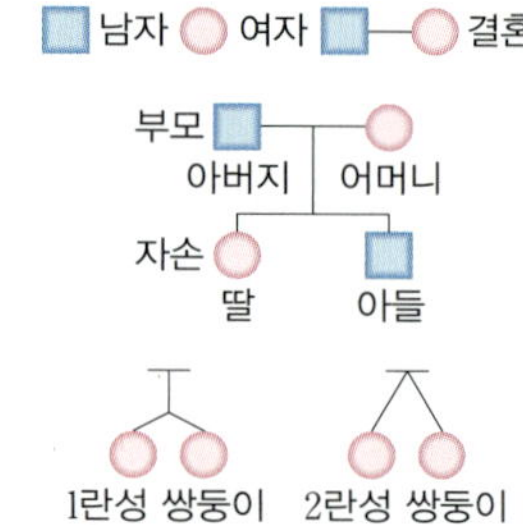

쌍둥이 연구

1란성 쌍둥이 중 같은 환경에서 자란 경우우 다른 환경에서 자란 경우 어떤 형질이 환경에 상관없이 동일하게 나오면 이 형질은 유전자의 영향을 많이 받는 형질이며, 어떤 형질이 같은 환경에서 자랐을 때보다 다른 환경에서 자랐을 때 차이가 크면 이 형질은 환경의 영향을 많이 받는 형질이다.

B 상염색체 유전 `기출 분석 p. 44` `더 알아보기 p. 45`

1. 상염색체 유전 상염색체에 있는 한 쌍의 대립유전자에 의해 형질이 결정되므로 남녀에 따라 유전 형질이 나타나는 빈도에 차이가 없다.

2. 상염색체에 있는 한 쌍의 대립유전자에 의해 결정되는 형질

형질	눈꺼풀	머리카락	귓불 모양	혀 말기	PTC 미맹	보조개
우성	쌍꺼풀	곱슬머리	분리형	가능	정상	있음
열성	외꺼풀	곧은머리	부착형	불가능	미맹	없음

➡ 멘델의 분리의 법칙에 따라 유전되며, 대립 형질이 비교적 명확하게 구분되고, 남녀에 따라 형질이 나타나는 빈도에 차이가 없다.

PTC 미맹

PTC 용액의 쓴맛을 느끼지 못하는 형질이다.

PTC 미맹 가계도의 예

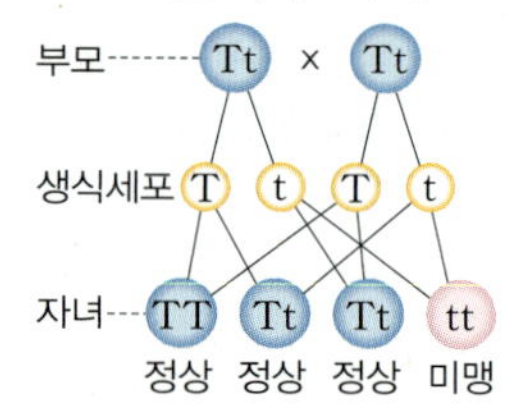

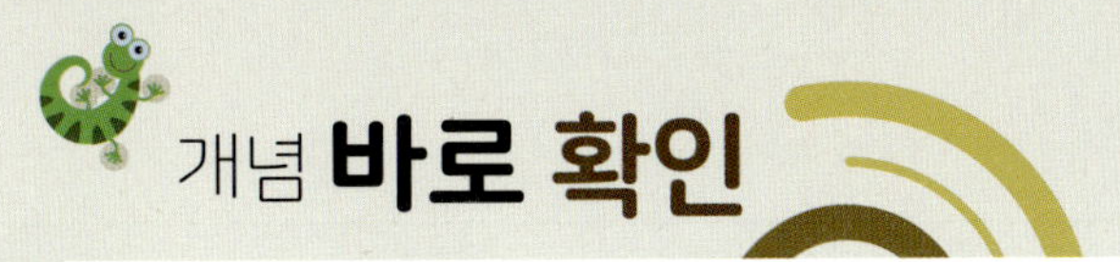

개념 **바로 확인**

01 ㄱㄱㄷ 조사 : 가족의 특정 형질을 조사하여 유전 형질이 여러 세대를 걸쳐 어떻게 유전되는지 알아보는 유전 연구 방법

02 ㅆㄷㅇ 연구 : 유전과 환경이 특정 형질에 미치는 영향을 알아보는 데 이용되는 유전 연구 방법

03 ㅌㄱ 조사 : 자료를 통계적으로 분석하여 특정 형질이 유전되는 방식 및 발생 분포 등을 파악하는 유전 연구 방법

04 염색체 수와 모양을 분석하면 ㅇㅅㅊ 이상에 의한 유전병을 진단할 수 있다.

05 ㅅㅇㅅㅊ 유전 : 상염색체에 있는 한 쌍의 대립유전자에 의해 형질이 결정된다.

06 PTC 용액에 대해 쓴맛을 느끼지 못하는 형질을 PTC ㅁㅁ 이라고 한다.

A 사람의 유전 연구

01 사람의 유전 연구가 어려운 까닭에 대한 설명으로 옳은 것은 ○, 옳지 <u>않은</u> 것은 ×로 표시하시오.

(1) 형질이 다양하고 복잡하다. ·· (   )

(2) 자유로운 교배가 불가능하다. ··· (   )

(3) 한 세대가 짧고 자손의 수가 적다. ·· (   )

(4) 형질이 결정되는 데 환경의 영향을 거의 받지 않는다. ·················· (   )

02 가계도 분석을 통해 알 수 있는 것을 〈보기〉에서 모두 고르시오.

┤ 보기 ├

ㄱ. 형질이 우성인지, 열성인지의 여부
ㄴ. 형질이 유전자 또는 환경에 의해 결정되는지의 여부
ㄷ. 형질을 결정하는 유전자가 상염색체 또는 성염색체에 있는지의 여부

03 다음 설명에 해당하는 사람의 유전 연구 방법이 무엇인지 쓰시오.

(1) (   ) : 한 집안에서 특정 형질이 어떻게 유전되는지 조사한다.

(2) (   ) : 특정 형질에 대해 유전과 환경이 미치는 영향을 조사한다.

(3) (   ) : 특정 형질이 나타난 사례를 많이 수집하여 자료를 통계적으로 분석한다.

04 그림 (가)와 (나)는 1란성 쌍둥이와 2란성 쌍둥이의 형성 원리를 순서 없이 나타낸 것이다.

표에서 ㉠~㉣에 들어갈 알맞은 말을 쓰시오.

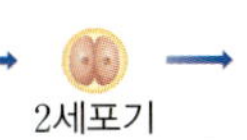

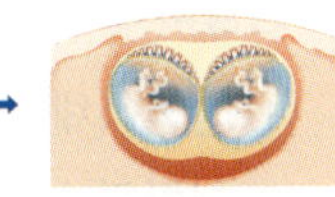

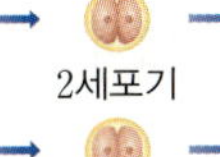

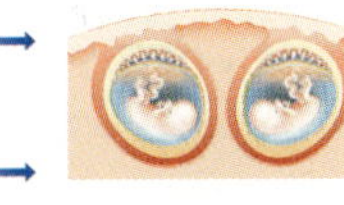

구분	(가)	(나)
쌍둥이 종류	㉠( ) 쌍둥이	㉡( ) 쌍둥이
형질 차이	㉢( )	환경, 유전
유전자 구성	같다	㉣( )

B 상염색체 유전

05 사람의 상염색체 유전에 대한 설명으로 옳은 것은 ○, 옳지 <u>않은</u> 것은 ×로 표시하시오.

(1) 상염색체에 있는 한 쌍의 대립유전자에 의해 형질이 결정된다. ······· (   )

(2) 혀 말기 가능은 우성 형질, 혀 말기 불가능은 열성 형질이다. ·········· (   )

(3) 우성 형질을 가진 사람의 수가 열성 형질을 가진 사람의 수보다 항상 많다.
·· (   )

04 사람의 유전

3. ABO식 혈액형 유전(복대립 유전) ABO식 혈액형 유전자는 상염색체에 있으며, 한 쌍의 대립유전자에 의해 형질이 결정된다. — 다인자 유전과 구분하여 알아둔다.

(1) 대립유전자에는 A, B, O 3가지가 있으며, A와 B는 O에 대해 각각 우성이고, A와 B 사이에는 우열 관계가 없다.(A=B>O)

(2) **표현형과 유전자형** : 표현형은 4가지, 유전자형은 6가지이다.

표현형	A형	B형	AB형	O형
유전자형	AA 또는 AO	BB 또는 BO	AB	OO
상동 염색체 상의 대립 유전자 위치				

4. 여러 쌍의 대립유전자에 의한 유전(다인자 유전)

(1) 상염색체에 의해 유전되며, 한 형질을 결정할 때 두 쌍 이상의 대립유전자가 관여하는 유전 방식이다.

(2) 대립 형질이 뚜렷하지 않고 표현형이 조금씩 차이를 보이면서 다양하게 나타난다. 예 사람의 키, 몸무게, 피부색 등

C 성염색체 유전 [기출 분석 p. 44] [더 알아보기 p. 45]

1. 성염색체와 사람의 성 결정

(1) **성염색체** : 성을 결정하는 한 쌍의 염색체 예 X 염색체, Y 염색체

(2) **사람의 성 결정 과정**

- **딸** : 어머니와 아버지로부터 X 염색체를 하나씩 물려받는다. — 성염색체 XX
- **아들** : 어머니로부터 X 염색체를, 아버지로부터 Y 염색체를 물려받는다. — 성염색체 XY

2. 반성유전 형질을 결정하는 유전자가 성염색체에 있어 유전 형질이 나타나는 빈도가 남녀에 따라 차이가 나는 유전 현상 예 적록 색맹, 혈우병

(1) **적록 색맹 유전** : 적록 색맹은 붉은색과 초록색을 잘 구별하지 못하는 유전 형질로, 형질을 결정하는 유전자가 성염색체인 X 염색체에 있다.

- 적록 색맹 대립유전자(X′)는 정상 대립유전자(X)에 대해 열성이다.
- 적록 색맹은 여자보다 남자에게 더 많이 나타난다. ➡ 성염색체 구성이 XY인 남자는 적록 색맹 대립유전자가 1개만 있어도 적록 색맹이 되지만, 성염색체 구성이 XX인 여자는 2개의 X 염색체에 모두 적록 색맹 대립유전자가 있어야 적록 색맹이 되기 때문이다.

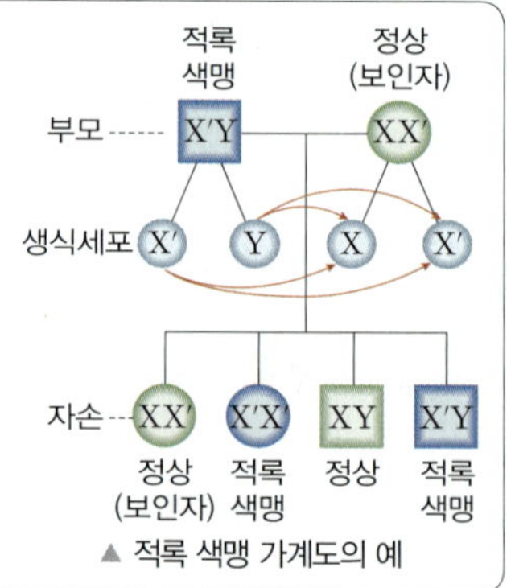

▲ 적록 색맹 가계도의 예

(2) **혈우병 유전** : 혈액 응고에 필요한 효소가 부족하여 상처가 났을 때 출혈이 잘 멈추지 않는 병으로, 형질을 결정하는 유전자가 X 염색체에 있으며, 정상에 대해 열성이다.

복대립 유전

하나의 형질을 결정하는 데 관여하는 대립유전자가 3개 이상이며, 한 쌍의 대립유전자에 의해 형질이 결정되는 유전 방식이다.

ABO식 혈액형 가계도의 예

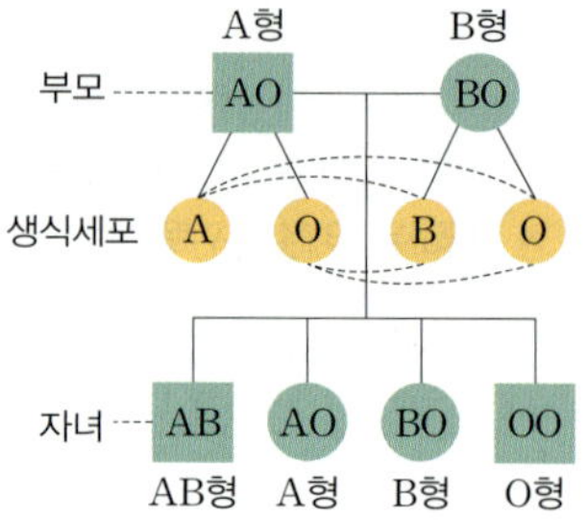

적록 색맹 유전의 특징

- 어머니가 적록 색맹이면 아들은 반드시 적록 색맹이다.
- 아버지가 정상이면 딸은 반드시 정상(보인자 포함)이다.
- 딸이 적록 색맹이면 아버지는 반드시 적록 색맹이다.

보인자

형질이 겉으로 드러나지는 않지만 형질 유전자를 가지고 있는 사람

혈우병 가계도의 예

혈우병은 적록 색맹과 달리 혈우병 대립유전자(X′) 2개를 가지면 대부분 발생 도중 유산된다. 따라서 혈우병 여자는 거의 없고 대부분의 혈우병 환자는 남자이다.

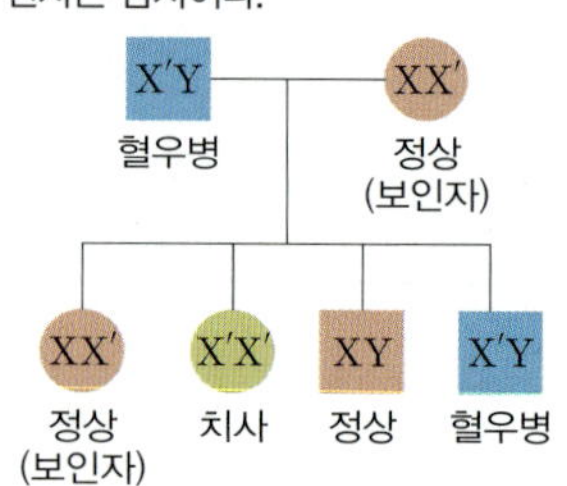

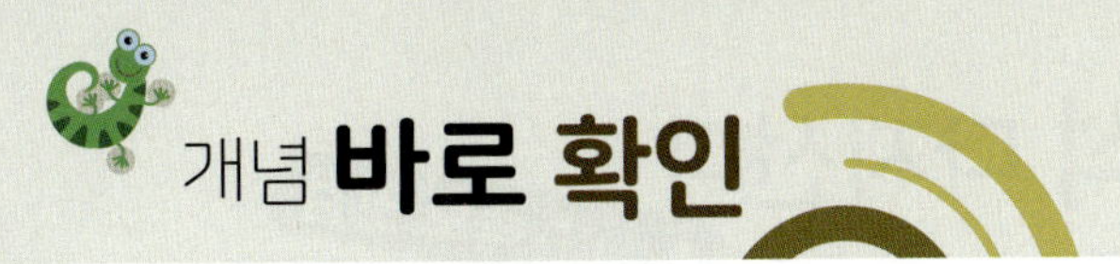

07 ㅂㄷㄹ 유전 : ABO식 혈액형 유전과 같이 하나의 형질을 결정하는 데 관여하는 대립유전자가 3개 이상이며, 한 쌍의 대립유전자에 의해 형질이 결정되는 유전 방식

08 ABO식 혈액형 유전에서 유전자 A는 대립유전자 O에 대해 ㅇㅅ이고, 대립유전자 B에 대해서는 ㅇㅇ 관계가 없다.

09 형질을 결정하는 유전자가 ㅅ 염색체에 있는 경우 유전 형질이 나타나는 빈도는 남녀에 따라 차이가 있다.

10 ㅂㅅ유전 : 형질을 결정하는 유전자가 X 염색체에 있어 남녀에 따라 형질이 나타나는 비율이 다른 유전 현상

11 적록 색맹 대립유전자는 정상 대립유전자에 대해 ㅇㅅ이다.

12 ㄴㅈ는 적록 색맹 대립유전자가 한 개만 있어도 적록 색맹이 된다.

06 ABO식 혈액형에 대한 설명으로 옳은 것은 ○, 옳지 <u>않은</u> 것은 ×로 표시하시오.

(1) 복대립 유전에 해당한다. ··· (　　　)

(2) 상염색체에 의한 유전이다. ··· (　　　)

(3) 대립유전자 A와 B 사이에는 우열 관계가 없다. ············· (　　　)

(4) 두 쌍의 대립유전자에 의해 형질이 결정된다. ················ (　　　)

ⓒ 성염색체 유전

07 반성유전에 대한 설명으로 옳은 것을 〈보기〉에서 모두 고르시오.

> ─ 보기 ─
> ㄱ. ABO식 혈액형 유전은 반성유전에 해당한다.
> ㄴ. 형질을 결정하는 유전자가 X 염색체에 있다.
> ㄷ. 반성유전은 형질의 발현 빈도가 남녀에 따라 다르다.

08 적록 색맹 유전에 대한 설명으로 옳은 것은 ○, 옳지 <u>않은</u> 것은 ×로 표시하시오

(1) 상염색체에 의한 유전이다. ··· (　　　)

(2) 대립유전자가 X 염색체에 있다. ······································ (　　　)

(3) 보인자는 남자에게만 볼 수 있다. ···································· (　　　)

(4) 어머니가 적록 색맹이면 아들은 반드시 적록 색맹이다. ······· (　　　)

09 적록 색맹 유전에서 아버지가 적록 색맹이고 어머니가 보인자일 경우, 두 사람 사이에서 태어날 수 있는 아들의 적록 색맹 유전자형을 모두 쓰시오. (단, 정상 대립유전자는 X, 적록 색맹 대립유전자는 X′으로 표시한다.)

10 그림은 민호네 집안의 적록 색맹 가계도를 나타낸 것이다.

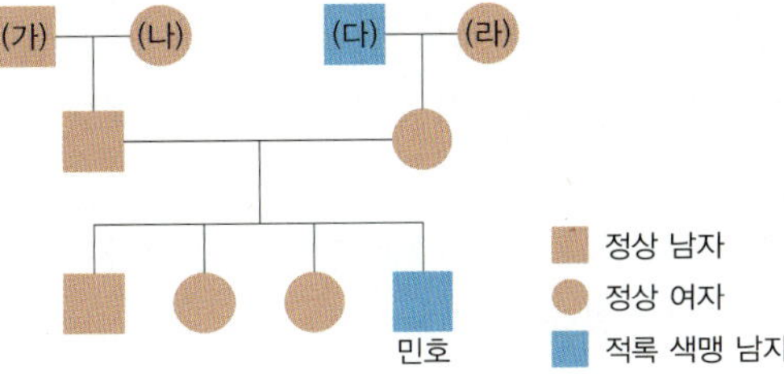

(1) 민호의 아버지와 어머니의 적록 색맹 유전자형을 쓰시오. (단, 정상 대립유전자는 X, 적록 색맹 대립유전자는 X′으로 표시한다.)

(2) 민호의 적록 색맹 대립유전자는 (가)~(라) 중 누구로부터 물려받은 것인지 쓰시오.

(3) 민호가 보인자인 여자와 결혼하여 자녀가 태어났을 때, 이 자녀가 적록 색맹일 확률을 쓰시오.

가계도 분석 – 상염색체 유전

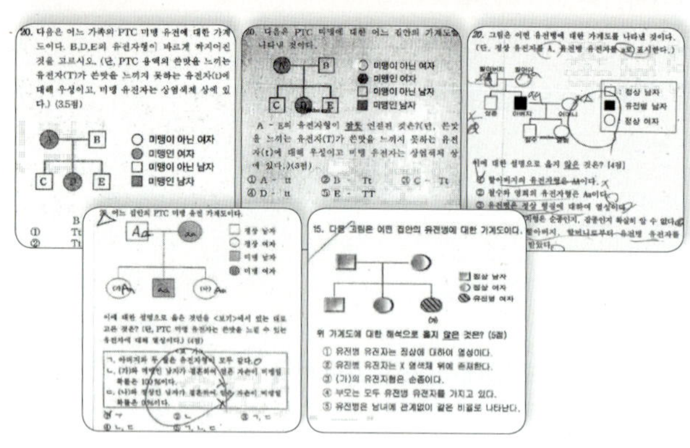

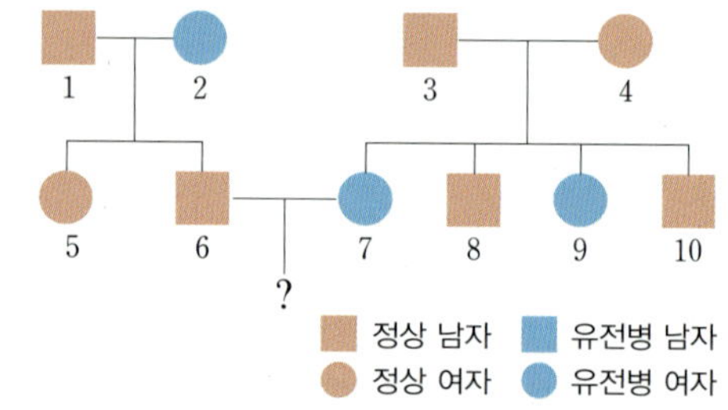

가계도 분석 – X 염색체 유전

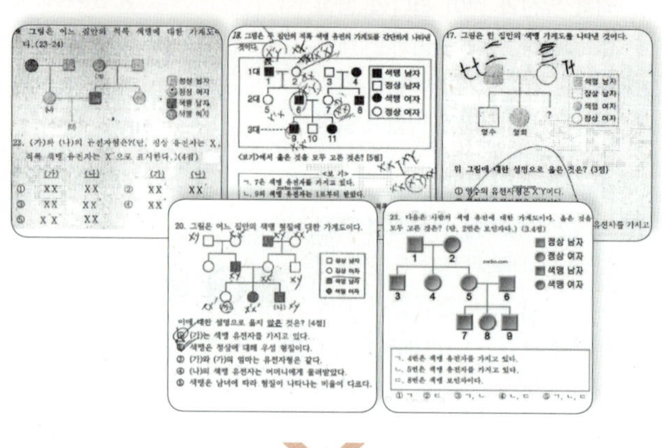

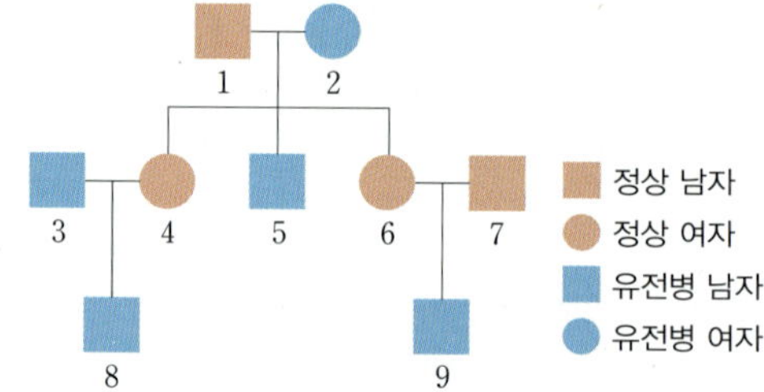

01 그림은 어떤 집안의 유전병 가계도를 나타낸 것이다.

이 자료에 대한 설명으로 옳지 <u>않은</u> 것을 모두 고르면?
(3개)

① 상염색체에 의한 유전이다.

② 유전병은 정상에 대해 우성이다.

③ 2는 유전병 대립유전자만 가지고 있다.

④ 3과 4의 유전병 유전자형은 서로 같다.

⑤ 5와 6의 유전병 유전자형은 서로 다르다.

⑥ 6은 1로부터 정상 대립유전자를, 2로부터 유전병 대립유전자를 물려받았다.

⑦ 6과 7 사이에서 자녀가 태어날 때, 이 아이가 정상일 확률은 25 %이다.

⑧ 6과 7 사이에서 남자 아이가 태어날 때, 이 남자 아이가 유전병일 확률은 50 %이다.

⑨ 7과 9는 부모로부터 유전병 대립유전자를 각각 1개씩 물려받았다.

02 그림은 어떤 집안의 유전병 가계도를 나타낸 것이다. 이 유전병을 결정하는 유전자는 X 염색체에 있다.

이 자료에 대한 설명으로 옳지 <u>않은</u> 것을 모두 고르면?
(3개)

① 유전병은 정상에 대해 열성이다.

② 1은 유전병 대립유전자를 가지고 있다.

③ 4와 6의 유전병 유전자형은 서로 같다.

④ 5는 2로부터 유전병 대립유전자를 물려받았다.

⑤ 6은 9에게 유전병 대립유전자를 물려주었다.

⑥ 3과 4 사이에서 8의 동생이 태어날 때, 이 아이가 유전병일 확률은 25 %이다.

⑦ 3과 4 사이에서 8의 여동생이 태어날 때, 이 여자 아이가 유전병일 확률은 50 %이다.

⑧ 6과 7 사이에서 9의 여동생이 태어날 때, 이 여자 아이는 반드시 유전병이 아니다.

⑨ 6과 7 사이에서 9의 남동생이 태어날 때, 이 남자 아이가 유전병일 확률은 25 %이다.

가계도 분석

❶ PTC 미맹 가계도 분석(상염색체 유전)

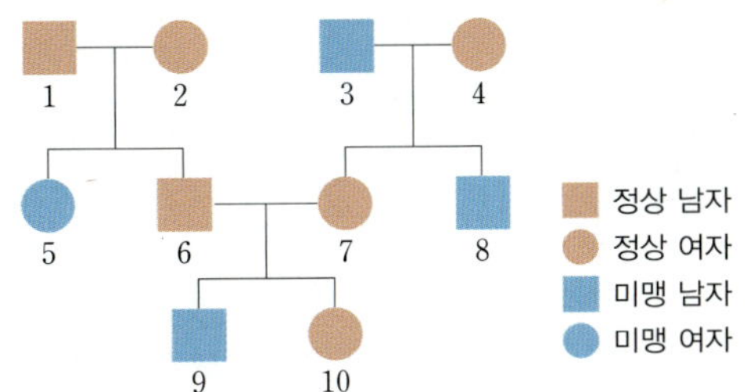

① 우열 판단하기 : 정상인 1과 2 사이에서 미맹인 5가 태어났으므로 정상이 우성, 미맹이 열성이다. ➡ 부모에 없는 형질이 자손에게 나타났다면 자손에 나타난 형질이 열성, 부모의 형질이 우성이다.

② 대립유전자 기호 결정하기 : 미맹에 대해 정상 대립유전자를 T, 미맹 대립유전자를 t로 가정해 보자. 일반적으로 우성 대립유전자를 대문자로, 열성 대립유전자를 소문자로 나타낸다.

③ 구성원의 유전자형 구하기
• 미맹인 3, 5, 8, 9의 유전자형은 모두 tt이다.
• 미맹인 자녀가 있는 1, 2, 4, 6, 7의 유전자형은 모두 Tt이고, 10의 유전자형은 TT 또는 Tt 중 하나이다.

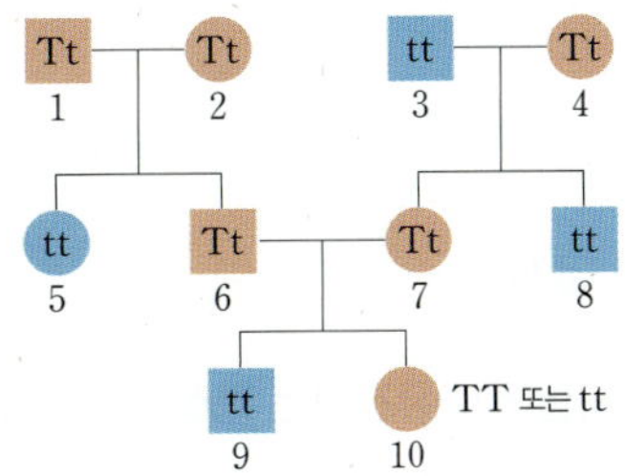

❷ 적록 색맹 가계도 분석(X 염색체 유전)

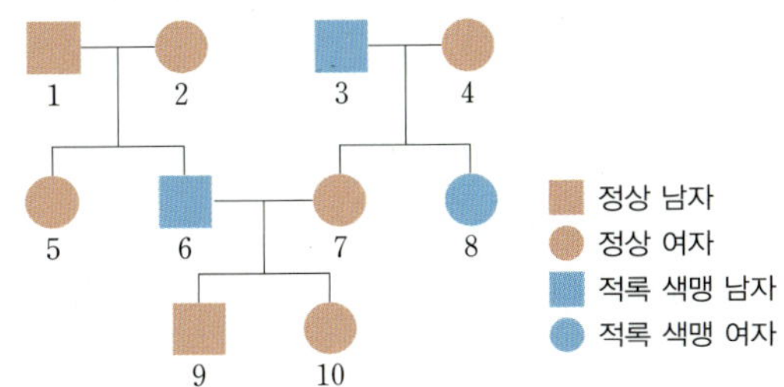

① 우열 판단하기 : 적록 색맹은 X 염색체 유전 형질이며, 정상이 우성, 적록 색맹이 열성이다.

② 대립유전자 기호 결정하기 : 적록 색맹에 대해 정상 대립유전자를 X, 적록 색맹 대립유전자 X′으로 가정해 보자.

③ 구성원의 유전자형 구하기
• 남자의 유전자형부터 구한다. ➡ 정상인 1과 9는 XY, 적록 색맹인 3과 6은 X′Y이다.
• 어머니가 정상이지만 적록 색맹인 아들(6)이 있다면 어머니는 적록 색맹 대립유전자를 갖고 있으므로 2의 유전자형은 XX′이다.
• 적록 색맹인 아버지로부터 정상인 딸이 태어날 경우 딸은 아버지로부터 적록 색맹 대립유전자를 물려받으므로 7과 10의 유전자형은 XX′이다.
• 정상인 5의 유전자형은 XX 또는 XX′이다.

④ 적록 색맹 대립유전자가 전달된 경로 추론하기 : 10의 적록 색맹 대립유전자는 6에게서 물려받은 것이고, 6의 적록 색맹 대립유전자는 2에게서 물려받은 것이다.

유제 01

그림은 어떤 집안의 유전병 가계도를 나타낸 것이다.

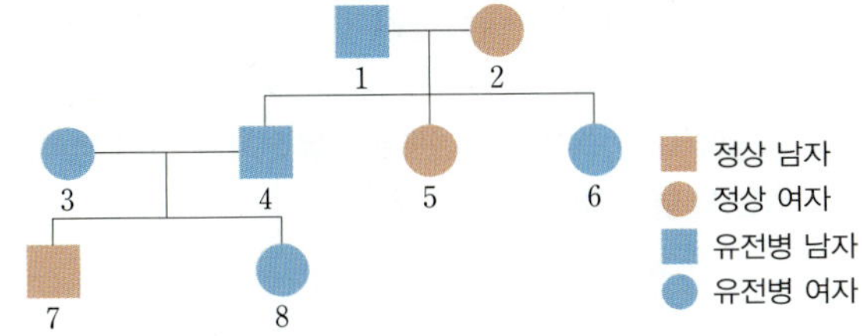

(1) 이 유전병은 정상에 대해 우성인가, 열성인가?
(2) 이 유전병 유전자는 상염색체와 성염색체 중 어디에 있는가?

유제 02

그림은 어떤 집안의 적록 색맹 가계도를 나타낸 것이다. (단, 적록 색맹 대립유전자는 X′, 정상 대립유전자는 X로 표시한다.)

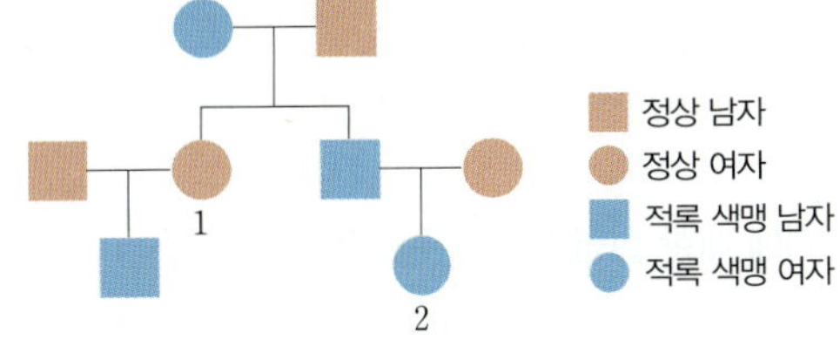

(1) 적록 색맹은 정상에 대해 우성인가, 열성인가?
(2) 1의 적록 색맹 유전자형을 쓰시오.
(3) 2의 동생이 태어날 때, 이 아이가 적록 색맹인 남자일 확률은 몇 %인가?

A 사람의 유전 연구

01 사람의 유전 연구가 어려운 까닭으로 옳지 <u>않은</u> 것은?

① 자손의 수가 적다.
② 한 세대가 너무 길다.
③ 대립 형질이 뚜렷하다.
④ 교배 실험이 불가능하다.
⑤ 환경의 영향을 많이 받는다.

02 다음은 사람의 유전 연구 방법에 대한 설명이다.

> (가) 한 집안에서 특정 형질의 유전자가 어떤 경로로 유전되는지 연구한다.
> (나) 어느 집단의 유전병 발생 빈도를 통계적으로 분석한다.
> (다) 염색체 이상에 따른 유전병 여부를 연구한다.

(가)~(다)의 연구 방법을 옳게 짝 지은 것은?

	(가)	(나)	(다)
①	통계 조사	가계도 조사	염색체 조사
②	통계 조사	쌍둥이 연구	가계도 조사
③	쌍둥이 연구	통계 조사	가계도 조사
④	가계도 조사	통계 조사	염색체 조사
⑤	가계도 조사	염색체 조사	통계 조사

최다빈출

03 그림 (가)와 (나)는 1란성 쌍둥이와 2란성 쌍둥이의 형성 원리를 순서 없이 나타낸 것이다.

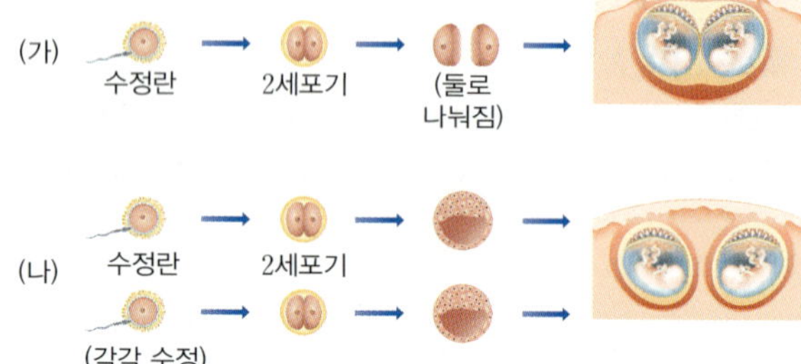

이에 대한 설명으로 옳은 것은?

① (가)는 성별이 같을 수도 있고 다를 수도 있다.
② (가)에서의 형질 차이는 환경에 의한 것이다.
③ (나)는 성별이 항상 같다.
④ (나)는 유전자 구성이 같다.
⑤ (가)는 2란성 쌍둥이, (나)는 1란성 쌍둥이이다.

최다빈출

04 그림은 쌍둥이 집단 (가)~(다)를 대상으로 키와 ABO식 혈액형의 일치 정도를 조사한 것이다. 수치가 1에 가까울수록 서로 형질이 비슷하다.

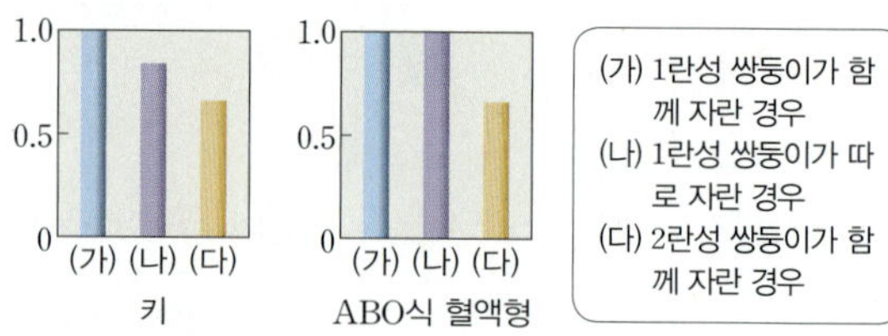

이에 대한 설명으로 옳은 것을 〈보기〉에서 모두 고른 것은?

> **보기**
> ㄱ. 키는 환경의 영향을 받는다.
> ㄴ. ABO식 혈액형은 환경의 영향을 받지 않는다.
> ㄷ. (나)의 일치율이 높을수록 환경의 영향을 많이 받는 형질이다.

① ㄱ 　② ㄴ 　③ ㄱ, ㄴ
④ ㄱ, ㄷ 　⑤ ㄴ, ㄷ

B 상염색체 유전

05 다음은 사람에게 유전되는 형질 A의 특징을 나타낸 것이다.

> • 멘델의 유전 법칙을 따른다.
> • 남녀에 따라 나타나는 빈도에 차이가 없다.
> • 형질 A에 대해 정상인 부모 사이에서 A를 갖는 자녀가 태어났다.

정상에 대한 A의 우열 관계와 유전자가 어떤 염색체에 있는지 옳게 짝 지은 것은?

	우열 관계	유전자의 위치
①	우성	상염색체
②	우성	성염색체
③	열성	상염색체
④	열성	성염색체
⑤	명확하지 않음	상염색체

최다빈출

06 사람의 상염색체 유전에 대한 설명으로 옳은 것을 〈보기〉에서 모두 고른 것은?

- 보기 -
ㄱ. PTC 미맹, 혀 말기 등이 있다.
ㄴ. 대립 형질이 비교적 명확하게 구분된다.
ㄷ. 상염색체에 있는 한 쌍의 대립유전자에 의해 결정된다.

① ㄱ 　② ㄷ 　③ ㄱ, ㄴ
④ ㄴ, ㄷ 　⑤ ㄱ, ㄴ, ㄷ

기출 분석 p. 44

상염색체 유전의 특징을 알고 가계도를 분석하여 유전 형질의 우열 관계와 가족 구성원의 유전자형을 파악할 수 있어야 해.

최다빈출

[07~08] 그림은 어떤 집안의 미맹 가계도를 나타낸 것이다.

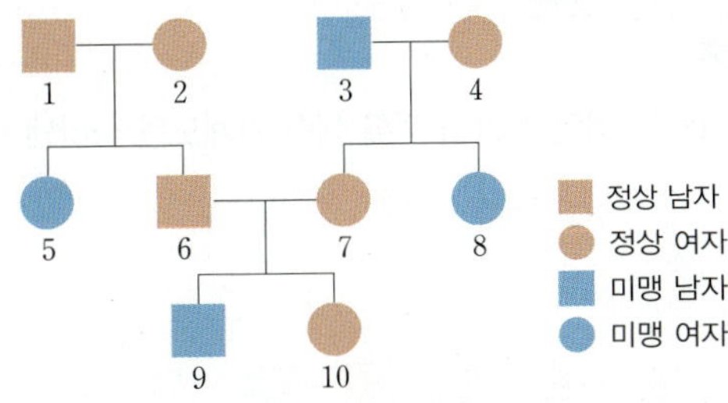

07 이에 대한 설명으로 옳지 않은 것은? (단, 우성 대립유전자는 T, 열성 대립유전자는 t로 표시한다.)

① 미맹은 정상에 대해 열성이다.
② 1과 2의 유전자형은 Tt이다.
③ 4는 미맹 대립유전자를 가지고 있다.
④ 미맹인 사람의 유전자형은 tt이다.
⑤ 9는 6으로부터만 미맹 대립유전자를 물려받았다.

08 1~10 중 유전자형을 확실하게 알 수 없는 사람을 쓰시오.

[09~10] 그림은 어떤 집안의 귓불 모양 가계도를 나타낸 것이다.

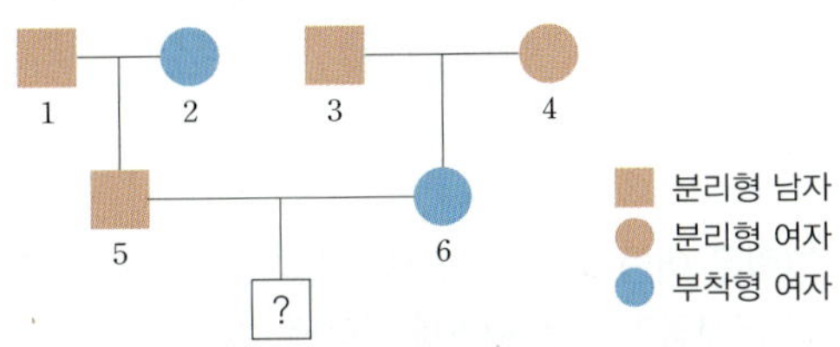

09 3과 4의 귓불 모양 유전자형을 쓰시오. (단, 우성 대립유전자는 R, 열성 대립유전자는 r로 표시한다.)

10 5와 6 사이에서 자녀가 태어날 때, 이 아이가 부착형 귓불을 가질 확률로 옳은 것은?

① 100 % 　② 75 % 　③ 50 %
④ 25 % 　⑤ 0 %

11 ABO식 혈액형 유전에 대한 설명으로 옳은 것을 모두 고르면? (2개)

① 표현형의 종류는 6가지이다.
② 유전자형의 종류는 3가지이다.
③ 혈액형을 결정하는 대립유전자의 종류는 4가지이다.
④ 대립유전자 A와 B 사이에는 우열 관계가 없다.
⑤ 부모가 모두 A형이더라도 O형의 자녀가 태어날 수 있다.

12 그림은 어떤 두 집안의 ABO식 혈액형 가계도를 나타낸 것이다.

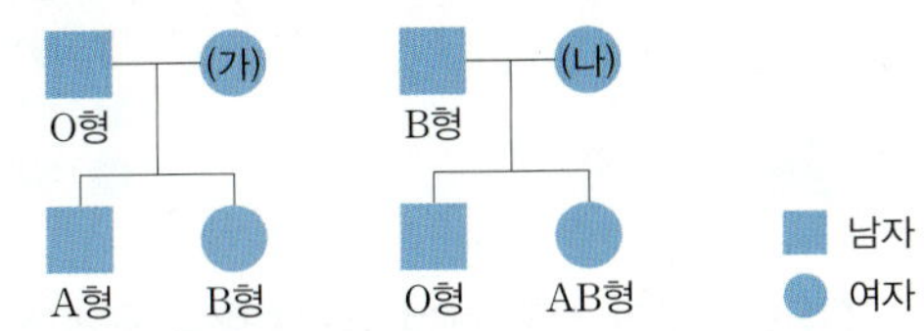

(가)와 (나)의 ABO식 혈액형 유전자형을 옳게 짝 지은 것은?

	(가)	(나)		(가)	(나)
①	AB	AO	②	AB	AA
③	AO	BO	④	BO	AB
⑤	BO	AA			

13 부모의 ABO식 혈액형이 A형과 B형일 때, 자녀에게서 나올 수 있는 혈액형을 모두 나열한 것은?

① AB형
② A형, B형
③ AB형, O형
④ A형, B형, AB형
⑤ A형, B형, AB형, O형

14 그림은 어떤 중학교 학생을 대상으로 3가지 유전 형질을 조사하여 얻은 결과를 나타낸 것이다.

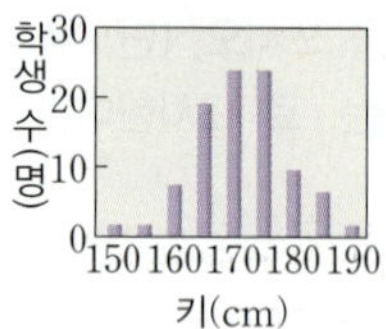
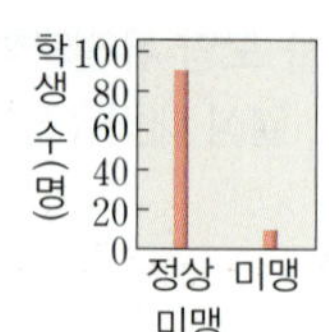
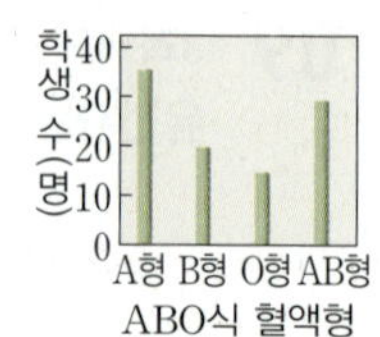

이에 대한 설명으로 옳은 것을 〈보기〉에서 모두 고른 것은?

〈 보기 〉

ㄱ. 미맹은 대립 형질이 뚜렷하다.
ㄴ. 키는 형질에 관여하는 대립유전자가 여러 쌍인 형질이다.
ㄷ. ABO식 혈액형을 결정하는 대립유전자의 종류는 2가지이다.

① ㄱ
② ㄴ
③ ㄱ, ㄴ
④ ㄱ, ㄷ
⑤ ㄴ, ㄷ

 **C 성염색체 유전**

최다빈출

15 그림은 어떤 집안의 적록 색맹 가계도를 나타낸 것이다.

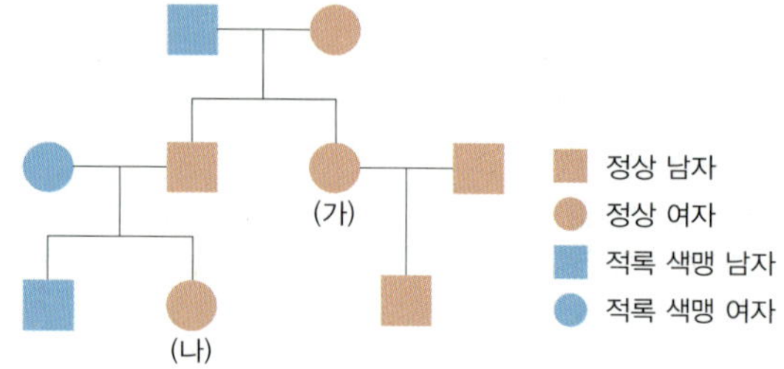

(가)와 (나)의 적록 색맹 유전자형을 옳게 짝 지은 것은? (단, 적록 색맹 대립유전자는 X′, 정상 대립유전자는 X로 표시한다.)

	(가)	(나)		(가)	(나)
①	XX	XX	②	XX	XX′
③	XX′	XX	④	XX′	XX′
⑤	X′X′	XX′			

16 적록 색맹 유전에 대한 설명으로 옳은 것을 〈보기〉에서 모두 고른 것은?

〈 보기 〉

ㄱ. 반성유전에 해당한다.
ㄴ. 남자보다 여자에게 많이 나타난다.
ㄷ. 적록 색맹을 결정하는 유전자는 X 염색체에 있다.

① ㄱ
② ㄷ
③ ㄱ, ㄴ
④ ㄱ, ㄷ
⑤ ㄴ, ㄷ

17 정상인 남자와 적록 색맹인 여자가 결혼하여 이 둘 사이에서 아들이 태어났을 때, 이 남자 아이가 적록 색맹일 확률은?

① 100 %
② 75 %
③ 50 %
④ 25 %
⑤ 0 %

기출 분석 p. 44

X 염색체 유전의 특징을 이해하고 있어야 하며, 가계도를 분석하여 가족 구성원의 유전자형을 파악할 수 있어야 해.

최다빈출

18 그림은 어떤 집안의 적록 색맹 가계도를 나타낸 것이다.

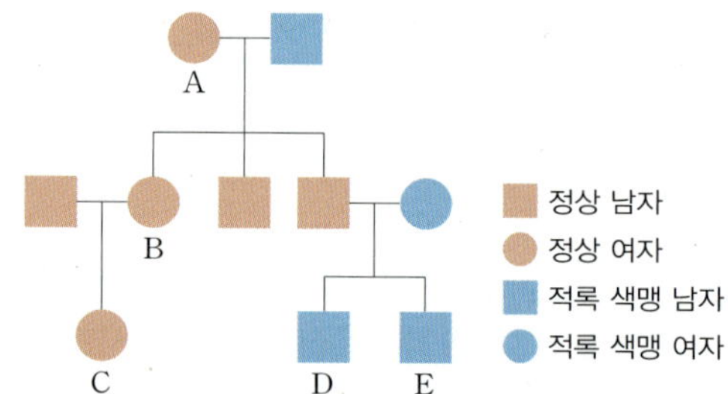

이에 대한 설명으로 옳은 것을 모두 고르면? (단, 적록 색맹 대립유전자는 X′, 정상 대립유전자는 X로 표시한다.) (2개)

① A는 아들에게 적록 색맹 대립유전자를 물려주었다.
② B의 적록 색맹 유전자형은 XX′이다.
③ C는 아버지에게서 적록 색맹 대립유전자를 물려받았다.
④ D는 어머니에게서 적록 색맹 대립유전자를 물려받았다.
⑤ E의 동생이 태어났을 때, 이 아이가 적록 색맹인 여자일 확률은 50 %이다.

19 그림은 어떤 두 집안의 적록 색맹과 ABO식 혈액형 가계도를 나타낸 것이다.

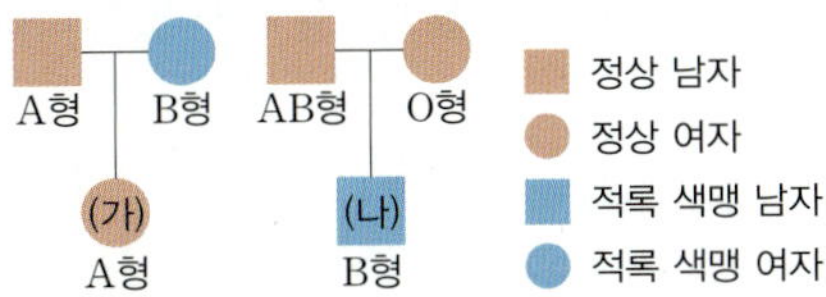

(가)와 (나)가 결혼하여 자녀가 태어났을 때, 이 아이가 A형이면서 적록 색맹인 아들일 확률은?

① $\dfrac{1}{2}$ ② $\dfrac{1}{3}$ ③ $\dfrac{1}{4}$

④ $\dfrac{1}{8}$ ⑤ $\dfrac{1}{16}$

서술형은 이렇게

20 사람의 유전 연구가 어려운 까닭을 세 가지만 서술하시오.

____

____

21 ABO식 혈액형을 결정하는 데 관여하는 대립유전자는 A, B, O 세 가지이다. 대립유전자 A, B, O 사이의 우열 관계에 대해 서술하시오.

____

____

22 철수 아버지의 ABO식 혈액형은 A형이고 어머니의 ABO식 혈액형은 AB형이다. 철수의 동생이 태어났을 때, 이 아이가 가질 수 있는 ABO식 혈액형을 모두 쓰고, 그 까닭을 서술하시오. (단, 철수 친할머니의 ABO식 혈액형은 O형이다.)

____

____

23 부모가 모두 정상인데 적록 색맹인 아들이 태어났다. 부모의 적록 색맹 유전자형을 쓰고 아들이 적록 색맹인 까닭을 서술하시오. (단, 적록 색맹 대립유전자는 X′, 정상 대립유전자는 X로 표시한다.)

____

____

24 그림은 어떤 집안의 적록 색맹 가계도를 나타낸 것이다.

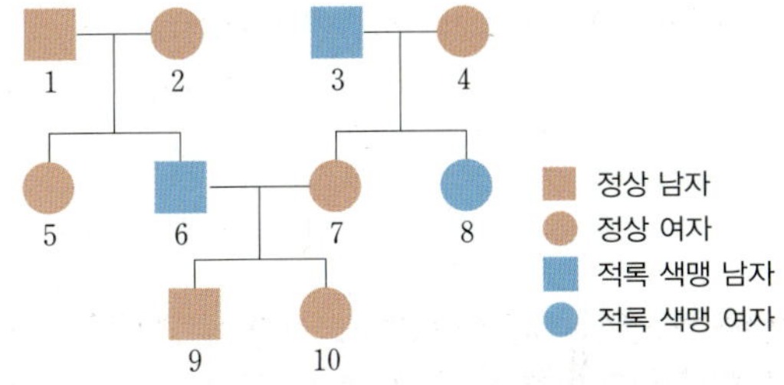

(1) 10의 적록 색맹 대립유전자가 전달된 경로를 서술하시오.

____

____

(2) 10의 동생이 태어났을 때, 이 아이가 적록 색맹일 확률을 구하시오.

25 그림은 어떤 집안의 유전병에 대한 가계도를 나타낸 것이다.

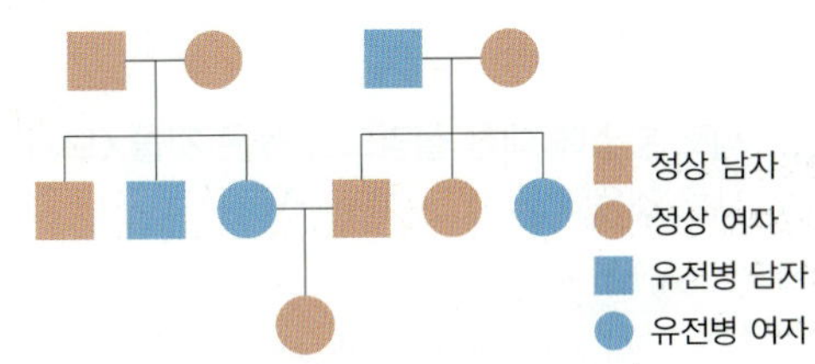

(1) 이 유전병은 정상에 대해 우성인 열성인지 쓰시오.

(2) 이 유전병 유전자가 상염색체에 있는지 성염색체에 있는지 쓰고, 그 까닭을 서술하시오.

____

____

01 그림은 염색체의 구조를 나타낸 것이다.

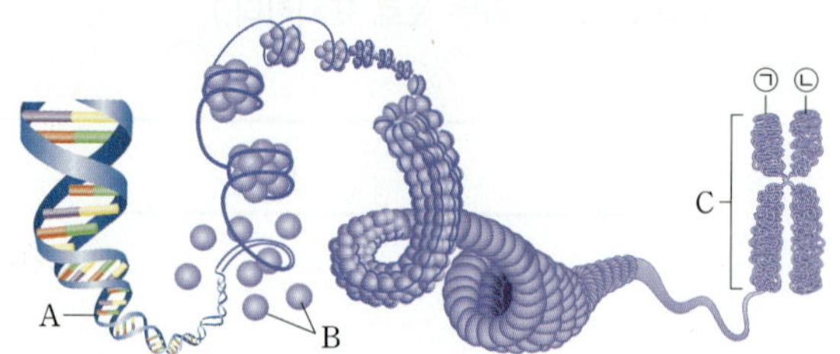

이에 대한 설명으로 옳은 것은?

① A는 단백질, B는 DNA이다.
② B에는 많은 수의 유전자가 있다.
③ C는 분열하는 세포에서 관찰된다.
④ ㉠과 ㉡의 유전 정보는 서로 다르다.
⑤ C의 수가 같으면 항상 같은 종의 생물이다.

02 그림은 어떤 사람 체세포의 염색체를 나타낸 것이다.

이에 대한 설명으로 옳지 않은 것은?

① ㉠은 상동 염색체이다.
② 1번에서 22번까지는 상염색체이다.
③ ㉠은 부모에게서 각각 하나씩 물려받은 것이다.
④ 이 사람의 생식세포 1개에는 22개의 염색체가 있다.
⑤ ㉡은 어머니로부터, ㉢은 아버지로부터 물려받았다.

03 세포 분열에 대한 설명으로 옳은 것을 〈보기〉에서 모두 고른 것은?

〈보기〉
ㄱ. 세포질 분열 후 핵분열이 일어난다.
ㄴ. 세포 분열이 일어나면 부피에 대한 표면적의 비율이 커진다.
ㄷ. 핵분열은 염색체의 모양과 행동에 따라 전기, 중기, 후기, 말기로 구분된다.
ㄹ. 세포 분열이 필요한 까닭은 세포가 커지면 물질 교환에 불리하기 때문이다.

① ㄱ, ㄷ   ② ㄱ, ㄹ   ③ ㄴ, ㄷ
④ ㄱ, ㄷ, ㄹ   ⑤ ㄴ, ㄷ, ㄹ

04 그림은 체세포 분열 과정을 순서 없이 나타낸 것이다.

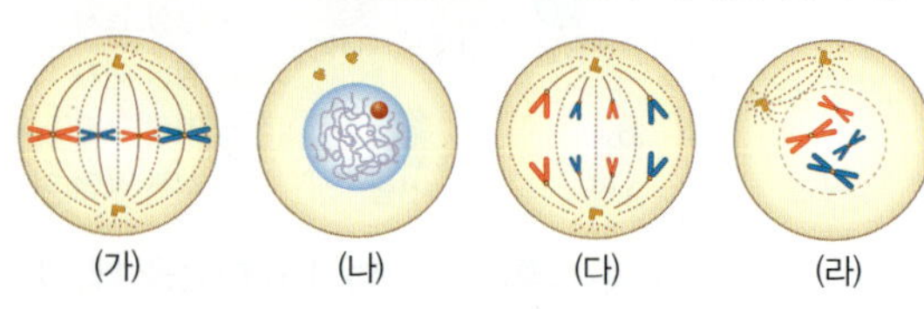

이에 대한 설명으로 옳지 않은 것은?

① 염색체의 수와 모양을 가장 잘 관찰할 수 있는 시기는 (가)이다.
② (나)에서는 DNA가 복제되고 핵막이 사라진다.
③ (다)에서는 염색 분체가 분리되어 양극으로 이동한다.
④ (라)에서는 막대 모양의 염색체와 방추사가 나타난다.
⑤ 간기부터 순서대로 나열하면 (나) → (라) → (가) → (다)이다.

05 그림은 양파 뿌리에서 체세포 분열을 관찰하기 위한 실험 과정을 순서 없이 나타낸 것이다.

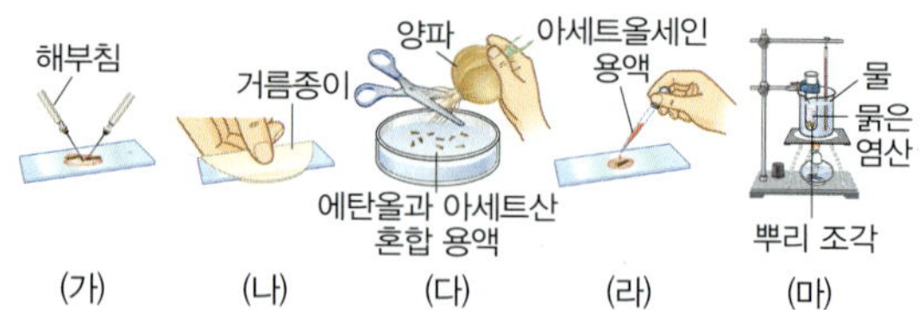

이에 대한 설명으로 옳은 것을 〈보기〉에서 모두 고른 것은?

〈보기〉
ㄱ. (다)는 세포 분열을 계속 진행시켜 중기의 세포가 많아지도록 하는 과정이다.
ㄴ. (라)는 핵이나 염색체를 붉게 염색하는 과정이다.
ㄷ. 실험은 (마) → (라) → (다) → (가) → (나) 순으로 진행된다.

① ㄱ   ② ㄴ   ③ ㄷ
④ ㄱ, ㄴ   ⑤ ㄴ, ㄷ

06 오른쪽 그림은 어떤 생물의 체세포에 들어 있는 염색체 구성을 모두 나타낸 것이다. 이 생물의 (가) 체세포에 들어 있는 상동 염색체 쌍의 수와 (나) 감수 분열이 일어났을 때 만들어지는 딸세포의 염색체 수를 옳게 짝 지은 것은?

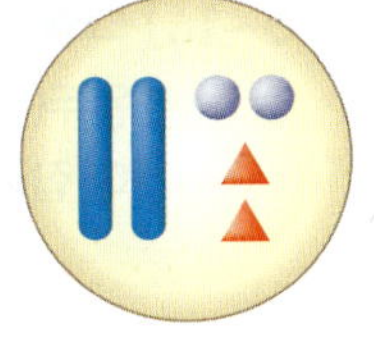

	(가)	(나)		(가)	(나)
①	3	3	②	3	6
③	6	3	④	6	6
⑤	12	3			

07 그림은 감수 분열 과정을 나타낸 것이다.

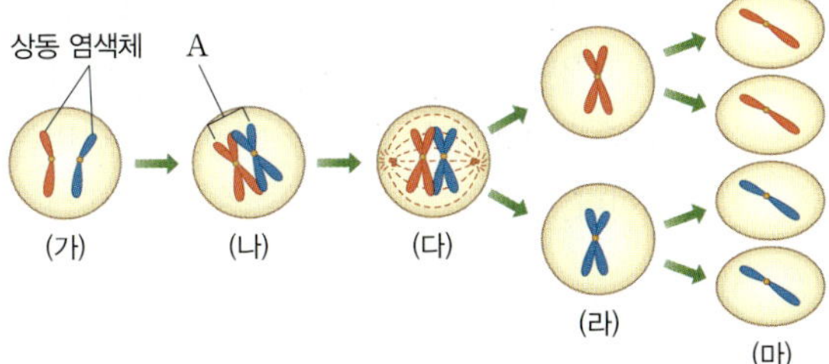

이에 대한 설명으로 옳은 것을 〈보기〉에서 모두 고른 것은?

> **보기**
> ㄱ. A는 2가 염색체이다.
> ㄴ. (다)→(라) 과정에서 염색 분체가 분리된다.
> ㄷ. (라)→(마) 과정에서 염색체 수가 반으로 줄어든다.

① ㄱ ② ㄴ ③ ㄷ ④ ㄱ, ㄴ ⑤ ㄴ, ㄷ

08 표는 체세포 분열과 감수 분열을 비교한 것이다.

구분	체세포 분열	감수 분열
분열 횟수	1회	(㉠)회
(㉡) 수	2개	4개
(㉢) 수 변화	변화 없음	절반으로 감소
분열 결과	생장, 재생	(㉣) 형성

㉠~㉣에 들어갈 말을 옳게 짝 지은 것은?

	㉠	㉡	㉢	㉣
①	1	딸세포	염색체	생식세포
②	2	딸세포	염색체	생식세포
③	2	딸세포	생식세포	염색체
④	2	염색체	생식세포	딸세포
⑤	4	염색체	생식세포	딸세포

09 그림은 어떤 생물에서 일어나는 서로 다른 종류의 세포 분열 과정 중 중기의 모습을 나타낸 것이다.

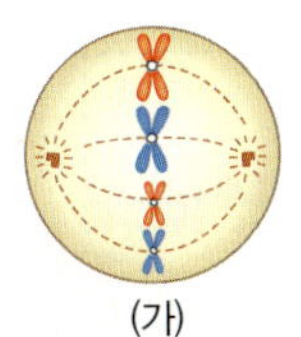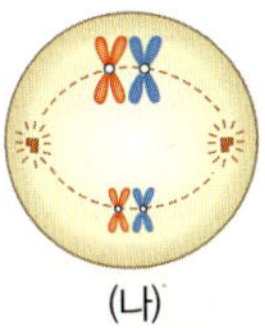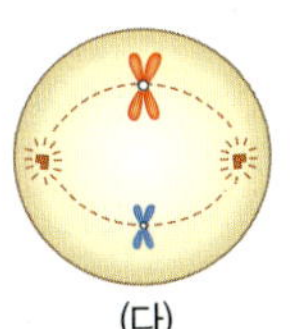

(가)~(다)의 세포 분열 종류 또는 시기를 옳게 짝 지은 것은?

	(가)	(나)	(다)
①	체세포 분열	감수 1분열	감수 2분열
②	체세포 분열	감수 2분열	감수 1분열
③	감수 1분열	체세포 분열	감수 2분열
④	감수 1분열	감수 2분열	체세포 분열
⑤	감수 2분열	체세포 분열	감수 1분열

10 그림은 사람의 정자와 난자가 수정하여 수정란이 된 모습을 나타낸 것이다.

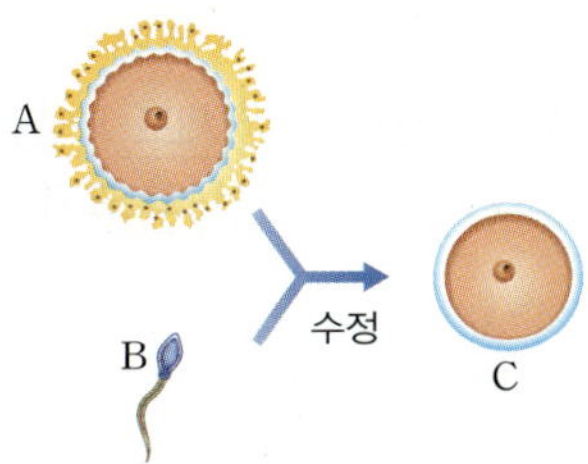

이에 대한 설명으로 옳지 않은 것은?

① A는 핵이 있다.
② B는 운동성을 가진다.
③ C에는 46개의 염색체가 들어 있다.
④ A는 난소에서, B는 정소에서 만들어진다.
⑤ A의 염색체 수가 B의 염색체 수보다 많다.

11 사람의 수정과 발생에 대한 설명으로 옳은 것은?

① 착상되었을 때의 배아 상태를 태아라고 한다.
② 배란 → 수정 → 난할 → 착상 → 출산 순으로 일어난다.
③ 태반에서 태아의 혈액과 모체의 혈액은 서로 섞인다.
④ 착상 이후에 배아는 더 이상 세포 분열을 하지 않는다.
⑤ 태아는 수정된 지 약 280일 후에 모체 밖으로 나온다.

[12~13] 그림은 수정란의 형성과 초기 발생 과정을 나타낸 것이다.

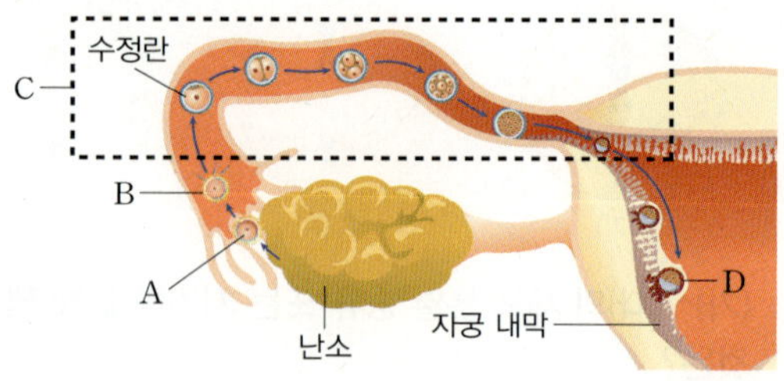

12 이에 대한 설명으로 옳지 <u>않은</u> 것은?

① A는 배란이다.

② B 과정이 일어났을 때부터 임신되었다고 한다.

③ C 과정이 일어날 때 세포의 생장이 거의 없다.

④ C 과정에서 세포 수는 증가한다.

⑤ D 과정이 일어날 때 배아는 포배 상태이다.

13 C 과정이 진행될 때 ㉠ 세포 1개당 염색체 수, ㉡ 세포 1개의 크기, ㉢ 배아 전체의 크기 변화를 옳게 짝 지은 것은?

	㉠	㉡	㉢
①	증가	감소	변화 없음
②	증가	변화 없음	감소
③	증가	감소	변화 없음
④	변화 없음	감소	변화 없음
⑤	변화 없음	감소	증가

14 유전 용어에 대한 설명으로 옳은 것은?

① 유전자형이 RRYy인 개체는 순종이다.

② 표현형이 같아도 유전자형이 다를 수 있다.

③ 완두의 초록색 꼬투리와 초록색 씨는 대립 형질이다.

④ 대립 형질은 대립유전자 구성이 같거나 다른 형질이다.

⑤ 열성은 대립 형질이 다른 순종끼리 교배하였을 때 잡종 1대에서 나타나는 형질이다.

[15~16] 그림은 순종의 노란색 완두(YY)와 순종의 초록색 완두(yy)를 교배하여 얻은 잡종 1대를 자가 수분하여 잡종 2대를 얻는 과정을 나타낸 것이다.

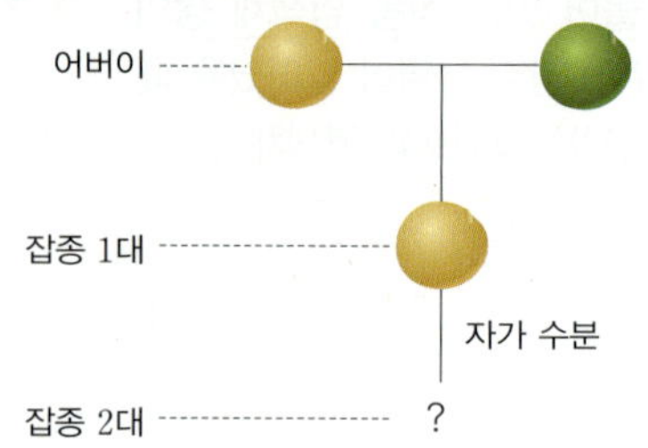

15 이에 대한 설명으로 옳지 <u>않은</u> 것은?

① 분리의 법칙이 성립한다.

② 잡종 1대의 유전자형은 Yy이다.

③ 잡종 1대의 완두는 4종류의 생식세포를 만든다.

④ 잡종 2대에서 순종과 잡종의 비는 1 : 1이다.

⑤ 잡종 2대에서 YY : Yy : yy의 분리비는 1 : 2 : 1이다.

16 잡종 2대에서 총 800개의 완두를 얻었다면, 이 중 유전자형이 잡종 1대와 같은 것은 이론상 모두 몇 개인가?

① 100개　　② 200개　　③ 400개

④ 600개　　⑤ 800개

17 다음은 큰 키의 완두와 작은 키의 완두 교배 실험 결과이다.

> • ㉠ 키가 큰 완두와 키가 작은 완두를 교배하였더니, 모두 키가 큰 완두만 나왔다.
> • ㉡ 키가 큰 완두와 키가 작은 완두를 교배하였더니, 키가 큰 완두와 키가 작은 완두가 1 : 1의 비율로 나왔다.
> • ㉢ 키가 큰 완두와 키가 큰 완두를 교배하였더니, 키가 큰 완두와 키가 작은 완두가 3 : 1의 비율로 나왔다.

㉠~㉢의 유전자형을 옳게 짝 지은 것은? (단, 키 큰 완두가 키 작은 완두에 대해 우성이며, 큰 키 유전자는 T, 작은 키 유전자는 t로 표시한다.)

	㉠	㉡	㉢		㉠	㉡	㉢
①	TT	TT	Tt	②	TT	Tt	Tt
③	Tt	Tt	Tt	④	Tt	TT	Tt
⑤	Tt	Tt	TT				

[18~20] 그림은 순종의 둥글고 노란색 완두(RRYY)와 순종의 주름지고 초록색 완두(rryy)를 교배하여 얻은 잡종 1대를 자가 수분하여 잡종 2대를 얻는 과정을 나타낸 것이다. 완두 씨의 모양을 나타내는 유전자와 색깔을 나타내는 유전자는 서로 다른 염색체에 있다.

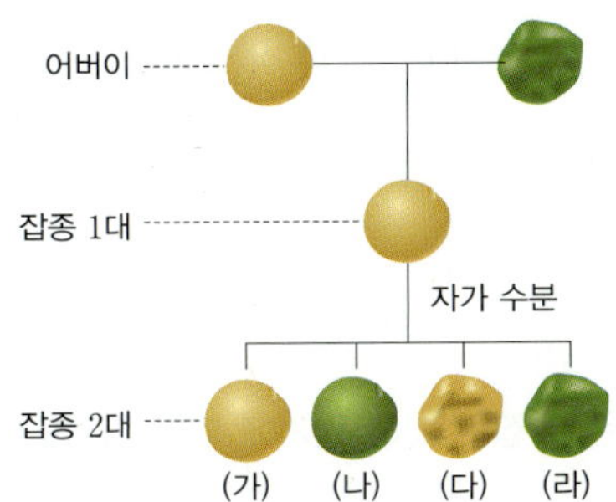

18 잡종 1대에서 만들어지는 생식세포의 종류와 그 비로 옳은 것은?

① $Rr : Yy = 1 : 1$
② $Rr : Yy = 3 : 1$
③ $R : r : Y : y = 1 : 1 : 1 : 1$
④ $RY : Ry : rY : ry = 1 : 1 : 1 : 1$
⑤ $RY : Ry : rY : ry = 9 : 3 : 3 : 1$

19 이에 대한 설명으로 옳은 것을 모두 고르면? (2개)

① (가)는 모두 순종이다.
② (나)의 유전자형은 RRyy 한 가지이다.
③ (가) : (나) : (다) : (라) = 9 : 3 : 3 : 1이다.
④ 잡종 2대에서 둥근 완두 : 주름진 완두 = 9 : 1이다.
⑤ 잡종 2대에서 잡종 1대와 유전자형이 같은 완두가 나타날 확률은 $\frac{1}{4}$이다.

20 잡종 2대에서 총 400개의 완두를 얻었다면, 이 중 (다)와 같은 표현형을 가진 완두는 이론상 몇 개인가?

① 25개 ② 50개 ③ 75개
④ 100개 ⑤ 200개

[21~22] 그림은 순종의 빨간색 꽃잎 분꽃(RR)과 순종의 흰색 꽃잎 분꽃(WW)을 교배하여 얻은 잡종 1대를 자가 수분하여 잡종 2대를 얻는 과정을 나타낸 것이다.

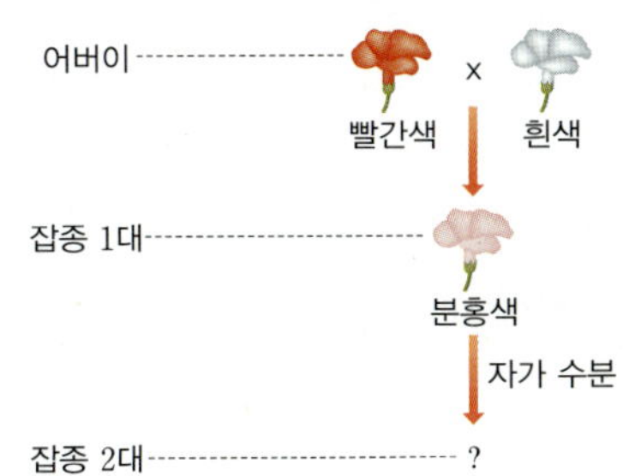

21 이에 대한 설명으로 옳은 것은?

① 분리의 법칙이 성립하지 않는다.
② 대립유전자 사이의 우열 관계가 뚜렷하다.
③ 잡종 1대에서 순종과 잡종의 비는 1 : 1이다.
④ 잡종 2대에서 나타나는 꽃잎 색깔의 종류는 2종류이다.
⑤ 잡종 2대의 표현형의 분리비와 유전자형의 분리비는 모두 1 : 2 : 1이다.

22 잡종 2대에서 총 400개의 분꽃을 얻었다면, 이 중 분홍색 분꽃은 이론상 모두 몇 개인가?

① 0개 ② 100개 ③ 200개
④ 300개 ⑤ 400개

23 다음은 어떤 식물의 키 유전자와 꽃잎 색깔 유전자에 대한 설명이다.

> • 키가 큰 유전자 T는 키가 작은 유전자 t에 대해 우성이다.
> • 빨간색 꽃잎 유전자 R와 흰색 꽃잎 유전자 W 사이의 우열 관계는 뚜렷하지 않다.

다음과 같이 교배를 하였을 때, 키가 작고 흰색 꽃잎을 가진 식물을 얻을 수 있는 경우는?

① $ttRR \times ttWW$ ② $TtRW \times ttRW$
③ $TtRR \times ttRW$ ④ $TTRW \times ttRW$
⑤ $TTWW \times ttRW$

24 사람의 유전을 연구하는 방법으로 옳지 <u>않은</u> 것은?

① 특정 형질에 대한 가계도를 조사한다.

② 한 가족의 염색체나 유전자를 분석한다.

③ 교배 실험을 하여 우열 관계를 조사한다.

④ 많은 사람을 조사하여 특정 형질에 대한 통계를 낸다.

⑤ 1란성 쌍둥이와 2란성 쌍둥이를 비교하여 환경의 영향에 대해 알아본다.

25 그림 (가)와 (나)는 1란성 쌍둥이와 2란성 쌍둥이의 형성 원리를 순서 없이 나타낸 것이다.

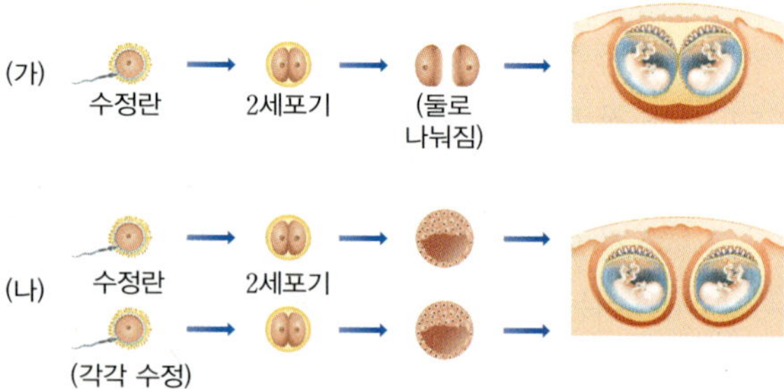

(가)와 (나)를 비교한 것으로 옳은 것은?

	구분	(가)	(나)
①	쌍둥이 종류	2란성	1란성
②	형질 차이	환경	환경, 유전
③	유전자 구성	다르다	같다
④	성별	다르다	다르다
⑤	ABO식 혈액형	다르다	같다

26 그림은 어떤 집안의 유전병 가계도를 나타낸 것이다.

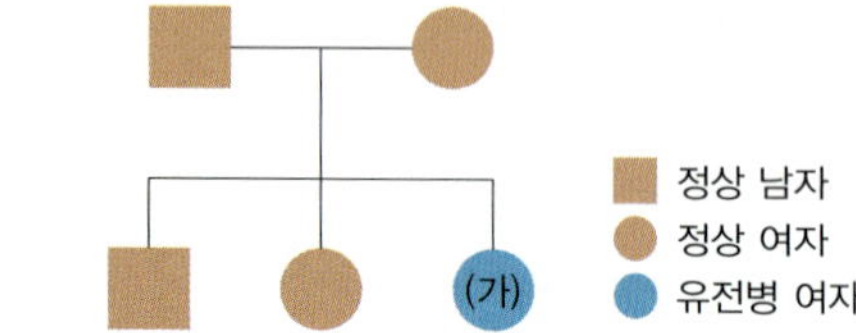

이에 대한 설명으로 옳지 <u>않은</u> 것은?

① (가)의 유전자형은 순종이다.

② 유전병은 정상에 대해 열성이다.

③ 유전병 유전자는 X 염색체에 존재한다.

④ 부모는 모두 유전병 대립유전자를 가지고 있다.

⑤ 유전병은 남녀에 관계없이 같은 비율로 나타난다.

27 PTC 미맹 유전에서 정상 형질인 부모 사이에서 미맹인 딸이 태어났다. 이 딸이 정상 형질인 남자 (가)와 결혼하여 미맹인 자녀를 낳았을 때, (가)의 유전자형으로 옳은 것은? (단, 우성 대립유전자는 T, 열성 대립유전자는 t로 표시한다.)

① TT ② Tt ③ tt

④ TT 또는 Tt ⑤ Tt 또는 tt

28 그림은 두 집안의 혀 말기에 대한 가계도를 나타낸 것이다.

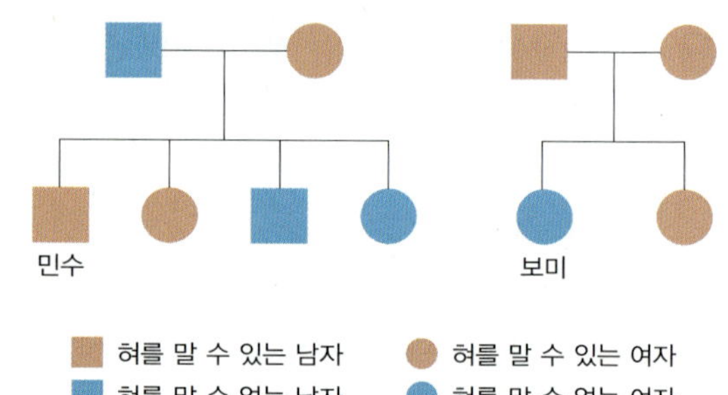

민수와 보미가 결혼하여 자녀가 태어났을 때, 이 아이가 혀를 말 수 없는 자녀일 확률은?

① 100 % ② 75 % ③ 50 %

④ 25 % ⑤ 0 %

29 그림은 어떤 집안의 ABO식 혈액형 가계도를 나타낸 것이다.

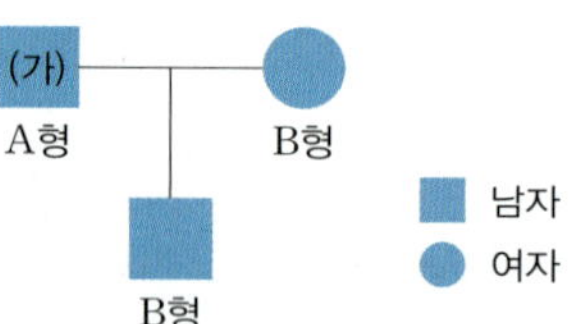

(가)의 ABO식 혈액형 유전자가 염색체에 배열되어 있는 모습으로 옳은 것은?

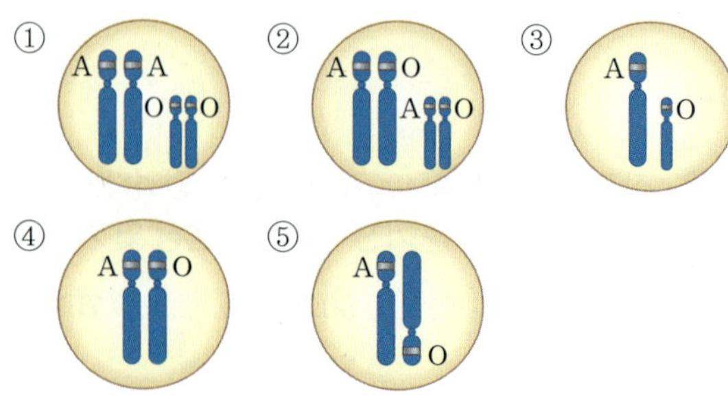

30 그림은 어떤 집안의 ABO식 혈액형 가계도를 나타낸 것이다.

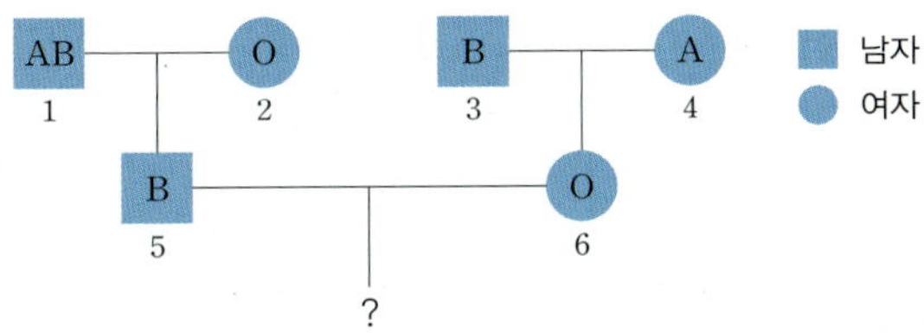

이에 대한 설명으로 옳은 것을 〈보기〉에서 모두 고른 것은?

> **보기**
>
> ㄱ. 1은 대립유전자 B를 가진다.
> ㄴ. 3과 4는 모두 대립유전자 O를 갖는다.
> ㄷ. 5와 6 사이에서 아이가 태어날 때, 이 아이의 ABO식 혈액형이 O형일 확률은 50 %이다.

① ㄱ   ② ㄴ   ③ ㄷ
④ ㄴ, ㄷ   ⑤ ㄱ, ㄴ, ㄷ

31 어머니는 AB형, 아버지는 B형일 때 자녀에서 나올 수 없는 ABO식 혈액형은? (단, 아버지는 대립유전자 O를 가진다.)

① A형   ② B형   ③ AB형
④ O형   ⑤ A형, O형

32 그림은 어떤 중학교 남학생 100명을 대상으로 3가지 유전 형질을 조사하여 얻은 결과를 나타낸 것이다.

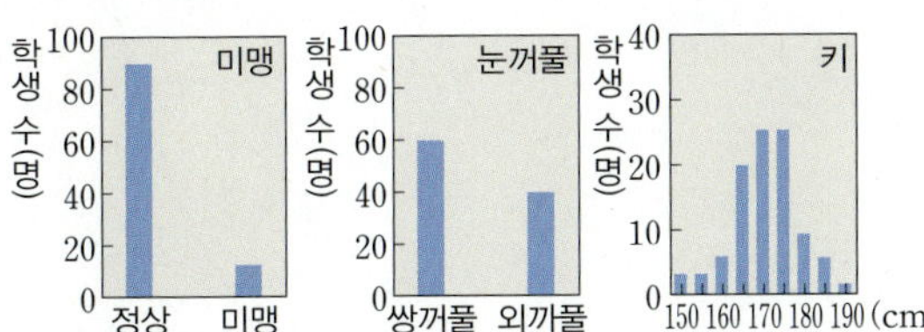

이에 대한 설명으로 옳은 것을 〈보기〉에서 모두 고른 것은?

> **보기**
>
> ㄱ. 미맹은 대립 형질이 뚜렷하다.
> ㄴ. 눈꺼풀은 환경의 영향을 많이 받는 형질이다.
> ㄷ. 키는 형질에 관여하는 대립유전자가 여러 쌍인 형질이다.

① ㄱ   ② ㄴ   ③ ㄱ, ㄴ
④ ㄱ, ㄷ   ⑤ ㄴ, ㄷ

[33~34] 그림은 어떤 집안의 적록 색맹 가계도를 나타낸 것이다.

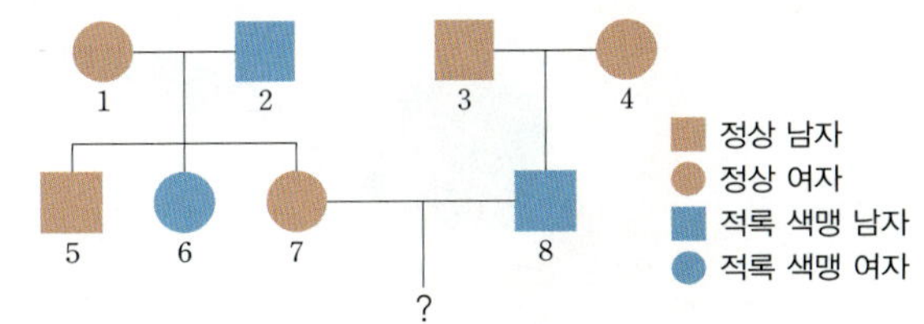

33 이에 대한 설명으로 옳은 것을 〈보기〉에서 모두 고른 것은? (단, 적록 색맹 대립유전자는 X′, 정상 대립유전자는 X로 표시한다.)

> **보기**
>
> ㄱ. 1은 적록 색맹 대립유전자를 갖는다.
> ㄴ. 4의 적록 색맹 유전자형은 XX′이다.
> ㄷ. 6은 2로부터만 적록 색맹 대립유전자를 물려받았다.

① ㄱ   ② ㄷ   ③ ㄱ, ㄴ
④ ㄴ, ㄷ   ⑤ ㄱ, ㄴ, ㄷ

34 7과 8이 결혼하여 이 둘 사이에서 자녀가 태어났을 때, 이 아이가 적록 색맹일 확률은?

① 100 %   ② 75 %   ③ 50 %
④ 25 %   ⑤ 0 %

35 그림은 어떤 집안의 ABO식 혈액형과 유전병 (가) 가계도를 나타낸 것이다. 유전병 (가)는 X 염색체에 존재한다.

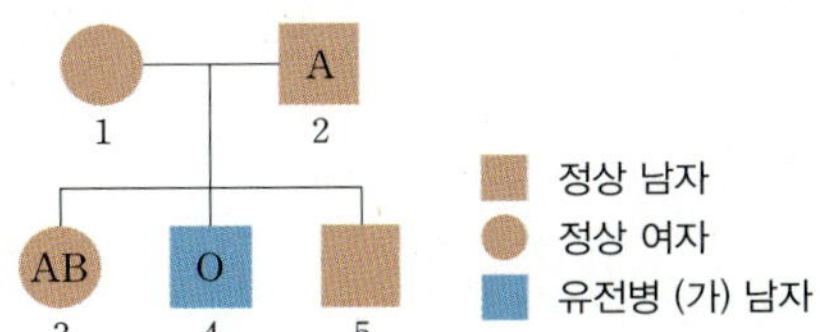

이에 대한 설명으로 옳은 것을 〈보기〉에서 모두 고른 것은?

> **보기**
>
> ㄱ. 1의 ABO식 혈액형의 유전자형은 BO이다.
> ㄴ. 4는 1로부터 유전병 (가) 대립유전자를 물려받았다.
> ㄷ. 5의 동생이 태어날 때, 이 아이가 A형이고 유전병 (가)일 확률은 $\frac{1}{8}$이다.

① ㄱ   ② ㄷ   ③ ㄱ, ㄴ
④ ㄴ, ㄷ   ⑤ ㄱ, ㄴ, ㄷ

에너지 전환과 보존

01 역학적 에너지 전환과 보존

A 역학적 에너지 전환

— 역학적 에너지=운동 에너지+위치 에너지

1. **역학적 에너지** 운동하는 물체가 가지는 운동 에너지와 위치 에너지의 합을 말한다.

2. **역학적 에너지의 전환** 물체의 높이가 낮아지면 위치 에너지가 운동 에너지로 전환되고, 높이가 높아지면 운동 에너지가 위치 에너지로 전환된다. 기출 분석 p. 61

(1) 롤러코스터의 역학적 에너지 전환

구분	A	B	C	D
위치 에너지(높이)	최대	감소	0	증가
운동 에너지(속력)	0	증가	최대	감소
역학적 에너지 전환	위치 에너지 → 운동 에너지		운동 에너지 → 위치 에너지	

최다빈출 (2) 진자 운동의 역학적 에너지 전환

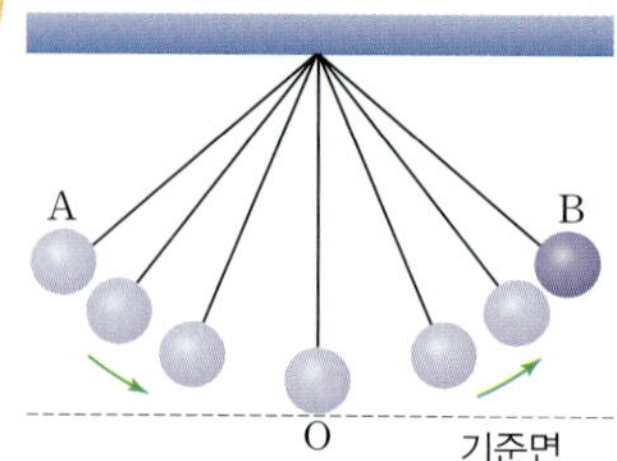

구분	A	➡	O	➡	B
위치 에너지	최대	감소	0	증가	최대
운동 에너지	0	증가	최대	감소	0
역학적 에너지 전환	위치 에너지 → 운동 에너지			운동 에너지 → 위치 에너지	

B 역학적 에너지 보존 더 알아보기 p. 62

1. **역학적 에너지 보존 법칙** 공기 저항이나 마찰이 없을 때 운동하고 있는 물체의 역학적 에너지는 물체의 위치와 관계없이 항상 일정하게 보존된다. 공기 저항이나 마찰이 있으면 역학적 에너지는 보존되지 않는다.

> 역학적 에너지 = 운동 에너지 + 위치 에너지 = 일정

(1) **물체의 위치가 높아질 때** : 증가한 위치 에너지=감소한 운동 에너지

(2) **물체의 위치가 낮아질 때** : 감소한 위치 에너지=증가한 운동 에너지

최다빈출 2. 자유 낙하 운동에서의 역학적 에너지 보존 모든 지점에서의 역학적 에너지는 같다.

탐구 p. 60 기출 분석 p. 61

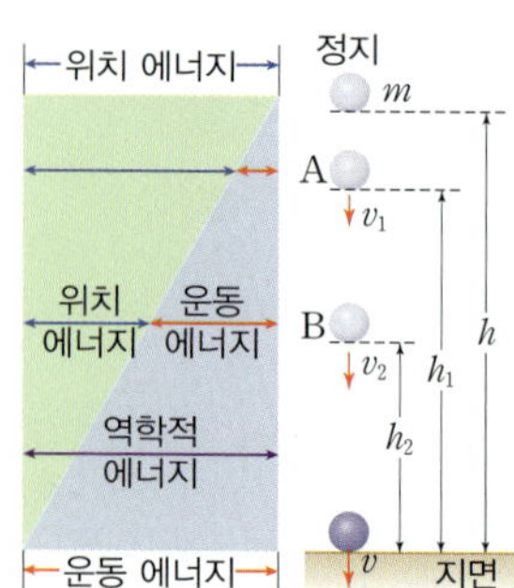

- 최고점 : 역학적 에너지=위치 에너지=$9.8mh$
- A → B로 낙하 시 : 감소한 위치 에너지=증가한 운동 에너지

$$9.8mh_1 - 9.8mh_2 = \frac{1}{2}mv_2^2 - \frac{1}{2}mv_1^2$$

$$\therefore 9.8mh_1 + \frac{1}{2}mv_1^2 = 9.8mh_2 + \frac{1}{2}mv_2^2$$

➡ A에서의 역학적 에너지=B에서의 역학적 에너지

- 지면에 닿는 순간 : 역학적 에너지=운동 에너지=$\frac{1}{2}mv^2$

물체의 역학적 에너지

> 역학적 에너지
> =운동 에너지+위치 에너지
> =$\frac{1}{2}mv^2 + 9.8mh$

한 지점에 있는 물체의 운동 에너지가 50 J이고, 위치 에너지가 60 J일 때, 이 물체의 역학적 에너지는 110 J이다.

반원형 곡면에서의 왕복 운동

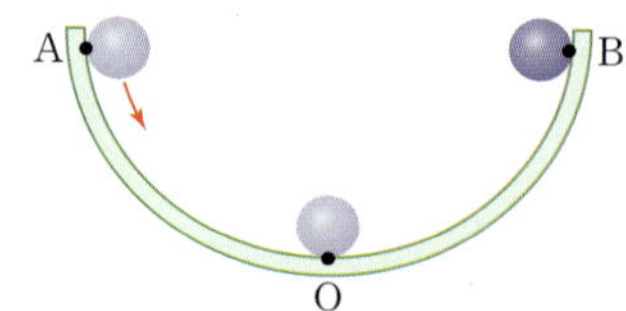

반원형 곡면을 따라 운동하는 물체의 위치가 A → O, B → O일 때는 위치 에너지가 운동 에너지로 전환되고, O → A, O → B일 때는 운동 에너지가 위치 에너지로 전환된다. 이때 공기 저항이나 마찰이 없을 경우 각 지점에서의 역학적 에너지는 모두 같다.

연직 위로 던진 공의 역학적 에너지

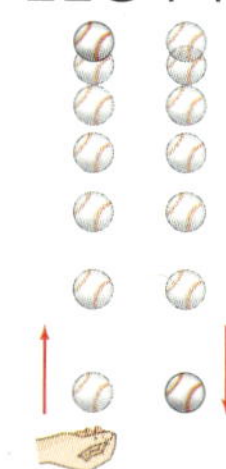

공이 연직 위로 올라갈 때 속력이 감소하면서 높이가 증가하는데, 이는 운동 에너지는 감소하고 위치 에너지는 증가하는 것이다. 반대로 최고 높이에서 다시 연직 아래로 내려올 때에는 위치 에너지가 운동 에너지로 전환된다.

역학적 에너지 전환 및 보존

중력이나 탄성력을 받아 운동하는 물체의 운동 에너지와 위치 에너지는 서로 전환된다. 이때 공기 저항이나 마찰을 무시하면 감소하는 운동 에너지만큼 위치 에너지가 증가하고, 감소하는 위치 에너지만큼 운동 에너지가 증가한다. 따라서 두 에너지의 합인 역학적 에너지는 일정하다.

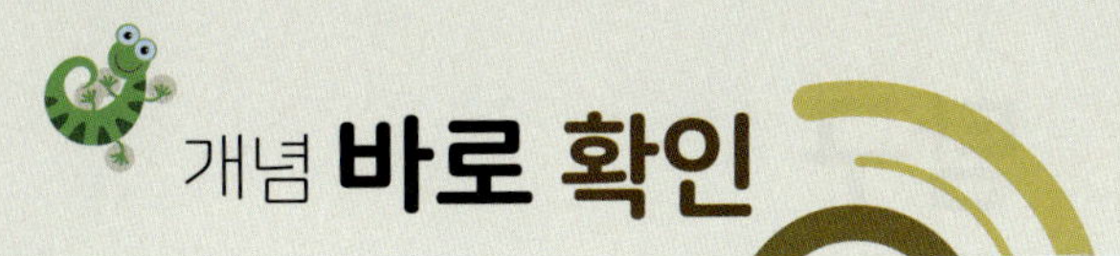

01 ㅇㅎㅈ 에너지는 운동 에너지와 위치 에너지의 합이다.

02 물체가 떨어질 때는 ㅇㅊ 에너지가 ㅇㄷ 에너지로 전환되고, 물체가 연직 위로 올라갈 때는 ㅇㄷ 에너지가 ㅇㅊ 에너지로 전환된다.

03 공기 저항이나 마찰이 없을 때 역학적 에너지가 항상 일정한 것을 ㅇㅎㅈ ㅇㄴㅈ ㅂㅈ 법칙이라고 한다.

04 자유 낙하 하는 물체의 역학적 에너지는 최고점에서의 ㅇㅊ 에너지와 같고, 지면에 닿는 순간에는 ㅇㄷ 에너지와 같다.

Ⓐ 역학적 에너지 전환

01 공기 저항이나 마찰이 없을 때 운동하는 물체의 에너지에 대한 설명으로 옳은 것은 ○, 옳지 <u>않은</u> 것은 ×로 표시하시오.

(1) 역학적 에너지는 위치 에너지와 운동 에너지의 합이다. ·················· (   )
(2) 어느 지점에서나 물체의 역학적 에너지는 일정하다. ·················· (   )

02 그림은 반원형 곡면에서 스케이트보드를 타는 모습을 나타낸 것이다. 사람이 A 지점에서 C 지점으로 운동을 하는 동안 일어나는 에너지의 전환을 빈칸에 쓰시오. (단, 공기 저항과 마찰은 무시한다.)

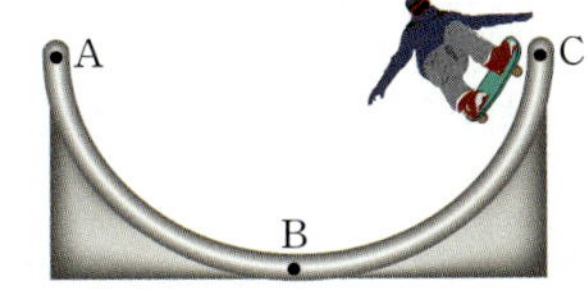

(1) A → B : (   ) 에너지 → (   ) 에너지
(2) B → C : (   ) 에너지 → (   ) 에너지

03 그림은 진자의 운동을 나타낸 것이다. 진자가 왕복 운동을 하는 동안 A, O, B 중 설명에 해당하는 지점을 빈칸에 쓰시오. (단, 공기 저항과 마찰은 무시한다.)

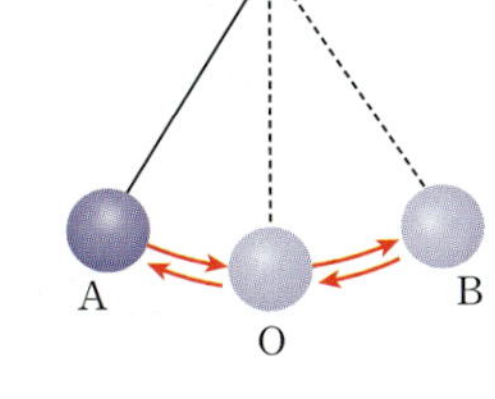

(1) 위치 에너지가 최소인 지점은 (   )이다.
(2) 속력이 최대인 지점은 (   )이며, 운동 에너지가 최대인 지점은 (   )이다.
(3) 위치 에너지는 감소하고, 운동 에너지가 증가하는 구간은 (   ) → (   )이다.

Ⓑ 역학적 에너지 보존

04 자유 낙하 하는 물체의 에너지에 대한 설명으로 옳은 것은 ○, 옳지 <u>않은</u> 것은 ×로 표시하시오. (단, 지면을 기준면으로 한다.)

(1) 자유 낙하 하는 동안 위치 에너지는 감소한다. ·················· (   )
(2) 자유 낙하 하는 동안 운동 에너지는 감소한다. ·················· (   )
(3) 자유 낙하 하는 동안 역학적 에너지는 증가한다. ·················· (   )
(4) 지면에 닿는 순간의 역학적 에너지는 운동 에너지와 같다. ·············· (   )

05 그림과 같이 지면으로부터 10 m 높이에 있는 질량이 2 kg인 공을 가만히 놓아 떨어뜨렸다. (단, 지면을 기준면으로 하고, 공기 저항은 무시한다.)

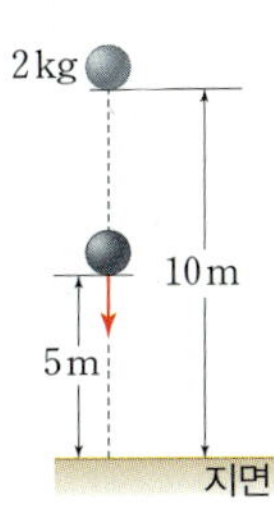

(1) 5 m 높이에서의 위치 에너지를 구하시오.
(2) 5 m 높이에서의 운동 에너지를 구하시오.
(3) 지면에 닿는 순간의 속력을 구하시오.

● 자유 낙하 운동하는 물체의 역학적 에너지

과정

❶ 길이가 100 cm인 플라스틱 관을 고정하고, 플라스틱 관의 60 cm 지점, 10 cm 지점에 속력 측정기를 설치한다.

❷ 플라스틱 관의 아래에 모래를 넣은 종이컵을 둔다.

❸ 100 cm 지점에서 쇠구슬을 낙하시켰을 때 60 cm, 10 cm 지점에서의 속력을 측정한다. ─ 이 과정은 3번 이상 실행하여 각 지점에서 속력의 평균값을 구한다.

❹ 쇠구슬의 질량을 전자저울을 이용하여 측정한다.

결과

쇠구슬의 질량과 각 지점에서의 속력은 다음과 같다.

높이(m)	1	0.6	0.1
속력(m/s)	0	2.8	4.2
쇠구슬의 질량(kg)	0.15		

높이(m)	1	0.6	0.1
위치 에너지(J)	1.47	0.882	0.147
운동 에너지(J)	0	0.588	1.323
역학적 에너지(J)	1.47	1.47	1.47

정리

1 쇠구슬이 지면에 가까워질수록 높이는 낮아지고, 속력은 빨라진다.

2 자유 낙하 운동하는 쇠구슬의 위치 에너지는 감소하고, 운동 에너지는 증가한다.

3 자유 낙하 운동하는 쇠구슬의 역학적 에너지는 일정하게 보존된다.

TIP

자유 낙하 운동

공기 저항이 없을 때 공중에 정지해 있던 물체가 중력만 받으면서 아래로 떨어지는 운동으로, 물체의 속력은 중력 가속도(9.8 m/s^2)에 의해 일정하게 증가한다.

역학적 에너지 구하기

위치 에너지+운동 에너지=(9.8× 질량×높이)+($\frac{1}{2}$×질량×속력^2)

• 1 m 지점에서의 위치 에너지는 9.8×0.15×1=1.47(J)이고, 운동 에너지는 0이므로 역학적 에너지는 1.47 J이다.

• 0.6 m 지점에서의 위치 에너지는 9.8×0.15×0.6=0.882(J)이고, 운동 에너지는 $\frac{1}{2}$×0.15×2.8^2=0.588(J)이므로 역학적 에너지는 0.882 J+0.588 J=1.47 J이다.

확인 문제

01 자유 낙하 하는 물체의 역학적 에너지에 대한 설명으로 옳은 것은 ○, 옳지 않은 것은 ×로 표시하시오.

(1) 자유 낙하 하는 물체의 위치 에너지는 점점 감소한다. ·································· ( )

(2) 자유 낙하 하는 물체의 역학적 에너지는 변화한다. ·································· ( )

(3) 자유 낙하 하는 물체의 속력은 증가한다. ·································· ( )

(4) 위치 에너지가 최대인 지점에서 물체의 속력은 0이다. ·································· ( )

시험에서는 이렇게!!

02 오른쪽 그림과 같이 질량이 1 kg인 공을 지면으로부터 10 m 높이에서 가만히 떨어뜨렸다. 이에 대한 설명으로 옳은 것을 〈보기〉에서 모두 고르시오. (단, 지면을 기준면으로 하고, 공기 저항은 무시한다.)

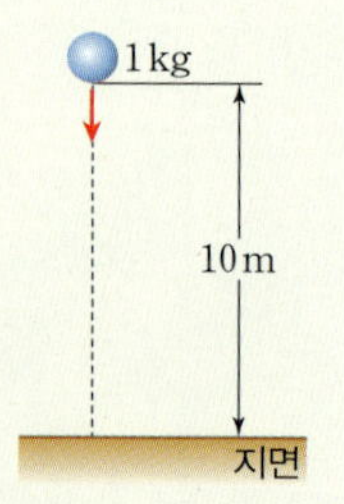

보기

ㄱ. 모든 지점에서 공의 역학적 에너지는 같다.

ㄴ. 10 m 높이에서 공의 위치 에너지는 역학적 에너지와 같다.

ㄷ. 지면에 도달한 순간 공의 속력은 14 m/s 이다.

위치 에너지와 운동 에너지의 전환

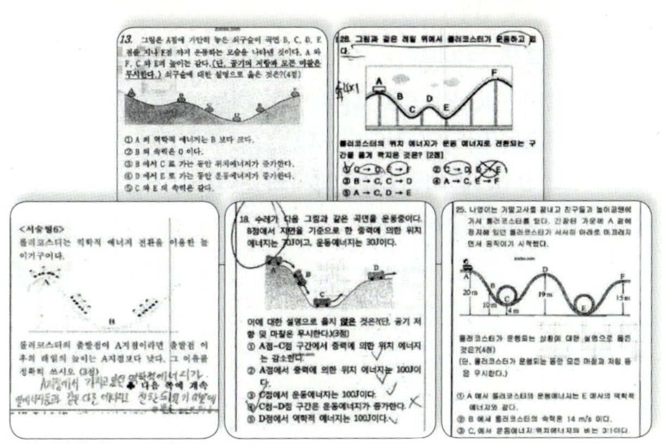

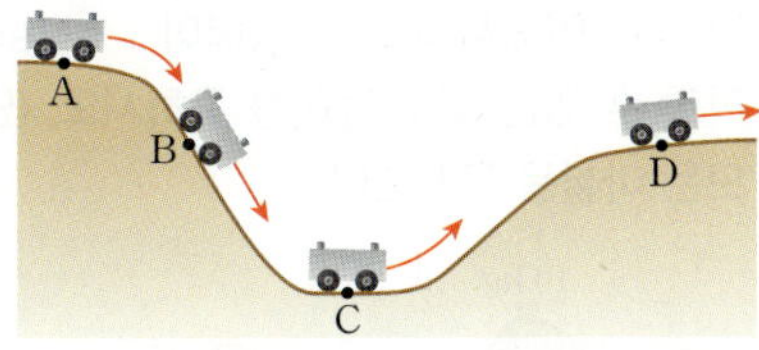

01 그림과 같이 수레가 정지 상태에서 A점을 출발하여 D점으로 운동하고 있다. B, D점의 높이는 같다.

이 수레의 운동에 대한 설명으로 옳지 않은 것을 모두 고르면? (단, 공기 저항과 모든 마찰은 무시한다.) (2개)

① A~D점에서 위치 에너지가 가장 큰 곳은 A이다.

② B점에서의 역학적 에너지보다 D점에서의 역학적 에너지가 더 크다.

③ A점에서 C점까지 운동하는 동안 속력이 증가한다.

④ A점에서 C점까지 운동하는 동안 위치 에너지는 감소한다.

⑤ A점에서 D점까지 운동하는 동안 동안 C점에서 위치 에너지가 최대이다.

⑥ B점과 D점에서의 운동 에너지는 같다.

⑦ C점에서 D점으로 가는 동안 감소한 운동 에너지는 위치 에너지로 전환된다.

자유 낙하 하는 물체의 역학적 에너지

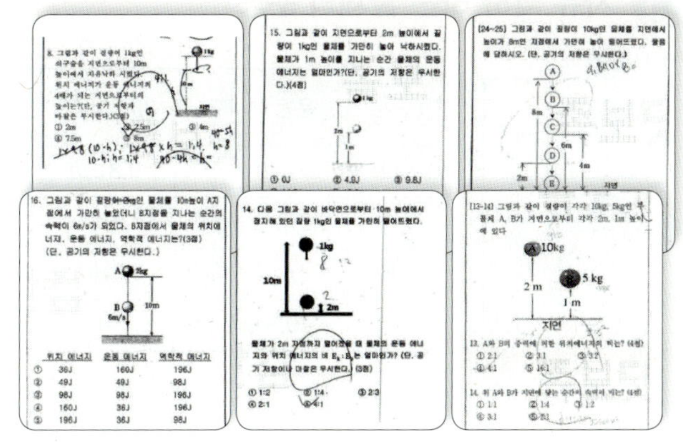

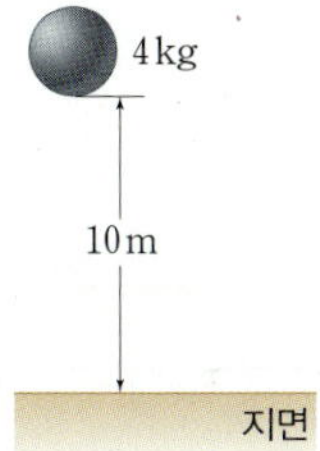

02 그림과 같이 질량이 4 kg인 정지 상태의 공이 지면으로부터 10 m 높이에서 낙하하였다.

이에 대한 설명으로 옳지 않은 것을 모두 고르면? (단, 지면을 기준면으로 하고, 공기 저항은 무시한다.) (2개)

① 10 m 높이에서의 위치 에너지와 6 m 높이에서의 위치 에너지의 비는 5 : 3이다.

② 공의 역학적 에너지는 392 J이다.

③ 지면으로부터 5 m 높이에서의 운동 에너지는 196 J이다.

④ 운동 에너지가 위치 에너지의 4배인 지점은 높이가 2 m일 때이다.

⑤ 지면에 닿는 순간 공의 속력은 19.6 m/s이다.

⑥ 운동 에너지는 속력의 제곱에 반비례한다.

⑦ 위치 에너지는 높이에 비례한다.

더 알아보기

◉ 여러 가지 운동에서 역학적 에너지 보존

➊ 자유 낙하 하는 물체의 운동

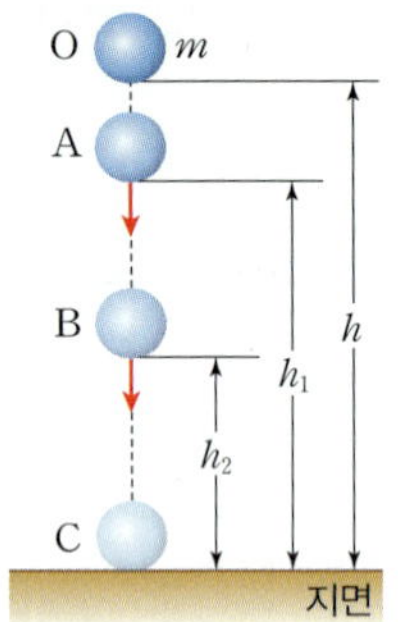

구분	운동 에너지	위치 에너지	역학적 에너지
O	0	$9.8mh$	$9.8mh$
A	$9.8m(h-h_1)$	$9.8mh_1$	
B	$9.8m(h-h_2)$	$9.8mh_2$	
C	$9.8mh$	0	

유제 01
오른쪽 그림은 10 m 높이에서 질량이 1 kg인 공이 자유 낙하 하는 모습을 나타낸 것이다. 지면으로부터 8 m 높이인 지점에서의 운동 에너지를 구하시오.

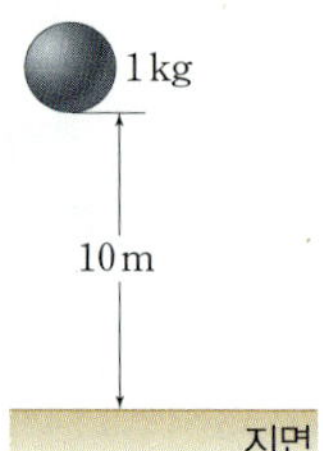

➋ 롤러코스터의 운동

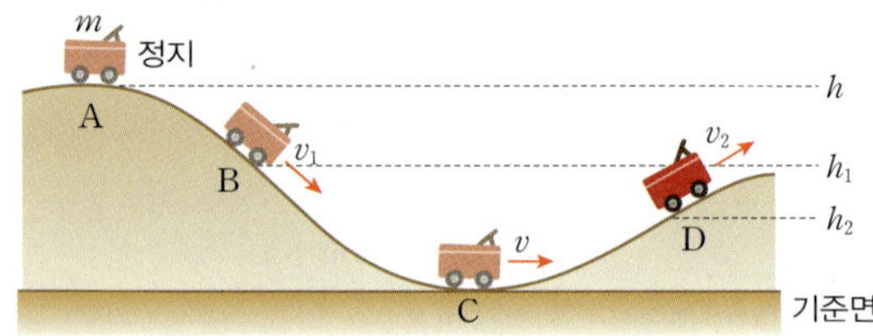

구분	A	B	C	D
운동 에너지	0	$\frac{1}{2}mv_1^2$	$\frac{1}{2}mv^2$	$\frac{1}{2}mv_2^2$
위치 에너지	$9.8mh$	$9.8mh_1$	0	$9.8mh_2$
역학적 에너지	$9.8mh$	$\frac{1}{2}mv_1^2+9.8mh_1$	$\frac{1}{2}mv^2$	$\frac{1}{2}mv_2^2+9.8mh_2$

$$9.8mh=\frac{1}{2}mv_1^2+9.8mh_1=\frac{1}{2}mv^2=\frac{1}{2}mv_2^2+9.8mh_2$$

유제 02
그림은 질량이 10 kg인 수레의 운동을 나타낸 것이다. 기준면에서의 최대 속력이 7 m/s라면 수레가 올라갈 수 있는 최고 높이를 구하시오. (단, 공기 저항과 모든 마찰은 무시한다.)

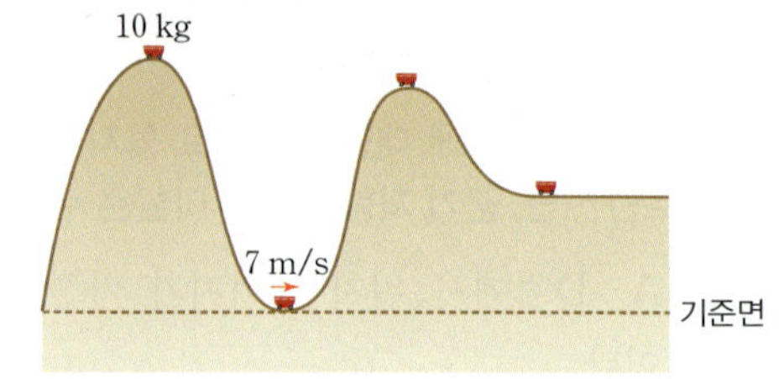

➌ 진자의 운동

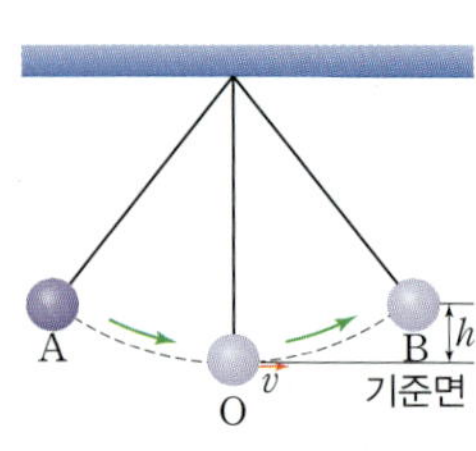

구분	운동 에너지	위치 에너지	역학적 에너지
A, B	0	$9.8mh$	$9.8mh$
O	$\frac{1}{2}mv^2$	0	$\frac{1}{2}mv^2$
A → O	증가	감소	일정
O → B	감소	증가	일정

유제 03
그림은 질량이 2 kg인 진자가 10 m 높이에서 떨어지면서 왕복 운동을 하는 모습을 나타낸 것이다. O점에서의 속력(최대 속력)을 구하시오. (단, 공기 저항은 무시한다.)

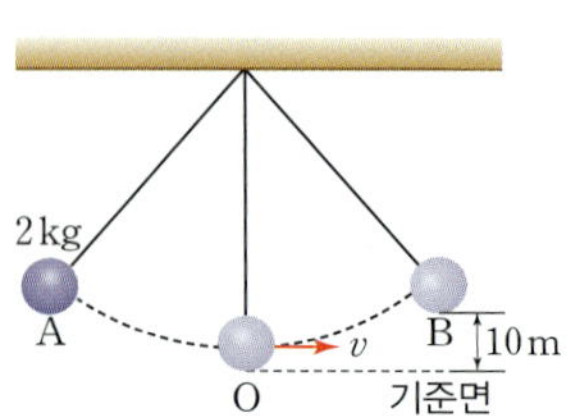

Ⓐ 역학적 에너지 전환

01 오른쪽 그림은 위로 던져 올린 공이 올라가는 모습을 일정한 시간 간격으로 나타낸 것이다. 공이 올라가는 동안 공의 운동에 대한 설명으로 옳지 <u>않은</u> 것은?

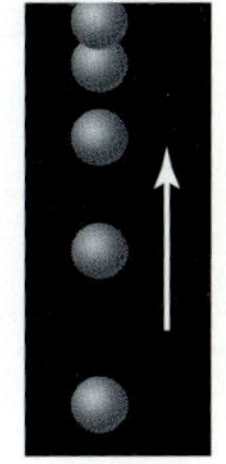

① 높이가 높아진다.
② 속력이 감소한다.
③ 위치 에너지가 증가한다.
④ 운동 에너지가 감소한다.
⑤ 위치 에너지가 운동 에너지로 전환된다.

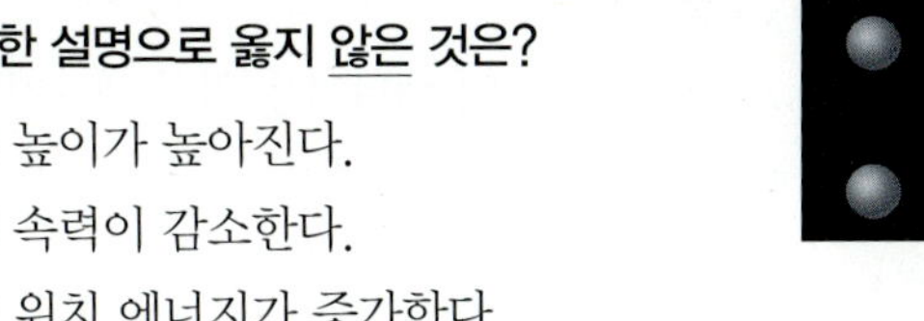
기출 분석 p. 61

위치 에너지와 운동 에너지의 합인 역학적 에너지는 어느 지점에서나 일정함을 기억하자.

02 그림과 같이 A점에 정지해 있던 수레가 곡면을 따라 운동하고 있다.

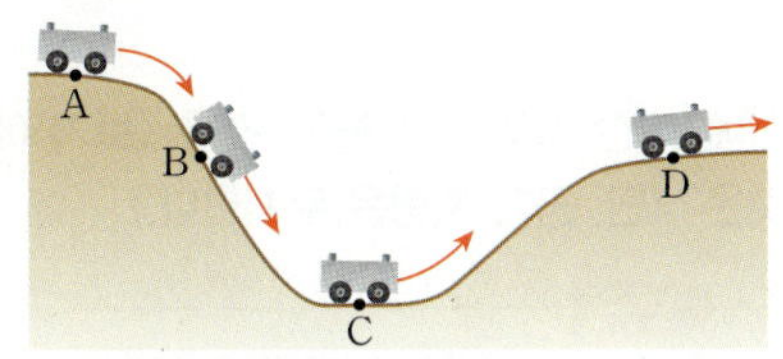

A~D점 중에서 역학적 에너지가 가장 큰 지점은? (단, 공기 저항과 마찰은 무시한다.)

① A　　　② B　　　③ C
④ D　　　⑤ 모두 같다.

최다빈출

03 오른쪽 그림은 진자의 운동을 나타낸 것이다. 위치 에너지가 운동 에너지로 전환되는 구간을 〈보기〉에서 모두 고른 것은? (단, 공기 저항은 무시한다.)

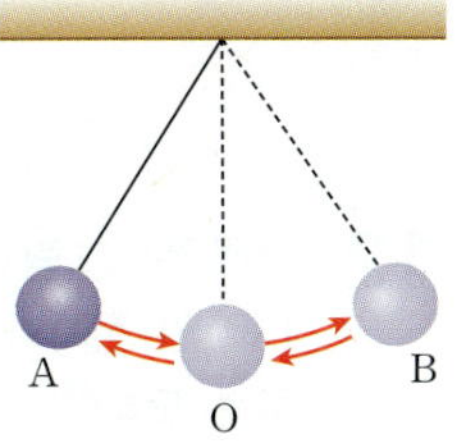

> **보기**
>
> ㄱ. A → O　　　ㄴ. O → B
> ㄷ. B → O　　　ㄹ. O → A

① ㄱ, ㄷ　　② ㄱ, ㄹ　　③ ㄴ, ㄷ
④ ㄱ, ㄴ, ㄹ　　⑤ ㄴ, ㄷ, ㄹ

04 오른쪽 그림은 공중에서 가만히 놓은 물체의 운동을 일정한 시간 간격으로 나타낸 것이다. A점과 B점에서 물체의 위치 에너지와 운동 에너지를 비교한 것으로 옳은 것은? (단, 공기 저항은 무시한다.)

	위치 에너지	운동 에너지
①	A > B	A < B
②	A > B	A = B
③	A < B	A < B
④	A < B	A > B
⑤	A = B	A = B

05 그림과 같이 마찰이 없는 반원형 그릇의 A점에 구슬을 가만히 놓았더니 A~E 사이를 왕복 운동하였다.

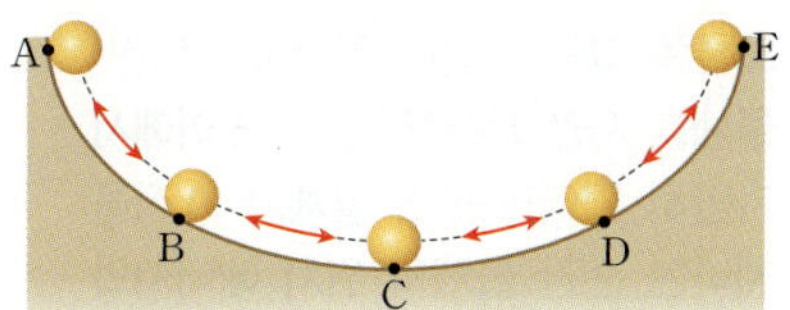

이에 대한 설명으로 옳지 <u>않은</u> 것은? (단, 공기 저항과 마찰은 무시한다.)

① 운동 에너지가 가장 큰 곳은 C점이다.
② A점과 C점에서의 역학적 에너지는 같다.
③ B점에서 C점으로 이동할 때 역학적 에너지는 감소한다.
④ C점에서 D점으로 이동할 때 위치 에너지는 증가한다.
⑤ E점에서 D점으로 이동할 때 운동 에너지는 증가한다.

Ⓑ 역학적 에너지 보존

06 질량이 4 kg인 물체를 지면에서 7 m/s의 속력으로 연직 위로 던져 올렸다. 이 물체가 올라갈 수 있는 최고 높이는? (단, 공기 저항은 무시한다.)

① 2 m　　② 2.5 m　　③ 3.5 m
④ 4 m　　⑤ 5 m

최다빈출

07 그림과 같이 A점에 정지해 있던 롤러코스터가 B점을 거쳐 C점으로 이동하고 있다.

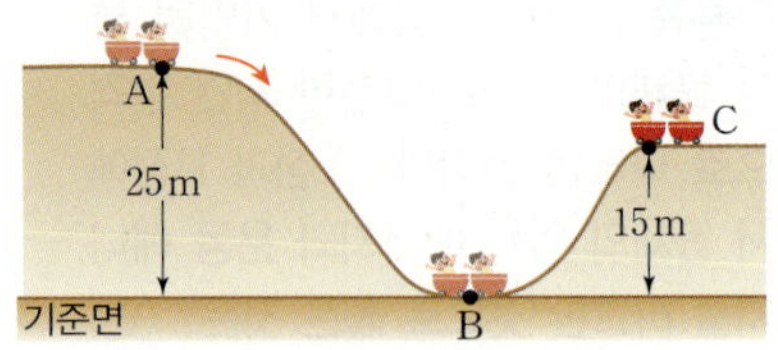

B점과 C점에서 롤러코스터의 운동 에너지의 비(B : C)는? (단, 공기 저항과 마찰은 무시한다.)

① 1 : 3 ② 1 : 5 ③ 5 : 1
④ 5 : 2 ⑤ 5 : 3

탐구 p. 60 기출 분석 p. 61

역학적 에너지는 보존되므로 감소한 위치 에너지는 증가한 운동 에너지와 같다. ➡ 위치 에너지 감소량＝운동 에너지 증가량

08 오른쪽 그림과 같이 질량이 5 kg인 물체를 지면으로부터 8 m 높이에서 가만히 떨어뜨렸다. 물체가 A점을 지나는 순간 물체의 위치 에너지와 운동 에너지로 옳은 것은? (단, 지면을 기준면으로 하고 공기 저항은 무시한다.)

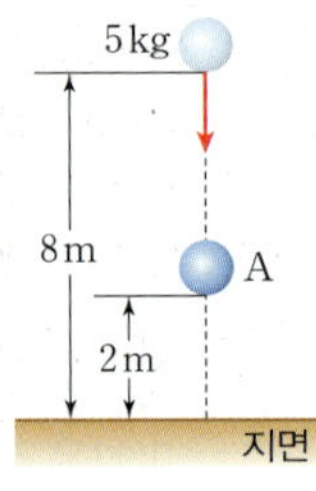

	위치 에너지	운동 에너지
①	49 J	98 J
②	98 J	49 J
③	98 J	294 J
④	294 J	98 J
⑤	392 J	294 J

09 오른쪽 그림과 같이 질량이 5 kg인 공을 30 m 높이에서 가만히 놓았다. 공이 낙하하는 동안 위치 에너지와 운동 에너지가 같아지는 지점의 지면으로부터 높이는? (단, 공기 저항은 무시한다.)

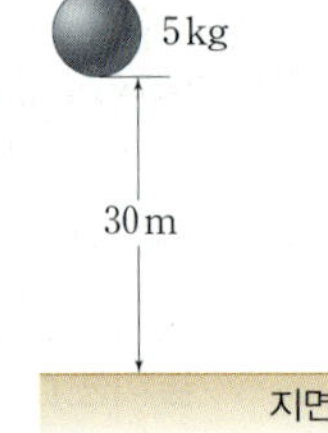

① 5 m ② 10 m ③ 15 m
④ 20 m ⑤ 25 m

---

10 오른쪽 그림과 같이 질량이 1 kg인 물체를 지면으로부터 8 m 높이에서 가만히 떨어뜨렸다. 이때 물체에 대한 설명으로 옳지 <u>않은</u> 것은? (단, 공기 저항은 무시한다.)

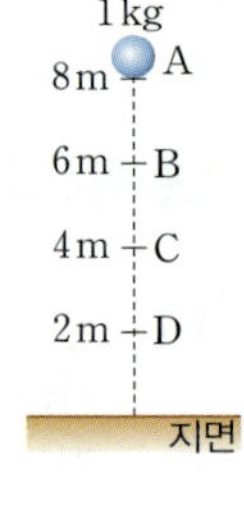

① 물체가 낙하하는 동안 운동 에너지는 증가한다.
② A점에서 역학적 에너지는 위치 에너지와 같다.
③ B점에서의 운동 에너지는 위치 에너지의 4배이다.
④ C점에서 운동 에너지와 위치 에너지는 같다.
⑤ A점과 D점에서 역학적 에너지는 같다.

11 그림과 같이 진자를 A에서 가만히 놓았더니 B, C를 거쳐 D까지 올라갔다.

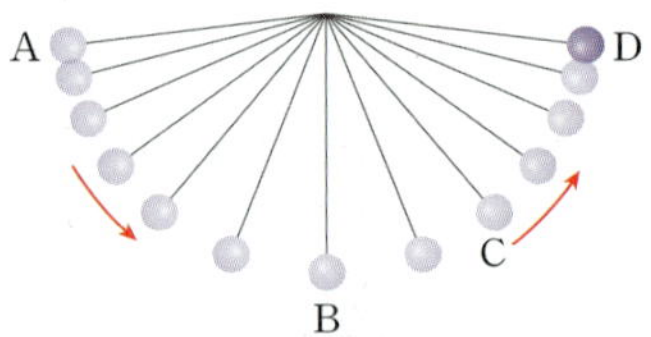

이에 대한 설명으로 옳은 것을 〈보기〉에서 모두 고른 것은? (단, 공기 저항은 무시한다.)

보기

ㄱ. A에서 속력이 최대이다.
ㄴ. B에서 C로 가는 동안 운동 에너지가 증가한다.
ㄷ. A와 D에서 역학적 에너지가 같다.

① ㄱ ② ㄷ ③ ㄱ, ㄴ
④ ㄴ, ㄷ ⑤ ㄱ, ㄴ, ㄷ

12 오른쪽 그림은 질량이 1 kg인 진자가 왕복 운동하는 모습을 나타낸 것이다. 높이 4.9 m에서 진자를 놓았을 때, O점을 지나는 순간의 속력은? (단, 공기 저항은 무시한다.)

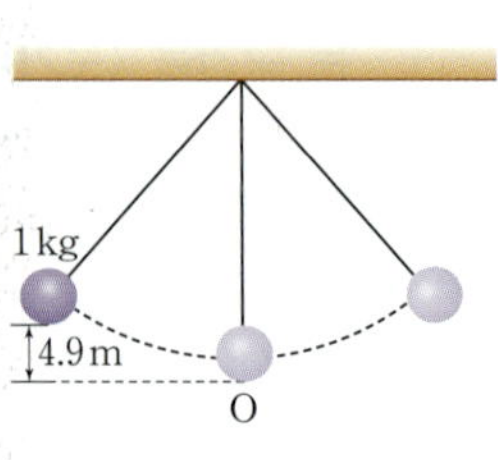

① 1 m/s ② 2 m/s ③ 4.9 m/s
④ 9.8 m/s ⑤ 19.6 m/s

13 오른쪽 그림은 공을 연직 위로 던져 올리는 모습을 나타낸 것이다. 공이 올라가는 동안 공의 운동 에너지, 위치 에너지, 역학적 에너지의 변화에 대하여 서술하시오. (단, 공기 저항은 무시한다.)

____

____

최다빈출

14 오른쪽 그림과 같이 10 m 높이에 정지 상태로 있던 물체가 낙하 운동을 시작하였다. 위치 에너지가 운동 에너지의 4배가 되는 지점의 높이를 풀이 과정과 함께 서술하시오. (단, 공기 저항은 무시한다.)

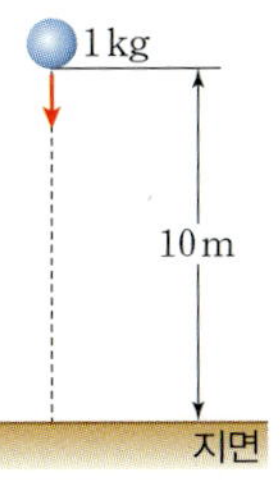

____

____

____

15 그림과 같이 진자가 A, O, B 사이를 왕복 운동하고 있다.

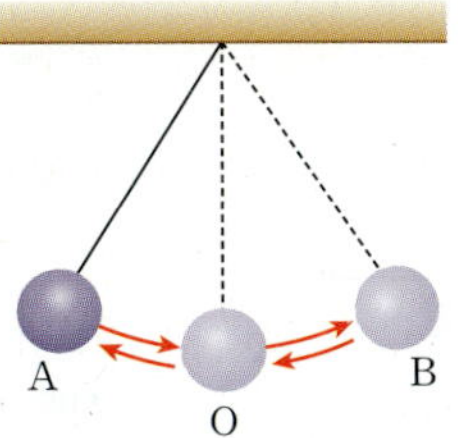

진자가 A → O, O → B, B → O, O → A로 갈 때의 역학적 에너지의 전환에 대하여 서술하시오.

____

____

____

____

16 그림과 같이 질량이 2 kg인 공을 높이 h에서 가만히 놓았다. 표는 지면으로부터 0.5 m 높이에서 위치 에너지와 운동 에너지를 나타낸 것이다. (단, 공기 저항은 무시한다.)

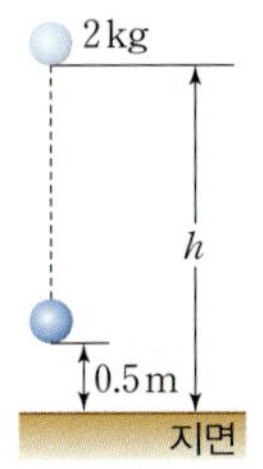

높이	0.5 m
위치 에너지	9.8 J
운동 에너지	39.2 J

(1) 0.5 m 높이에서 공의 역학적 에너지는 얼마인지 쓰시오.

____

____

(2) 공의 처음 높이 h는 얼마인지 풀이 과정과 함께 서술하시오.

____

____

17 그림과 같이 A 지점에 정지해 있던 롤러코스터가 궤도를 따라 운동할 때, B 지점까지 도달하지 못하였다.

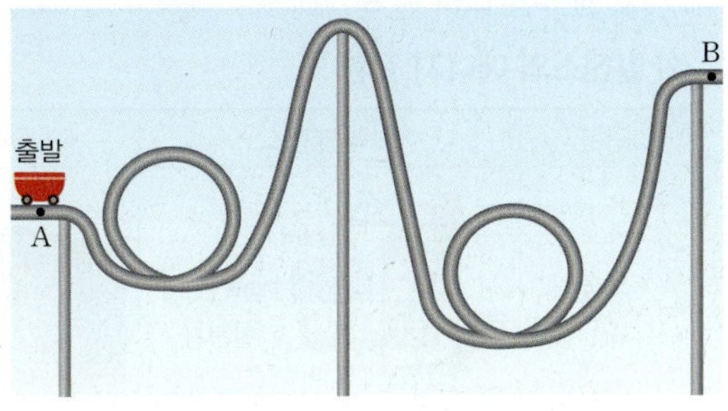

그 까닭을 서술하시오. (단, 공기 저항과 마찰은 무시한다.)

____

____

A 전기 에너지의 발생

1. 전자기 유도 코일 주위에서 자석을 움직일 때 코일을 통과하는 자기장이 변하여 코일에 전류가 흐르게 되는 현상 └ 자석 주위에서 코일을 움직일 때도 전자기 유도가 일어난다.

2. 유도 전류 전자기 유도 원리에 의해 코일에 흐르는 전류 〔기출 분석〕 **p. 71**

(1) **방향** : 자기장의 변화를 방해하는 쪽으로 유도 전류가 흐른다. ➡ 자석을 코일에 가까이 할 때와 멀리 할 때 유도 전류는 서로 반대 방향으로 흐른다.

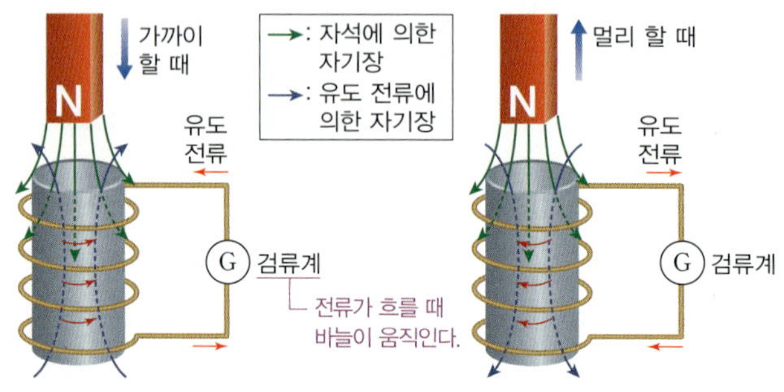

(2) **유도 전류의 세기를 증가시키는 방법**

① 자석을 빠르게 움직인다.

② 자석의 세기가 강한 것을 사용한다.

③ 코일의 감은 수를 증가시킨다.

④ 코일에 철심을 넣는다.

3. 전자기 유도 원리의 이용 발전기, 마이크, 도난 방지 장치, 교통 카드 판독기, 통행료 지불 단말기, 전기기타, 금속 탐지기 등 〔탐구〕 **p. 70**

(1) **발전기** : 전자기 유도 원리를 이용하여 전기를 만드는 기구

① **발전기의 구조와 원리** : 영구 자석 사이에 회전할 수 있는 코일이 있는 구조이며, 코일이 회전하는 동안 코일의 단면을 통과하는 자기장이 변하여 코일에 유도 전류가 흐른다.

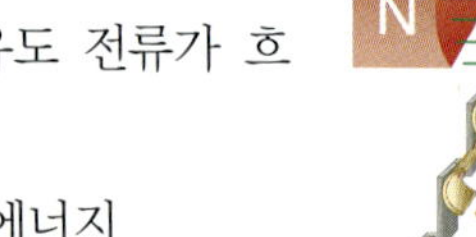

② **에너지 전환 과정** : 역학적 에너지 → 전기 에너지

(2) **발전소의 에너지 전환**

구분	화력 발전소	수력 발전소	원자력 발전소
모습	수증기 / 터빈 / 연료 / 물 / 발전기 / 보일러	저수지 / 발전기 / 송전기 / 수문	수증기 / 터빈 / 송전기 / 발전기 / 냉각재 / 원자로
에너지원	연료의 화학 에너지	물의 위치 에너지	핵에너지
에너지 전환 과정	연료의 화학 에너지 → 수증기의 열에너지 → 발전기의 역학적 에너지 → 전기 에너지	물의 위치 에너지 → 발전기의 역학적 에너지 → 전기 에너지	핵에너지 → 수증기의 열에너지 → 발전기의 역학적 에너지 → 전기 에너지

전자기 유도가 일어나지 않는 경우
코일과 자석이 모두 정지해 있을 때는 코일을 통과하는 자기장 변화가 없으므로 유도 전류가 흐르지 않는다.

검류계
매우 작은 세기의 전류나 전압을 검출하는 장치로, 전기 기호는 ⓖ로 나타낸다.

렌츠 법칙(Lenz's law)
유도 전류의 방향은 자기장의 변화를 방해하는 방향으로 형성된다. 또한 이 법칙은 패러데이 법칙에 포함된다.

패러데이 법칙(Faraday's law)
유도 전류의 세기는 자기장의 변화가 클수록 커진다.

발전기
역학적 에너지를 전기 에너지로 전환하는 장치이다.

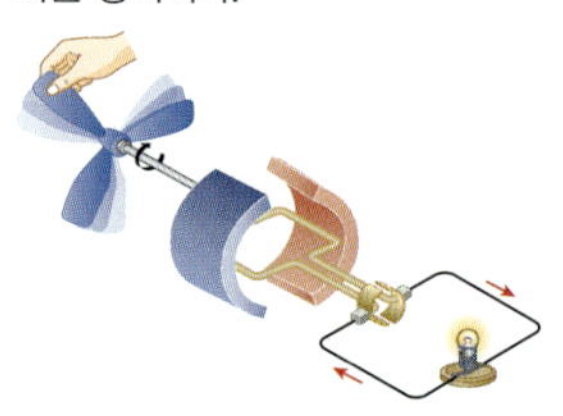

날개를 돌려 코일을 회전시키면 전자기 유도 현상이 나타나 전구에 불이 켜진다.

전동기(모터)
전기 에너지를 역학적 에너지로 전환하는 전기 기계 장치이다.

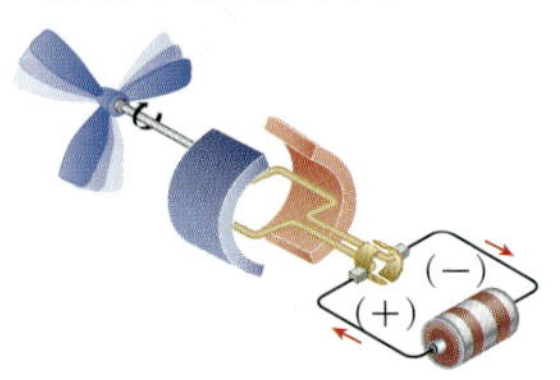

코일에 전류가 흐르면 코일이 자석의 자기장으로부터 힘을 받아 코일이 회전한다.

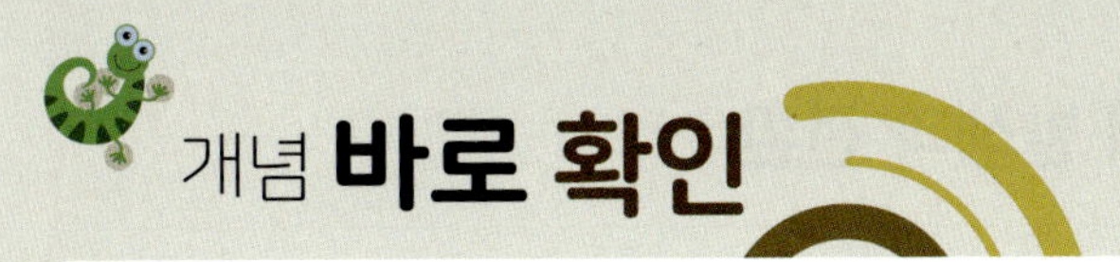

초성 확인 문제

01 ㅈㅈㄱㅇㄷ : 코일 주위에서 자석을 움직일 때 코일을 통과하는 자기장이 변하여 코일에 전류가 흐르게 되는 현상

02 ㅇㄷㅈㄹ : 전자기 유도 현상에 의해 코일에 흐르는 전류를 말한다.

03 유도 전류의 세기는 ㅈㅅ을 빠르게 움직일수록, ㅋㅇ의 감은 수가 많을수록 세다.

04 영구 자석 속에 있는 코일이 회전할 때마다 자기장이 통과하는 코일의 면적이 달라지므로 자기장의 변화가 생겨 유도 전류가 흐르는 장치는 ㅂㅈㄱ이다.

05 발전기는 ㅇㅎㅈ 에너지를 ㅈㄱ 에너지로 전환한다.

A 전기 에너지의 발생

01 유도 전류에 대한 설명으로 옳은 것은 ◯, 옳지 <u>않은</u> 것은 ✕로 표시하시오.

(1) 유도 전류는 자기장의 변화를 방해하는 방향으로 흐른다. ·············· (　　　)

(2) 유도 전류를 이용하여 전기를 만드는 장치는 전동기이다. ·············· (　　　)

(3) 발전기는 역학적 에너지를 전기 에너지로 바꿔 주는 역할을 한다. ··· (　　　)

02 오른쪽 그림과 같이 코일을 장치하고 자석을 가까이 하면 A → Ⓖ → B 방향으로 전류가 흐른다. 자석을 멀리할 때 전류가 흐르는 방향을 쓰시오.

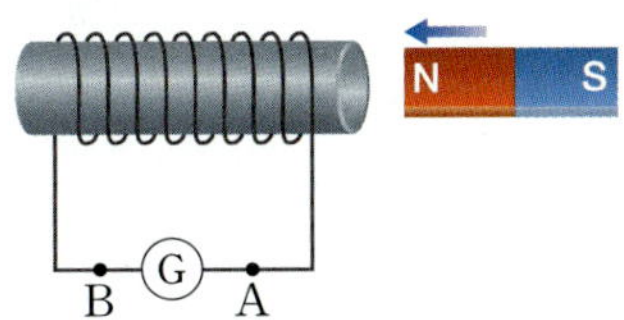

03 그림과 같이 전자기 유도 원리를 확인하는 실험을 하고 있다.

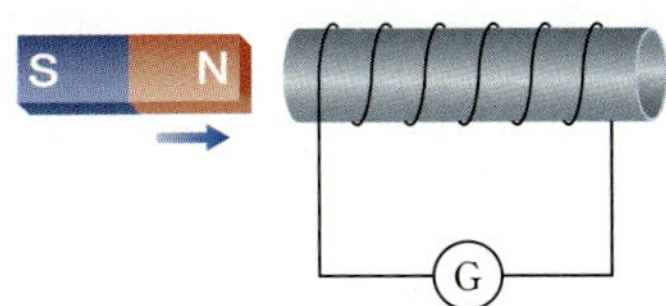

코일에 흐르는 전류의 세기를 증가시키기 위한 방법으로 알맞은 말을 (　　　) 안에서 고르시오.

(1) 자석의 세기가 (약한 , 강한) 것을 사용한다.

(2) 자석을 더 (빠르게 , 느리게) 움직인다.

(3) 코일의 감은 수를 (늘린다 , 줄인다).

04 오른쪽 그림과 같이 코일에 검류계를 연결하였을 때 코일에 유도 전류가 흐르게 하는 방법으로 옳은 것은 ◯, 옳지 <u>않은</u> 것은 ✕로 표시하시오.

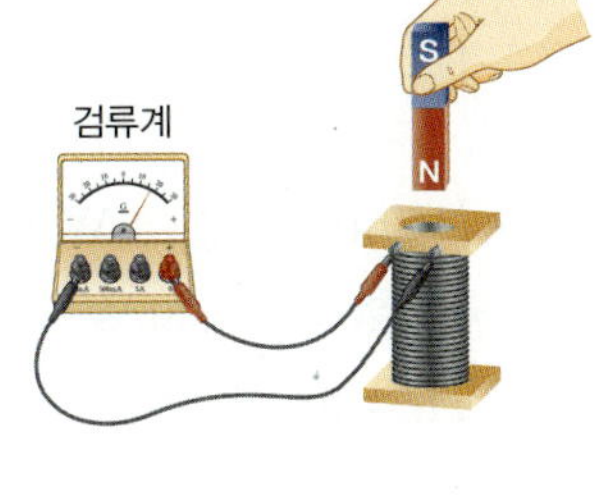

(1) 코일을 자석에 가까이 접근시킨다. ··· (　　　)

(2) 코일 속에 자석을 가만히 정지시킨다.
　　·································· (　　　)

(3) 코일과 자석을 동시에 반대 방향으로 움직인다.
　　·································· (　　　)

05 각 발전소의 에너지 전환 과정에서 (　　　) 안에 알맞은 에너지의 종류를 쓰시오.

(1) 화력 발전소 : 연료의 (　　　) 에너지 → 열에너지 → 발전기의 역학적 에너지 → 전기 에너지

(2) 수력 발전소 : 물의 (　　　) 에너지 → 발전기의 역학적 에너지 → 전기 에너지

(3) 원자력 발전소 : 핵에너지 → 열에너지 → 발전기의 (　　　) 에너지 → 전기 에너지

02 전기 에너지의 발생과 전환

B 전기 에너지의 전환

1. 전기 에너지 전류가 흐를 때 공급되는 에너지[단위 : J(줄)]
- 전기 에너지는 운동 에너지, 소리 에너지, 빛에너지, 열에너지 등 다른 형태의 에너지로 쉽게 전환되기 때문에 우리 생활에 널리 이용된다.

2. 가정에서의 전기 에너지의 전환

전기 기구	전기 에너지의 전환	전기 기구	전기 에너지의 전환
전등	빛에너지로 전환	전동기(모터)	역학적 에너지로 전환
선풍기	운동 에너지로 전환	라디오	소리 에너지로 전환
텔레비전	빛·열·소리 에너지로 전환	전기난로	열에너지로 전환

└ 동시에 여러 에너지로 전환될 수 있다.

C 소비 전력과 전력량

1. 소비 전력 전기 기구가 1초 동안 사용하는 전기 에너지의 양[단위 : W(와트)]
- 1 W(와트) : 1초 동안 1 J의 전기 에너지를 사용할 때의 전력

기출 분석 p. 71

$$소비\ 전력(W) = \frac{전기\ 에너지(J)}{시간(s)} = 전압(V) \times 전류(A)$$

└ 시간의 단위는 초(s)이다.

- 정격 소비 전력 : 정격 전압을 걸어 주었을 때 그 전기 기구가 사용하는 전력
- [220 V−440 W가 표시된 다리미]
  정격 전압이 220 V, 정격 소비 전력이 440 W이므로 220 V 전원에 연결했을 때 소비하는 전력은 440 W이며, 1초에 440 J의 전기 에너지를 사용한다.

2. 전력량 전기 기구가 일정 시간 동안 사용하는 전기 에너지의 양[단위 : Wh(와트시)]

$$전력량(Wh) = 소비\ 전력(W) \times 시간(h)$$

└ 시간의 단위는 시(h)이다.

- 1Wh(와트시) : 1 W의 전력을 1시간 동안 사용했을 때의 전력량
  ➡ 220 V−200 W가 표시된 전동기를 2시간 동안 사용했을 때 전력량은 200 W × 2 h = 400 Wh이다.

D 에너지 전환과 보존

1. 에너지 전환 에너지가 한 형태에서 다른 형태로 바뀌는 현상

예	에너지 전환	예	에너지 전환
광합성	빛에너지 → 화학 에너지	자동차	화학 에너지 → 운동 에너지
전구	전기 에너지 → 빛에너지	오디오	전기 에너지 → 소리 에너지

2. 에너지 보존 에너지는 한 형태에서 다른 형태로 전환되거나 한 곳에서 다른 곳으로 이동할 수 있지만, 새로 생성되거나 소멸되지 않아서 에너지의 총량은 일정하게 보존된다.

여러 가지 에너지
- 열에너지 : 온도가 다른 두 물체 사이에 이동하는 에너지
- 빛에너지 : 빛이 가진 에너지
- 화학 에너지 : 화학 결합에 의해 물질 속에 저장된 에너지
- 소리 에너지 : 물체의 진동에 의해 발생하는 에너지
- 핵에너지 : 원자핵이 핵분열 또는 핵융합을 할 때 발생하는 에너지

전력의 단위
전력의 단위는 스코틀랜드의 발명가이자 기계공학자로 증기 기관을 개량하는 데 공헌한 제임스 와트(James Watt)의 이름을 토대로 와트(W)라고 부른다.

전력량과 전기 에너지
전력량은 시간의 단위를 시(h)로 계산하므로 1 Wh를 전기 에너지(J)로 환산하면,
1 Wh × 60분/시간 × 60초/분
= 3600 J이다.

에너지를 절약해야 하는 까닭
에너지 보존 법칙은 에너지의 총량이 변하지 않음을 의미하지만, 우리가 사용할 수 있는 에너지가 무한정함을 뜻하는 것은 아니다. 에너지의 전환 과정에서 대부분 다시 사용할 수 없는 열에너지의 형태로 전환되므로 유용하게 사용할 수 있는 에너지는 점점 부족해지기 때문에 에너지 절약이 필요하다.

땅에 떨어뜨린 공의 운동

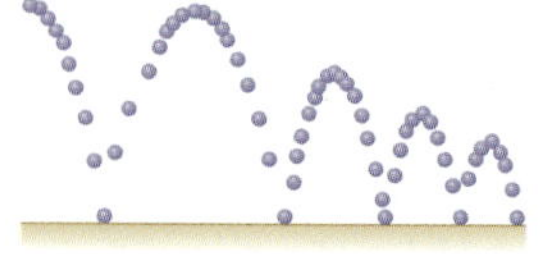

공기 저항이나 마찰이 있을 때 땅에 떨어뜨린 공의 에너지 총량은 다음과 같다.
공의 에너지 총량 = 역학적 에너지 + 소리 에너지 + 열에너지 + 기타 = 일정

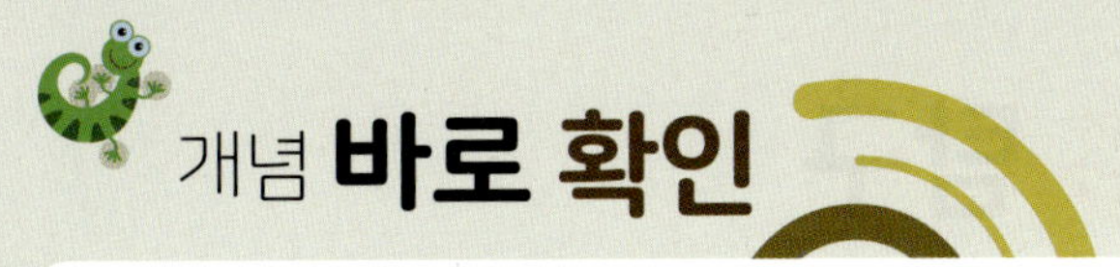

06 ㅈㄱ ㅇㄴㅈ는 전류가 흐를 때 공급되는 에너지이며, 다른 형태의 에너지로 쉽게 전환된다.

07 전기 기구가 1초 동안 사용하는 전기 에너지의 양을 소비 ㅈㄹ이라고 한다.

08 소비 전력의 단위는 ㅇㅌ(W)이고, 전력량의 단위는 ㅇㅌ ㅅ(Wh)이다.

09 어떤 에너지가 다른 에너지로 전환되는 과정에서 에너지의 총합은 일정하게 ㅂㅈ된다는 것을 ㅇㄴㅈ ㅂㅈ이라고 한다.

B 전기 에너지의 전환

06 전기 에너지에 대한 설명으로 옳은 것은 ○, 옳지 <u>않은</u> 것은 ×로 표시하시오.

(1) 전류가 흐를 때 공급되는 에너지이다. ································· (　　　)

(2) 다른 형태의 에너지로 전환이 가능하다. ····························· (　　　)

(3) 전력이 2 W인 전기 기구를 1시간 동안 사용할 때 필요한 전기 에너지는 2 J이다. ··· (　　　)

07 전기 에너지가 열에너지로 전환되는 전기 기구를 전열기라고 한다. 〈보기〉에서 전열기에 해당하는 것을 모두 고르시오.

> ┤ 보기 ├
>
> ㄱ. 선풍기 ㄴ. 전기밥솥 ㄷ. 전기난로
> ㄹ. 전기다리미 ㅁ. 헤어 드라이기 ㅂ. 세탁기

C 소비 전력과 전력량

08 오른쪽 그림과 같이 100 V − 50 W가 표시된 전구를 100 V의 전원에 연결할 때, 전구에 흐르는 전류의 세기는 몇 A인지 쓰시오.

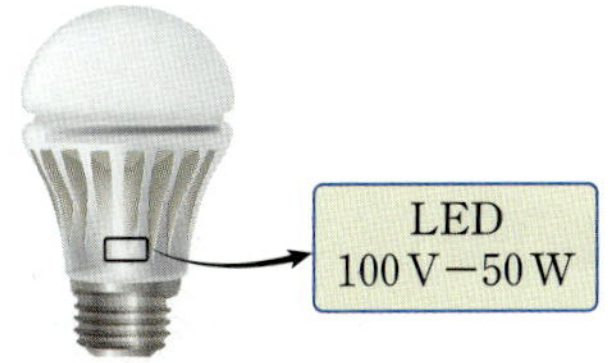

09 전압이 220 V인 전원에 전기 기구를 연결하였더니 1분 동안 사용한 전기 에너지가 240 J이었다. 이때 전기 기구의 소비 전력은 몇 W인지 쓰시오.

D 에너지 전환과 보존

10 전기 기구에서 일어나는 에너지 전환에 맞는 에너지를 〈보기〉에서 골라 (　　　) 안에 쓰시오.

> ┤ 보기 ├
>
> ㄱ. 빛에너지 ㄴ. 열에너지 ㄷ. 소리 에너지
> ㄹ. 화학 에너지 ㅁ. 전기 에너지 ㅂ. 운동 에너지

(1) 전기다리미	(2) 전등
(　　) → (　　)	(　　) → (　　), (　　)

전기 에너지의 발생 원리 – 손발전기 만들기

과정

❶ 투명관에 에나멜선을 촘촘히 감아 코일을 만든다.

❷ 에나멜선 양 끝을 사포로 벗기고 발광 다이오드와 에나멜선을 연결한다.

❸ 투명관에 자석을 넣고 마개를 닫은 다음 천천히 또는 빨리 흔들어 보며 발광 다이오드를 관찰한다.

결과

1 투명관을 빠르게 움직일수록 발광 다이오드의 불빛은 밝아진다.

2 자석이 움직이면서 발광 다이오드에 전기가 공급되므로 역학적 에너지가 전기 에너지로 전환된다.

3 자석의 움직임이 없으면 발광 다이오드에 불빛이 들어오지 않는다.

4 투명관을 흔드는 동안 불빛의 밝기가 유지되는 것이 아니라 희미해지다 밝아지기를 반복한다.

정리

1 투명관 안의 자석이 움직이면서 코일에 유도 전류가 발생한다.

2 자석이 위아래로 왕복하면서 코일에 흐르는 유도 전류의 방향은 계속 바뀐다.

3 자석의 역학적 에너지가 유도 전류를 발생시키면서 전기 에너지로 전환된다.

TIP

발광 다이오드에 불이 켜지지 않을 경우

· 사포로 에나멜선의 끝을 완전히 벗긴 후 발광 다이오드와 연결한다.

· 에나멜선을 최대한 촘촘하게 많이 감는다.

· 규격이 다른 발광 다이오드로 교체한다.

발광 다이오드
(LED : Light Emitting Diode)
전류를 흐르게 하면 반도체에 들어 있는 물질에 따라 파란색, 초록색 등의 빛이 발생한다. 각종 영상 표시 장치나 조명 장치 등에 사용한다.

확인 문제

01 투명관으로 만든 손발전기에 대한 설명으로 옳은 것은 ○, 옳지 않은 것은 ×로 표시하시오.

(1) 투명관에 에나멜선을 많이 감을수록 발광 다이오드의 밝기가 밝아진다. ·············· (   )

(2) 투명관 안의 자석의 세기는 발광 다이오드의 밝기와 관계없다. ····················· (   )

(3) 투명관을 흔들면 역학적 에너지가 전기 에너지로 전환되고, 전기 에너지가 빛에너지로 전환된다. ······························ (   )

(4) 투명관 안의 자석이 움직이지 않고 가만히 있어도 발광 다이오드의 빛은 계속 유지된다.
·································· (   )

02 오른쪽 그림과 같이 코일 속으로 자석을 운동시키면서 코일에 연결된 발광 다이오드를 관찰하였다. 발광 다이오드에 불이 들어왔을 때에 대한 설명으로 옳은 것을 〈보기〉에서 모두 고르시오.

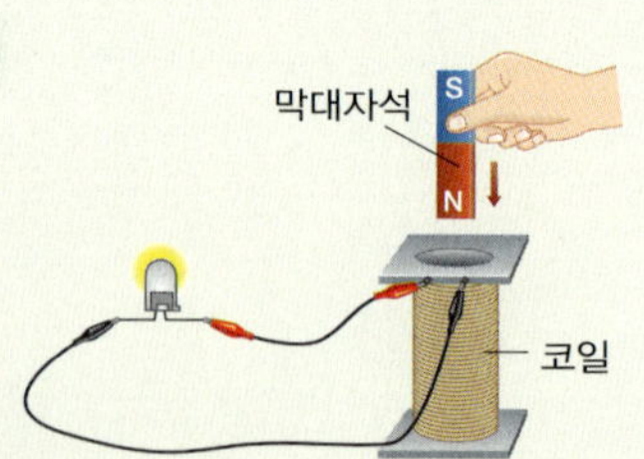

보기

ㄱ. 역학적 에너지가 전기 에너지로 전환된다.

ㄴ. 자석을 빠르게 움직일수록 발광 다이오드의 밝기가 밝아진다.

ㄷ. 전기장의 변화에 의해 코일에 유도 전류가 흐른다.

전자기 유도

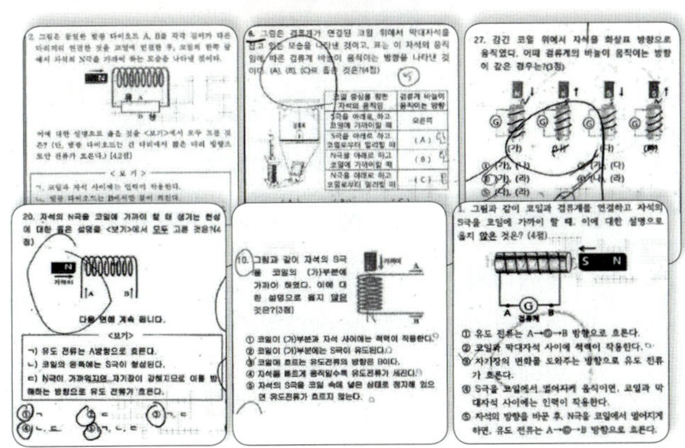

소비 전력

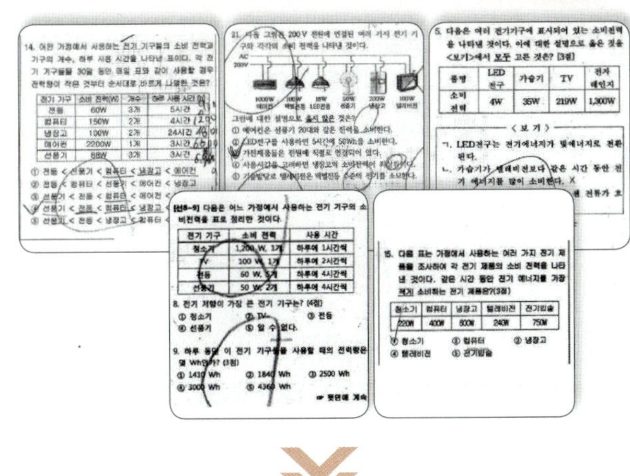

---

01 그림과 같이 코일과 검류계를 연결하고 자석의 S극을 코일에 가까이 할 때, 이에 대한 설명으로 옳지 <u>않은</u> 것을 모두 고르면? (3개)

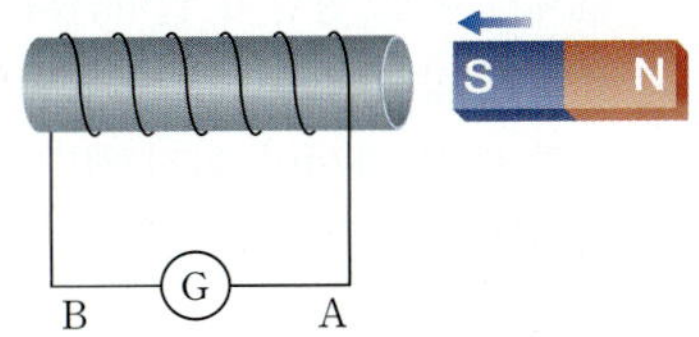

① 자석을 코일에 천천히 접근시키면 검류계의 바늘이 움직이지 않는다.

② 자석을 코일에서 점점 멀리 하면 검류계의 바늘이 움직인다.

③ S극을 코일에 가까이 할 때와 멀리 할 때 검류계의 바늘은 서로 반대 방향으로 움직인다.

④ 자석의 S극과 N극의 방향을 바꾸어 움직이면 검류계의 바늘이 더 많이 움직인다.

⑤ 이 현상을 이용한 예는 전동기, 지하철 교통 카드 등이 있다.

⑥ 코일의 감은 수를 늘리거나 강한 자석을 사용하면 검류계의 바늘을 더 많이 움직일 수 있다.

---

02 그림은 정격 전압 100 V 전원에 연결된 전기 기구와 각 전기 기구의 소비 전력을 나타낸 것이다.

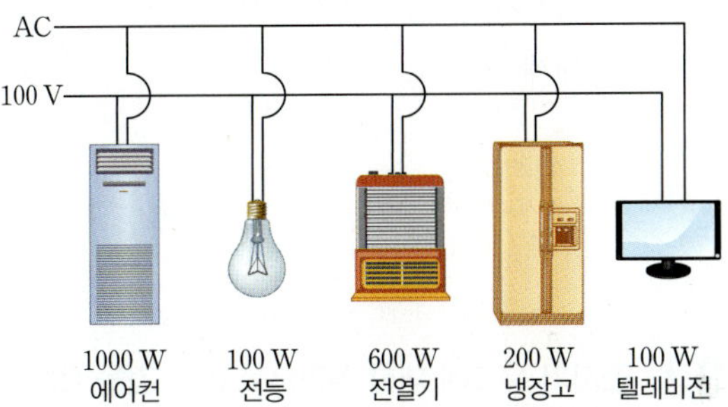

이에 대한 설명으로 옳은 것을 모두 고르면? (3개)

① 1시간 동안 전기 기구를 사용했을 때 전력량이 가장 큰 것은 전열기이다.

② 냉장고 5대의 소비 전력은 에어컨 1대의 소비 전력과 같다.

③ 에어컨을 2시간 동안 사용했을 때 전력량은 0.2 kWh이다.

④ 텔레비전을 10분 동안 시청했을 때 사용한 전기 에너지는 60000 J이다.

⑤ 전등은 매초마다 10 J의 전기 에너지를 사용한다.

⑥ 전류의 세기가 가장 작은 전기 기구는 냉장고이다.

⑦ 각 전기 기구에서 전기 에너지가 다른 형태의 에너지로 전환된다.

A 전기 에너지의 발생

최다빈출

01 그림과 같이 코일에 검류계를 연결하고, 코일 부근에서 자석을 움직이는 실험을 하였다.

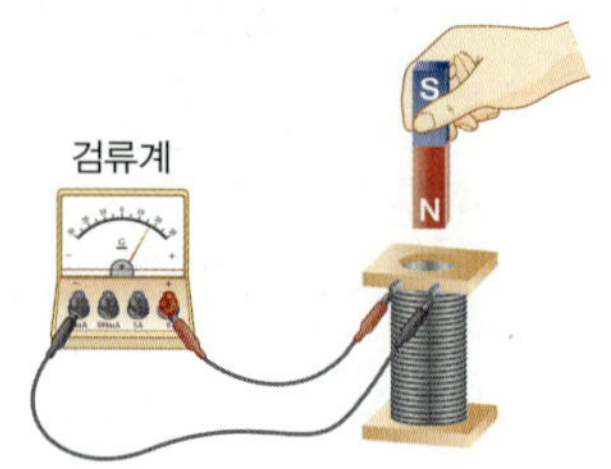

이에 대한 설명으로 옳지 **않은** 것은?

① 자석의 극이 바뀌면 전류의 방향도 바뀐다.
② 자석을 가까이 하면 검류계의 바늘이 움직인다.
③ 코일의 감은 수가 적으면 전류가 흐르지 않는다.
④ 자석 대신 코일을 움직여도 검류계의 바늘이 움직인다.
⑤ 세기가 더 강한 자석으로 실험을 하면 전류가 더 세게 흐른다.

02 전자기 유도에 대한 설명으로 옳은 것을 〈보기〉에서 모두 고른 것은?

> **보기**
> ㄱ. 유도 전류는 코일을 지나는 자기장의 변화가 작을수록 세게 흐른다.
> ㄴ. 유도 전류는 코일을 지나는 자기장의 변화를 방해하는 방향으로 흐른다.
> ㄷ. 전동기는 전자기 유도를 이용한 것이다.

① ㄱ　　　② ㄴ　　　③ ㄱ, ㄷ
④ ㄴ, ㄷ　　　⑤ ㄱ, ㄴ, ㄷ

03 전자기 유도를 생활에 이용한 예가 <u>아닌</u> 것은?

① 나침반　　　② 발전기
③ 전기기타　　　④ 교통 카드 판독기
⑤ 도난 방지 장치

04 그림은 발전기의 구조를 나타낸 것이다.

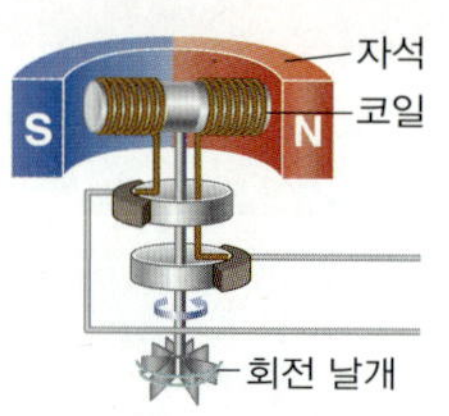

이 장치에서 일어나는 에너지 전환 과정은?

① 빛에너지 → 전기 에너지
② 빛에너지 → 역학적 에너지
③ 열에너지 → 역학적 에너지
④ 전기 에너지 → 역학적 에너지
⑤ 역학적 에너지 → 전기 에너지

05 발전기의 구조와 원리에 대한 설명으로 옳은 것을 〈보기〉에서 모두 고른 것은?

> **보기**
> ㄱ. 전자기 유도 현상이 일어난다.
> ㄴ. 코일이 회전하면서 전류가 발생한다.
> ㄷ. 코일 대신 자석이 회전하면 전류가 발생하지 않는다.

① ㄱ　② ㄴ　③ ㄱ, ㄴ　④ ㄱ, ㄷ　⑤ ㄴ, ㄷ

탐구 p. 70 **기출 분석 p. 71**

코일 안에서 자석이 움직이면서 자기장의 변화에 의해 전류가 유도되는 현상(전자기 유도)을 이해하자.

06 오른쪽 그림과 같이 간이 발전기에 발광 다이오드를 연결한 후 흔들었다. 이에 대한 설명으로 옳은 것을 〈보기〉에서 모두 고른 것은?

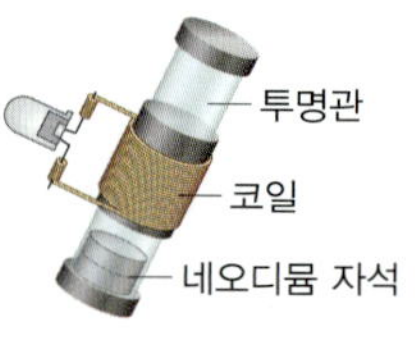

> **보기**
> ㄱ. 발광 다이오드에 불이 깜박이며 들어온다.
> ㄴ. 아주 세게 흔들다가 멈추어도 불이 꺼지지 않는다.
> ㄷ. 간이 발전기를 흔드는 동안 역학적 에너지가 전기 에너지로 전환된다.

① ㄱ　　　② ㄴ　　　③ ㄱ, ㄷ
④ ㄴ, ㄷ　　　⑤ ㄱ, ㄴ, ㄷ

07 각 발전소에서의 에너지 전환 과정으로 옳지 <u>않은</u> 것은?

① 화력 발전 : 핵에너지 → 전기 에너지

② 수력 발전 : 위치 에너지 → 전기 에너지

③ 풍력 발전 : 운동 에너지 → 전기 에너지

④ 핵발전 : 핵에너지 → 전기 에너지

⑤ 태양열 발전 : 열에너지 → 전기 에너지

08 휴대 전화를 사용할 때 휴대 전화에서는 여러 에너지 전환이 일어난다. (가), (나), (다)는 휴대 전화를 사용할 때 일어나는 현상들이다.

> (가) 스피커에서 음악 소리가 나온다.
> (나) 휴대 전화를 오래 사용하면 뜨거워진다.
> (다) 전화가 올 때 휴대 전화가 진동한다.

이때 전기 에너지가 전환된 형태를 옳게 짝 지은 것은?

	(가)	(나)	(다)
①	소리 에너지	화학 에너지	열에너지
②	소리 에너지	열에너지	운동 에너지
③	운동 에너지	화학 에너지	빛에너지
④	빛에너지	운동 에너지	소리 에너지
⑤	화학 에너지	열에너지	운동 에너지

최다빈출

09 여러 가지 전기 기구에서 일어나는 에너지 전환으로 옳지 <u>않은</u> 것은?

① 다리미 : 전기 에너지 → 열에너지

② 진공청소기 : 전기 에너지 → 운동 에너지

③ 오디오 : 전기 에너지 → 소리 에너지

④ 발전기 : 운동 에너지 → 전기 에너지

⑤ 전기밥솥 : 열에너지 → 전기 에너지

10 오른쪽 그림은 진공청소기 뒤에 붙어 있던 표시이다. 이에 대한 설명으로 옳지 <u>않은</u> 것은?

제품명 : 진공청소기
정격 전압 : 220 V
소비 전력 : 1100 W

① 220 V의 전압에서 1100 W의 전력을 소비한다.

② 1초 동안 1100 J의 전기 에너지를 사용한다.

③ 30분 동안 사용할 때의 전력량은 110 Wh이다.

④ 220 V 전압에서 사용해야 제대로 작동한다.

⑤ 정격 전압에서 청소기에 흐르는 전류의 세기는 5 A이다.

11 표는 어느 장소에서 하루 동안 사용하는 전기 기구의 소비 전력과 사용 시간을 나타낸 것이다.

전기 기구	소비 전력	사용 시간
전등	30 W	5 h
에어컨	300 W	2 h
텔레비전	120 W	3 h

이 장소에서 한 달 동안 사용하는 전력량은? (단, 한 달은 30일이다.)

① 1110 Wh ② 2220 Wh ③ 33300 Wh

④ 42000 Wh ⑤ 53000 Wh

최다빈출

12 그림과 같이 100 V − 50 W인 전구를 100 V의 전원에 연결하여 2분 동안 켜 두었다.

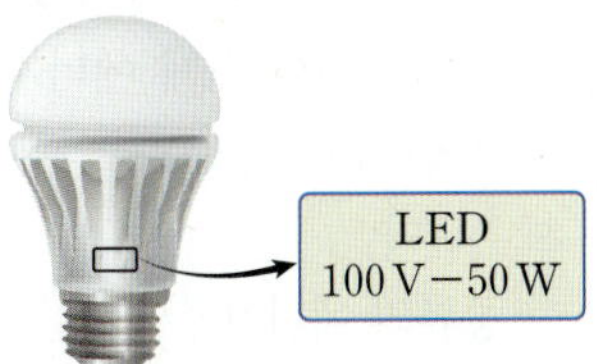

이때 사용한 전기 에너지는?

① 4800 J ② 5200 J ③ 5600 J

④ 6000 J ⑤ 6400 J

기출 분석 **p. 71**

소비 전력은 전기 기구가 1초 동안 사용하는 전기 에너지이며, 전압과 전류의 곱으로도 나타낼 수 있음을 기억하자.

[13~14] 그림은 어느 가정에서 사용하고 있는 전기 기구와 각 전기 기구의 소비 전력을 나타낸 것이다.

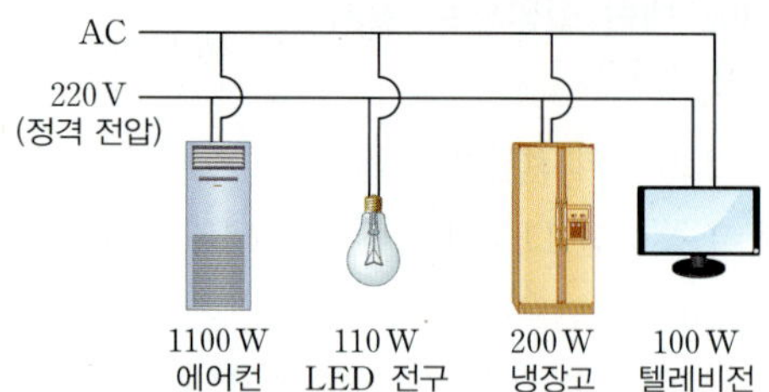

13 이에 대한 설명으로 옳은 것을 〈보기〉에서 모두 고른 것은?

> 보기
> ㄱ. 에어컨에 흐르는 전류의 세기는 5 A이다.
> ㄴ. 텔레비전에서는 전기 에너지가 빛에너지로만 전환한다.
> ㄷ. 같은 시간 동안 사용했을 때 냉장고가 텔레비전보다 전기 에너지를 더 많이 사용한다.

① ㄱ　　　② ㄴ　　　③ ㄱ, ㄷ
④ ㄴ, ㄷ　　　⑤ ㄱ, ㄴ, ㄷ

14 에어컨을 3시간씩 2일 동안 사용한 경우 소비되는 전력량은?

① 0.66 kWh　　② 6.6 kWh　　③ 6 kWh
④ 24 kWh　　⑤ 36 kWh

D 에너지 전환과 보존

15 에너지 전환과 보존에 대한 설명으로 옳은 것을 〈보기〉에서 모두 고른 것은?

> 보기
> ㄱ. 에너지는 다른 형태로 전환될 수 있다.
> ㄴ. 역학적 에너지는 마찰이 있어도 보존된다.
> ㄷ. 에너지가 전환될 때 에너지가 새로 생기거나 사라지지 않고 그 양은 항상 일정하게 보존된다.
> ㄹ. 한 종류의 에너지에서 다른 종류의 에너지로 변하는 것을 에너지 보존이라고 한다.

① ㄱ, ㄴ　　　② ㄱ, ㄷ　　　③ ㄴ, ㄷ
④ ㄷ, ㄹ　　　⑤ ㄱ, ㄴ, ㄷ

[16~17] 그림은 2 m 높이에서 공을 가만히 놓았을 때의 모습을 나타낸 것이다.

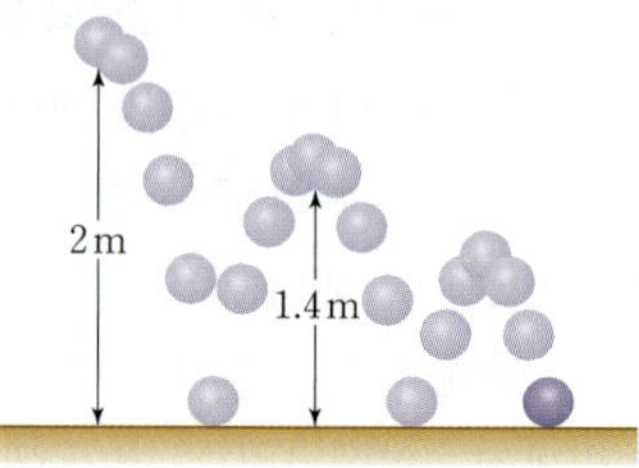

16 공이 튀어 오르는 높이가 점점 낮아지는 까닭은?

① 역학적 에너지가 일정하기 때문이다.
② 에너지의 총량이 달라지기 때문이다.
③ 공기의 저항이나 바닥과의 마찰이 없기 때문이다.
④ 공이 바닥과 충돌할 때 위치 에너지가 운동 에너지로 전환되었기 때문이다.
⑤ 역학적 에너지의 일부가 열에너지로 전환되었기 때문이다.

17 공의 질량이 5 kg이라면 공이 바닥과 충돌한 다음 1.4 m 높이인 곳까지 튀어 올라갔을 때 손실된 역학적 에너지의 양은?

① 14.2 J　　② 18 J　　③ 24.2 J
④ 29.4 J　　⑤ 32.5 J

18 그림은 세탁기를 사용할 때 세탁기에서 일어나는 에너지 전환을 나타낸 것이다.

이에 대한 설명으로 옳은 것을 〈보기〉에서 모두 고른 것은?

> 보기
> ㄱ. A에 해당하는 에너지는 전기 에너지이다.
> ㄴ. B, C, D를 모두 합한 값은 A보다 크다.
> ㄷ. 에너지가 전환될 때, 한 종류의 에너지로만 전환 가능하다.

① ㄱ　　　② ㄴ　　　③ ㄱ, ㄷ
④ ㄴ, ㄷ　　　⑤ ㄱ, ㄴ, ㄷ

19 그림 (가)~(다)와 같이 동일한 자석의 N극을 코일에 가까이 하였다.

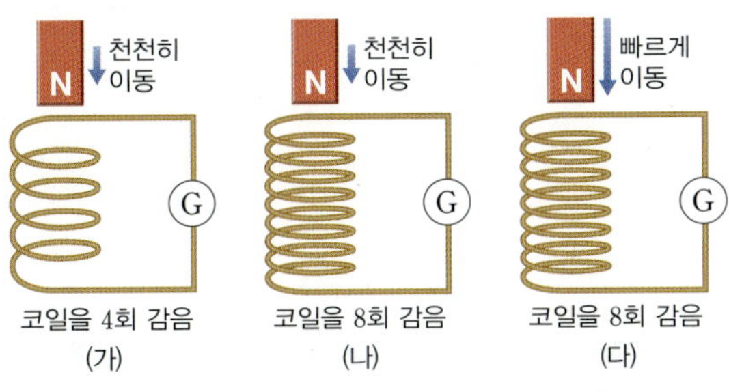

검류계 바늘이 회전하는 정도를 비교하고 그 까닭을 서술하시오.

20 오른쪽 그림과 같이 코일에 검류계를 연결하고 자석의 N극을 코일에 가까이 하였더니 검류계 바늘이 오른쪽으로 움직였다. 자석의 N극을 코일에서 멀리 할 때 검류계 바늘의 움직임을 쓰고, 그 까닭을 서술하시오.

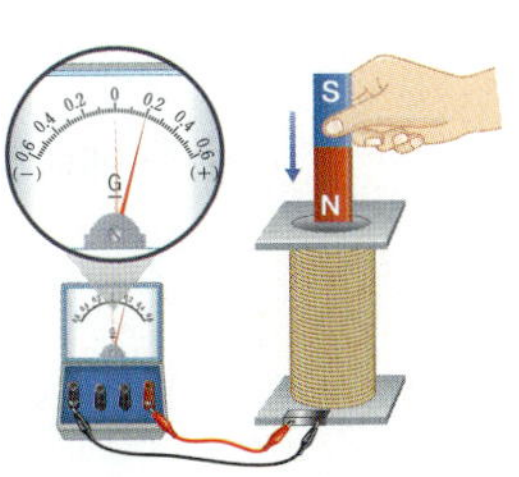

21 전기 에너지는 가정에서 다양한 형태의 에너지로 쉽게 전환할 수 있다. 가정에서 전기 기구를 통해 전기 에너지를 전환하는 예를 2가지 이상 쓰시오.

22 그림과 같이 100 V의 전압을 걸었을 때 5 A의 전류가 흐르는 전열기의 소비 전력은 몇 W인지 풀이 과정과 함께 서술하시오.

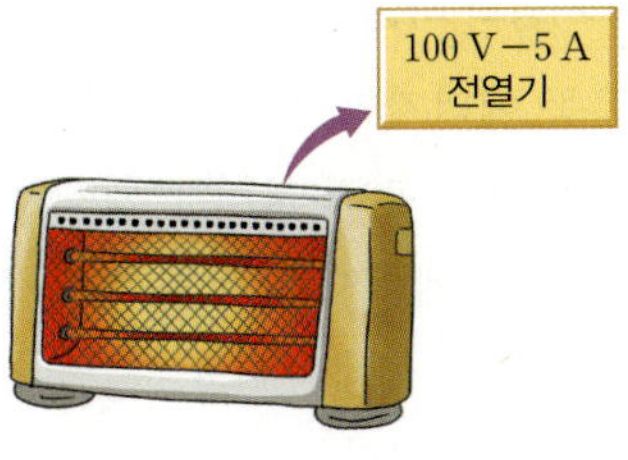

23 그림은 전기다리미의 정격 전압과 정격 전력을 나타낸 것이다.

(1) 전기다리미로 옷을 다릴 때 에너지 전환 과정을 서술하시오.

(2) 220 V의 전원에 연결하여 30분 동안 사용했을 때 전기다리미가 소비한 전력량을 풀이 과정과 함께 서술하시오.

24 그림은 두 전구 A, B의 정격 소비 전력을 나타낸 것이다.

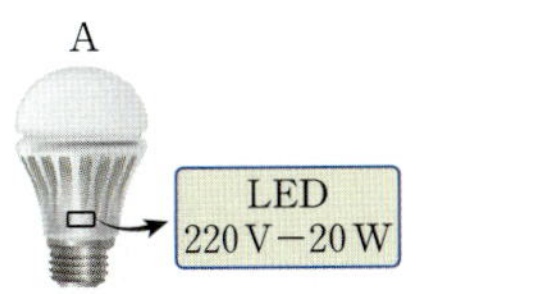
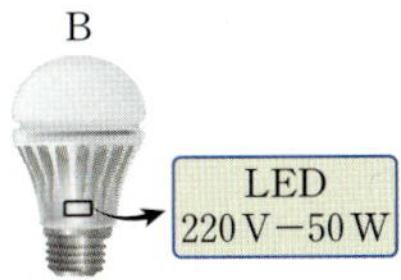

두 전구의 밝기가 같을 때 A, B 중 효율이 더 좋은 전구를 고르고, 그 까닭을 서술하시오.

01 역학적 에너지에 대한 설명으로 옳지 <u>않은</u> 것은? (단, 공기 저항과 마찰은 무시한다.)

① 운동 에너지와 위치 에너지의 합을 말한다.

② 연직 위로 던진 물체가 올라갈 때는 운동 에너지가 위치 에너지로 전환된다.

③ 운동하는 물체의 모든 지점에서의 역학적 에너지는 일정하다.

④ 낙하하는 물체의 운동 에너지는 증가한다.

⑤ 연직 위로 던진 물체의 역학적 에너지는 최고 높이에서의 위치 에너지보다 크다.

02 그림은 질량이 2 kg인 공을 5 m 높이에서 가만히 놓은 모습을 나타낸 것이다.

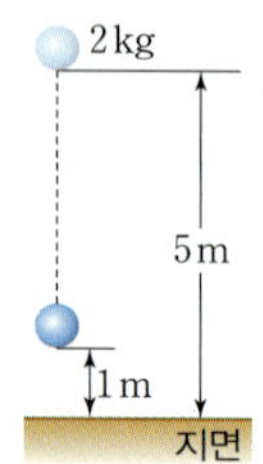

지면으로부터 1 m 높이에서 공의 역학적 에너지는? (단, 공기 저항은 무시한다.)

① 0 J ② 19.6 J ③ 49 J

④ 78.4 J ⑤ 98 J

03 질량이 1 kg인 공을 9.8 m/s의 속력으로 연직 위로 던져 올렸다. 공이 최고 높이에 도달했을 때 지면으로부터의 높이는? (단, 공기 저항은 무시한다.)

① 2.5 m ② 4.9 m ③ 9.8 m

④ 19.6 m ⑤ 49 m

04 그림과 같이 야구공을 연직 위로 던져 올리면 야구공은 위로 올라갔다가 다시 아래로 내려온다.

공이 올라갈 때와 내려올 때의 에너지 전환을 옳게 짝지은 것은? (단, 공기 저항은 무시한다.)

	올라갈 때	내려올 때
①	위치 에너지 → 열에너지	운동 에너지 → 열에너지
②	운동 에너지 → 위치 에너지	위치 에너지 → 운동 에너지
③	운동 에너지 → 위치 에너지	운동 에너지 → 위치 에너지
④	위치 에너지 → 운동 에너지	위치 에너지 → 운동 에너지
⑤	위치 에너지 → 운동 에너지	운동 에너지 → 위치 에너지

05 그림과 같이 A점에서 물체를 가만히 놓았더니 물체는 반원형의 경로를 따라 같은 높이인 E점까지 올라가 A점과 E점 사이를 왕복 운동하였다.

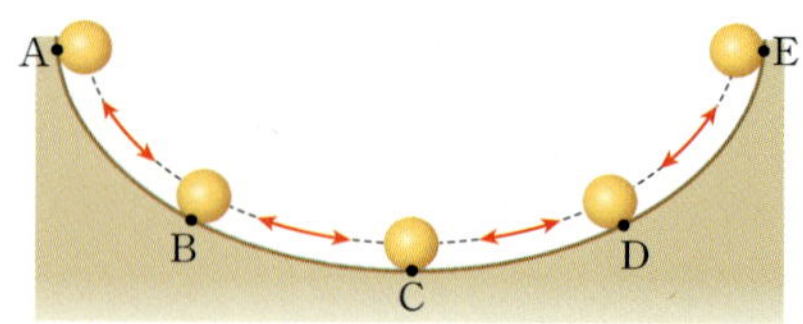

운동 에너지가 위치 에너지로 전환되는 구간을 〈보기〉에서 모두 고른 것은? (단, 공기 저항과 마찰은 무시한다.)

〈보기〉

ㄱ. A → B ㄴ. B → C ㄷ. C → B
ㄹ. C → D ㅁ. D → C ㅂ. E → D

① ㄱ, ㄴ ② ㄱ, ㄹ ③ ㄴ, ㄷ

④ ㄷ, ㄹ ⑤ ㅁ, ㅂ

[06~07] 그림은 질량이 100 kg인 롤러코스터의 운동을 나타낸 것으로, A 지점에서 정지해 있다가 출발하여 D 지점을 통과하고 있다. (단, 공기 저항과 마찰은 무시한다.)

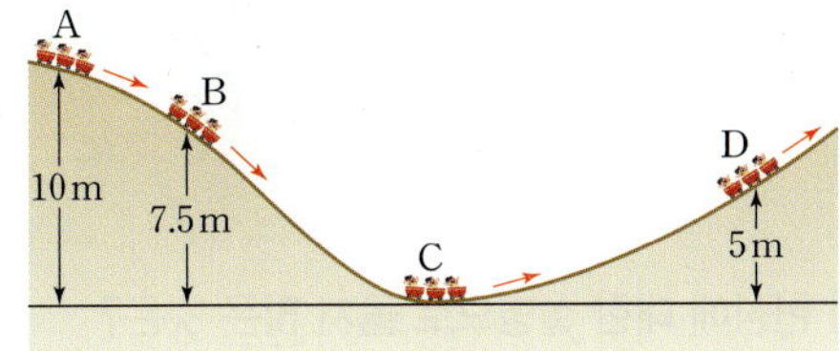

06 이 롤러코스터의 운동에 대한 설명으로 옳은 것은?

① A 지점에서 C 지점으로 운동하는 동안 운동 에너지가 위치 에너지로 전환된다.

② A 지점에서 속력이 가장 빠르다.

③ 역학적 에너지가 가장 큰 곳은 C 지점이다.

④ 위치 에너지는 B 지점이 D 지점보다 크다.

⑤ C 지점에서 D 지점으로 운동하는 동안 운동 에너지가 증가한다.

07 B 지점을 지나는 순간 롤러코스터의 속력은?

① 2.5 m/s ② 5 m/s ③ 6 m/s

④ 7 m/s ⑤ 8 m/s

08 그림은 A점에서 O점을 거쳐 B점을 왕복 운동하는 진자의 모습을 나타낸 것이다.

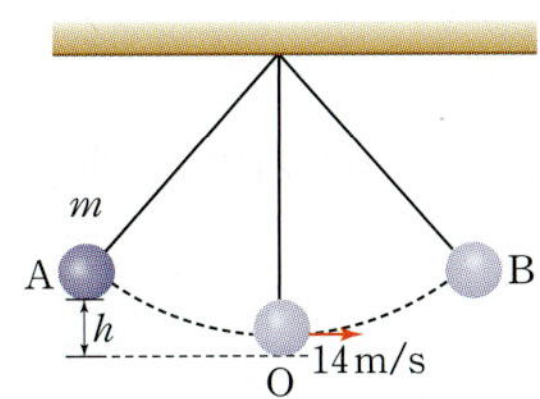

O점에서의 속력이 14 m/s라고 하면 A점과 O점 사이의 높이 h는? (단, 공기 저항은 무시한다.)

① 5 m ② 10 m ③ 17.5 m

④ 20 m ⑤ 25.4 m

09 그림은 50 m 높이의 레일 위의 A 지점에서 정지해 있다가 출발하는 질량이 200 kg인 공의 모습을 나타낸 것이다. A~E는 레일 위의 지점이며, 공은 E 지점을 통과한다.

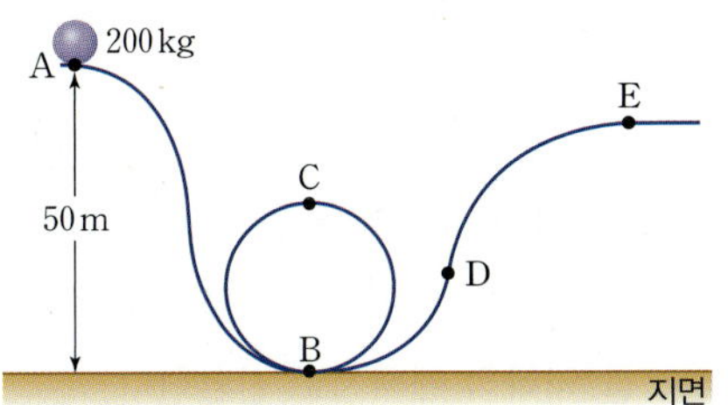

공이 A에서 E까지 운동하는 동안에 대한 설명으로 옳지 <u>않은</u> 것은? (단, 기준면은 지면이며, 공기 저항 및 모든 마찰은 무시한다.)

① A에서 위치 에너지가 최대이다.

② B와 C에서의 위치 에너지는 0이다.

③ C → B 구간에서는 운동 에너지가 증가한다.

④ D → E 구간에서는 운동 에너지가 위치 에너지로 전환된다.

⑤ 이 공의 역학적 에너지는 98000 J이다.

10 오른쪽 그림은 A에서 연직 위로 질량이 2 kg인 공을 7 m/s의 속력으로 던져 올렸더니 B까지 올라간 것을 나타낸 것이다. 공이 올라가는 동안에 대한 설명으로 옳지 <u>않은</u> 것은? (단, 공기 저항은 무시한다.)

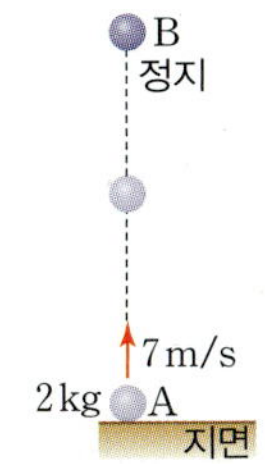

① 공이 올라갈 수 있는 최고 높이는 1 m이다.

② 위치 에너지는 점점 증가한다.

③ A, B점에서의 역학적 에너지는 같다.

④ 위로 올라갈수록 속력이 감소한다.

⑤ 운동 에너지가 위치 에너지로 전환된다.

11 오른쪽 그림과 같이 질량이 2 kg인 공을 가만히 놓아 낙하시켰을 때, A에서의 속력이 5 m/s, B에서의 속력이 10 m/s라고 하면 A에서 B로 내려가는 동안 감소한 위치 에너지는? (단, 공기 저항은 무시한다.)

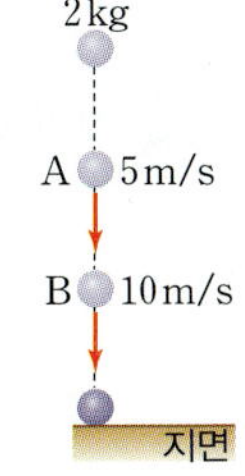

① 15 J ② 25 J ③ 30 J

④ 50 J ⑤ 75 J

12 전자기 유도에 대한 설명으로 옳은 것은?

① 코일 내부에 자석을 넣어 두면 전류가 흐른다.

② 코일과 자석이 상대적인 운동을 할 때 발생한다.

③ 자석 주위에서 코일을 움직이면 유도 전류가 흐르지 않는다.

④ 자석을 코일에 가까이 할 때와 멀리 할 때 유도 전류의 방향이 같다.

⑤ 발전기는 전자기 유도를 이용하여 전기 에너지를 역학적 에너지로 전환한다.

13 그림과 같이 코일에 검류계를 연결하였을 때 검류계의 바늘이 움직이는 상황이 <u>아닌</u> 것은?

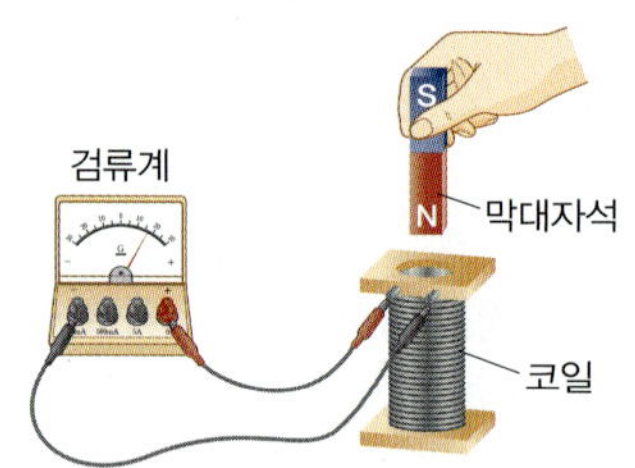

① 자석에 코일을 가까이 할 때

② 코일에 자석을 가까이 할 때

③ 자석에서 코일을 멀리 할 때

④ 코일에서 자석을 멀리 할 때

⑤ 코일 속에 자석이 정지해 있을 때

14 에너지의 전환 과정이 옳지 <u>않은</u> 것은?

① 텔레비전 : 운동 에너지 → 빛에너지

② 전기난로 : 전기 에너지 → 열에너지

③ 수력 발전 : 위치 에너지 → 전기 에너지

④ 광합성 : 빛에너지 → 화학 에너지

⑤ 오디오 : 전기 에너지 → 소리 에너지

15 그림과 같이 발광 다이오드를 코일에 연결하고, 막대자석을 가까이 하였더니 불이 켜졌다.

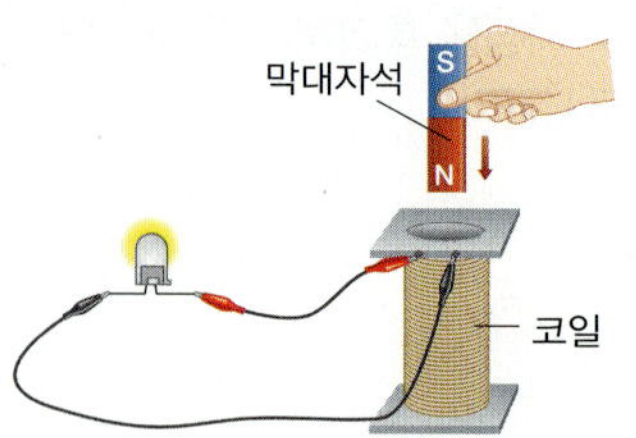

이 현상에 대한 설명으로 옳지 <u>않은</u> 것은?

① 코일을 많이 감을수록 다이오드가 밝아진다.

② 자석의 세기가 셀수록 다이오드가 밝아진다.

③ 교통 카드 판독기, 금속 탐지기의 원리와 같다.

④ 자기장의 변화를 증가시키는 방향으로 유도 전류가 흐른다.

⑤ 막대자석을 빠르게 움직일수록 불빛이 밝아진다.

16 그림 (가)와 (나)는 전동기와 발전기의 구조를 순서 없이 나타낸 것이다.

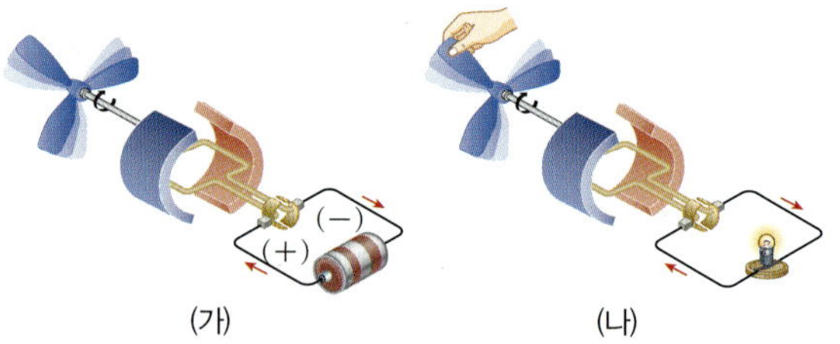

이에 대한 설명으로 옳은 것을 〈보기〉에서 모두 고른 것은?

〈 보기 〉

ㄱ. (가)는 선풍기의 날개를 회전시키는 데 이용된다.

ㄴ. (나)는 전자기 유도 현상을 이용한다.

ㄷ. (가)와 (나)에서 역학적 에너지가 전기 에너지로 전환된다.

① ㄱ ② ㄱ, ㄴ ③ ㄱ, ㄷ

④ ㄴ, ㄷ ⑤ ㄱ, ㄴ, ㄷ

17 다음은 수력 발전소에서 전기 에너지를 생산하는 과정을 나타낸 것이다.

> 높은 곳에 있던 물이 낮은 곳으로 내려오면서 발전기를 회전시켜 전기를 생산한다. 이때 물의 (㉠) 에너지가 물의 운동 에너지로 전환되어 발전기를 회전시키고, 발전기의 (㉡) 에너지가 (㉢) 에너지로 전환된다.

빈칸에 들어갈 말을 옳게 짝 지은 것은?

	㉠	㉡	㉢
①	운동	전기	역학적
②	전기	위치	역학적
③	화학	역학적	전기
④	위치	전기	역학적
⑤	위치	역학적	전기

18 그림과 같이 표시된 전구에 대한 설명으로 옳은 것을 〈보기〉에서 모두 고른 것은?

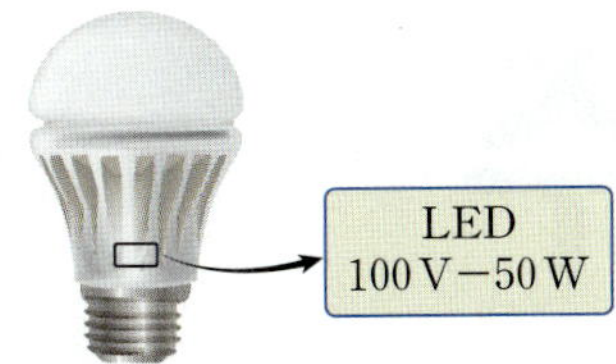

> **보기**
> ㄱ. 전구가 사용하는 전기 에너지는 1초당 50 J이다.
> ㄴ. 전구에 흐르는 전류의 세기는 0.5 A이다.
> ㄷ. 전구를 1분 동안 켜 두었을 때 사용한 전기 에너지는 50 J이다.

① ㄱ   ② ㄷ   ③ ㄱ, ㄴ
④ ㄴ, ㄷ   ⑤ ㄱ, ㄴ, ㄷ

19 전기 기구의 전력량이 큰 순서대로 나열한 것은?

> (가) 200 W의 형광등을 3시간 동안 사용하였다.
> (나) 6000 W의 에어컨을 30분 동안 사용하였다.
> (다) 1500 W의 헤어드라이기를 30분 동안 사용하였다.

① (가)−(나)−(다)   ② (나)−(가)−(다)
③ (나)−(다)−(가)   ④ (다)−(가)−(나)
⑤ (다)−(나)−(가)

20 표는 여러 가지 전기 기구의 소비 전력과 하루 동안의 사용 시간을 나타낸 것이다.

전기 기구	소비 전력(W)	사용 시간(h)
전등	30	4
냉장고	100	24
전기다리미	1000	0.5
텔레비전	250	4

이에 대한 설명으로 옳은 것을 〈보기〉에서 모두 고른 것은?

> **보기**
> ㄱ. 전등에서는 전기 에너지가 빛에너지로 전환된다.
> ㄴ. 하루 동안 텔레비전이 사용하는 전력량은 1000 Wh이다.
> ㄷ. 하루 동안 전기다리미가 사용하는 전기 에너지가 가장 크다.

① ㄱ   ② ㄷ   ③ ㄱ, ㄴ
④ ㄴ, ㄷ   ⑤ ㄱ, ㄴ, ㄷ

21 소비 전력을 알 수 없는 같은 전구 3개를 10분 동안 사용했을 때 소비한 전기 에너지가 90000 J이었다. 이때 전구 1개의 소비 전력은?

① 15 W   ② 30 W   ③ 50 W
④ 300 W   ⑤ 500 W

22 그림과 같은 전기주전자를 정격 전압에 연결하여 사용하였다.

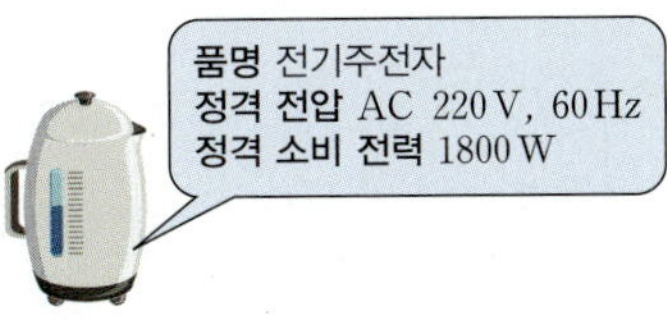

이에 대한 설명으로 옳은 것을 〈보기〉에서 모두 고른 것은?

> **보기**
> ㄱ. 전기주전자가 1초 동안 사용하는 전기 에너지는 220 J이다.
> ㄴ. 전기주전자를 10분 동안 사용했을 때 전력량은 1800 Wh이다.
> ㄷ. 전기주전자에서는 전기 에너지가 열에너지로 전환된다.

① ㄱ   ② ㄷ   ③ ㄱ, ㄴ
④ ㄴ, ㄷ   ⑤ ㄱ, ㄴ, ㄷ

별과 우주

01 별의 특성

A 연주 시차와 별까지의 거리

1. 시차 [탐구] p. 88

① 멀리 떨어진 두 지점에서 한 물체를 관측할 때, 관측자의 위치에 따라 물체의 위치가 달라져 보이는 각도이다.
② 시차를 이용하면 물체까지의 거리를 구할 수 있다.
③ 관측자와 물체 사이의 거리가 가까울수록 시차는 커지고, 거리가 멀수록 시차는 작아진다.

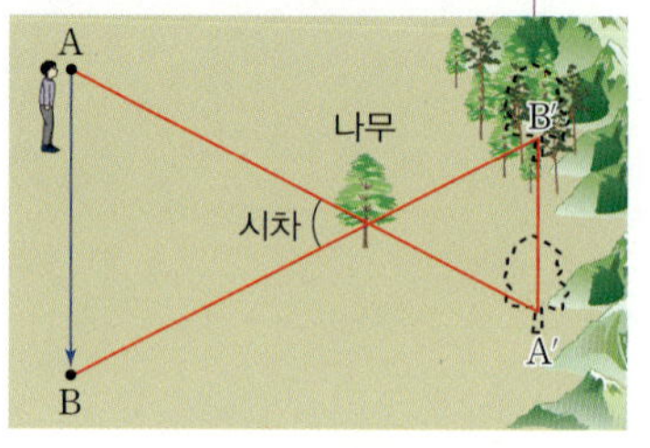

▲ 시차

2. 연주 시차 지구에서 6개월 간격으로 같은 별을 관측하여 측정한 시차의 $\frac{1}{2}$이다.

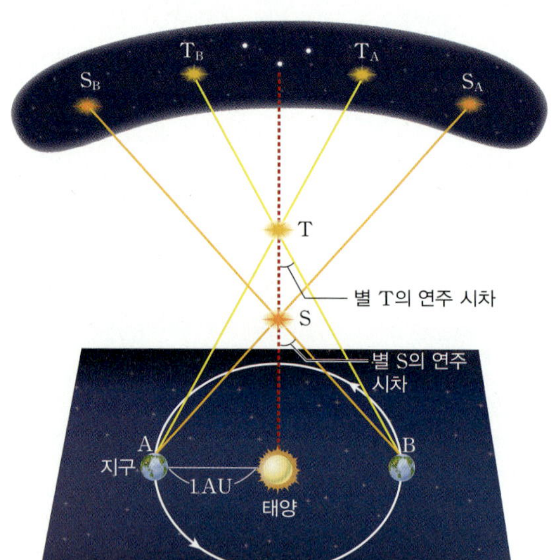

A에서 본 별 S와 T의 천구상의 위치

B에서 본 별 S와 T의 천구상의 위치

① **연주 시차가 나타나는 까닭** : 지구가 태양 주위를 공전하기 때문
② **연주 시차의 단위** : ″(초) ➡ 1°(도)＝60′(분)＝3600″(초)

3. 연주 시차와 별까지의 거리 [기출 분석] p. 90

① 지구에서 별까지의 거리가 멀어질수록 연주 시차는 작아진다. ➡ 별까지의 거리와 연주 시차는 반비례 관계이다.

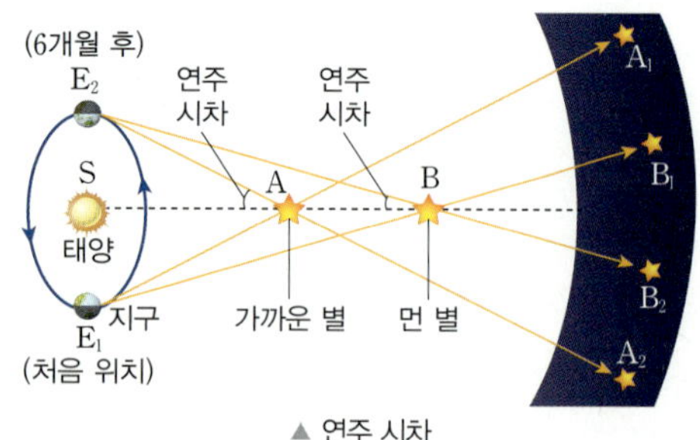

▲ 연주 시차

• 별 A의 연주 시차 : $\angle E_2AS$
• 별 B의 연주 시차 : $\angle E_2BS$
• 별의 거리 : A＜B
• 연주 시차 : $\angle E_2AS＞\angle E_2BS$

② **pc(파섹)** : 연주 시차가 1″인 별까지의 거리를 1 pc이라고 한다.

$$별까지의 거리(pc)=\frac{1}{연주 시차(″)}$$

연주 시차를 이용한 별의 거리 측정
지구로부터 매우 멀리 떨어져 있는 별들은 연주 시차의 값이 매우 작아 측정이 힘들다. 따라서 연주 시차를 이용한 거리 측정은 100 pc 이내의 비교적 가까운 별의 경우에만 가능하다.

별까지의 거리 단위
• AU(천문단위) : 지구에서 태양까지의 거리
➡ 1 AU≒1.5×10⁸ km
• 광년(LY) : 빛이 1년 동안 이동한 거리
➡ 1 광년≒9.5×10¹² km
• pc(파섹) : 연주 시차가 1″인 별까지의 거리
➡ 1 pc≒3.26 LY
    ≒3.0×10¹³ km

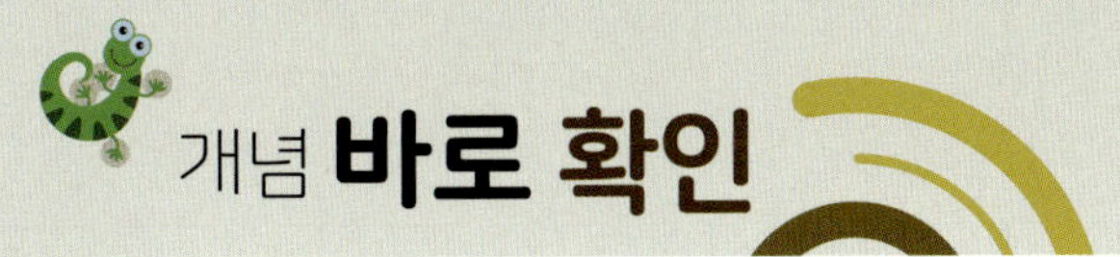

A 연주 시차와 별까지의 거리

01 시차와 연주 시차에 대한 설명으로 옳은 것은 ○, 옳지 <u>않은</u> 것은 ×로 표시하시오.

⑴ 시차는 관측자의 위치가 변하기 때문에 나타나는 현상이다. ………… (   )

⑵ 관측자와 물체 사이의 거리가 멀수록 시차는 작아진다. ……………… (   )

⑶ 시차는 연주 시차의 $\frac{1}{2}$ 이다. ……………………………………………… (   )

⑷ 연주 시차는 6개월 간격으로 같은 별을 관측하였을 때 나타나는 각도이다.

……………………………………………………………………………… (   )

⑸ 연주 시차는 별까지의 거리에 비례한다. ……………………………… (   )

02 그림은 지구에서 6개월 간격으로 별 S를 관측한 것이다.

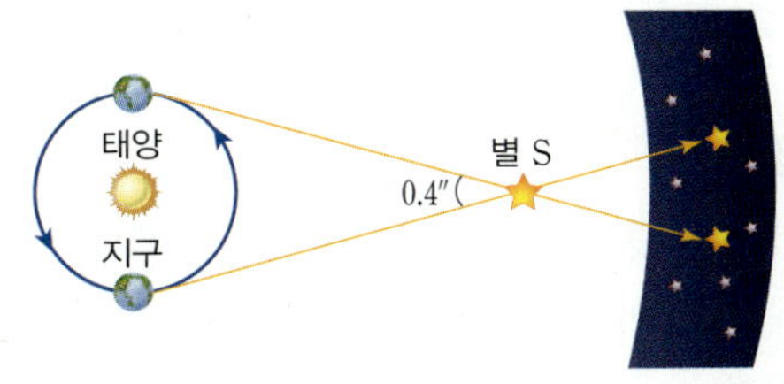

⑴ 별 S의 시차를 쓰시오. (   )

⑵ 별 S의 연주 시차를 쓰시오. (   )

⑶ 지구에서 별 S까지의 거리를 쓰시오. (   )

⑷ 별 S까지의 거리가 2배로 멀어질 때, 별 S의 연주 시차를 쓰시오. (   )

03 다음 (   ) 안에 들어갈 별의 거리 단위를 쓰시오.

⑴ 지구에서 태양까지의 거리는 1 (   )이다.

⑵ 빛이 1년 동안 이동한 거리는 1 (   )이다.

⑶ 연주 시차가 1″인 별까지의 거리는 1 (   )이다.

04 표는 지구에서 관측한 별 A~D의 연주 시차를 나타낸 것이다.

별	A	B	C	D
연주 시차	0.1″	1″	0.01″	0.2″

별 A~D를 지구에서 가까운 것부터 나열하시오.

(   ) - (   ) - (   ) - (   )

01 별의 특성

B 별의 밝기

탐구 p. 89

1. 별의 밝기와 거리 별의 밝기는 별이 방출하는 빛의 양과 별까지의 거리에 따라 달라진다.

① **별이 방출하는 빛의 양** : 별까지의 거리가 같은 경우, 별이 방출하는 빛의 양이 많을수록 밝게 보인다.

② **별까지의 거리** : 별이 방출하는 빛의 양이 같은 경우, 거리가 먼 별일수록 밝기가 어두워진다. ➡ 별의 밝기는 별까지의 거리의 제곱에 반비례한다.

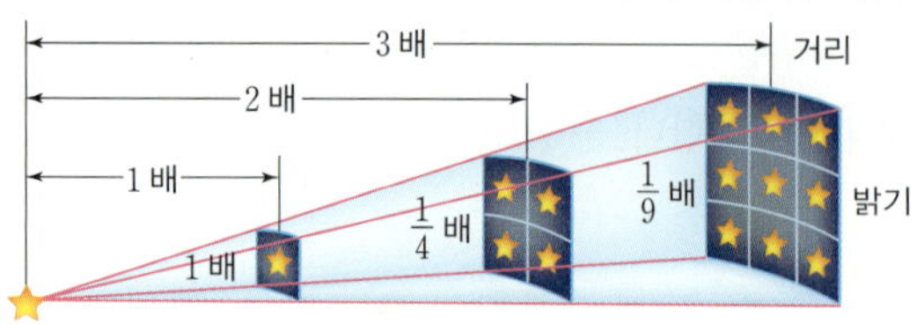

$$별의 밝기 \propto \frac{1}{(별까지의 거리)^2}$$

▲ 별의 거리에 따른 밝기 변화

별까지의 거리가 2배, 3배, …로 멀어지면, 별빛을 받는 면적은 2^2배, 3^2배, …로 넓어지므로, 단위 면적이 받는 별빛의 양은 $\frac{1}{4}$배, $\frac{1}{9}$배, …로 감소한다. ➡ 별까지의 거리가 멀어질수록 단위 면적당 도달하는 별빛의 양이 줄어들기 때문에 별의 밝기는 어두워진다.

2. 별의 밝기와 등급

① 그리스의 히파르코스는 맨눈으로 볼 수 있는 별들 중 가장 밝게 보이는 별을 1등성, 가장 어둡게 보이는 별을 6등성으로 정하였다.

② **별의 밝기와 등급**

- 등급이 작을수록 밝은 별이고, 등급이 클수록 어두운 별이다.

예 1등급보다 밝은 별은 0등급, -1등급, -2등급, … 등으로 나타내고, 6등급보다 어두운 별은 7등급, 8등급, 9등급, … 등으로 나타낸다.

- 별의 밝기가 각 등급 사이일 때, 별의 등급은 소수점을 이용하여 나타낸다.

예 -1.5등급, 4.8등급

③ **별의 등급 차에 의한 밝기 차**

- 1등급인 별은 6등급인 별보다 약 100배 밝다.
- 별의 등급이 1등급 차이일 때, 별의 밝기는 약 2.5배 차이가 있다.

➡ 별의 밝기 차 $= 2.5^{등급 차}$

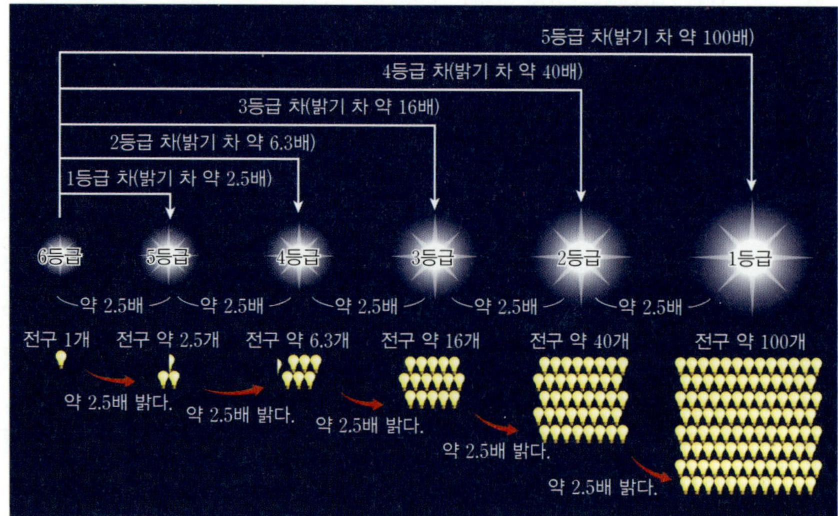

▲ 별의 등급 차에 따른 밝기 차

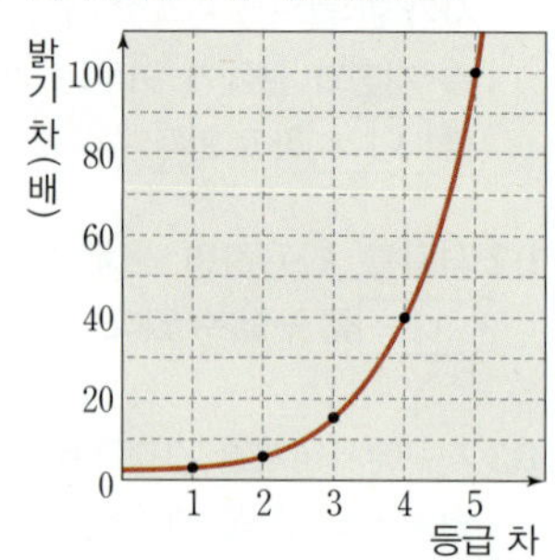

별의 등급 차에 따른 밝기 차

등급 차	밝기 차
1	약 2.5배
2	약 6.3배($\fallingdotseq 2.5^2$)
3	약 16배($\fallingdotseq 2.5^3$)
4	약 40배($\fallingdotseq 2.5^4$)
5	약 100배($\fallingdotseq 2.5^5$)

등급과 등성
등급은 별의 밝기를 나타내는 값이며, 등성은 일정한 범위의 등급을 대표하는 값이다. 즉, 등급은 소수점으로 나타낼 수 있지만, 등성은 정수로만 나타낸다.
예 1등성, 2등성, 1등급, 1.4등급, -3.7등급 등

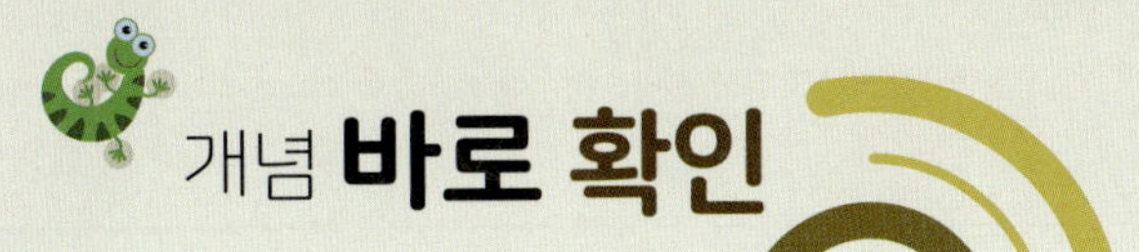

초성 확인 문제

06 별의 밝기는 별이 방출하는 빛의 양과 별까지의 ㄱㄹ에 따라 달라진다.

07 별의 밝기는 별까지의 거리의 제곱에 ㅂㅂㄹ한다.

08 별의 밝기는 숫자를 이용하여 ㄷㄱ으로 나타낸다.

09 별은 밝을수록 등급이 ㅈ고, 어두울수록 등급이 ㅋ다.

10 1등급인 별은 6등급인 별보다 약 100배 ㅂ다.

B 별의 밝기

05 별의 밝기와 거리에 대한 설명이다. ( ) 안에 알맞은 말을 고르시오.

(1) 별까지의 거리가 같은 경우, 별이 방출하는 빛의 양이 많을수록 (밝게 , 어둡게) 보인다.

(2) 별이 방출하는 빛의 양이 같은 경우, 거리가 (먼 , 가까운) 별일수록 밝기가 어두워진다.

06 그림은 별의 거리에 따른 밝기 변화를 나타낸 것이다.

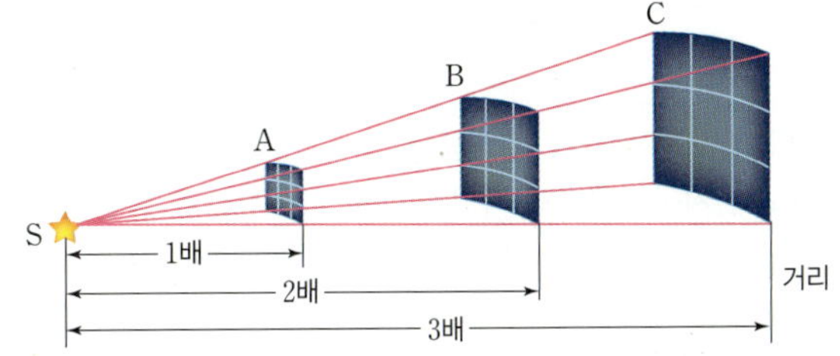

별의 거리가 1배, 2배, 3배로 멀어질 때, A, B, C에서 관측한 별 S의 밝기는 각각 몇 배로 변화하는지 쓰시오.

07 별의 밝기와 등급에 대한 설명으로 옳은 것은 ○, 옳지 않은 것은 ×로 표시하시오.

(1) 히파르코스는 맨눈으로 보았을 때 가장 밝게 보이는 별을 0등성으로 정하였다. ·· (   )

(2) 등급이 작을수록 밝은 별이다. ·················· (   )

(3) 1등급인 별은 2등급인 별보다 약 100배 밝다. ············· (   )

(4) 5등급인 별보다 100배 밝은 별은 1등급이다. ············· (   )

(5) 별의 밝기가 2등급과 3등급 사이일 때는 소수점을 이용하여 나타낸다. ·· (   )

08 그림은 별의 등급과 밝기비를 나타낸 것이다.

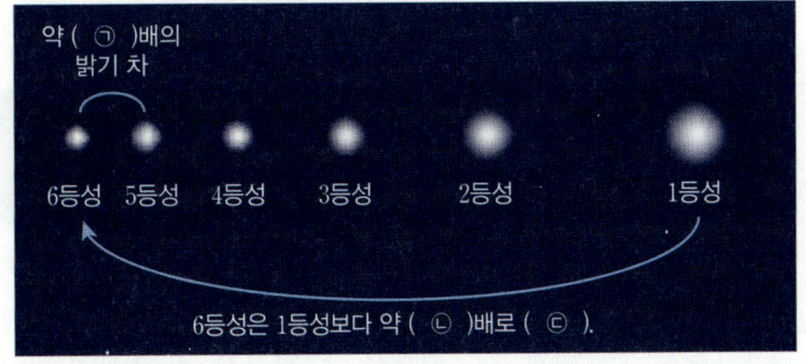

㉠, ㉡, ㉢에 알맞은 말을 각각 쓰시오.

09 전구 1개의 밝기가 6등급으로 보인다면, 이 전구 100개의 전체 밝기는 몇 등급으로 보이는지 쓰시오.

01 별의 특성

ⓒ 별의 겉보기 등급과 절대 등급

1. 겉보기 등급 맨눈으로 본 별의 밝기 등급이다. [기출 분석] **p. 90**

① 별까지의 거리를 고려하지 않고 우리 눈에 보이는 별의 밝기를 상대적으로 비교하여 나타낸 것이다.

② 겉보기 등급이 작을수록 우리 눈에는 밝게 보인다.

2. 절대 등급 별이 10 pc(≒32.6광년)의 거리에 있다고 가정했을 때의 밝기 등급이다.

① 별의 실제 밝기를 비교할 수 있다.

② 절대 등급이 작을수록 실제로 더 밝은 별이다.

3. 별의 등급과 거리 (겉보기 등급−절대 등급)의 값이 클수록 멀리 있는 별이고, 값이 작을수록 가까이 있는 별이다.

[북극성과 태양의 겉보기 등급과 절대 등급]

태양은 북극성보다 지구로부터의 거리가 매우 가까우므로 훨씬 밝게 보이지만, 실제로는 북극성이 태양보다 훨씬 밝은 별이다. ➡ 겉보기 등급은 태양이 북극성보다 작고, 절대 등급은 북극성이 태양보다 작다.

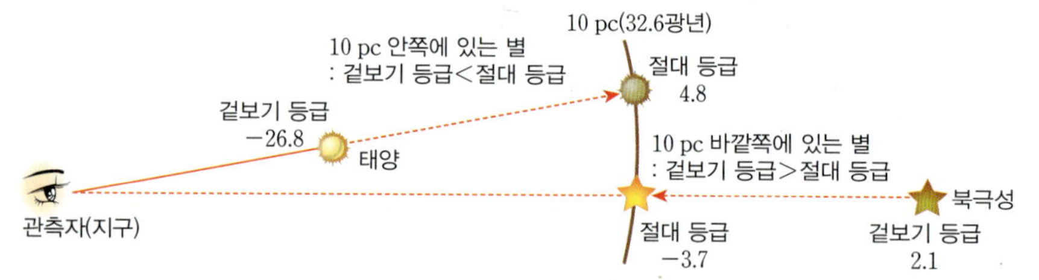

• 10 pc보다 가까이 있는 별(태양) : 10 pc의 거리에 있을 때의 밝기보다 우리 눈에 더 밝게 보인다. ➡ 겉보기 등급<절대 등급

• 10 pc의 거리에 있는 별 : 10 pc의 거리에 있을 때의 밝기와 우리 눈에 보이는 밝기가 같다. ➡ 겉보기 등급=절대 등급

• 10 pc보다 멀리 있는 별(북극성) : 10 pc의 거리에 있을 때의 밝기보다 우리 눈에 더 어둡게 보인다. ➡ 겉보기 등급>절대 등급

ⓓ 별의 색깔과 표면 온도

1. 별의 색깔과 표면 온도

① 별은 표면 온도에 따라 색깔이 달라진다.

② 표면 온도가 높은 별일수록 파란색을 띠고, 표면 온도가 낮은 별일수록 붉은색을 띤다.

별의 색깔						
파란색	청백색	흰색	황백색	노란색	주황색	붉은색
대표적인 별 민타카, 나오스	스피카, 리겔	직녀성, 견우성	프로키온, 북극성	태양, 카펠라	알데바란, 아크투루스	베텔게우스, 안타레스
표면 온도 높다 ⟵						⟶ 낮다

2. 별의 표면 온도를 알아내는 방법 별은 표면 온도를 직접 측정할 수 없으므로, 별의 색깔 등을 통해 별의 표면 온도를 알아낸다.

별의 겉보기 등급과 절대 등급

별	겉보기 등급	절대 등급
태양	−26.8	4.8
시리우스	−1.5	1.4
북극성	2.1	−3.7
리겔	0.1	−6.8
데네브	1.3	−7.2
알데바란	0.9	−0.8

겉보기 등급과 절대 등급의 관계

• 10 pc보다 멀리 있는 별을 10 pc의 위치로 이동시키면 밝기가 밝아지므로 등급이 작아진다. ➡ 겉보기 등급이 절대 등급보다 크다.

• 10 pc보다 가까이 있는 별을 10 pc으로 이동시키면 밝기가 어두워지므로 등급이 커진다. ➡ 겉보기 등급이 절대 등급보다 작다.

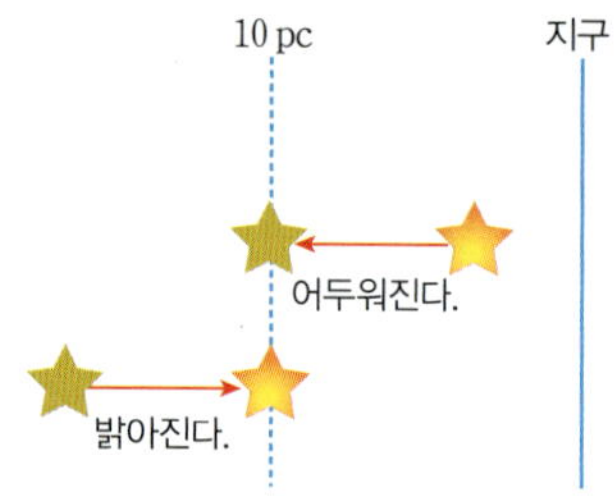

오리온자리의 별의 색깔과 표면 온도

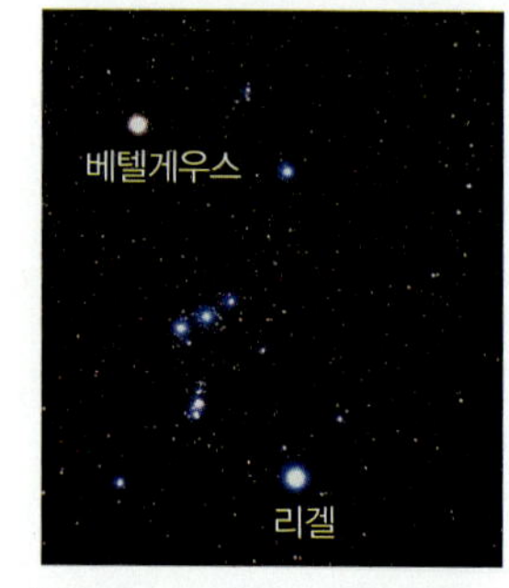

베텔게우스는 붉은색, 리겔은 청백색으로 보이는데, 이것은 리겔이 베텔게우스보다 표면 온도가 높기 때문이다.

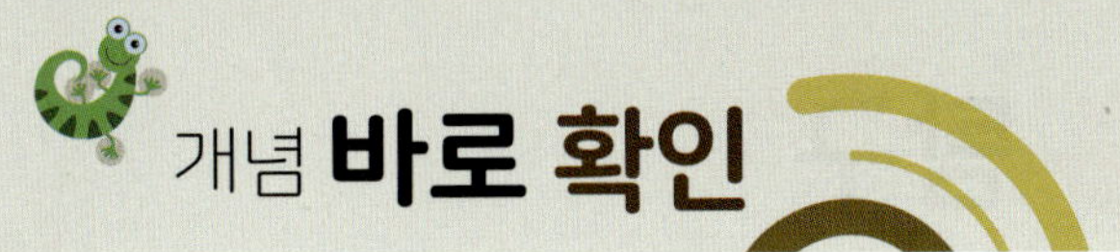

C 별의 겉보기 등급과 절대 등급

10 절대 등급에 대한 설명은 '절', 겉보기 등급에 대한 설명은 '겉'이라고 쓰시오.

(1) 맨눈으로 본 별의 밝기를 등급으로 나타낸 것이다. .... (　　　)

(2) 별의 실제 밝기를 비교할 수 있다. .... (　　　)

(3) 별까지의 거리를 고려하지 않는다. .... (　　　)

(4) 별이 10 pc에 있다고 가정했을 때의 밝기를 등급으로 나타낸 것이다. (　　　)

11 겉보기 등급과 절대 등급에 대한 설명으로 옳은 것은 ○, 옳지 <u>않은</u> 것은 ×로 표시하시오.

(1) 별까지의 거리가 멀어지면 겉보기 등급이 작아진다. .... (　　　)

(2) 겉보기 등급이 작을수록 실제로 더 밝은 별이다. .... (　　　)

(3) 겉보기 등급과 절대 등급을 비교하면 별까지의 거리를 비교할 수 있다.
.... (　　　)

12 표는 별 A~C의 겉보기 등급과 절대 등급을 나타낸 것이다.

구분	A	B	C
겉보기 등급	3.2	1.5	−1.0
절대 등급	0.0	1.5	2.0

(1) A~C 중 실제로 가장 밝은 별을 고르시오.

(2) A~C 중 가장 밝게 보이는 별을 고르시오.

(3) A~C 중 10 pc보다 멀리 있는 별을 고르시오.

(4) A~C 중 10 pc보다 가까이 있는 별을 고르시오.

(5) A~C 중 10 pc의 거리에 있는 별을 고르시오.

D 별의 색깔과 표면 온도

13 그림은 색깔에 따른 별의 표면 온도를 나타낸 것이다.

㉠, ㉡에 알맞은 말을 쓰시오.

14 다음 중 태양과 표면 온도가 가장 비슷한 별은?

① 청백색의 리겔　　② 흰색의 견우성　　③ 노란색의 카펠라

④ 파란색의 민타카　　⑤ 붉은색의 베텔게우스

시차와 거리

과정

❶ 칠판에 50 cm 간격으로 별을 그리고 각 별에 번호를 매긴다.

❷ 연필 끝에 별 스티커를 붙이고, 칠판에서 떨어져 칠판의 가운데쯤에 앉는다.

❸ 연필을 얼굴 바로 앞에 들고 양쪽 눈을 번갈아 감으면서 연필 끝에 붙인 별 스티커의 위치를 칠판의 별의 위치와 비교해 본다.

❹ 연필을 든 손을 쭉 뻗은 상태에서 과정 ❸을 반복한다.

칠판의 별은 멀리 떨어진 별을, 연필에 붙인 별은 비교적 가까운 별을 의미한다.

> **TIP**
>
> 칠판의 별은 간격을 일정하게 하여 그린다.

결과

1 과정 ❸에서 왼쪽 눈으로 보면 연필 끝의 별은 칠판의 5번 별에 가깝게 보이고, 오른쪽 눈으로 보면 1번 별에 가깝게 보인다.

2 과정 ❹에서 왼쪽 눈으로 보면 연필 끝의 별은 칠판의 4번 별에 가깝게 보이고, 오른쪽 눈으로 보면 2번 별에 가깝게 보인다.

> 양쪽 눈은 공전하는 지구의 위치에 비유할 수 있으며, 지구의 위치에 따라 별의 위치가 다르게 보인다는 것을 알 수 있다.

정리

1 연필과 눈 사이의 거리가 가까울수록 시차는 크고, 거리가 멀어질수록 시차는 작아진다.

2 별의 거리가 멀수록 연주 시차는 작아진다.

확인 문제

01 위 탐구에 대한 설명으로 옳은 것은 ○, 옳지 <u>않은</u> 것은 ×로 표시하시오.

(1) 왼쪽 눈으로 관측하면 연필 끝의 별은 중심보다 왼쪽으로 치우쳐서 보인다. ……… (   )

(2) 눈과 연필 사이의 거리가 가까울수록 칠판에 보이는 두 별 사이의 간격은 가까워진다. (   )

(3) 연주 시차의 원리를 알 수 있다. ……… (   )

(4) 양쪽 눈은 1년 간격의 지구의 위치를, 연필 끝에 붙인 별 스티커는 비교적 가까운 별을 나타낸다. ………………………………… (   )

02 오른쪽 그림은 양쪽 눈을 한쪽씩 번갈아 감으며 거리에 따른 시차를 측정하는 모습을 나타낸 것이다. 이에 대한 설명으로 옳지 <u>않은</u> 것은?

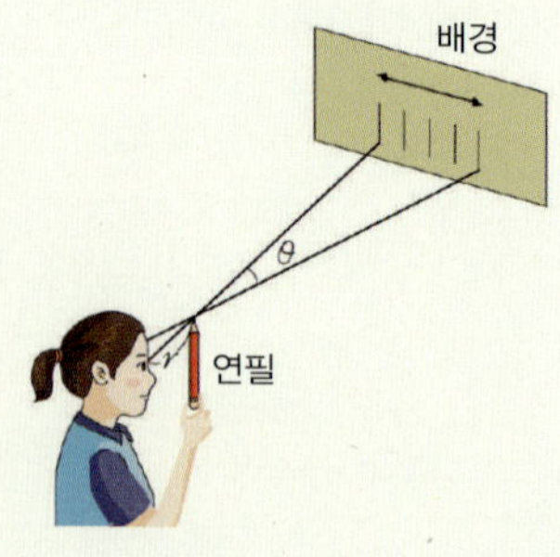

① 연필이 보이는 방향의 차이를 시차라고 한다.

② r가 증가함에 따라 θ는 감소한다.

③ 연필과 눈 사이의 거리는 시차에 반비례한다.

④ r가 증가함에 따라 배경에 보이는 막대의 수는 증가한다.

⑤ 시차를 통해 물체까지의 거리를 알 수 있다.

별의 밝기에 영향을 주는 요인

과정

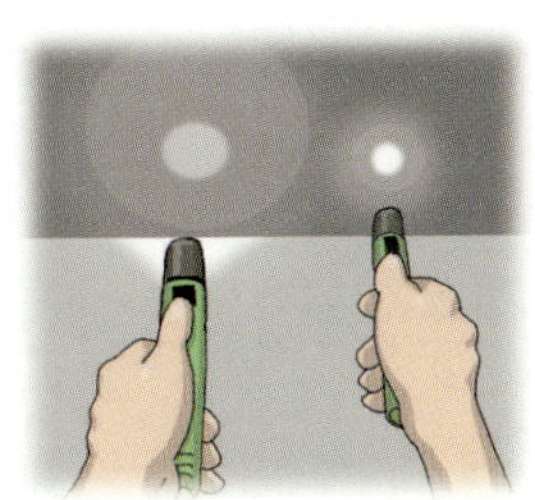

1 밝기가 서로 다른 손전등 두 개를 같은 거리에서 검은색 종이에 비추어 보고, 밝기를 비교해 본다.
➡ 손전등에서 방출되는 빛의 밝기는 다르고 거리가 같다.

2 밝기가 서로 같은 손전등 두 개를 서로 다른 거리에서 검은색 종이에 비추어 보고, 밝기를 비교해 본다.
➡ 손전등에서 방출되는 빛의 밝기가 같고 거리는 다르다.

결과

1 과정 **1** 에서는 밝기가 더 밝은 큰 손전등이 비추는 빛이 더 밝게 보인다.

2 과정 **2** 에서는 거리가 더 가까운 손전등이 비추는 빛이 더 밝게 보인다.

정리

1 거리가 같은 별은 방출하는 에너지의 양이 많을수록 밝게 보인다.

2 같은 양의 에너지를 방출하는 별은 거리가 가까울수록 밝게 보인다.

TIP

손전등을 비출 때 검은색 종이에 수직으로 비추어야 한다.

손전등을 별에 비유하여 별이 방출하는 에너지양과 별까지의 거리에 따라 별의 밝기가 어떻게 다른지 알 수 있다.

확인 문제

03 위 실험에 대한 설명으로 옳은 것은 ○, 옳지 <u>않은</u> 것은 ×로 표시하시오.

(1) 같은 밝기를 내는 손전등을 같은 거리에서 비추면 같은 밝기로 보인다. ……………… (   )

(2) 같은 밝기를 내는 손전등을 다른 거리에서 비추면 가까운 거리에 있는 손전등이 밝게 보인다. ……………………………… (   )

(3) 다른 밝기를 내는 손전등을 같은 거리에서 비추면 같은 밝기로 보인다. ……………… (   )

(4) 다른 밝기를 내는 손전등을 같은 거리에서 비추면 밝은 빛을 내는 손전등이 밝게 보인다. ………………………………… (   )

(5) 다른 밝기를 내는 손전등을 다른 거리에서 비추면 밝은 빛을 내는 손전등이 항상 밝게 보인다. ………………………………… (   )

04. 오른쪽 그림과 같이 크기와 밝기가 같은 손전등 두 개를 서로 다른 거리에서 검은색 종이에 비추어 보았다.
이에 대한 설명으로 옳지 <u>않은</u> 것은?

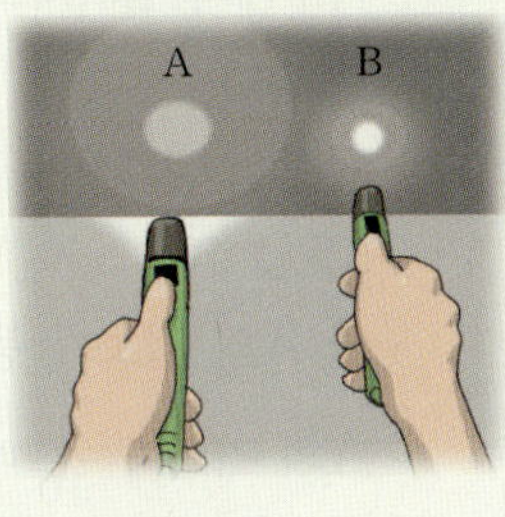

① 거리에 따라 별의 밝기가 달라짐을 알 수 있다.

② 밝기가 같은 두 손전등은 절대 등급이 같은 별에 비유할 수 있다.

③ 검은색 종이에 비춰진 손전등의 밝기가 다르게 보이는 까닭은 손전등의 밝기 때문이다.

④ 거리가 더 가까운 손전등이 비추는 빛이 더 밝게 보인다.

⑤ B는 A보다 밝게 보인다.

연주 시차

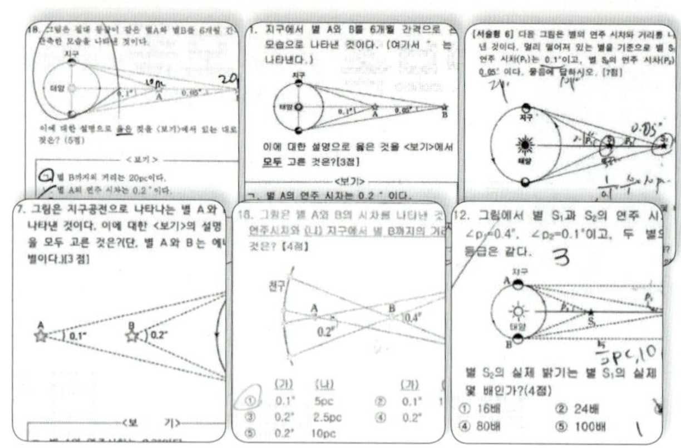

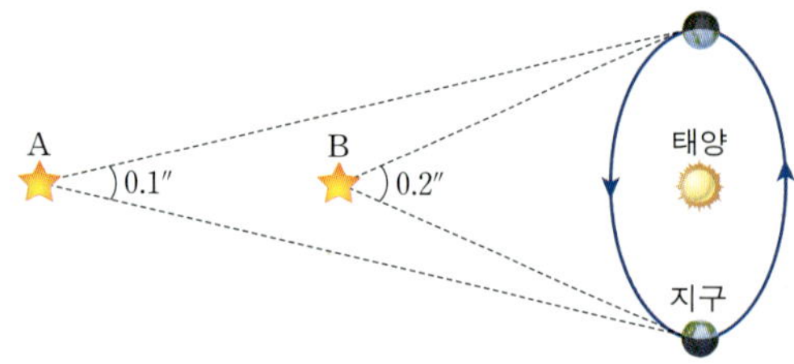

별의 성질

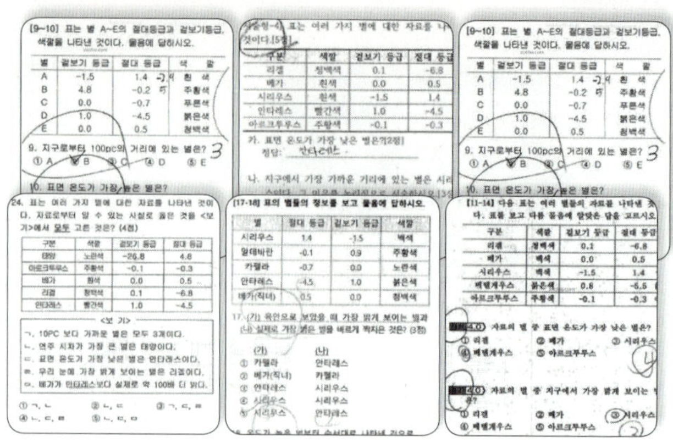

---

01 그림은 두 별 A, B의 시차를 나타낸 것이다.

이에 대한 설명으로 옳지 <u>않은</u> 것을 모두 고르면 (3개)

① 별 A의 연주 시차는 0.05″이다.

② 연주 시차는 별 A가 별 B보다 크다.

③ 별 B까지의 거리는 10 pc이다.

④ 지구에서 별까지의 거리는 별 A가 별 B보다 2배 멀다.

⑤ 별 B의 겉보기 등급이 5등급이라면 절대 등급은 5등급이다.

⑥ 별 A의 겉보기 등급이 6등급이라고 할 때, 별 A의 거리가 $\frac{1}{10}$배로 가까워지면 이 별은 겉보기 등급은 5등급이 된다.

⑦ 별 A와 B의 절대 등급이 같다면 별 B는 별 A보다 4배 밝게 보인다.

⑧ 화성에서 별 A, B의 연주 시차를 측정하면 지구보다 작게 나타날 것이다.

---

02 표는 여러 별의 겉보기 등급과 절대 등급 및 색깔을 나타낸 것이다.

별	겉보기 등급	절대 등급	색깔
리겔	0.1	−6.8	청백색
베텔게우스	0.8	−5.5	붉은색
베가	0.0	0.5	흰색
태양	−26.8	4.8	노란색
시리우스	−1.5	1.4	흰색

이에 대한 설명으로 옳은 것을 모두 고르면? (4개)

① 실제 가장 밝은 별은 베가이다.

② 가장 밝게 보이는 별은 시리우스이다.

③ 지구에서 가장 멀리 떨어져 있는 별은 베텔게우스이다.

④ 지구에서 시리우스까지의 거리는 32.6광년보다 가깝다.

⑤ 연주 시차가 가장 큰 별은 태양이다.

⑥ 표면 온도가 가장 낮은 별은 베텔게우스이다.

⑦ 태양이 현재 위치보다 10배로 멀어지면 겉보기 등급은 −21.8등급이 될 것이다.

⑧ 베가가 100배 더 밝게 보이면 겉보기 등급은 5등급이 된다.

A 연주 시차와 별까지의 거리

01 연주 시차에 대한 설명으로 옳지 <u>않은</u> 것은?

① 연주 시차가 $1''$인 별까지의 거리를 $1\,pc$이라고 한다.
② 연주 시차가 큰 별일수록 지구에서 가까이 있는 별이다.
③ 지구에서 가까이 있는 별일수록 별까지의 거리를 측정하는 데 연주 시차가 유리하다.
④ 연주 시차는 지구의 공전 때문에 나타난다.
⑤ 연주 시차를 이용하면 별의 밝기를 알 수 있다.

탐구 **p. 88**

거리에 따른 시차와 연주 시차의 크기 변화를 정리해 두자.

02 그림 (가)는 시차를 알아보기 위한 실험이고, (나)는 지구에서 6개월 간격으로 별을 관측한 모습이다.

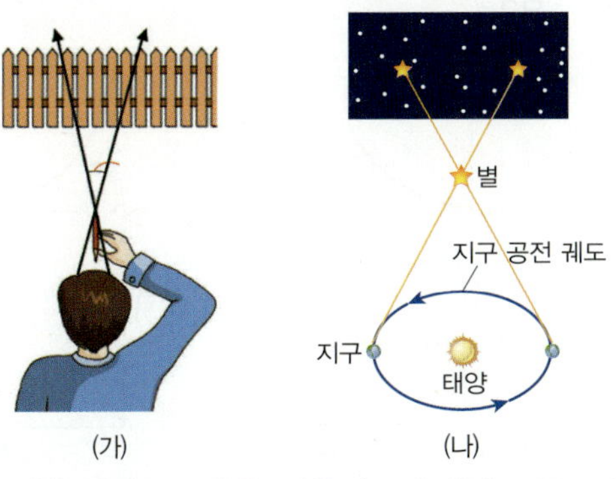

이에 대한 설명으로 옳은 것을 〈보기〉에서 모두 고른 것은?

보기

ㄱ. 멀리 있는 별일수록 연주 시차가 크다.
ㄴ. (가)에서 두 눈은 공전 궤도상의 양 끝에 위치한 지구를 의미한다.
ㄷ. (가)에서 연필을 눈 쪽으로 더 가까이 하면 배경에 보이는 나무 판자의 개수는 많아진다.

① ㄱ   ② ㄴ   ③ ㄱ, ㄷ
④ ㄴ, ㄷ   ⑤ ㄱ, ㄴ, ㄷ

03 그림은 지구가 공전함에 따라 가까운 별 S의 위치 변화를 나타낸 것이다.

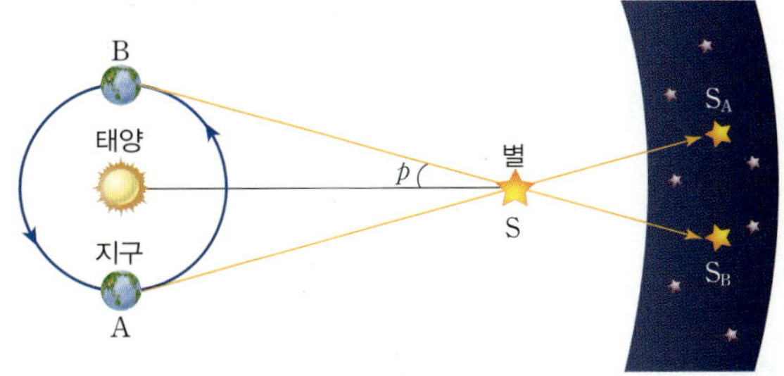

이에 대한 설명으로 옳지 <u>않은</u> 것은?

① p는 별 S의 시차이다.
② 멀리 있는 별일수록 p의 값이 작아진다.
③ 지구가 A에서 B까지 이동하는 데 6개월이 걸린다.
④ 지구가 A의 위치에 있을 때 별 S는 천구상의 S_A에 위치한 것처럼 보인다.
⑤ 지구가 B의 위치에 있을 때 별 S는 천구상의 S_B에 위치한 것처럼 보인다.

04 별 S의 연주 시차가 $0.4''$라면, 별 S보다 거리가 4배 먼 별의 연주 시차는 몇 초($''$)인가?

① $0.1''$ ② $0.2''$ ③ $0.4''$
④ $1''$ ⑤ $2''$

기출 분석 **p. 90**

연주 시차는 별까지의 거리에 반비례한다는 것을 알아두자.

05 그림은 두 별 A, B의 시차를 나타낸 것이다.

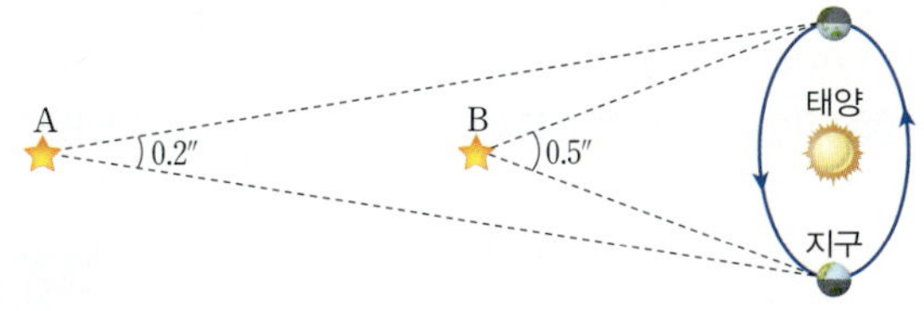

이에 대한 설명으로 옳은 것을 〈보기〉에서 모두 고른 것은?

보기

ㄱ. 연주 시차는 별 A가 별 B보다 작다.
ㄴ. 지구에서 별까지의 거리는 별 A가 별 B보다 2.5배 멀다.
ㄷ. 별 A는 지구로부터 $5\,pc$ 떨어진 거리에 있다.

① ㄱ   ② ㄷ   ③ ㄱ, ㄴ
④ ㄱ, ㄷ   ⑤ ㄴ, ㄷ

06 지구에서 가장 멀리 떨어져 있는 별은?

① 연주 시차가 1″인 별

② 10 pc 거리에 있는 별

③ 10 AU 거리에 있는 별

④ 3.26광년 거리에 있는 별

⑤ 1.5×10^8 km 거리에 있는 별

07 그림 (가)와 (나)는 지구에서 6개월 간격으로 관측한 별 A와 B의 위치 변화를 나타낸 것이다.

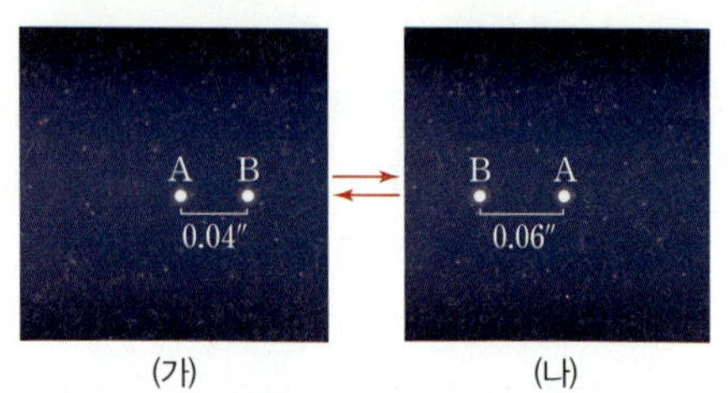

이에 대한 설명으로 옳은 것을 〈보기〉에서 모두 고른 것은? (단, 별 A의 위치는 변화가 없었다.)

〈보기〉

ㄱ. 별 B의 시차는 0.1″이다.

ㄴ. 별 B까지의 거리는 10 pc이다.

ㄷ. 별의 거리는 A가 B보다 가깝다.

① ㄱ   　　② ㄴ   　　③ ㄱ, ㄷ

④ ㄴ, ㄷ   　　⑤ ㄱ, ㄴ, ㄷ

B 별의 밝기

 최다빈출

[08~09] 그림은 별 S로부터의 거리 A, B, C를 나타낸 것이다.

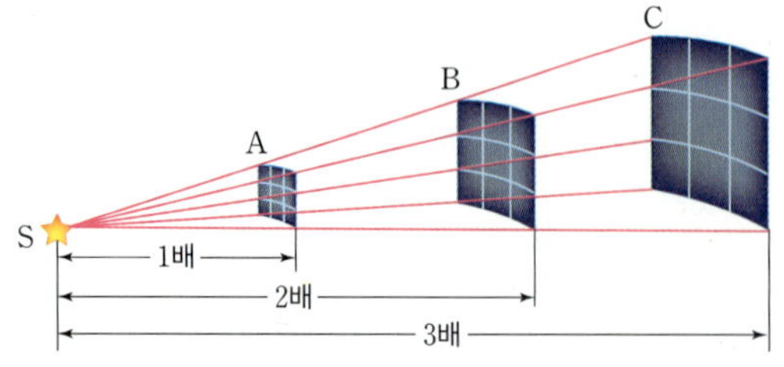

08 A, B, C에서 관측되는 별 S의 밝기비를 옳게 나타낸 것은?

① 1 : 2 : 3   　　② 1 : 4 : 9

③ $1 : \dfrac{1}{2} : \dfrac{1}{3}$ 　　④ $1 : \dfrac{1}{4} : \dfrac{1}{9}$

⑤ 9 : 4 : 1

탐구 p. 89

같은 양의 에너지를 방출하는 별은 거리가 멀어질수록 어둡게 보인다는 것을 알아두자.

09 별 S까지의 거리가 현재보다 5배 멀어진다면, 이 별의 밝기는 어떻게 변하는가?

① 5배로 밝아진다.

② 25배로 밝아진다.

③ $\dfrac{1}{5}$배로 어두워진다.

④ $\dfrac{1}{25}$배로 어두워진다.

⑤ 밝기의 변화가 없다.

10 별의 밝기와 등급에 대한 설명으로 옳은 것은?

① 6등급보다 어두운 별은 없다.

② 등급이 작을수록 어두운 별이다.

③ 밝게 보이는 별일수록 지구에 가깝다.

④ 2등급의 별은 1등급의 별보다 2배 밝다.

⑤ 1등급보다 밝은 별은 0등급, −1등급, −2등급 등으로 나타낸다.

11 별의 밝기와 거리의 관계를 그래프로 옳게 나타낸 것은?

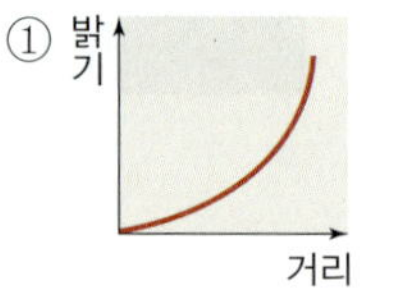

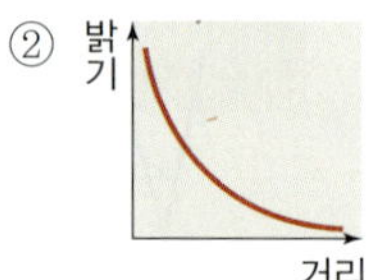

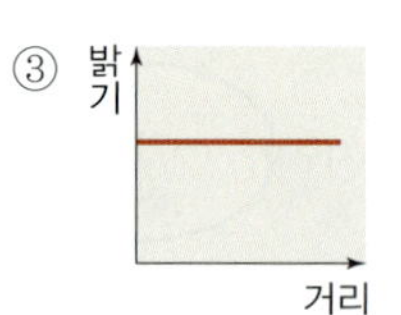

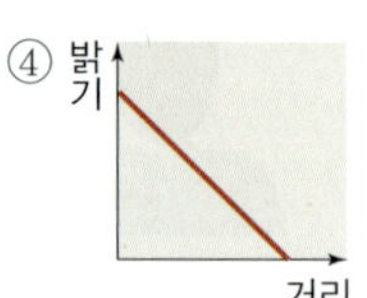

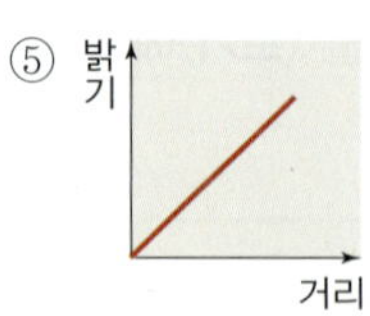

12 4등급의 별이 현재보다 거리가 $\dfrac{1}{4}$배로 가까워지면, 이 별은 몇 등급으로 보이겠는가?

① −3등급   　　② −1등급   　　③ 1등급

④ 2등급   　　⑤ 3등급

13 표는 별의 등급 차와 밝기 차의 관계를 나타낸 것이다.

등급 차	1	2	3	4	5
밝기 차(배)	2.5	6.3	16	40	100

-2등급인 별 A와 2등급인 별 B의 밝기를 옳게 비교한 것은?

① 별 A는 별 B보다 4배 밝다.

② 별 A는 별 B보다 $\frac{1}{4}$배로 어둡다.

③ 별 A는 별 B보다 약 40배 밝다.

④ 별 A는 별 B보다 약 $\frac{1}{40}$배로 어둡다.

⑤ 별 A는 별 B보다 약 100배 밝다.

C 별의 겉보기 등급과 절대 등급

[14~16] 표는 여러 별의 겉보기 등급과 절대 등급을 나타낸 것이다.

별	겉보기 등급	절대 등급
태양	-26.8	4.8
직녀성	0.0	0.5
견우성	0.8	2.2
북극성	2.1	-3.7
리겔	0.1	-6.8

최다빈출

14 위의 별들 중 (가) 맨눈으로 보았을 때 가장 밝은 별과, (나) 실제 가장 밝은 별을 옳게 짝 지은 것은?

	(가)	(나)
①	태양	직녀성
②	태양	리겔
③	직녀성	태양
④	북극성	견우성
⑤	북극성	리겔

15 위의 별들 중 10 pc보다 멀리 있는 별들을 모두 고르면? (2개)

① 태양　　② 직녀성　　③ 견우성

④ 북극성　　⑤ 리겔

16 북극성이 현재보다 10배 더 먼 곳으로 이동했을 때 겉보기 등급으로 옳은 것은?

① -2.9등급　　② -2.1등급　　③ 2.1등급

④ 3.8등급　　⑤ 7.1등급

17 표는 지구에서 관측한 별 A~E의 연주 시차를 나타낸 것이다.

별	A	B	C	D	E
연주 시차	$1''$	$0.1''$	$0.5''$	$0.01''$	$0.02''$

별 A~E 중 (겉보기 등급$-$절대 등급)의 값이 가장 작은 별은?

① A　　② B　　③ C

④ D　　⑤ E

18 32.6광년 떨어진 곳에 위치한 별의 겉보기 등급이 0등급이었다면, 이 별의 절대 등급은 얼마인가?

① 0등급　　② 5등급　　③ 10등급

④ -5등급　　⑤ -10등급

기출 분석 p. 90

별의 여러 성질을 이용하여 별의 거리, 밝기, 표면 온도 등을 비교할 수 있다.

19 표는 A, B 두 별의 겉보기 등급과 절대 등급을 나타낸 것이다.

별	겉보기 등급	절대 등급
A	3	3
B	-2	2

두 별 A, B에 대한 설명으로 옳은 것은?

① 별 A의 연주 시차는 $1''$이다.

② 별 A까지의 거리는 1 pc이다.

③ 별 B는 10 pc보다 가까운 거리에 있다.

④ 별 A는 B보다 약 $\frac{1}{2.5}$배로 어둡게 보인다.

⑤ 별의 실제 밝기는 A가 B보다 약 $\frac{1}{100}$배로 어둡다.

[20~21] 표는 별 (가)와 (나)의 겉보기 등급과 절대 등급을 나타낸 것이다.

별	(가)	(나)
겉보기 등급	−1.5	1.3
절대 등급	1.5	−7.2

20 별 (가)와 (나)의 위치를 그림에서 옳게 짝 지은 것은?

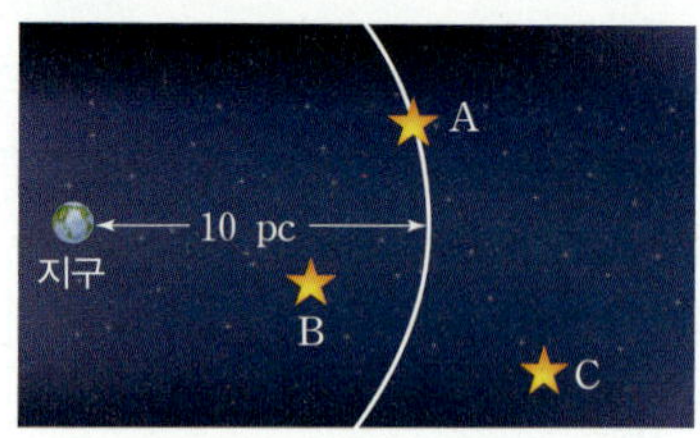

	(가)	(나)		(가)	(나)
①	A	B	②	A	C
③	B	C	④	C	A
⑤	C	B			

21 별 (가)를 맨눈으로 보았을 때의 밝기와 실제 밝기의 차이를 옳게 비교한 것은?

① 실제 밝기가 약 2.5배 밝다.
② 실제 밝기가 약 6.3배 밝다.
③ 맨눈으로 보았을 때의 밝기가 약 2.5배 밝다.
④ 맨눈으로 보았을 때의 밝기가 약 6.3배 밝다.
⑤ 맨눈으로 보았을 때의 밝기가 약 16배 밝다.

D 별의 색깔과 표면 온도

22 별의 표면 온도에 따라 달라지는 것은?

① 별의 크기　② 별의 질량　③ 별의 밝기
④ 별의 색깔　⑤ 별까지의 거리

23 별의 표면 온도에 대한 설명으로 옳은 것을 〈보기〉에서 모두 고른 것은?

> **보기**
> ㄱ. 별의 표면 온도가 높을수록 파란색을 띤다.
> ㄴ. 주황색의 알데바란은 태양보다 표면 온도가 높다.
> ㄷ. 겉보기 등급과 절대 등급을 비교하면 별의 표면 온도를 유추할 수 있다.

① ㄱ　　② ㄴ　　③ ㄱ, ㄷ
④ ㄴ, ㄷ　　⑤ ㄱ, ㄴ, ㄷ

24 표는 여러 별의 표면 온도를 나타낸 것이다.

별	표면 온도(℃)
태양	약 6000
스피카	약 22000
북극성	약 7200
민타카	약 27000
베텔게우스	약 3000

이 별들 중 가장 파랗게 보이는 별은?

① 태양　　② 스피카　　③ 북극성
④ 민타카　　⑤ 베텔게우스

25 표는 몇몇 별들의 색깔을 나타낸 것이다.

별	색깔
리겔	청백색
시리우스	흰색
안타레스	붉은색
태양	노란색

(가) 표면 온도가 가장 높은 별과 (나) 표면 온도가 가장 낮은 별을 옳게 짝 지은 것은?

	(가)	(나)		(가)	(나)
①	리겔	안타레스	②	리겔	태양
③	시리우스	태양	④	안타레스	리겔
⑤	안타레스	태양			

26 그림은 별 A~E의 절대 등급과 색깔을 나타낸 것이다.

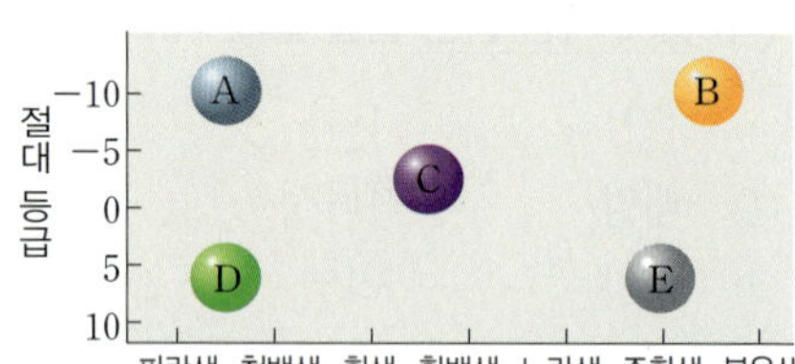

이에 대한 설명으로 옳은 것을 〈보기〉에서 모두 고른 것은?

> **보기**
> ㄱ. 실제로 가장 밝은 별은 D와 E이다.
> ㄴ. C는 A보다 표면 온도가 높다.
> ㄷ. 표면 온도가 가장 낮은 별은 B이다.
> ㄹ. 실제로 가장 밝고 표면 온도가 가장 높은 별은 A이다.

① ㄱ, ㄴ　　② ㄴ, ㄷ　　③ ㄷ, ㄹ
④ ㄱ, ㄴ, ㄷ　　⑤ ㄴ, ㄷ, ㄹ

서술형은 이렇게

27 밤하늘에 떠 있는 별들의 밝기는 서로 다르다. 이처럼 별의 밝기가 서로 다르게 나타나는 까닭 두 가지를 서술하시오.

____

____

28 그림은 지구에 가까이 있는 별 S를 관측한 모습을 나타낸 것이다.

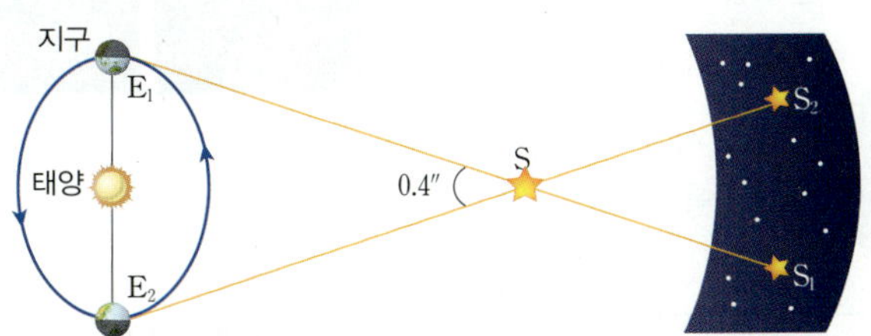

별 S의 연주 시차와 거리는 얼마인지 쓰시오.

____

29 그림은 북두칠성을 이루는 별들을 나타낸 것이다.

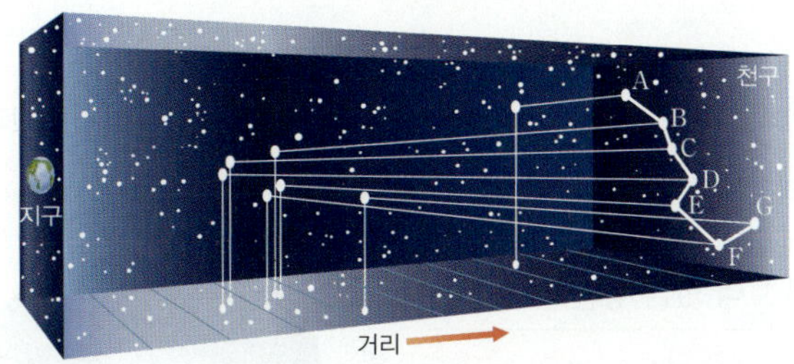

별 A∼G 중 연주 시차가 가장 작은 별을 고르시오.

____

30 지구에서 1 pc 떨어져 있는 어떤 별이 현재보다 2배 멀어지면 연주 시차는 어떻게 변할지 서술하시오.

____

____

31 어떤 별이 지구에서 점점 멀어진다면 겉보기 등급과 절대 등급은 어떻게 변할지 서술하시오.

____

____

32 표는 별의 등급 차에 따른 밝기 차를 나타낸 것이다.

등급 차	1	2	3	4	5
밝기 차(배)	2.5	6.3	16	40	100

(1) 1등급의 별보다 40배 밝은 별은 몇 등급인지 쓰시오.

____

(2) 겉보기 등급이 3등급이고, 절대 등급이 1등급인 별을 10 pc의 거리로 이동시킨다면, 이 별이 우리 눈에 보이는 밝기는 어떻게 변하겠는지 서술하시오.

____

____

33 표는 몇몇 별들의 겉보기 등급과 절대 등급을 나타낸 것이다.

별	겉보기 등급	절대 등급
리겔	0.1	−6.8
북극성	2.1	−3.7
안타레스	0.9	−4.5
시리우스	−1.5	1.4

(1) 이 별들 중 우리 눈에 가장 어둡게 보이는 별을 쓰시오.

____

(2) 지구에서 멀리 있는 별부터 순서대로 나열하시오.

____

34 오른쪽 그림은 우리나라에서 겨울철에 관측할 수 있는 오리온자리를 나타낸 것이다.
베텔게우스와 리겔의 색깔을 비교하고, 그 까닭을 서술하시오.

____

____

02 은하와 우주

A 우리은하

1. 은하 우주 공간에 수많은 별들로 이루어진 거대한 천체 집단

2. 우리은하 태양계가 속해 있는 은하이다. — 우리은하에는 약 2000억 개의 별들이 있다.

① 우리은하의 크기
- 우리은하의 지름 : 약 30 kpc(약 10만 광년)
- 태양계의 위치 : 우리은하 중심에서 약 8.5 kpc(약 3만 광년) 떨어진 나선팔에 위치

② 우리은하의 모양 기출 분석 p. 103

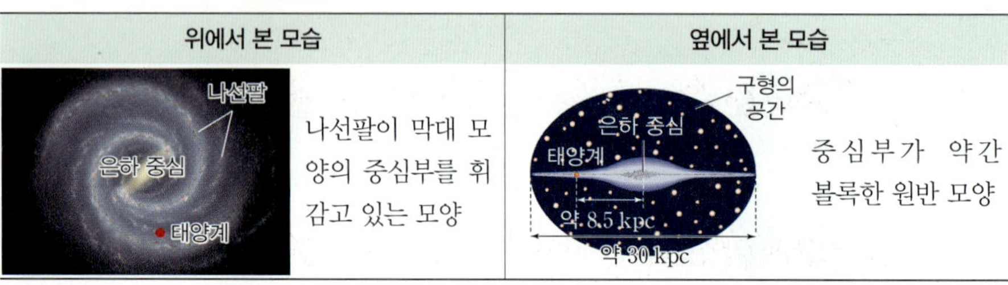

위에서 본 모습	옆에서 본 모습
나선팔이 막대 모양의 중심부를 휘감고 있는 모양	중심부가 약간 볼록한 원반 모양

3. 은하수 밤하늘을 가로지르는 희미한 빛의 띠로, 수많은 별들이 모여 있어 뿌옇게 보인다.
└ 우리은하의 일부를 지구에서 바라본 모습이다.
① 우리은하의 중심 방향인 궁수자리 방향에서 가장 밝고 뚜렷하게 보인다. — 우리은하의 중심부에 별이 많다.
② 북반구와 남반구 어디에서나 관측할 수 있다.

B 성단과 성운

1. 성단 수많은 별들이 무리를 지어 모여 있는 집단이다.

종류	산개 성단	구상 성단
모습	수십~수만 개의 별들이 일정한 모양 없이 엉성하게 모여 있는 성단	수만~수십만 개의 별들이 공 모양으로 빽빽하게 모여 있는 성단
나이	적다	많다
색 / 온도	파란색 / 높다	붉은색 / 낮다
우리은하 내 분포 위치	우리은하의 나선팔	우리은하의 중심부(은하핵), 은하 원반을 둘러싼 구형의 공간

2. 성운 별과 별 사이의 공간에 성간 물질이 많이 모여 구름처럼 보이는 것이다.

종류	방출 성운 — 밝은 성운	반사 성운	암흑 성운 — 어두운 성운
모습			
정의	성간 물질이 주변의 별빛을 흡수하여 가열되면서 스스로 빛을 내는 성운	성간 물질이 주변의 별빛을 반사하여 밝게 보이는 성운	성간 물질이 뒤에서 오는 별빛을 가로막아 어둡게 보이는 성운
색	주로 붉은색	주로 파란색	어둡게 보임
예	오리온 대성운, 장미성운	메로페성운, 마귀할멈성운	말머리성운, 석탄자루성운

계절에 따라 은하수가 다르게 보이는 까닭

지구는 태양을 중심으로 공전하기 때문에 계절에 따라 관측되는 밤하늘의 방향이 달라진다. 우리나라에서는 여름철에 은하 중심 방향을 바라보기 때문에 은하수의 폭이 넓고 뚜렷하게 보이고, 겨울철에는 은하 중심의 반대 방향을 바라보기 때문에 폭이 좁고 희미하게 보인다.

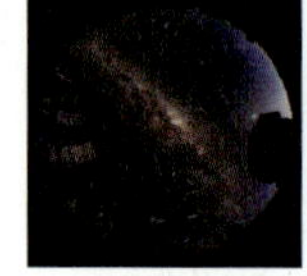

▲ 여름철　　▲ 겨울철

산개 성단과 구상 성단

▲ 산개 성단　　▲ 구상 성단

우리은하 내의 산개 성단과 구상 성단의 분포

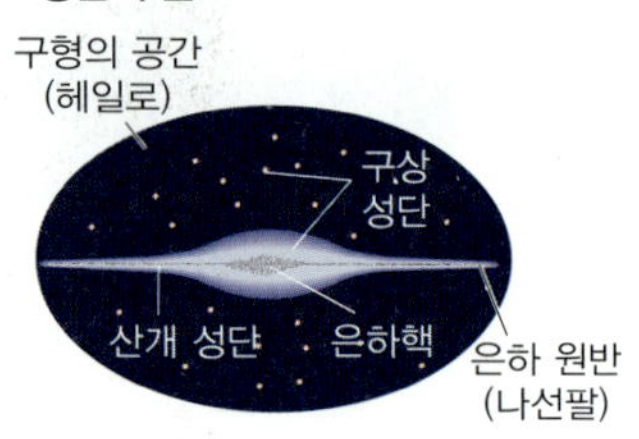

성단을 이루는 별들의 나이와 구성 성분

성단을 이루는 별들은 거의 같은 시기에 한 공간에서 탄생하였으므로 나이와 구성 성분 등이 거의 비슷하다.

성간 물질

별들 사이의 공간에는 기체와 티끌이 희박하게 흩어져 있는데, 이것을 성간 물질이라고 한다. 성간 물질은 주로 수소 가스로 이루어져 있으며, 헬륨, 질소 등이 포함되어 있다.

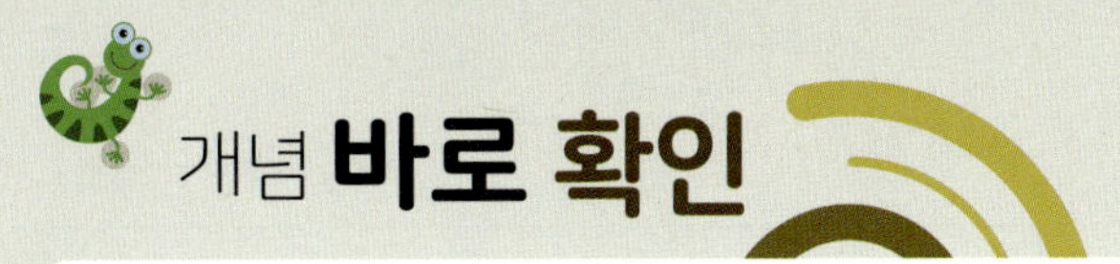

개념 바로 확인

01 우주 공간에 수많은 별들로 이루어진 거대한 천체 집단을 ☐☐(ㅇㅎ)라고 한다.

02 태양계는 은하 중심으로부터 약 3만 광년 떨어진 ☐☐☐(ㄴㅅㅍ)에 위치한다.

03 우리은하의 일부를 지구에서 바라본 모습으로, 맑은 날 밤하늘에 희뿌연 띠 모양으로 보이는 것을 ☐☐☐(ㅇㅎㅅ)라고 한다.

04 수많은 별들이 무리를 지어 모여 있는 집단을 ☐☐(ㅅㄷ)이라고 한다.

05 별과 별 사이의 공간에 성간 물질이 모여 구름처럼 보이는 것을 ☐☐(ㅅㅇ)이라고 한다.

06 별들이 공 모양으로 빽빽하게 모여 있는 집단을 ☐☐(ㄱㅅ) 성단, 별들이 엉성하게 모여 있는 집단을 ☐☐(ㅅㄱ) 성단이라고 한다.

07 뒤에서 오는 별빛을 가려 어둡게 보이는 성운을 ☐☐(ㅇㅎ) 성운이라고 한다.

A 우리은하

01 우리은하에 대한 설명으로 옳은 것은 ○, 옳지 <u>않은</u> 것은 ×로 표시하시오.

(1) 우리은하는 위에서 보면 원반 모양이다. ································· ( )

(2) 태양계는 우리은하의 나선팔에 위치한다. ···························· ( )

(3) 구상 성단은 주로 은하핵과 은하 주변의 공간에 분포한다. ·········· ( )

(4) 산개 성단은 주로 우리은하의 나선팔에 분포한다. ···················· ( )

02 그림 (가)는 우리은하를 옆에서 본 모습을, (나)는 위에서 본 모습을 나타낸 것이다.

(가) (나)

(가)와 (나)에서 태양계의 위치를 각각 찾아 쓰시오.

03 은하수에 대한 설명으로 옳은 것은 ○, 옳지 <u>않은</u> 것은 ×로 표시하시오.

(1) 수많은 별들이 모여 있어 뿌옇게 보인다. ···························· ( )

(2) 북반구에서만 관측된다. ·· ( )

(3) 우리은하의 전체 모습을 볼 수 있다. ·································· ( )

(4) 우리나라에서는 여름철에 폭이 좁고 희미하게 보인다. ··············· ( )

B 성단과 성운

04 구상 성단과 관계있는 것은 '구', 산개 성단과 관계있는 것은 '산'으로 쓰시오.

(1) 표면 온도가 높은 별들로 이루어져 있다. ···························· ( )

(2) 둥근 공 모양으로 이루어져 있다. ····································· ( )

(3) 수십~수만 개의 별들이 엉성하게 모여 있다. ······················· ( )

(4) 주로 나이가 적은 별들로 이루어져 있다. ···························· ( )

(5) 주로 우리은하의 나선팔에 분포한다. ································· ( )

(6) 대부분 붉은색 별들이 모여 있다. ····································· ( )

05 성운에 대한 설명으로 옳은 것은 ○, 옳지 <u>않은</u> 것은 ×로 표시하시오.

(1) 수많은 별들로 이루어져 있다. ·· ( )

(2) 방출 성운, 반사 성운, 암흑 성운으로 구분한다. ···················· ( )

(3) 방출 성운은 주로 파란색을 띤다. ····································· ( )

(4) 말머리성운은 대표적인 반사 성운이다. ······························ ( )

(5) 반사 성운은 성간 물질이 별빛을 반사하여 밝게 보인다. ············· ( )

02 은하와 우주

C 우주 팽창

1. 외부 은하 우리은하 밖에 있는 은하이다.

2. 외부 은하의 분류 허블은 외부 은하를 모양에 따라 타원 은하, 나선 은하, 불규칙 은하로 분류하였다. `기출 분석` **p. 103**

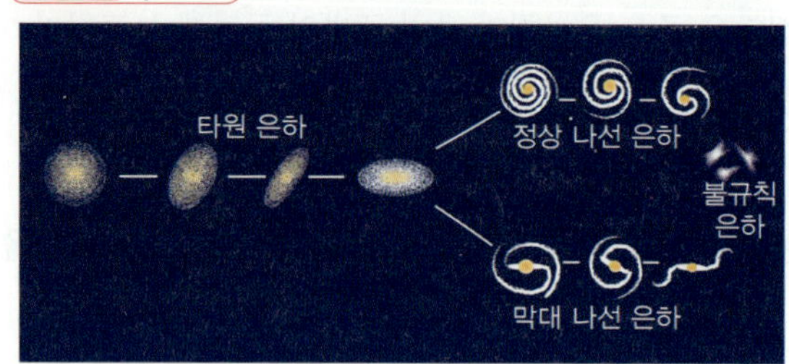

① **타원 은하** : 나선팔이 없으며, 공 모양이나 타원 모양의 은하이다.
② **정상 나선 은하** : 은하의 중심에서 나선팔이 직접 휘어져 나온 은하이다.
③ **막대 나선 은하** : 은하 중심을 가로지르는 막대 구조가 있고, 그 끝에서 나선팔이 휘어져 나온 모양의 은하이다.
④ **불규칙 은하** : 규칙적인 모양이 없고, 구조나 모양이 일정하지 않은 은하이다.

3. 우주 팽창 `탐구` **p. 102**

① **우주** : 우리은하를 비롯하여 외부 은하 전체가 차지하는 거대한 공간이다.
② **우주 팽창** : 허블은 외부 은하들이 우리은하로부터 멀어지고 있다는 것을 통해 우주가 팽창하고 있다는 것을 알아내었다. ➡ 우주가 팽창함에 따라 은하들은 서로 멀어지고 있으며, 멀리 떨어져 있는 은하일수록 더 빨리 멀어진다.
③ **우주 팽창의 중심** : 우주는 특별한 중심이 없이 모든 방향으로 균일하게 팽창하고 있다.

4. 대폭발 우주론(빅뱅 우주론) 약 138억 년 전, 모든 물질과 에너지가 모인 한 점에서 대폭발로 시작된 우주가 점점 팽창하여 현재의 우주가 되었다는 이론이다.

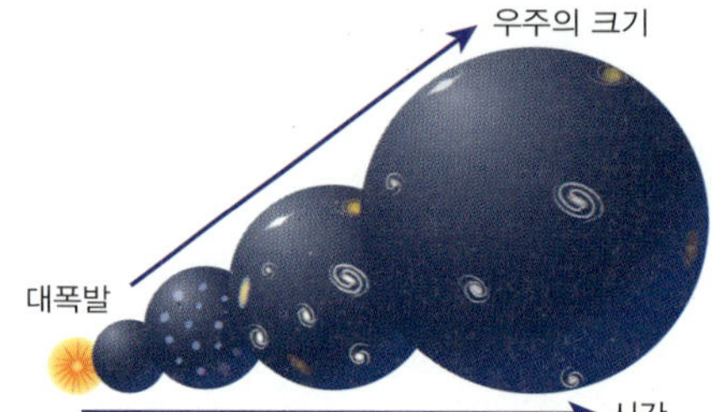

① 과거의 우주는 지금보다 크기가 작고 온도가 높았다.
② 대폭발 이후 우주의 온도는 점차 낮아져 별과 은하가 만들어졌으며, 현재에도 계속 팽창하고 있다.

D 우주 탐사

1. 우주 탐사의 목적과 의의

① 우주 탐사는 우주에 대한 이해의 폭을 넓히고, 지적 호기심을 충족시킬 수 있다.
② 우주 탐사를 통해 습득된 지식과 정보로부터 지구 환경과 생명에 대해 보다 깊이 이해할 수 있다.
③ 우주 탐사 과정에서 얻은 새로운 첨단 과학 기술을 다양한 산업 분야와 실생활에 이용하여 삶의 편의를 향상시킬 수 있다.
④ 지구에서 고갈된 자원을 우주에서 찾을 수 있다.

허블(Hubble, E. P.; 1889~1953)
미국의 천문학자로, 세페이드 변광성을 이용하여 우주의 크기를 측정하였고, 은하를 관측하여 형태에 따라 외부 은하들을 분류하였다. 또한, 은하를 관측하여 우주가 팽창한다는 사실을 밝혀내었다.

외부 은하의 분류

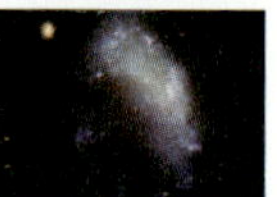

대표적인 은하의 형태
안드로메다은하는 정상 나선 은하, 우리은하는 막대 나선 은하, 소마젤란은하와 대마젤란은하는 불규칙 은하이다.

우주의 크기
대폭발이 일어난 후 약 138억 년이 지났으므로, 우주의 나이는 약 138억 년이다. 즉, 우주가 폭발한 점에서 나온 빛이 약 138억 년 동안 이동하였으므로 우주의 크기는 약 138억 광년이다.

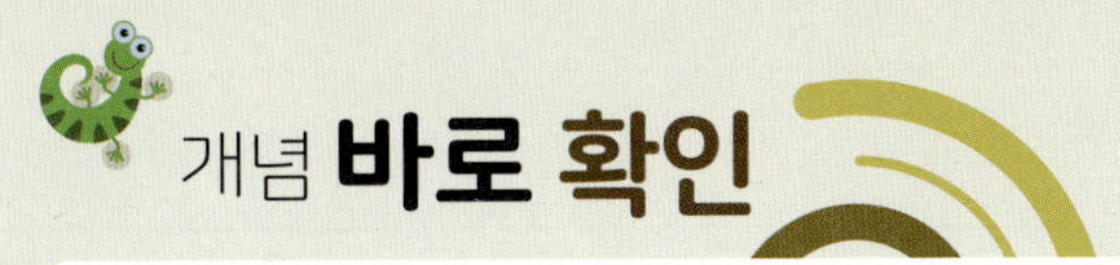

개념 **바로 확인**

초성 확인 문제

08 우리은하 밖에 있는 은하를 ㅇㅂ 은하라고 한다.

09 허블은 외부 은하를 ㅁㅇ에 따라 분류하였다.

10 공 모양이나 타원 모양의 은하는 ㅌㅇ 은하이다.

11 나선 은하는 은하핵과 ㄴㅅㅍ을 가지고 있다.

12 규칙적인 모양이 없는 은하는 ㅂㄱㅊ 은하이다.

13 우주가 ㅍㅊ하고 있기 때문에 은하들은 서로 멀어지고 있다.

14 모든 물질과 에너지가 모인 한 점에서 대폭발로 시작된 우주가 점점 팽창하여 현재의 우주가 되었다는 이론을 ㄷㅍㅂㅇㅈㄹ이라고 한다.

C 우주 팽창

06 오른쪽 그림은 외부 은하를 분류한 것이다.

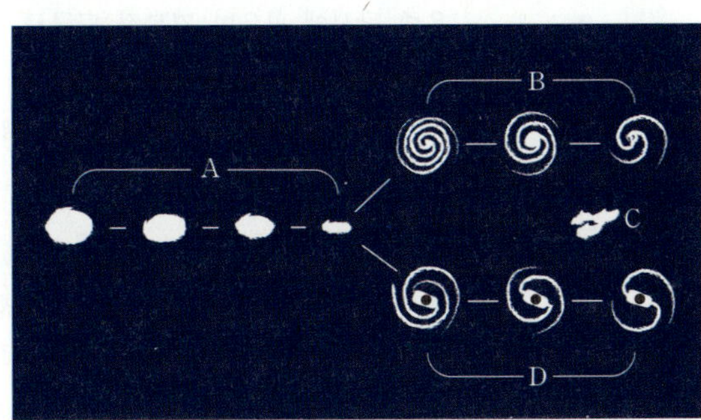

(1) 외부 은하를 이와 같이 분류한 기준을 쓰시오.
(2) A~D 은하의 종류를 각각 쓰시오.
(3) 나선 은하를 B와 D로 분류한 기준을 쓰시오.

07 그림 (가)~(라)는 외부 은하의 모습을 나타낸 것이다.

(가)　　　　　(나)　　　　　(다)　　　　　(라)

(1) (가)~(라) 은하의 종류를 쓰시오.
(2) (가)~(라) 중 나선팔이 있는 은하를 모두 쓰시오.
(3) (가)~(라) 중 우리은하와 같은 종류의 은하를 쓰시오.

08 다음은 우주 팽창에 대한 설명이다. (　　　) 안에 알맞은 말을 고르시오.

(1) 외부 은하들은 우리은하로부터 (가까워진다 , 멀어진다).
(2) 우주는 (팽창 , 수축)하고 있다.
(3) 팽창하는 우주는 특별한 중심이 (있다 , 없다).
(4) 과거의 우주는 지금보다 크기가 (작았다 , 컸다).

D 우주 탐사

09 우주 탐사의 목적과 의의에 대한 설명으로 옳은 것은 ○, 옳지 <u>않은</u> 것은 ×로 표시하시오.

(1) 우주에 대한 이해의 폭을 넓히기 위함이다. ·································· (　　　)
(2) 지구 온난화를 해결하기 위함이다. ·································· (　　　)
(3) 우주 탐사 과정에서 얻은 새로운 첨단 과학 기술을 우리의 실생활에 이용한다.
································· (　　　)
(4) 물 부족을 해결하고자 한다. ·································· (　　　)

02 은하와 우주

2. 우주 탐사 장비

로켓	우주 탐사에 필요한 기본적 도구로, 연료를 태워 만들어진 가스를 분출시켜 그 반작용으로 앞으로 나아간다.
인공위성	지구 주위를 일정한 궤도를 따라 공전하도록 만든 장치이다.
탐사선	지구 밖의 다른 천체를 탐사하기 위해 쏘아올린 비행 물체로, 주로 태양계의 천체를 탐사한다.
우주 왕복선	재사용이 가능하도록 만들어진 우주선으로 우주 망원경, 인공위성 등을 설치하거나 수리하며 우주 정거장에 필요한 물품을 전달하는 일을 한다.
우주 정거장	우주 비행사들이 거주하면서 우주 환경에서 다양한 임무를 수행할 수 있는 인공 구조물이다.

지구 대기 밖 우주에서 관측을 수행하는 망원경이다.

3. 우주 탐사의 역사 우주 탐사는 달, 태양계, 우리은하, 외부 은하 및 우주로 점차 확장되어 진행되어 왔다.

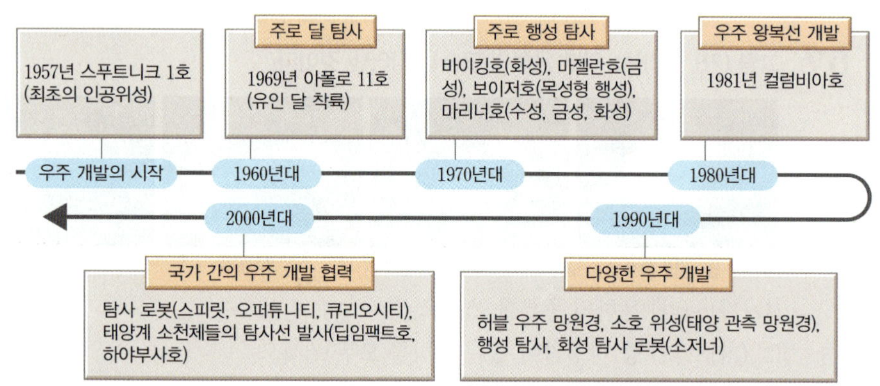

4. 우주 탐사의 영향

① **우주 개발과 관련된 직업** : 우주 개발 관련 직업은 기초 학문과 첨단 기술이 융합적으로 작용하므로 다양한 분야의 지식을 습득하고, 이를 통합하는 능력이 필요하다.

② **우주 개발 과정에서 얻어진 첨단 기술의 이용** : 우주 개발 과정에서 얻어진 기술은 자기 공명 영상 장치(MRI), 가정용 정수기, 진공청소기, 전자레인지, 화재경보기, 형상 기억 합금, 자동차 에어백, 에어쿠션 운동화 등 일상생활에 이용된다.

③ **인공위성의 이용** : 인공위성은 목적에 따라 과학 위성, 방송 통신 위성, 기상 위성, 항법 위성, 지구 관측 위성, 군사 위성 등으로 분류한다.

• 해외에 있는 사람과 휴대전화로 통화를 할 수 있다. ➡ 방송 통신 위성의 이용

• 해외에서 열리는 스포츠 경기를 실시간으로 관람할 수 있다. ➡ 방송 통신 위성의 이용

• 일기 예보에 필요한 기상 요소를 관측하고, 태풍의 이동 경로 등을 예측하여 피해에 대비할 수 있다. ➡ 기상 위성의 이용

• 지피에스(GPS)를 이용하여 목적지를 검색하고, 내비게이션으로 낯선 장소를 쉽게 찾아갈 수 있으며, 실시간 대중교통 정보를 알 수 있다. ➡ 항법 위성의 이용

④ **우주 산업의 피해**

• 우주 쓰레기 : 수명을 다 한 인공위성이나 위성 발사에 사용한 로켓, 위성 분리 때 떨어져 나온 물품 등 다양한 크기의 파편이다.

• 우주 쓰레기의 특징 : 속도가 매우 빠르고, 크기가 다양하며, 궤도가 일정하지 않다.

• 우주 쓰레기로 인한 피해 : 인공위성이나 우주 정거장, 유영 중인 우주인과 충돌할 가능성이 있으며, 지구로 떨어지면 인명 피해나 재산 피해를 줄 수도 있다.

허블 우주 망원경
1990년에 발사된 우주 망원경으로, 지상 망원경으로는 얻을 수 없었던 선명한 영상을 제공하여 태양계 밖의 우주 탐사에 큰 역할을 하였다.

우리나라의 우주 탐사
• 2008년에 한국 최초의 우주인이 국제 우주 정거장에서 다양한 과학 실험과 연구를 하였다.
• 2009년에 인공위성을 발사할 수 있는 나로 우주 센터가 완공되었다.
• 2013년에 나로 우주 센터에서 나로호 로켓을 발사하였다.

우주 개발과 관련된 직업의 예
• 학문 관련 직업 : 공학자, 천문학자, 천체 물리학자 등
• 탐사 장비 제작 및 발사 관련 직업 : 로켓 제작자, 우주선 개발자, 인공위성 연구원, 비행 환경 분석가, 관제사, 교신 담당자, 훈련 담당관 등
• 우주 환경 및 활동 관련 직업 : 우주 비행사, 비행 엔지니어, 우주 식품 개발자 등

우주 쓰레기의 예방 및 대책
국가적 협력으로 우주 쓰레기의 양을 줄이고, 우주 쓰레기를 처리하는 방법을 연구한다.

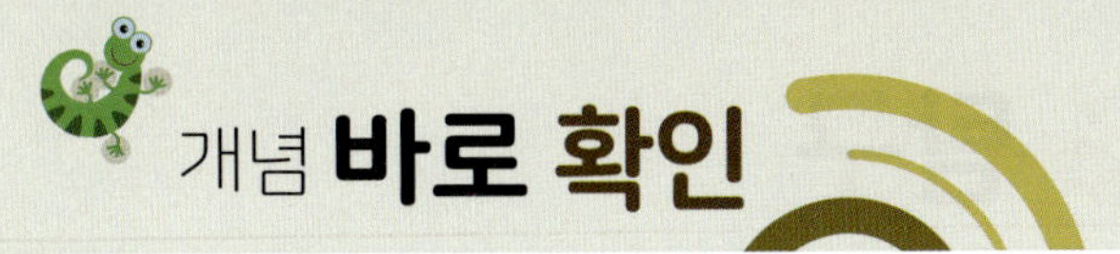

개념 **바로 확인**

초성 확인 문제

15 ㅇㅈㅌㅅ는 우주를 이해하고자 우주를 탐색하고 조사하는 활동이다.

16 연료를 태워 만들어진 가스를 분출시켜 그 반작용으로 앞으로 나아가는 우주 탐사 장비는 ㄹㅋ이다.

17 ㅇㅈ ㅈㄱㅈ은 우주 비행사들이 거주하면서 우주 환경에서 다양한 임무를 수행할 수 있는 인공 구조물이다.

18 2009년에 완공된 우리나라의 우주 센터는 ㄴㄹ ㅇㅈ ㅅㅌ이다.

19 지구 주위를 일정한 궤도를 따라 공전하도록 만든 장치는 ㅇㄱㅇㅅ이다.

20 ㅇㅈ ㅆㄹㄱ는 수명을 다 한 인공위성이나 로켓 등에서 떨어진 파편이 우주 공간을 떠돌고 있는 것이다.

---

10 다음 글에서 설명하는 우주 탐사 장비는 무엇인가?

> 지구 대기 밖 우주에서 관측을 수행하는 장비로, 지구 대기의 영향을 받지 않아 멀리 떨어진 천체 사진을 훨씬 선명하게 얻을 수 있다.

① 로켓 　② 우주 탐사선 　③ 우주 망원경
④ 우주 왕복선 　⑤ 우주 정거장

11 다음은 우주 개발의 역사에 관하여 설명한 글이다. 빈칸에 들어갈 탐사 장비를 쓰시오.

> 우주 탐사는 1957년 인류 최초의 인공위성인 ㉠ (　　　)가 지구 궤도를 공전하면서 시작되었다. 이후 1969년에는 ㉡ (　　　)에 의해 인간이 최초로 달에 착륙하였다.

12 각 설명에 해당하는 우주 관련 직업을 선으로 옳게 연결하시오.

(1) 우주에 대한 학문을 연구한다. 　•　　•㉠ 천문학자

(2) 탐사선 발사에 사용할 로켓을 만든다. •　　•㉡ 우주 비행사

(3) 직접 우주로 나가 탐사 활동을 한다. •　　•㉢ 로켓 제작자

13 다음은 인공위성을 목적에 따라 분류한 것이다.

> (가) 지구 관측 위성　(나) 방송 통신 위성　(다) 기상 위성　(라) 항법 위성

다음 설명에 해당하는 인공위성의 종류를 찾아 기호를 쓰시오.

(1) 해외에 있는 친구와 영상 통화를 한다. ……………………………… (　　)
(2) 태풍의 이동 경로를 예측한다. ……………………………………… (　　)
(3) 실시간 버스 도착 알림 앱을 이용한다. ……………………………… (　　)

14 우주 쓰레기에 대한 설명으로 옳은 것은 ◯, 옳지 <u>않은</u> 것은 ×로 표시하시오.

(1) 수명을 다 한 인공위성은 우주 쓰레기이다. ………………………… (　　)
(2) 속도가 매우 빠르다. …………………………………………………… (　　)
(3) 크기가 대체로 크기 때문에 중력에 의해 지구로 대부분 떨어진다. … (　　)
(4) 우주 쓰레기를 줄이기 위해서는 여러 나라가 함께 협력하여야 한다. (　　)

● 우주의 팽창

(과정)

❶ 풍선을 작게 불고 풍선 표면에 별 모양의 스티커를 3개 붙인 후 스티커 사이의 거리를 측정한다.

❷ 풍선을 더 크게 불고 스티커 사이의 거리를 다시 측정한다.

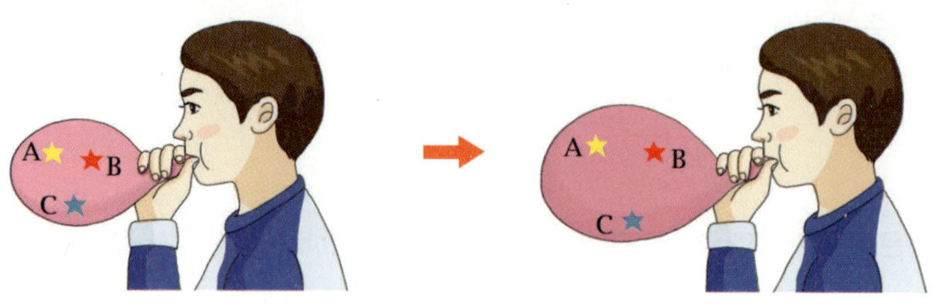

(결과)

1 풍선을 크게 불면 각 스티커 사이의 거리는 더 멀어진다.

2 풍선을 크게 불었을 때 A에서 가까이 있는 B까지의 거리보다 멀리 있는 C까지의 거리가 더 많이 멀어진다.

(정리)

1 풍선 표면을 우주, 별 모양 스티커를 은하에 비유할 수 있다.

2 우주가 팽창함에 따라 은하들 사이의 거리는 서로 멀어진다.

3 우주가 팽창함에 따라 멀리 있는 은하일수록 더 빨리 멀어진다.

4 팽창하는 우주에는 중심이 없다.

TIP

별 모양 스티커는 스티커 사이의 거리를 다르게 하여 붙인다.

풍선 표면의 팽창 모습을 통해 우주의 팽창 모습을 이해할 수 있다.

(확인 문제)

01 위 실험에 대한 설명으로 옳은 것은 ○, 옳지 <u>않은</u> 것은 ×로 표시하시오.

(1) 풍선이 커지면 스티커 A와 B 사이의 거리는 멀어진다. ····························· (   )

(2) 풍선이 커지면 스티커 A와 C 사이의 거리는 가까워진다. ····························· (   )

(3) 풍선이 커지면 스티커 B와 C 사이의 거리는 멀어진다. ····························· (   )

(4) 풍선 표면은 우주, 스티커는 은하에 비유할 수 있다. ····························· (   )

(5) 풍선이 커지면 스티커도 커진다. ······ (   )

시험에서는 **이렇게!!**

02 그림은 풍선의 표면에 별 모양의 스티커를 붙인 다음, 풍선을 크게 불어 각 스티커의 위치 변화를 관찰하는 실험이다.

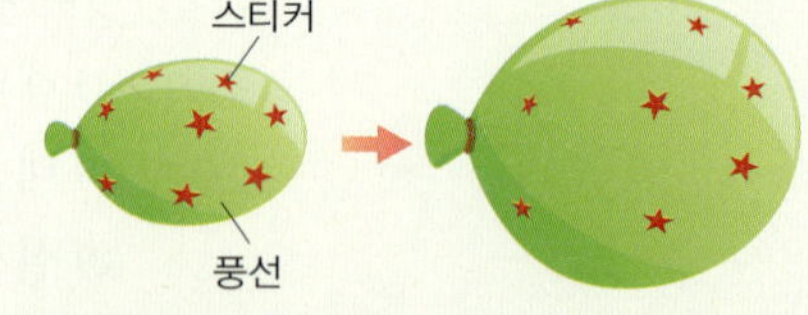

이 실험을 통해 알 수 있는 사실로 옳지 <u>않은</u> 것은?

① 우주는 대폭발 후 팽창하고 있다.

② 풍선 표면은 우주, 스티커는 은하를 의미한다.

③ 우주는 우리은하를 중심으로 팽창한다.

④ 은하와 은하 사이의 거리는 멀어지고 있다.

⑤ 은하 사이의 거리는 어느 곳을 기준으로 해도 멀어진다.

A to Z 기출 분석 다지선다
with 족보 닷컴

우리은하의 크기와 모양

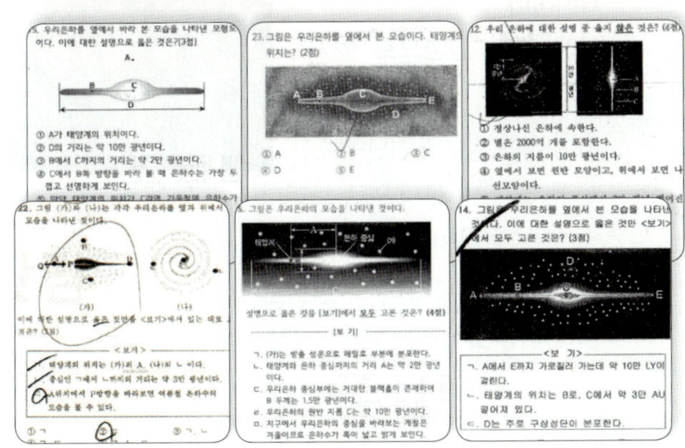

외부 은하의 분류

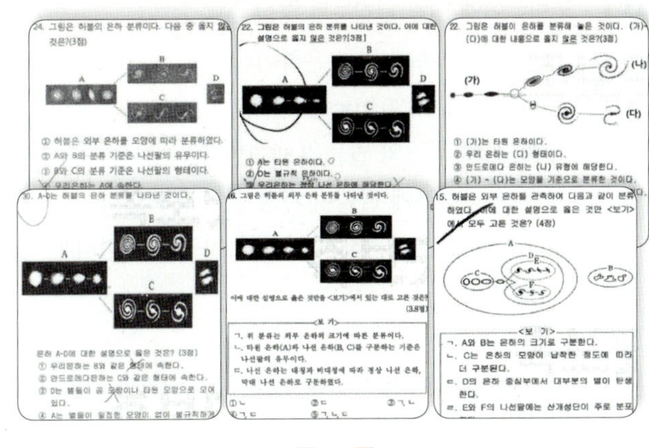

---

01 그림은 우리은하를 옆에서 본 모습과 위에서 본 모습을 나타낸 것이다.

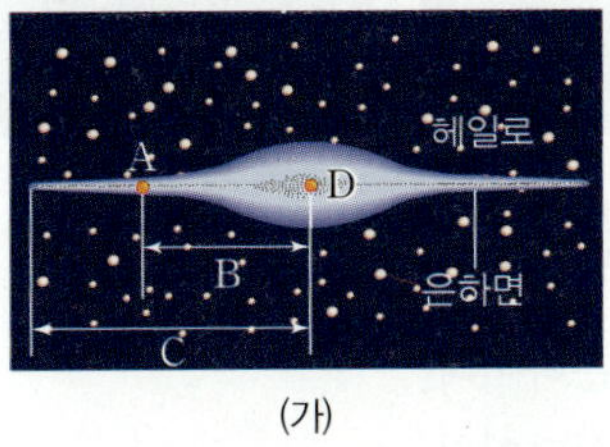
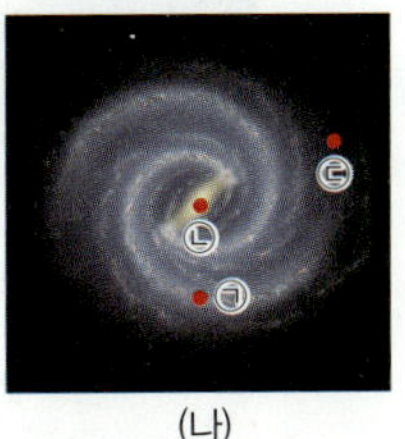

(가)　　　(나)

이에 대한 설명으로 옳지 <u>않은</u> 것을 모두 고르면? (3개)

① C의 거리는 약 5만 광년이다.

② ㉡에서 ㉠까지의 거리는 약 2만 광년이다.

③ 우리은하의 두께는 약 1.5만 광년이다.

④ 태양계는 (가)의 A, (나)의 ㉡에 위치한다.

⑤ 궁수자리는 D 방향에 위치한다.

⑥ 우리나라에서 D 방향을 바라볼 때 여름철 은하수의 모습을 볼 수 있다.

⑦ A에서 D 방향을 바라볼 때 은하수는 폭이 넓고 밝게 보인다.

⑧ 우리은하의 나선팔에는 구상 성단이 많이 분포한다.

⑨ 우리은하는 막대 나선 은하에 속한다.

---

02 그림은 허블의 외부 은하 분류를 나타낸 것이다.

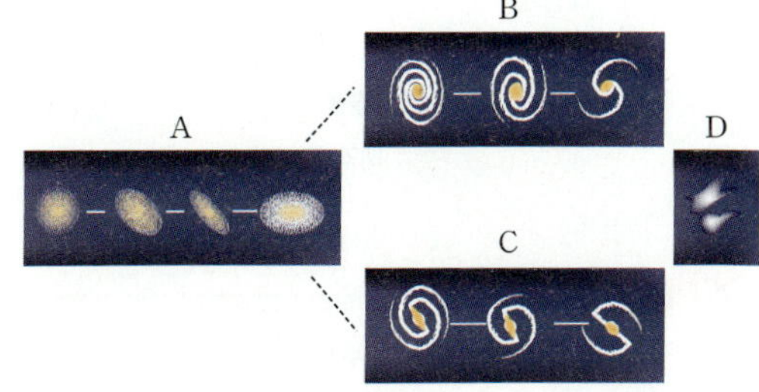

이에 대한 설명으로 옳지 <u>않은</u> 것을 모두 고르면? (4개)

① 허블은 외부 은하를 모양에 따라 분류하였다.

② A는 타원 은하이다.

③ D는 불규칙 은하이다.

④ 우리은하는 B와 같은 형태에 속한다.

⑤ 안드로메다은하는 C와 같은 형태에 속한다.

⑥ 나선 은하는 은하 중심을 가로지르는 막대 모양 구조의 유무에 따라 B와 C로 분류한다.

⑦ C는 은하의 모양이 납작한 정도에 따라 세분한다.

⑧ A와 (B, C)를 구분하는 기준은 나선팔의 유무이다.

⑨ 나선팔이 없는 은하는 모두 D에 속한다.

A 우리은하

01 우리은하에 대한 설명으로 옳지 <u>않은</u> 것은?

① 태양계가 속해 있는 은하이다.

② 반지름이 약 30 kpc이다.

③ 약 2000억 개의 별들을 포함한다.

④ 은하 중심부에 별들이 가장 많이 분포한다.

⑤ 은하수는 우리은하의 일부를 지구에서 바라본 모습이다.

02 우리은하를 옆에서 보았을 때 은하의 모양과 태양계의 위치를 옳게 나타낸 것은?

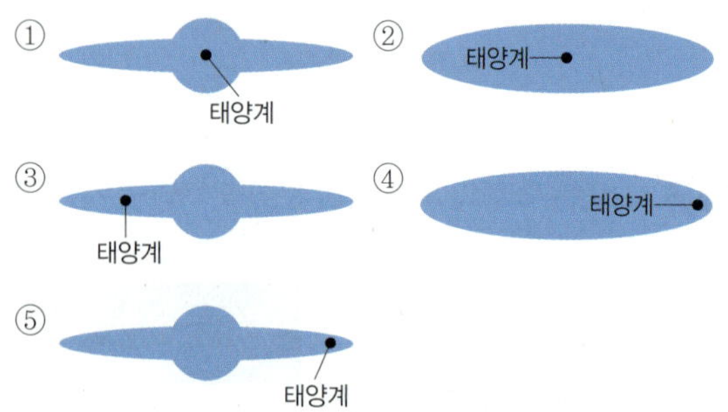

기출 분석 p. 103

우리은하의 크기와 모양에 대해 알아두자.

최다빈출

03 그림은 우리은하를 위에서 본 모습과 옆에서 본 모습을 나타낸 것이다.

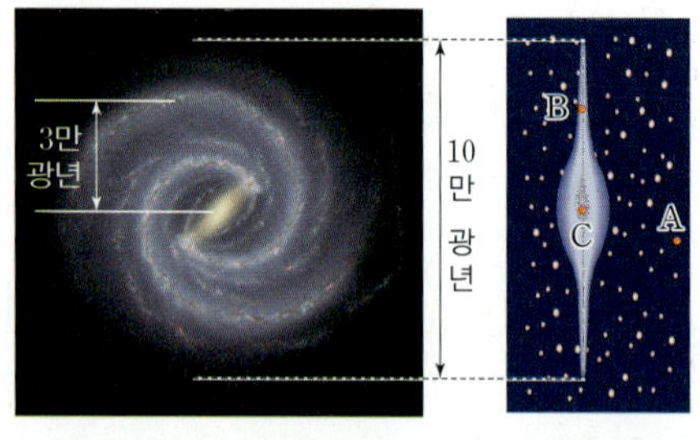

이에 대한 설명으로 옳은 것을 〈보기〉에서 모두 고른 것은?

보기

ㄱ. 중심부를 가로지르는 막대 구조가 있다.

ㄴ. 위에서 보면 나선 모양이고, 옆에서 보면 원반 모양이다.

ㄷ. 산개 성단은 주로 A와 C에 분포한다.

① ㄱ   ② ㄷ   ③ ㄱ, ㄴ

④ ㄴ, ㄷ   ⑤ ㄱ, ㄴ, ㄷ

04 오른쪽 그림은 우리나라 여름철 밤하늘의 모습을 찍은 사진이다.

이에 대한 설명으로 옳지 <u>않은</u> 것은?

① 수많은 별들의 집단이다.

② 뿌옇게 띠 모양으로 보인다.

③ 하늘을 한 바퀴 휘감고 있다.

④ 큰개자리 방향이 가장 밝고 넓게 보인다.

⑤ 북반구와 남반구 하늘에서 모두 관측된다.

B 성단과 성운

최다빈출

05 그림은 우리은하 안에서 관측된 천체를 나타낸 것이다.

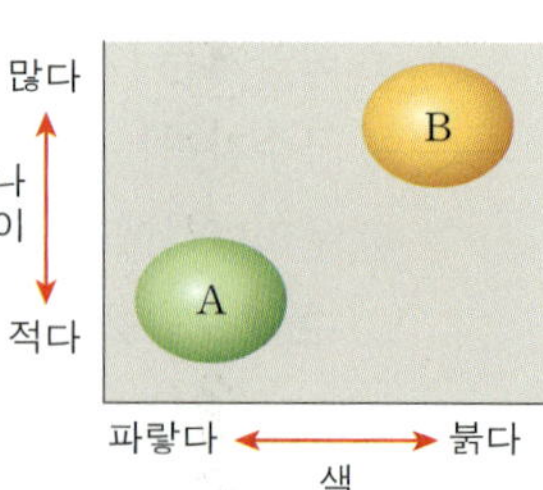

(가)   (나)

이에 대한 설명으로 옳은 것은?

① (가)는 타원 은하이다.

② (나)는 산개 성단이다.

③ 천체의 나이는 (가)가 (나)보다 적다.

④ 별의 표면 온도는 (가)가 (나)보다 높다.

⑤ 천체를 구성하는 별의 개수는 (가)보다 (나)가 많다.

06 그림은 성단을 구성하는 별의 나이와 색을 이용하여 성단의 종류를 A와 B로 분류한 것이다.
성단 A와 B에 대한 설명으로 옳은 것을 〈보기〉에서 모두 고른 것은?

보기

ㄱ. A는 산개 성단이고, B는 구상 성단이다.

ㄴ. A는 온도가 낮은 별들로 구성되어 있다.

ㄷ. B는 수십~수만 개의 별들이 비교적 엉성하게 모여 있다.

① ㄱ   ② ㄷ   ③ ㄱ, ㄴ

④ ㄴ, ㄷ   ⑤ ㄱ, ㄴ, ㄷ

07 우리은하의 중심부와 은하 원반을 둘러싼 구형의 공간에 주로 분포하며, 수만~수십만 개의 별들이 모여 있는 집단을 무엇이라고 하는가?

① 산개 성단 　　　　② 구상 성단
③ 방출 성운 　　　　④ 암흑 성운
⑤ 성간 물질

08 성간 물질과 성운에 대한 설명으로 옳지 <u>않은</u> 것은?

① 우주 공간에는 기체나 티끌들이 희박하게 흩어져 있다.
② 주로 수소 가스로 이루어져 있다.
③ 성간 물질이 모여 구름처럼 보이는 천체를 성운이라고 한다.
④ 암흑 성운은 성간 물질이 뒤에서 오는 별빛을 가로막아 어둡게 보이는 성운이다.
⑤ 성간 물질이 주변의 별빛을 반사하여 밝게 보이는 성운을 방출 성운이라 한다.

최다빈출

09 그림은 우리은하를 구성하고 있는 천체들을 나타낸 것이다.

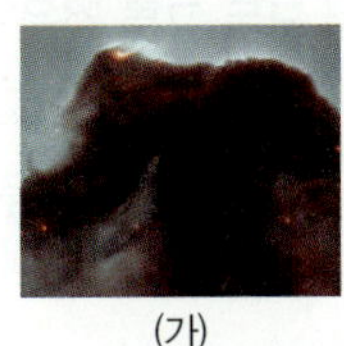  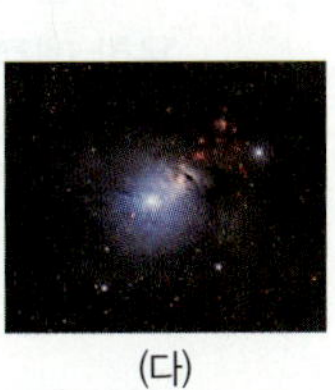

(가) 　　　　(나) 　　　　(다)

(가), (나), (다) 중 다음과 같은 특징을 가진 천체와 천체의 종류를 옳게 짝 지은 것은?

- 성간 물질이 모여 구름처럼 보이는 것이다.
- 주로 파란색을 띤다.
- 성간 물질이 주변의 별빛을 반사하여 밝게 보인다.

① (가) - 암흑 성운 　　　② (나) - 산개 성단
③ (나) - 방출 성운 　　　④ (다) - 구상 성단
⑤ (다) - 반사 성운

---

10 다음은 어떤 외부 은하를 관측하여 그 특징을 설명한 것이다.

- 나선팔이 없다.
- 일정한 모양을 가지고 있다.
- 납작한 정도에 따라 세분한다.

이와 같은 관측 사실을 바탕으로 할 때 이 은하와 같은 형태의 은하는?

①  　②  　③ 

④  　⑤ 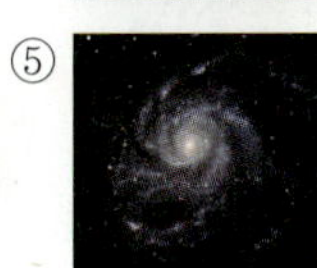

기출 분석 **p. 103**
은하를 모양에 따라 분류할 수 있어야 한다.

11 그림은 (가), (나), (다) 세 은하를 모양에 따라 분류하는 과정을 나타낸 것이다.

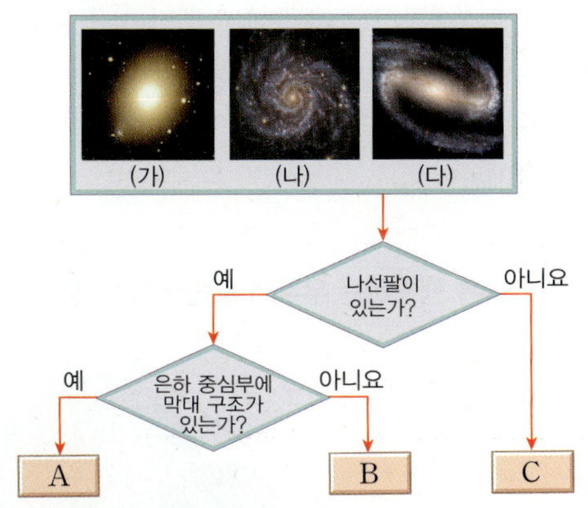

이에 대한 설명으로 옳은 것을 〈보기〉에서 모두 고른 것은?

보기
ㄱ. A는 (다)이다.
ㄴ. B는 정상 나선 은하에 해당한다.
ㄷ. C는 은하 중심부를 가로지르는 막대 구조에서 나선팔이 뻗어 나온다.

① ㄱ 　　　② ㄷ 　　　③ ㄱ, ㄴ
④ ㄴ, ㄷ 　　⑤ ㄱ, ㄴ, ㄷ

12 우주와 우주 팽창에 대한 설명으로 옳은 것을 모두 고르면? (2개)

① 우주는 우리은하를 비롯하여 외부 은하 전체가 차지하는 거대한 공간이다.
② 모든 은하들은 서로 가까워지고 있다.
③ 우주는 우리은하를 중심으로 팽창한다.
④ 우주는 모든 방향으로 균일하게 팽창하고 있다.
⑤ 멀리 떨어져 있는 은하일수록 더 천천히 멀어진다.

탐구 p. 102

풍선이 팽창하는 모습을 우주의 팽창에 비유하여 이해한다.

13 그림과 같이 고무풍선 위에 별 스티커를 여러 개 붙이고 풍선에 바람을 불어넣었다.

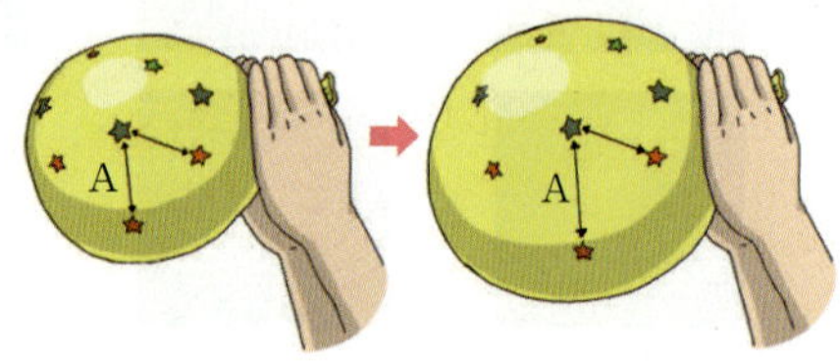

이 실험에 대한 해석으로 옳은 것을 〈보기〉에서 모두 고른 것은?

보기
ㄱ. 풍선 표면은 우주, 별 스티커는 은하에 비유된다.
ㄴ. 풍선이 커지면 A는 증가한다.
ㄷ. 팽창하는 우주에는 특별한 중심이 없다.

① ㄱ　　　　② ㄷ　　　　③ ㄱ, ㄴ
④ ㄴ, ㄷ　　　⑤ ㄱ, ㄴ, ㄷ

14 그림은 팽창하는 우주의 모습을 나타낸 것이다.

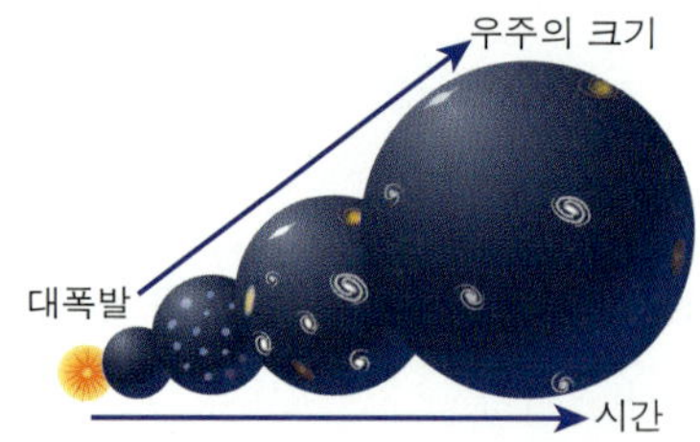

우주의 팽창과 대폭발 우주론에 대한 설명으로 옳지 <u>않</u>은 것은?

① 우주는 한 점에서 시작되었다.
② 우주의 나이는 약 138억 년이다.
③ 우주는 점점 팽창하여 현재의 우주가 되었다.
④ 대폭발 이후 우주의 온도는 계속 높아졌다.
⑤ 은하들 사이의 거리는 점점 멀어진다.

D 우주 개발

15 우주 탐사 장비의 특징에 대한 설명으로 옳은 것을 〈보기〉에서 모두 고른 것은?

보기
ㄱ. 탐사선은 주로 태양계의 천체를 탐사한다.
ㄴ. 우주 왕복선은 재사용이 불가능하다.
ㄷ. 우주 정거장은 비행사들이 머무르면서 과학 실험이나 천체 관측을 하는 장소이다.

① ㄱ　　　　② ㄴ　　　　③ ㄱ, ㄷ
④ ㄴ, ㄷ　　　⑤ ㄱ, ㄴ, ㄷ

16 다음은 우주 탐사의 역사를 순서 없이 나열한 것이다.

(가) 아폴로 11호
(나) 허블 우주 망원경
(다) 스푸트니크 1호
(라) 컬럼비아호
(마) 화성 탐사 로봇 오퍼튜니티

(가)~(마)를 시간 순서대로 옳게 나열한 것은?

① (가)—(나)—(다)—(라)—(마)
② (가)—(다)—(나)—(라)—(마)
③ (다)—(가)—(라)—(나)—(마)
④ (다)—(가)—(나)—(마)—(라)
⑤ (라)—(마)—(가)—(나)—(다)

17 우주 탐사 과정에서 개발된 과학 기술을 일상생활에 활용한 예로 옳은 것을 〈보기〉에서 모두 고른 것은?

보기
ㄱ. 정수기　　　　　ㄴ. 에어쿠션 운동화
ㄷ. 농구공　　　　　ㄹ. 화재경보기

① ㄱ, ㄴ　　　② ㄴ, ㄷ　　　③ ㄱ, ㄴ, ㄹ
④ ㄴ, ㄷ, ㄹ　　⑤ ㄱ, ㄴ, ㄷ, ㄹ

18 우주 쓰레기에 대한 설명으로 옳지 <u>않</u>은 것을 모두 고르면? (2개)

① 궤도가 일정하다.
② 크기가 다양하다.
③ 속도가 매우 느리다.
④ 지구로 떨어지면 인명과 재산 피해를 줄 수 있다.
⑤ 수명을 다 한 인공위성에서 떨어져 나온 파편 등이다.

서술형은 이렇게

19 허블의 은하 분류 기준에 따르면 우리은하는 어떤 은하에 해당하며, 우리은하에서 태양계가 위치한 곳을 서술하시오.

20 다음은 우리나라에서 여름철과 겨울철에 관측한 은하수의 모습을 나타낸 것이다.

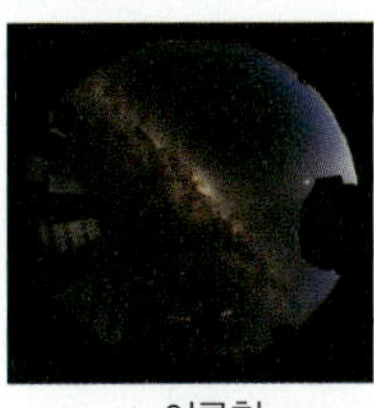
▲ 여름철

▲ 겨울철

겨울철에 비해 여름철의 은하수가 폭이 넓고 선명하게 보이는 까닭을 서술하시오.

21 구상 성단과 산개 성단의 색을 비교하고, 그 까닭을 서술하시오.

▲ 구상 성단

▲ 산개 성단

22 그림은 겨울철 대표 별자리인 오리온자리에서 관측되는 천체이다.

이 그림에서 말머리 모양으로 검게 보이는 천체의 종류가 무엇인지 쓰고, 어둡게 보이는 까닭을 서술하시오.

23 그림 (가)와 (나)는 서로 다른 종류의 외부 은하를 나타낸 것이다.

(가)　　　　　(나)

(가), (나) 은하의 공통점과 차이점을 각각 한 가지씩 서술하시오.

24 다음은 은하를 분류하는 과정을 나타낸 것이다.

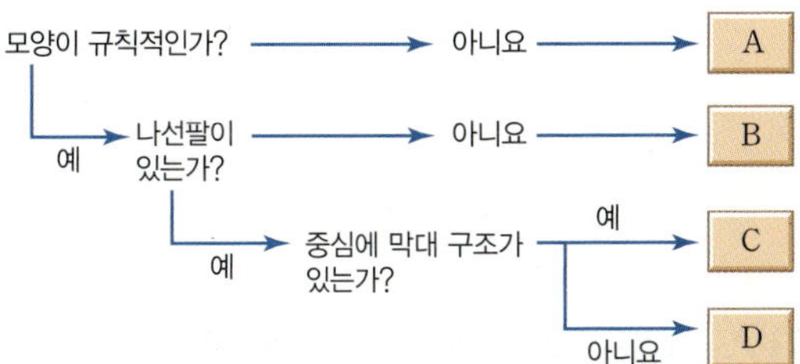

A~D에 해당하는 은하의 집단을 쓰시오.

25 허블은 외부 은하들이 우리은하로부터 멀어지고 있다는 것을 밝혀냈다. 은하들이 서로 멀어지는 까닭은 무엇인지 서술하시오.

26 팽창하는 우주에서 시간을 거꾸로 되돌린다고 가정할 때, 우주의 크기는 어떻게 될지 서술하시오.

27 우리 생활에서 방송 통신 위성을 이용하는 예를 두 가지 서술하시오.

01 그림은 별의 연주 시차가 생기는 원리를 나타낸 것이다.

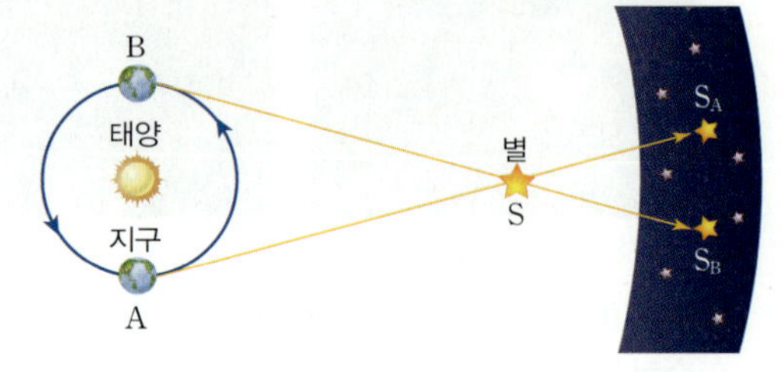

이에 대한 설명으로 옳은 것을 〈보기〉에서 모두 고른 것은?

─ 보기 ─
ㄱ. 연주 시차는 지구 자전의 결과로 나타난다.
ㄴ. 연주 시차는 별까지의 거리에 반비례한다.
ㄷ. 목성에서 이 별을 관측하면 연주 시차는 지구에서보다 클 것이다.

① ㄱ   ② ㄷ   ③ ㄱ, ㄴ
④ ㄱ, ㄷ   ⑤ ㄴ, ㄷ

02 그림은 6개월 간격으로 별들의 위치를 관측하여 나타낸 것이다.

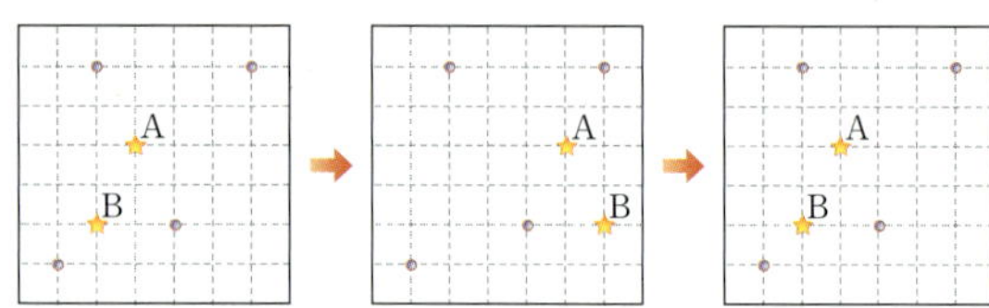

이에 대한 설명으로 옳은 것을 〈보기〉에서 모두 고른 것은? (단, 눈금 한 칸 사이의 간격은 0.1″이다.)

─ 보기 ─
ㄱ. 별 A의 연주 시차는 0.1″이다.
ㄴ. 별 B의 거리는 2.5 pc이다.
ㄷ. 지구로부터의 거리는 별 A가 B보다 가깝다.

① ㄱ   ② ㄴ   ③ ㄷ
④ ㄱ, ㄷ   ⑤ ㄴ, ㄷ

03 표는 별 A~D의 연주 시차를 나타낸 것이다.

별	A	B	C	D
연주 시차(″)	0.5	0.2	0.01	1

별 A~D 중 지구에서 가장 먼 별과 가장 가까운 별을 골라 순서대로 나열한 것은?

① A, D   ② B, C   ③ C, D
④ D, B   ⑤ D, C

04 표는 별의 등급 차와 밝기 차의 관계를 나타낸 것이다.

등급 차	1	2	3	4	5
밝기 차(배)	2.5	6.3	16	40	100

겉보기 등급이 1등급인 별이 현재의 거리보다 4배 멀어졌을 때는 몇 등급으로 보이는가?

① −3등급   ② −2등급   ③ 3등급
④ 4등급   ⑤ 5등급

05 표는 태양과 별 A~C의 등급을 나타낸 것이다.

별	태양	A	B	C
겉보기 등급	−26.8	0.0	0.8	1.5
절대 등급	4.8	0.0	2.2	−7.4

이에 대한 설명으로 옳은 것은?

① 가장 어둡게 보이는 별은 A이다.
② 별 A는 별 B보다 연주 시차가 크다.
③ 지구에서 가장 멀리 있는 별은 C이다.
④ 실제 밝기가 가장 밝은 별은 태양이다.
⑤ 별 A는 지구로부터 10광년 떨어져 있다.

06 표는 세 별의 거리와 등급을 나타낸 것이다.

별	거리(pc)	겉보기 등급	절대 등급
시리우스	2.7	−1.5	1.4
안타레스	120.0	0.9	−4.5
베가	8.0	0.0	0.5

이에 대한 설명으로 옳은 것을 〈보기〉에서 모두 고른 것은?

─ 보기 ─
ㄱ. 가장 밝게 보이는 별은 시리우스이다.
ㄴ. 연주 시차가 가장 작은 별은 안타레스이다.
ㄷ. 실제 밝기는 안타레스가 베가보다 약 100배 밝다.

① ㄱ   ② ㄷ   ③ ㄱ, ㄴ
④ ㄴ, ㄷ   ⑤ ㄱ, ㄴ, ㄷ

07 절대 등급이 같은 여러 별이 지구로부터 서로 다른 거리에 있을 때, 먼 거리에 있는 별을 관측할수록 값이 작게 나오는 것을 〈보기〉에서 모두 고른 것은?

- 보기 -
ㄱ. 연주 시차   ㄴ. 표면 온도
ㄷ. 겉보기 등급

① ㄱ   ② ㄴ   ③ ㄱ, ㄷ
④ ㄴ, ㄷ   ⑤ ㄱ, ㄴ, ㄷ

08 지구로부터 10 pc 떨어져 있는 어떤 별의 겉보기 등급이 1등급이었다. 이 별을 100 pc의 거리에 가져다 놓았을 때의 겉보기 등급을 쓰시오.

09 그림은 별 A~D의 거리와 겉보기 등급을 나타낸 것이다.

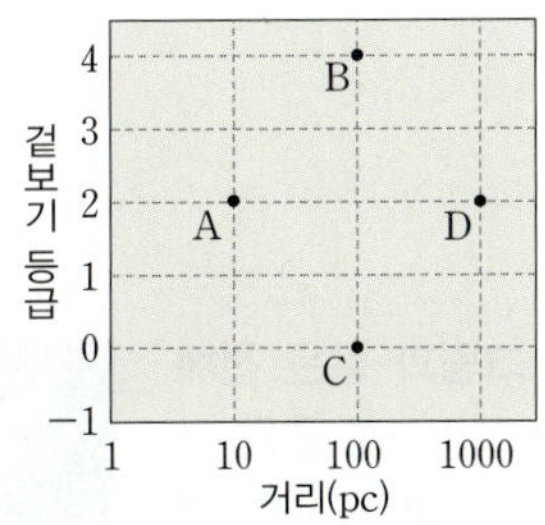

이에 대한 설명으로 옳지 <u>않은</u> 것은?

① 가장 밝게 보이는 별은 C이다.
② 연주 시차는 A가 D보다 크다.
③ 별 B는 절대 등급이 4등급이다.
④ 별 D의 절대 등급은 2등급보다 작다.
⑤ 별 C를 10 pc의 거리로 옮기면 겉보기 등급은 −5등급이 된다.

10 표는 별 A와 B의 특징을 나타낸 것이다.

별	겉보기 등급	거리(pc)	연주 시차	색
A	2	( )	0.1″	흰색
B	4	5	0.2″	노란색

이에 대한 설명으로 옳은 것은?

① 별 A의 거리는 1 pc이다.
② 별 A는 별 B보다 거리가 가깝다.
③ 별 A는 별 B보다 어둡게 보인다.
④ 별 A의 절대 등급은 알 수 없다.
⑤ 별 A는 별 B보다 표면 온도가 높다.

11 오른쪽 그림은 별 A~D의 겉보기 등급과 절대 등급을 나타낸 것이다.
별 A~D 중 (가) 가장 밝게 보이는 별과 (나) 가장 멀리 있는 별과 (다) 10 pc의 거리에 있는 별을 쓰시오.

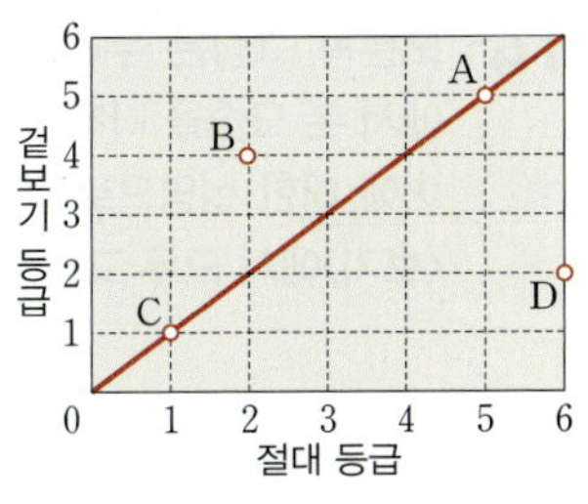

12 그림은 오리온자리의 모습이고, 표는 오리온자리에 속한 두 별의 물리량을 나타낸 것이다.

별	베텔게우스	리겔
겉보기 등급	0.8	0.1
절대 등급	−5.5	−6.8
색깔	붉은색	청백색

두 별 베텔게우스와 리겔을 비교한 내용으로 옳은 것을 〈보기〉에서 모두 고른 것은?

- 보기 -
ㄱ. 표면 온도는 베텔게우스보다 리겔이 높다.
ㄴ. 지구로부터의 거리는 베텔게우스보다 리겔이 멀다.
ㄷ. 두 별이 같은 거리에 있다면 베텔게우스가 더 밝게 보일 것이다.

① ㄱ   ② ㄷ   ③ ㄱ, ㄴ
④ ㄱ, ㄷ   ⑤ ㄴ, ㄷ

13 오리온자리의 베텔게우스는 붉은색, 리겔은 청백색으로 보이고, 태양은 노란색, 거문고자리의 직녀성은 흰색으로 보인다. 네 개의 별을 표면 온도가 높은 것부터 낮은 순으로 옳게 나열한 것은?

① 베텔게우스 - 리겔 - 태양 - 직녀성
② 리겔 - 직녀성 - 태양 - 베텔게우스
③ 태양 - 리겔 - 직녀성 - 베텔게우스
④ 직녀성 - 태양 - 베텔게우스 - 리겔
⑤ 직녀성 - 리겔 - 태양 - 베텔게우스

14 오른쪽 그림은 우리은하를 위에서 본 모습을 나타낸 것이다. 이에 대한 설명으로 옳은 것을 〈보기〉에서 모두 고른 것은?

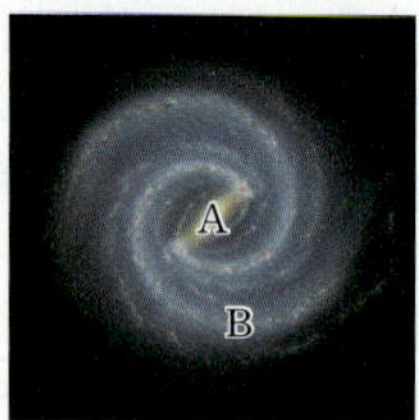

― 보기 ―
ㄱ. A에는 파란색 별들이 많다.
ㄴ. B를 옆에서 보면 납작하게 보일 것이다.
ㄷ. A와 B에 있는 별들의 나이 분포는 균일하다.

① ㄱ   ② ㄴ   ③ ㄱ, ㄷ
④ ㄴ, ㄷ   ⑤ ㄱ, ㄴ, ㄷ

15 그림은 우리은하를 옆에서 본 모습을 나타낸 것이다.

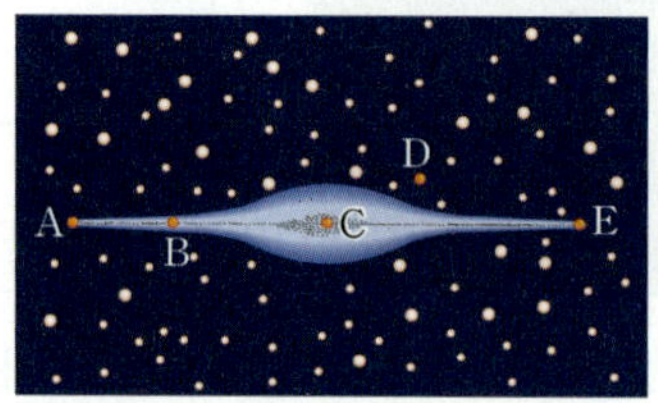

A~E 중 태양계의 위치를 고르고, 빛이 A 지점을 출발하여 E 지점까지 가는 데 걸리는 시간은 얼마인지 쓰시오. (단, 빛이 1년 동안 이동한 거리를 약 1광년이라 한다.)

16 그림은 은하수의 모습을 나타낸 것이다.

A 부분이 검게 보이는 것과 같은 원리로 형성되는 천체는?

①    ②    ③ 

④    ⑤ 

17 다음은 어떤 천체의 생성 원리를 알아보기 위한 실험을 나타낸 것이다.

(가) 향 연기를 담아 둔 비커 앞에 색깔이 있는 셀로판지를 놓고 손전등으로 비춘다.
(나) 셀로판지를 통과한 빛의 색깔을 관찰한다.

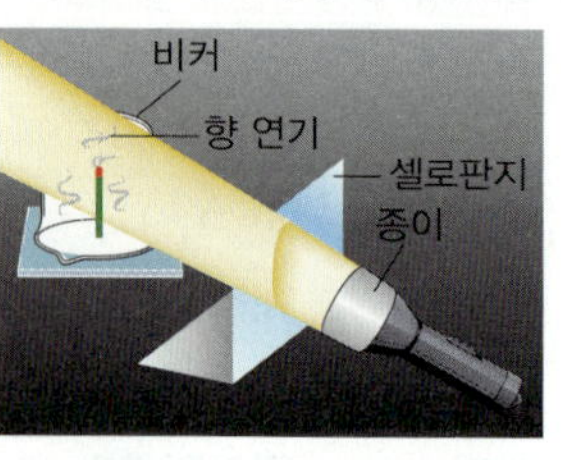

이와 같은 원리로 보이는 천체는 무엇인가?

① 구상 성단   ② 산개 성단   ③ 방출 성운
④ 반사 성운   ⑤ 암흑 성운

18 오른쪽 그림과 같은 천체에 대한 설명으로 옳은 것을 〈보기〉에서 모두 고른 것은?

― 보기 ―
ㄱ. 주로 붉은색을 띤다.
ㄴ. 가스와 티끌로 이루어진 천체이다.
ㄷ. 별빛을 반사하여 밝게 보인다.
ㄹ. 주위에 있는 뜨거운 별에 의해 가열되어 스스로 빛을 낸다.

① ㄱ, ㄴ   ② ㄴ, ㄷ   ③ ㄷ, ㄹ
④ ㄱ, ㄴ, ㄹ   ⑤ ㄴ, ㄷ, ㄹ

19 우리은하에 포함된 천체가 아닌 것은?

① 태양   ② 북극성
③ 말머리성운   ④ 안드로메다은하
⑤ 플레이아데스 성단

20 그림은 하늘에서 볼 수 있는 여러 천체의 모습을 나타낸 것이다.

(가)   (나)

(다)   (라)

(가)~(라) 천체에 대한 설명으로 옳은 것은?

① (가)~(라)는 모두 외부 은하에서 관측된다.
② (가)~(라)는 모두 수많은 별들로 이루어져 있다.
③ (가)의 주변에는 저온의 별이 분포할 가능성이 크다.
④ 좀생이별(플레이아데스 성단)은 (다)와 같은 천체에 속한다.
⑤ (나)는 주로 나이가 많고 표면 온도가 높은 별들로 이루어져 있다.

21 그림은 외부 은하를 형태에 따라 분류한 것이다.

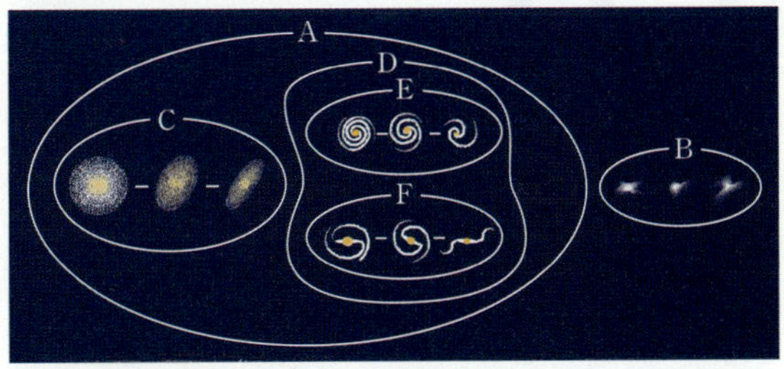

이에 대한 설명으로 옳지 **않은** 것은?

① A와 B는 형태의 규칙성에 따라 분류한 것이다.
② C는 납작한 정도에 따라 세분한다.
③ C와 D는 나선팔의 유무에 따라 분류한 것이다.
④ E와 F는 나선팔이 감긴 방향에 따라 분류한 것이다.
⑤ 우리은하는 F에 속한다.

22 1990년 발사된 허블 우주 망원경은 어떤 목적으로 발사된 인공위성인가?

① 통신   ② 기상 관측   ③ 자원 탐사
④ 우주 탐사   ⑤ 지표 영상 촬영

23 빅뱅 우주론 대한 설명으로 옳은 것을 〈보기〉에서 모두 고른 것은?

> **보기**
> ㄱ. 약 138억 년 전 한 점에서 대폭발로 시작되었다.
> ㄴ. 대폭발 이후 별과 은하가 만들어졌다.
> ㄷ. 과거의 우주는 현재보다 온도가 높았다.

① ㄱ   ② ㄴ   ③ ㄱ, ㄷ
④ ㄴ, ㄷ   ⑤ ㄱ, ㄴ, ㄷ

24 다음에서 설명하는 우주 탐사 장비는 무엇인가?

> • 아폴로 11호는 인류 최초로 달 착륙에 성공하였다.
> • 마젤란호가 금성의 표면을 관측하였다.
> • 갈릴레오호는 목성과 목성의 4대 위성을 관측하였다.
> • 카시니 – 하위헌스호는 토성과 토성의 위성인 타이탄을 탐사하였다.

① 탐사선   ② 인공위성   ③ 우주 왕복선
④ 우주 정거장   ⑤ 우주 망원경

25 다음은 여러 종류의 인공위성에 대한 설명이다.

> • (㉠) 위성을 이용하여 해외에 있는 친구와 쉽게 통화할 수 있다.
> • 낯선 장소에 갈 때는 (㉡) 위성을 이용한 GPS의 도움으로 편리하게 목적지를 찾아갈 수 있다.
> • (㉢) 위성을 이용하여 일기 예보를 하고, 태풍과 같은 위험한 기상 현상의 경로를 예측하여 피해를 줄일 수 있다.

㉠, ㉡, ㉢에 해당하는 것을 옳게 짝 지은 것은?

	㉠	㉡	㉢
①	방송 통신	군사	항법
②	방송 통신	항법	기상
③	지구 관측	기상	항법
④	항법	군사	기상
⑤	과학	방송 통신	기상

VIII

과학기술과 인류 문명

01 과학기술과 인류 문명

A 과학기술의 발달

1. 불의 이용 불을 이용하면서 인류 문명이 발달하였다.

| 음식을 익히거나 토기를 만드는 등 생존을 위한 기술 발달 | ➡ | 청동이나 철과 같은 금속을 얻고 가공하는 기술 발달 | ➡ | 과학기술의 발달로 생활 수준이 향상되고, 인류 문명이 발달함 |

2. 인류 문명 발달에 영향을 미친 과학 원리의 발견

태양 중심설 (코페르니쿠스)	망원경으로 천체를 관측하여 우주의 중심이 태양임을 발견 → 지구가 우주의 중심이라는 생각을 변화시킴
세포의 발견 (훅)	현미경을 이용하여 생물의 세포 발견 → 생물체를 작은 세포들이 모여 이루어진 존재로 인식
만유인력 법칙 (뉴턴)	질량을 가지고 있는 모든 물체는 서로 끌어당기는 힘이 작용한다고 주장 → 자연 현상을 이해하고 그 변화를 예측할 수 있게 됨
전자기 유도 법칙 (패러데이)	코일 속에서 자석을 움직이면 코일에 유도 전류가 흐른다고 주장 → 전기를 생산하고 활용할 수 있는 방법을 얻음

망원경의 발달
- 갈릴레이 망원경 : 목성의 위성 4개를 발견하고, 은하수가 수많은 별들로 이루어짐을 알아내었다.
- 뉴턴 망원경 : 오목 거울을 이용하여 배율이 높은 망원경을 만들어 천체 관측에 기여하였다.
- 우주 망원경 : 지상에서는 관측할 수 없었던 관측 자료를 수집하여 천문학과 우주 항공 기술을 발전시켰다.

3. 과학기술이 인류 문명의 발달에 미친 영향

(1) 인쇄 분야

① 금속 활자를 이용한 활판 인쇄술이 발달하면서 책의 대량 생산이 가능해졌다. ➡ 지식과 정보를 쉽게 접할 수 있게 됨

② 지식과 정보의 유통이 활발해지면서 과학과 인간 중심의 사회로 변화되었다.

③ 현재는 전자책이 출판되어 많은 양의 정보를 저장하고 검색하기 쉬워졌다.

(2) 공업과 교통 분야

① 증기 기관을 이용한 기차나 배로 물건을 먼 곳까지 운반할 수 있게 되었고, 증기 기관을 이용한 기계의 발명으로 제품의 대량 생산이 가능해졌다.

② 공업과 제조업이 발달하면서 도시가 확대되어 사회 모습이 달라졌다.

③ 현재는 비행기나 고속 열차를 이용하여 빠르게 이동하거나 운반할 수 있다.

증기 기관
수증기의 열에너지를 일로 바꾸는 장치로, 연료를 연소시켜 얻은 증기의 압력을 이용하여 기계를 움직인다.

(3) 의료 분야

① 종두법의 발견 이후 여러 가지 백신이 개발되어 질병을 예방할 수 있게 되었고, 페니실린의 발견으로 항생제가 개발되었다.

② 현재는 자기 공명 영상 장치(MRI)와 같은 첨단 의료 기기의 발달로 정밀한 진단이 가능하며, 원격 의료 기술이 발달하여 장소에 관계없이 의료 지원을 받을 수 있다.

▲ 자기 공명 영상 장치

백신
인위적으로 조작하여 약하게 만든 병원체를 의미한다. 백신을 몸에 투입하면 그 병원체에 저항할 수 있는 항체를 몸에서 만들어내므로 나중 같은 병원체에 감염되었을 때 면역력을 가지게 된다.

(4) 농업 분야

① 암모니아 합성법을 개발하여 질소 비료의 대량 생산이 가능해졌다. ➡ 식량을 대량으로 생산할 수 있게 됨

② 현재는 생명 공학 기술을 이용하여 특정한 목적에 맞게 품종을 개량하고, 지능형 농장으로 농산물의 생산성과 품질이 향상되었다.

01 ㅌㅇㅈㅅ설을 통해서 우주의 중심이 태양임을 발견하였다.

02 ㅎㅁㄱ을 이용하여 최초로 생물의 세포를 발견하였다.

03 ㅎㅍㅇㅅㅅ이 발달하면서 책의 대량 생산이 가능해지고, 지식과 정보의 유통이 활발해졌다.

04 ㅇㄱ 의료 기술의 발달로 장소에 관계없이 의료 지원을 받을 수 있게 되었다.

Ⓐ 과학기술의 발달

01 불의 이용이 인류의 문명에 미친 영향으로 옳은 것은 ○, 옳지 <u>않은</u> 것은 ×로 표시하시오.

(1) 불을 이용하면서 생존을 위한 기술이 발달하였다. ························· (   )

(2) 청동이나 철과 같은 금속을 얻는 것은 불의 이용과 무관하다. ········ (   )

(3) 불의 이용으로 과학기술이 더욱 발전하였다. ······························· (   )

02 다음은 인류 문명의 발달에 영향을 미친 과학 원리 중 하나이다. 어떤 법칙에 관한 내용인지 쓰시오.

> 뉴턴은 질량을 가지고 있는 모든 물체는 서로 끌어당기는 힘이 작용한다는 법칙을 주장하였다. 이 법칙을 통해 자연 현상을 이해하고 그 변화를 예측할 수 있게 되었다.

03 인류 문명의 발달에 영향을 미친 과학 원리에 대한 설명으로 옳은 것은 ○, 옳지 <u>않은</u> 것은 ×로 표시하시오.

(1) 코페르니쿠스는 지구가 우주의 중심이라는 지구 중심설을 주장하여 중세의 우주관을 변화시켰다. ··· (   )

(2) 훅은 생물체를 작은 세포들이 모여 이루어진 존재로 인식하였다. ····· (   )

(3) 패러데이는 코일 속에서 자석을 움직이면 코일에 유도 전류가 흐른다고 주장하였다. ··· (   )

04 과학기술이 인류 문명의 발달에 미친 영향 중 공업과 교통 분야에서 이것의 발견으로 물건을 먼 곳까지 운반할 수 있게 되었고, 또한 제품의 대량 생산이 가능해졌다. 이것은 무엇인지 쓰시오.

05 다음 (   ) 안에 알맞은 말을 쓰시오.

> ㉠ (   )의 발견 이후 여러 가지 백신이 개발되어 소아마비와 같은 질병을 예방할 수 있게 되었다. 또한 ㉡ (   )의 발견으로 항생제가 개발되어 결핵과 같은 질병을 치료할 수 있게 되었다.

01 과학기술과 인류 문명

(5) 정보 통신 분야

① 소리의 진동을 전기적 신호로 바꾸는 기술을 통해 전화기가 발명되어 멀리 떨어진 사람과 통화가 가능하게 되었다.

② 인공위성을 이용한 원거리 통신이 가능하고, 인터넷을 통해 전 세계의 다양한 정보의 공유가 가능하다.

③ 현재는 사물 인터넷과 인공 지능의 발달로 인류의 문명과 생활이 더욱 편리해졌다.

> **과학기술의 부정적인 영향**
> 과학기술이 발전하면서 환경 오염, 에너지 부족, 교통난 등의 문제가 나타나고, 개인의 사생활 침해와 같은 사회적 문제가 발생하기도 한다.

B 과학과 기술의 활용

1. 생활을 편리하게 하는 과학기술

나노 기술	나노미터 크기로 작아진 물질을 이용하여 다양한 소재나 제품을 만드는 기술 → 제품의 소형화, 경량화가 가능해짐 (활용) • 나노 반도체 : 초소형 하드 디스크를 만들 때 사용하며 크기가 매우 작음 • 나노 로봇 : 몸속의 혈관을 따라 이동하면서 바이러스를 파괴하거나 산소를 공급함 • 휘어지는 디스플레이 : 얇고 가벼우며, 휘어지는 성질이 있어 충격에 강함
생명 공학 기술	생물체의 특성과 기능을 활용하거나 생물체를 인위적으로 조작하여 인간에게 유용하게 만드는 기술 (활용) • 유전자 재조합 기술 : 특정 생물의 유전자를 다른 생물의 DNA에 재조합하는 기술 • 세포 융합 기술 : 서로 다른 특징을 가진 두 종류의 세포를 융합하여 하나의 세포로 만드는 기술
정보 통신 기술	정보의 수집, 저장, 처리, 검색, 전송 등과 관련된 모든 기술 (활용) • 사물 인터넷(IoT) : 모든 사물을 인터넷으로 연결하는 기술 • 인공 지능(AI) : 인간의 사고, 기억, 학습 등의 지능적인 행동을 모방하여 컴퓨터가 스스로 추론, 학습, 판단하여 인간 고유의 지식 행위를 실현하는 기술 • 빅데이터 기술 : 방대한 정보를 분석하여 활용하는 기술 • 증강 현실(AR) : 가상의 정보가 실제 존재하는 것처럼 보이게 하는 기술 • 가상 현실(VR) : 가상의 세계를 오감을 통해 현실처럼 체험하는 기술

> **나노미터**
> 나노는 10억분의 1을 나타내는 단위로, 1나노미터(nm)는 머리카락 굵기의 10만 분의 1에 해당한다.

> **사물 인터넷(IoT)의 활용**
> 사람과 사물 사이뿐 아니라 사물과 사물 사이에도 정보를 주고받을 수 있다. 예를 들어 가전제품이 사물 인터넷으로 연결되면, 집에 도착하여 현관문을 열면 거실의 불이 켜지고 에어컨이나 난방기가 가동되는 것이 가능하다.

2. 공학적 설계

(1) 공학적 설계 : 과학 원리나 과학기술을 활용하여 새로운 제품이나 시스템을 개발하거나 기존 제품을 개선하는 창의적인 설계 과정

(2) 공학적 설계 과정

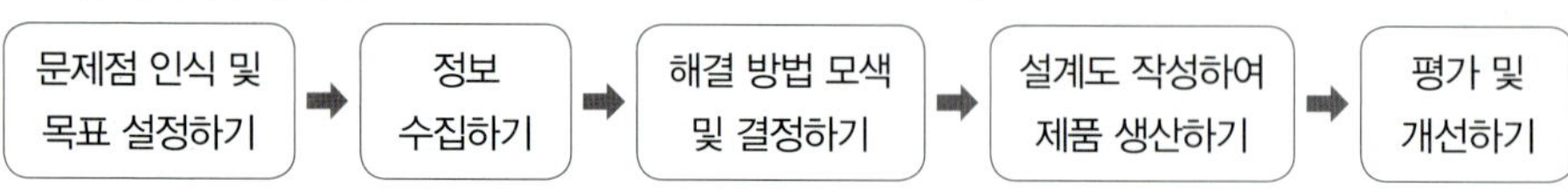

(3) 공학적 설계를 할 때 고려해야 할 사항 : 경제성, 안전성, 편리성, 환경적 요인, 외형적 요인 등

> **공학적 설계를 이용하여 전기 자동차를 만들 때 고려해야 하는 사항**
> • 경제성 : 수명이 긴 배터리를 사용
> • 안전성 : 보행자의 접근을 알 수 있는 경보음 장치 설치
> • 편리성 : 한 번 충전으로 장거리 운행을 할 수 있는 큰 배터리를 사용
> • 환경적 요인 : 배기가스를 배출하지 않도록 설계
> • 외형적 요인 : 소비자층의 취향을 고려하여 외형을 설계

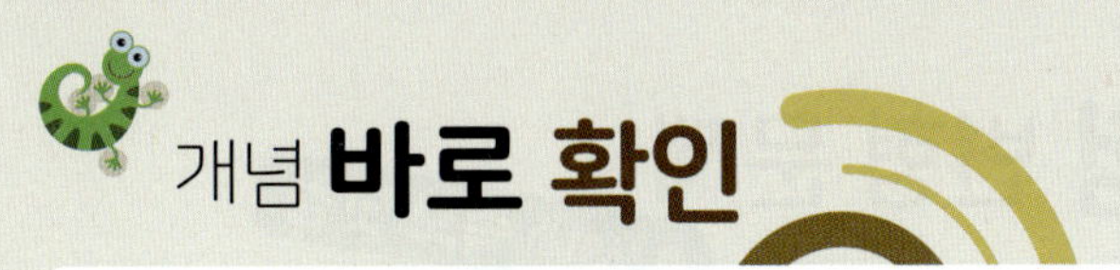

05 정보 통신 분야의 발달로 현재는 ⬚ㅅ ㅁ⬚ 인터넷과 ⬚ㅇ ㄱ⬚ 지능의 발달로 인류의 문명이 더욱 편리해졌다.

06 ⬚ㅅ ㅁ ㄱ ㅎ⬚ 기술은 생물체를 인위적으로 조작하여 인간에게 유용하게 만드는 기술이다.

07 ⬚ㅈ ㅂ ㅌ ㅅ⬚ 기술은 정보의 수집, 저장, 처리, 검색, 전송 등과 관련된 모든 기술이다.

08 과학기술을 활용하여 새로운 제품이나 시스템을 개발하는 창의적인 설계 과정을 ⬚ㄱ ㅎ ㅈ⬚ 설계라고 한다.

---

06 과학기술이 인류의 문명에 미친 영향 중 정보 통신 분야에 대한 설명으로 옳은 것은 ○, 옳지 **않은** 것은 ×로 표시하시오.

(1) 전화기는 소리의 진동을 전기적 신호로 바꾸는 기술을 이용한 것이다. ·· (   )

(2) 인공위성, 인터넷을 이용하여 전 세계를 연결하는 통신망을 만들고 다양한 정보를 쉽게 찾을 수 있다. ································ (   )

(3) 개인의 사생활 침해와 같은 사회적 문제와는 무관하다. ················· (   )

Ⓑ 과학과 기술의 활용

07 다음 (   ) 안에 알맞은 말을 고르시오.

> 나노 기술은 나노미터 크기로 작아진 물질을 이용하여 다양한 소재나 제품을 만드는 기술로, 제품의 (경량화 / 중량화)가 가능해진다.

08 다음 중 생명 공학 기술과 관련이 있는 것을 모두 고르시오.

> (가) 세포 융합 기술 　　　　　(나) 휘어지는 디스플레이
> (다) 홈 네트워크 　　　　　　(라) 유전자 재조합 기술

09 다음은 정보 통신 기술과 관련된 내용이다. 이에 대한 설명을 선으로 연결하시오.

(1) 인공 지능(AI) •　　　• ㉠ 모든 사물을 인터넷으로 연결하는 기술

(2) 사물 인터넷(IoT) •　　　• ㉡ 가상의 세계를 오감을 통해 현실처럼 체험하는 기술

(3) 증강 현실(AR) •　　　• ㉢ 방대한 정보를 분석하여 활용하는 기술

(4) 빅데이터 기술 •　　　• ㉣ 인간의 지능적인 행동을 모방하여 컴퓨터가 스스로 인간 고유의 지식 행위를 실현하는 기술

(5) 가상 현실(VR) •　　　• ㉤ 가상의 정보가 실제 존재하는 것처럼 보이게 하는 기술

10 다음 공학적 설계 과정을 순서대로 나열하시오.

> (가) 문제점 인식 및 목표 설정하기　(나) 설계도 작성하기
> (다) 해결 방법 모색 및 결정하기　　(라) 정보 수집하기
> (마) 평가 및 개선하기　　　　　　(바) 제품 생산하기

A 과학기술의 발달

01 불의 이용이 인류의 문명에 미친 영향으로 옳지 <u>않은</u> 것은?

① 불을 이용하여 음식을 익히거나 토기를 만들 수 있게 되었다.
② 불을 이용하면서 생존을 위한 기술이 발달하였다
③ 불을 이용하여 청동이나 철과 같은 금속을 얻을 수 있었다.
④ 불의 이용과 과학기술의 발달은 무관하다.
⑤ 불의 이용으로 인해 인류의 생활 수준이 향상되었다.

최다빈출

02 과학 원리의 발견이 인류의 문명에 미친 영향으로 옳은 것을 〈보기〉에서 모두 고른 것은?

> **보기**
> ㄱ. 망원경으로 천체를 관측하여 우주의 중심이 지구임을 발견하였다.
> ㄴ. 세포의 발견으로 생물체가 작은 세포들이 모여서 이루어진 존재로 인식하였다.
> ㄷ. 전자기 유도 법칙의 발견으로 전기를 생산하고 활용할 수 있게 되었다.

① ㄱ   ② ㄷ   ③ ㄱ, ㄴ
④ ㄴ, ㄷ   ⑤ ㄱ, ㄴ, ㄷ

03 다음은 과학의 원리 발견과 관련된 내용이다.

> 뉴턴은 질량을 가지고 있는 모든 물체는 서로 끌어당기는 힘이 작용한다고 주장하였다.

이 내용과 관련이 있는 것을 〈보기〉에서 모두 고른 것은?

> **보기**
> ㄱ. 생물체를 보는 관점이 달라졌다.
> ㄴ. 자연 현상을 이해하고 그 변화를 예측할 수 있게 되었다.
> ㄷ. 전기를 생산하고 활용할 수 있게 되었다.

① ㄱ   ② ㄴ   ③ ㄷ
④ ㄱ, ㄴ   ⑤ ㄴ, ㄷ

04 그림은 증기 기관을 이용하여 만든 증기 기관차를 나타낸 것이다. 증기 기관의 발명이 인류의 문명에 미친 영향으로 옳지 <u>않은</u> 것은?

① 물건을 먼 곳까지 운반할 수 있게 되었다.
② 증기 기관을 이용한 기계의 발명으로 제품의 대량 생산이 가능해졌다.
③ 공업과 제조업이 발달하면서 도시가 확대되어 사회 모습이 달라졌다.
④ 지식과 정보의 유통이 활발해지면서 과학과 인간 중심의 사회로 변화하였다.
⑤ 현재는 비행기나 고속 열차를 이용하여 빠르게 이동하거나 운반할 수 있다.

05 과학기술이 인류 문명의 발달에 미친 영향으로 옳지 않은 것은?

① 활판 인쇄술의 발달로 책의 대량 생산이 가능해졌다.
② 교통의 발달로 물건의 이동이 더욱 활발해졌다.
③ 페니실린의 발견과 항생제는 무관하다.
④ 농업 분야의 발달로 농산물의 품종이 개량되었다.
⑤ 전화기가 발명되어 멀리 떨어진 사람과 통화가 가능하게 되었다.

06 다음은 과학기술이 인류 문명의 발달에 미친 영향과 관련된 내용이다.

> 암모니아 합성법을 개발하여 질소 비료의 대량 생산이 가능해졌으며, 식량을 대량으로 생산할 수 있게 되었다.

이 내용을 바탕으로 현재와 관련이 있는 내용을 〈보기〉에서 모두 고른 것은?

> **보기**
> ㄱ. 생명 공학 기술을 이용하여 특정한 목적에 맞게 품종을 개량할 수 있다.
> ㄴ. 지능형 농장으로 농산물의 생산성과 품질이 향상되었다.
> ㄷ. 첨단 의료 기기의 발달로 정밀한 진단이 가능하다.

① ㄱ   ② ㄷ   ③ ㄱ, ㄴ
④ ㄴ, ㄷ   ⑤ ㄱ, ㄴ, ㄷ

B 과학과 기술 활용

07 나노 기술을 활용하여 만든 제품으로 옳은 것을 모두 고르면? (3개)

① 나노 반도체
② 바이오 칩
③ 나노 로봇
④ 유전자 변형 작물
⑤ 휘어지는 디스플레이

08 정보 통신 기술에 대한 설명으로 옳은 것을 〈보기〉에서 모두 고른 것은?

> **보기**
> ㄱ. 인공 지능(AI) ― 인간의 지능적인 행동을 모방하여 컴퓨터가 인간 지식 행위를 실현하는 기술
> ㄴ. 사물 인터넷(IoT) ― 방대한 정보를 분석하여 활용하는 기술
> ㄷ. 증강 현실(AR) ― 가상의 세계를 오감을 통해 현실처럼 체험하는 기술

① ㄱ
② ㄷ
③ ㄱ, ㄴ
④ ㄱ, ㄷ
⑤ ㄴ, ㄷ

최다빈출

09 생활을 편리하게 하는 과학기술에 대한 설명으로 옳은 것을 〈보기〉에서 모두 고른 것은?

> **보기**
> ㄱ. 나노 기술의 발달로 제품의 대량 생산이 가능해졌다.
> ㄴ. 생명 공학 기술의 발달로 인간에 유용한 생물체를 인위적으로 조작하여 만들 수 있다.
> ㄷ. 정보 통신 기술의 발달로 모든 사물을 인터넷으로 연결할 수 있다.

① ㄱ
② ㄷ
③ ㄱ, ㄴ
④ ㄴ, ㄷ
⑤ ㄱ, ㄴ, ㄷ

10 공학적 설계에 대한 설명으로 옳지 <u>않은</u> 것은?

① 공학적 설계는 과학적 원리나 기술을 이용한다.
② 기존의 제품을 개선할 때에도 적용된다.
③ 새로운 제품이나 시스템을 개발하는 창의적인 과정이다.
④ 공학적 설계의 첫 번째 단계는 문제점을 인식하고 목표를 설정하는 것이다.
⑤ 경제성, 안전성, 편리성이 고려되지만 환경적 요인은 고려하지 않는다.

서술형은 이렇게 

11 그림은 활판 인쇄술과 관련된 것이다.

활판 인쇄술이 인류 문명의 발달에 미친 영향을 두 가지만 서술하시오.

____

____

12 다음은 과학기술이 인류 문명의 발달에 미친 영향과 관련된 내용이다.

> 소리의 진동을 전기적 신호로 바꾸는 기술을 통해 전화기가 발명되어 멀리 떨어진 사람과 통화가 가능하게 되었다.

이 내용을 바탕으로 현재의 정보 통신 분야의 변화를 한 가지만 쓰시오.

____

____

중학 국어의 문을 두드려라!

똑똑한 독해
중학 국어

똑똑

중학 국어 비문학 독해+어휘

똑똑 중학 국어 문법

똑똑 중학 국어 어휘

개념 학습과 문제 풀이의
1DAY 구성으로
계획적인 학습 가능

중학교 국어 교과서와
100% 연계된
개념 학습

족보닷컴을 활용하여
출제한 문제로
내신 시험과 수행 평가 대비

족보닷컴과 함께하는
이투스북
BON 본 
시험 대비 교재
중등 과학
3-2

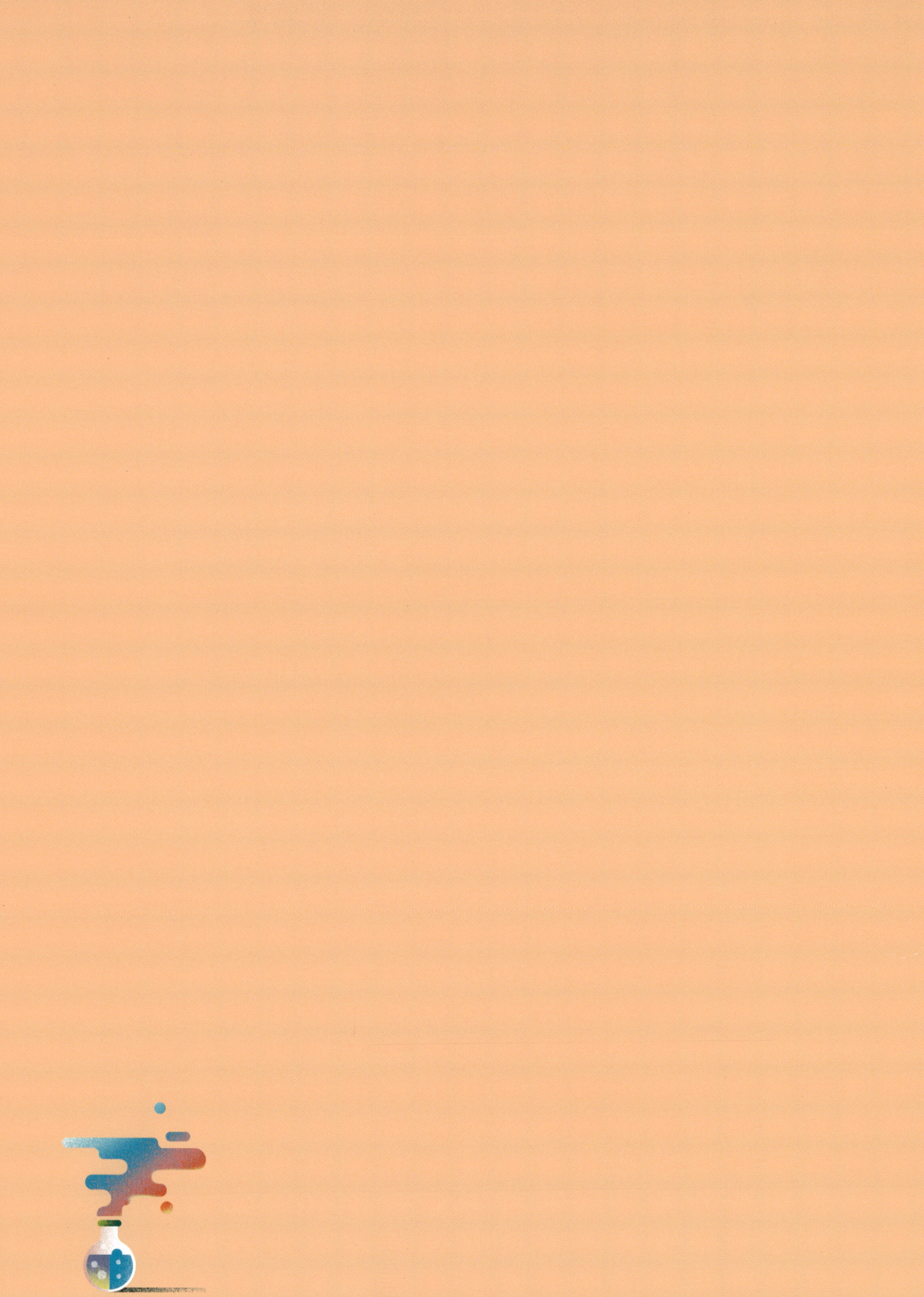

족보닷컴과 함께하는

BON. 본

01 세포 분열

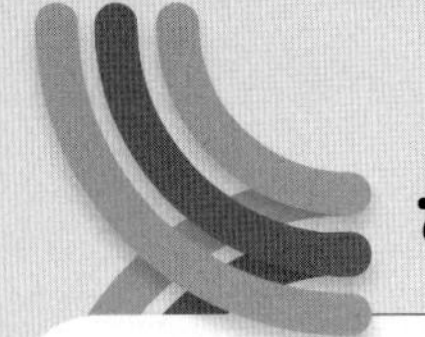

1 염색체 : 세포가 분열할 때 관찰되는 막대 모양의 구조물로 DNA와 단백질로 구성된다.

(1) ❶(　　　　　　) : 유전 정보를 저장하고 있는 유전 물질로, 2중 나선 모양의 꼬인 구조로 되어 있다.

(2) ❷(　　　　　　) : 생물의 형질을 결정하는 유전 정보의 단위로, DNA의 특정 부위에 존재하며, 하나의 DNA에는 수많은 유전자가 존재한다.

(3) 염색 분체 : 하나의 염색체를 이루는 각각의 가닥으로, 각 가닥의 유전 정보는 서로 같다.

2 사람의 염색체

(1) ❸(　　　　　　) 염색체 : 체세포에 있는 모양과 크기가 같은 한 쌍의 염색체로, 부모에게서 각각 하나씩 물려받은 것이다.

(2) 상염색체 : 남녀의 체세포에 공통으로 들어 있는 ❹(　　　　　)쌍(44개)의 염색체이다.

(3) 성염색체 : 성을 결정하는 1쌍의 염색체로, 남자의 성염색체 구성은 XY, 여자의 성염색체 구성은 XX이다.

3 세포 분열

(1) 세포 분열 : 어느 정도 커진 하나의 세포가 2개의 세포로 나누어지는 것이다.

(2) 세포 주기 : 분열을 마친 세포가 자라서 다시 분열을 마칠 때까지의 과정으로, 간기와 분열기로 구성된다.

4 체세포 분열

(1) 체세포 분열 : 몸을 구성하는 체세포가 분열하여 새로운 세포를 만드는 과정

(2) 체세포 분열 과정 : 핵분열이 일어난 후 세포질 분열이 일어나며, 핵분열의 경우 염색체의 모양과 행동에 따라 전기, 중기, 후기, 말기로 구분된다.

간기		• 세포의 생장과 세포 분열을 준비한다. • ❺(　　　　　)가 복제된다.
핵 분 열	전기	• 핵막이 사라지고, 염색체가 나타난다. • 방추사가 형성된다.
	중기	• 방추사가 부착된 염색체가 세포의 ❻(　　　　　)에 배열된다.
	후기	• ❼(　　　　　)가 분리되어 세포의 양극으로 이동한다.
	말기	• 핵막이 나타나 2개의 핵이 형성되고, 세포질 분열이 일어난다.

(3) 세포질 분열 : 핵분열 말기에 세포질이 나누어진다.

❽(　　　　) 세포	❾(　　　　) 세포
세포막이 바깥쪽에서 안쪽으로 밀려 들어가면서 세포질이 분리된다.	세포판이 안쪽에서 바깥쪽으로 성장하면서 세포질이 분리된다.

5 감수 분열(생식세포 분열)

(1) 감수 분열 : 생식 기관에서 생식세포가 만들어지는 과정

① 1개의 모세포로부터 4개의 딸세포가 생성되며, 감수 분열 결과 ❿(　　　　　)가 절반으로 줄어든다.

② 감수 1분열 결과 상동 염색체가 분리되며, 염색체 수가 절반으로 줄어든다.

③ 감수 2분열 결과 염색 분체가 분리되며, 염색체 수에 변화가 없다.

(2) 감수 분열 과정 : 간기를 거친 후 감수 1분열과 감수 2분열이 연속해서 일어난다.

감수 1분열	전기	핵막이 사라지고, 상동 염색체끼리 접합한 ⓫(　　　　　)가 나타난다.
	중기	방추사가 부착된 2가 염색체가 세포의 중앙에 배열된다.
	후기	방추사에 의해 ⓬(　　　　)가 분리되어 세포의 양극으로 이동한다.
	말기	핵막이 나타나고, 세포질 분열에 의해 2개의 딸세포가 생성된다.
감수 2분열	전기	핵막이 사라지고, 방추사가 나타난다.
	중기	방추사가 부착된 염색체가 세포의 중앙에 배열된다.
	후기	각 염색체의 ⓭(　　　　)가 분리되어 세포의 양극으로 이동한다.
	말기	핵막이 나타나고, 세포질 분열에 의해 4개의 딸세포가 생성된다.

6 체세포 분열과 감수 분열의 비교

구분	체세포 분열	감수 분열
분열 횟수	1회	⓮(　　　　)
분열 결과	생장, 조직 재생	생식세포 생성
딸세포 수	⓯(　　　　)	4개
염색체 수 변화	변화 없다.	절반으로 줄어든다.

쪽지 시험

01 세포 분열

정답 및 해설 **34**쪽

1 염색체는 ( )와 단백질로 이루어져 있다.

2 그림은 염색체의 구조를 나타낸 것이다. A~D의
이름을 각각 쓰시오.
(1) A : ( )
(2) B : ( )
(3) C : ( )
(4) D : ( )

3 어느 정도 커진 하나의 세포가 2개의 세포로 나누어지는 것을 ( )이라고 한다.

4 체세포에 있는 모양과 크기가 같은 한 쌍의 염색체를 ( )라고 한다.

5 사람의 체세포에는 ( )개의 염색체가 있는데, 이 중 남녀의 체세포에 공통으로 들어 있는
염색체를 ( )라 하고, 남녀의 성을 결정하는 염색체를 ( )라고 한다.

6 그림은 체세포 분열 과정을 순서 없이 나타낸 것이다.

(가)   (나)   (다)   (라)

다음 설명에 해당하는 세포 분열의 시기를 기호로 쓰시오.
(1) 핵막이 나타나고 세포질이 나누어진다. ···( )
(2) 염색 분체가 분리되어 세포의 양극으로 이동한다. ·······································( )
(3) 방추사가 부착된 염색체가 세포의 중앙에 나란히 배열된다. ·······················( )

7 감수 1분열에서는 ( )가 분리되어 염색체 수가 절반으로 줄어들고, 감수 2분열에서는
( )가 분리되어 염색체 수가 변하지 않는다.

8 1개의 세포에서 체세포 분열로 생성되는 딸세포는 ( )개이고, 감수 분열로 생성되는 딸세
포는 ( )개이다.

실전 대비 예상 문제

01 염색체와 유전자에 대한 설명으로 옳은 것은?

① 세포가 분열할 때 염색체는 관찰되지 않는다.
② 하나의 DNA에는 수많은 유전자가 들어 있다.
③ DNA는 유전 물질이며, 염색체와 단백질로 구성된다.
④ 단백질에는 생물의 특징을 결정하는 여러 유전 정보가 들어 있다.
⑤ 부모에게서 각각 하나씩 물려받았으며, 모양과 크기가 같은 염색체 쌍을 염색 분체라고 한다.

02 사람의 염색체에 대한 설명으로 옳지 <u>않은</u> 것은?

① 사람의 성염색체는 1쌍이다.
② 여성의 상동 염색체는 23쌍이다.
③ 1번부터 22번까지의 염색체는 상염색체이다.
④ 사람의 몸을 구성하는 체세포 하나에는 46개의 염색체가 있다.
⑤ 남자의 경우 X 염색체는 아버지로부터 물려받았고, Y 염색체는 어머니로부터 물려받았다.

03 표는 여러 생물의 염색체 수를 나타낸 것이다.

동물	염색체 수(개)	식물	염색체 수(개)
초파리	8	완두	14
침팬지	48	소나무	24
누에	56	감자	48

이 자료에 대한 설명으로 옳은 것은?

① 몸집이 클수록 염색체 수가 많다.
② 동물이 식물보다 염색체 수가 많다.
③ 염색체 수가 같으면 항상 같은 종의 생물이다.
④ 염색체 수는 생물의 종을 판단할 수 있는 고유한 특징 중 하나이다.
⑤ 같은 종의 생물이라도 개체마다 체세포에 들어 있는 염색체 수가 다를 수 있다.

04 오른쪽 그림은 어떤 동물에서 수컷의 염색체를 나타낸 것이다. 이 동물의 성염색체는 수컷이 XY, 암컷이 XX이다.

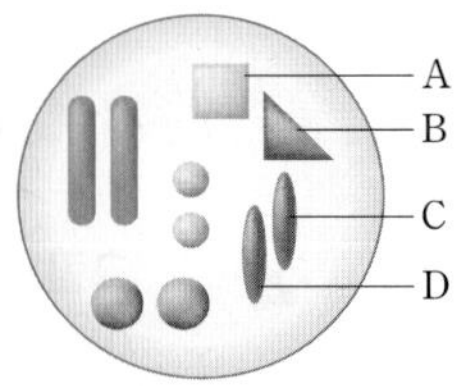

이에 대한 설명으로 옳은 것을 〈보기〉에서 모두 고른 것은?

| 보기 |
ㄱ. A와 B는 상염색체이다.
ㄴ. C와 D는 상동 염색체이다.
ㄷ. 체세포에는 10개의 염색체가 들어 있다.

① ㄱ　② ㄴ　③ ㄷ　④ ㄱ, ㄴ　⑤ ㄴ, ㄷ

05 표는 정육면체 한 변의 길이 변화에 따른 표면적과 부피의 변화를 나타낸 것이다.

구분	A	B	C
한 변의 길이(cm)	1	2	3
표면적(cm^2)	6	24	54
부피(cm^3)	1	8	27

정육면체를 세포라고 가정할 때, 이에 대한 설명으로 옳은 것을 〈보기〉에서 모두 고른 것은?

| 보기 |
ㄱ. A~C 중 물질 교환에 가장 유리한 것은 A이다.
ㄴ. 부피에 대한 표면적의 비는 B가 C보다 작다.
ㄷ. 세포의 크기가 커질수록 세포 중심까지 물질이 이동하기 어려워진다.

① ㄱ　② ㄷ　③ ㄱ, ㄴ　④ ㄱ, ㄷ　⑤ ㄴ, ㄷ

06 세포 분열에 대한 설명으로 옳은 것을 모두 고르면? (2개)

① 세포질 분열 후 핵분열이 일어난다.
② 체세포 분열은 분열이 연속해서 2회 일어난다.
③ 세포 분열이 일어나면 부피에 대한 표면적의 비가 작아진다.
④ 핵분열은 염색체의 모양과 행동에 따라 전기, 중기, 후기, 말기로 구분된다.
⑤ 상처 난 부분을 아물게 하거나 손상된 부위의 조직을 재생할 때에는 체세포 분열이 일어난다.

07 그림은 동물의 체세포 분열 과정을 나타낸 것이다.

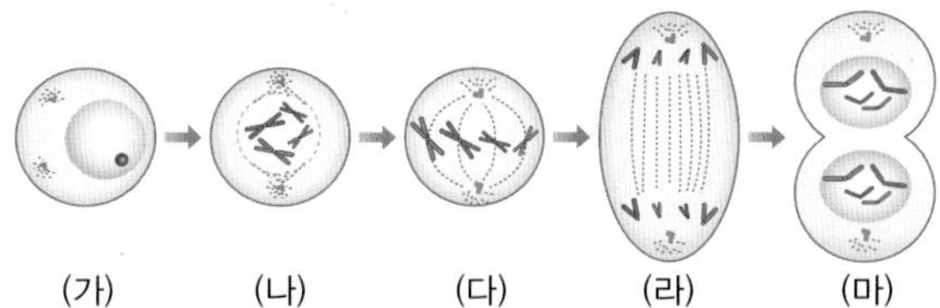

(가) (나) (다) (라) (마)

각 과정에 대한 설명으로 옳은 것은?

① (가) − 기간이 가장 짧으며 유전 물질이 복제된다.
② (나) − 염색체의 수와 모양을 가장 잘 관찰할 수 있다.
③ (다) − 핵막이 사라지고 방추사가 관찰된다.
④ (라) − 염색 분체가 방추사에 의해 세포의 양극으로 이동한다.
⑤ (마) − 세포 안쪽에서 바깥쪽으로 세포판이 자라면서 세포질이 분리된다.

08 그림은 식물에서 체세포 분열이 일어나는 모습을 나타낸 것이다.

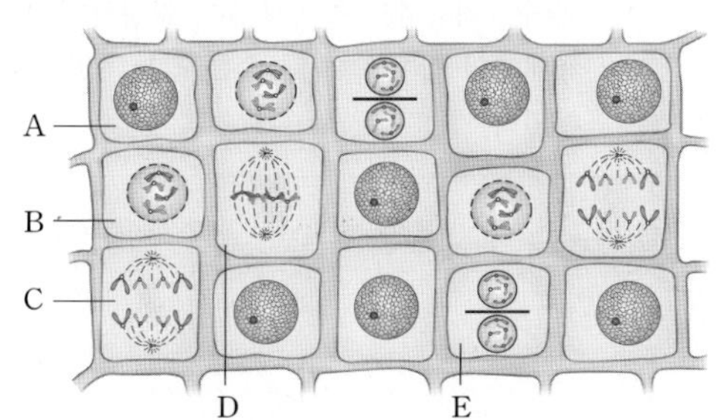

A~E는 체세포 분열 중 어느 시기에 해당하는지 쓰시오.

09 오른쪽 그림은 어떤 생물의 체세포 분열 과정 중 일부를 나타낸 것이다.

이에 대한 설명으로 옳은 것을 〈보기〉에서 모두 고른 것은?

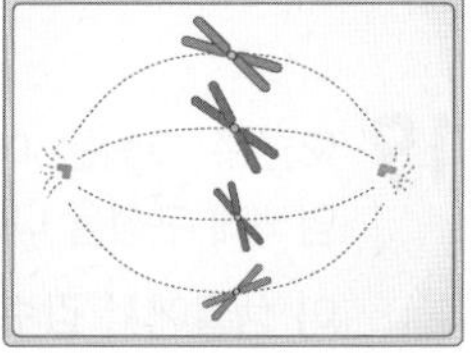

┌ 보기 ├
ㄱ. 이 생물의 체세포 염색체 수는 8이다.
ㄴ. 분열 결과 4개의 딸세포가 만들어진다.
ㄷ. 하나의 염색체는 2개의 염색 분체로 이루어져 있다.

① ㄱ   ② ㄴ   ③ ㄷ
④ ㄱ, ㄴ   ⑤ ㄴ, ㄷ

10 어떤 식물의 생장점에서 분열하고 있는 체세포가 3개 있고, 이 식물의 체세포가 갖는 염색체 수가 20이라고 했을 때, 이 3개의 세포가 2번 분열하여 (가) 생성되는 딸세포 수와 (나) 딸세포 각각의 염색체 수를 옳게 짝지은 것은?

	(가)	(나)		(가)	(나)
①	6	10	②	6	20
③	12	10	④	12	20
⑤	48	10			

[11~12] 다음은 양파 뿌리에서 일어나는 세포 분열을 관찰하기 위한 실험 과정을 순서 없이 나타낸 것이다.

(가) 뿌리 끝을 해부침으로 잘게 찢은 후, 덮개 유리를 덮고 연필에 붙어 있는 고무로 가볍게 두드린다.
(나) 뿌리 조각을 50~60 ℃의 묽은 염산에 10분 정도 담가 둔다.
(다) 증류수로 씻어낸 뿌리 조각을 받침 유리에 올려 놓고 끝 부분을 1~2 mm 정도 자른 후, ㉠ 용액을 떨어뜨린다.
(라) 뿌리 조각을 에탄올과 아세트산을 3 : 1로 섞은 용액에 하루 정도 담가 둔다.
(마) 현미경 표본을 거름종이로 덮고 엄지손가락으로 지그시 누른 후, 현미경으로 관찰한다.

11 실험 과정을 순서대로 바르게 나열하시오.

12 이 실험에 대한 설명으로 옳은 것은?

① (가)는 해리 과정이다.
② (나)는 세포가 분열을 멈추고 살아 있을 때의 모습을 유지하게 하는 과정이다.
③ 아세트올세인 용액은 ㉠ 용액 중 하나이다.
④ (라)는 조직을 연하게 만드는 과정이다.
⑤ 양파의 뿌리 끝에서는 체세포 분열과 감수 분열이 모두 일어난다.

13 감수 분열에 대한 설명으로 옳지 <u>않은</u> 것은?

① 연속해서 2회의 세포 분열이 일어난다.

② 꽃밥과 밑씨에서 일어나는 세포 분열이다.

③ 감수 2분열 전기에 2가 염색체가 나타난다.

④ 감수 1분열이 끝나면 염색체 수가 절반으로 줄어든다.

⑤ 분열 결과 1개의 모세포에서 4개의 딸세포가 형성된다.

[14~16] 그림은 감수 분열 과정을 나타낸 것이다.

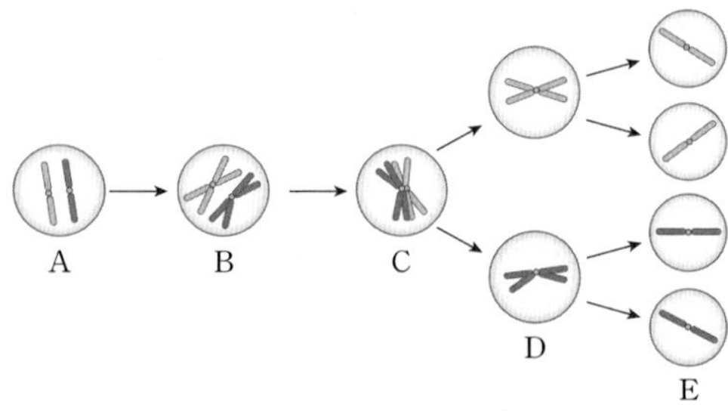

14 감수 분열 과정 중 (가) 상동 염색체가 분리되는 과정과 (나) 염색 분체가 분리되는 과정을 옳게 짝 지은 것은?

	(가)	(나)		(가)	(나)
①	A → B	B → C	②	B → C	C → D
③	B → C	D → E	④	C → D	B → C
⑤	C → D	D → E			

15 A~D 중 E와 염색체 수가 같은 것을 쓰시오.

16 이와 같은 세포 분열이 일어나는 장소는?

① 고양이의 정소

② 백합의 생장점

③ 개구리의 피부

④ 양파의 뿌리 끝

⑤ 봉선화의 형성층

17 감수 1분열 전기가 체세포 분열 전기와 다른 점으로 옳은 것을 모두 고르면? (2개)

① 핵막이 사라진다.

② 염색체가 나타난다.

③ 방추사가 형성된다.

④ 2가 염색체가 나타난다.

⑤ 상동 염색체가 접합한다.

18 감수 분열의 의의에 대한 설명으로 옳은 것을 〈보기〉에서 모두 고른 것은?

> **보기**
> ㄱ. 상처를 아물게 한다.
> ㄴ. 유전적 다양성이 증가한다.
> ㄷ. 세대를 거듭해도 염색체 수가 일정하게 유지된다.
> ㄹ. 체세포와 같은 염색체 수를 갖는 생식세포가 형성된다.

① ㄱ, ㄷ ② ㄴ, ㄷ ③ ㄴ, ㄹ

④ ㄱ, ㄴ, ㄷ ⑤ ㄴ, ㄷ, ㄹ

19 오른쪽 그림은 어떤 생물의 체세포 염색체 구성을 나타낸 것이다.

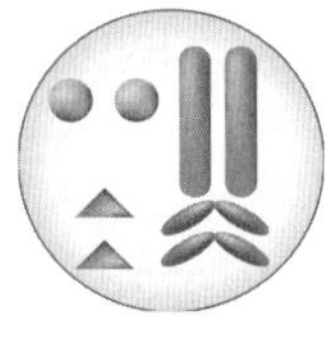

이 생물에서 감수 분열이 일어난 결과 만들어지는 딸세포의 염색체 구성으로 옳은 것은?

① 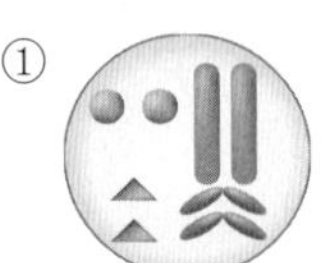 ② 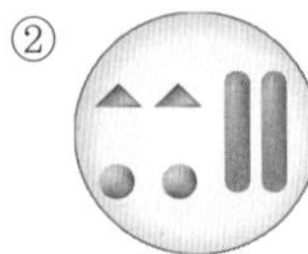 ③ 

④  ⑤ 

20 오른쪽 그림은 어떤 동물에서 감수 2분열 중기의 염색체 구성을 나타낸 것이다.

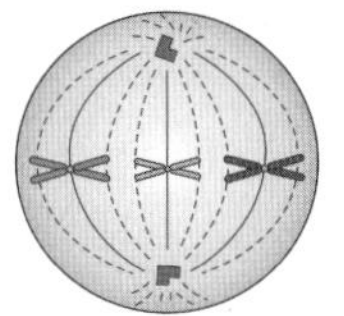

이 동물의 체세포와 생식세포의 염색체 수를 옳게 짝 지은 것은?

	체세포 염색체 수	생식세포 염색체 수
①	3	3
②	6	3
③	6	6
④	12	3
⑤	12	6

21 그림 (가)와 (나)는 감수 분열과 체세포 분열을 순서 없이 나타낸 것이다.

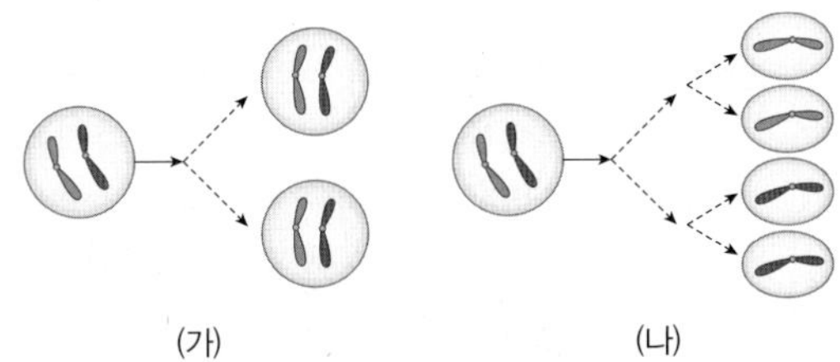

(가)   (나)

(가)와 (나)의 특징을 옳게 비교한 것을 모두 고르면?

(2개)

	구분	(가)	(나)
①	분열 횟수	2회	1회
②	2가 염색체	형성 안 됨	형성됨
③	딸세포 수	4개	2개
④	염색체 수	변화 없음	반으로 줄어듦
⑤	분열 결과	생식세포 형성	생장, 재생

22 다음은 벼에 대한 설명이다.

> • 벼의 체세포 염색체 수는 24이다.
> • 벼의 꽃밥에서 3개의 세포가 감수 분열을 거쳐 꽃가루가 형성되었다.

(가) 감수 분열 결과 3개의 세포로부터 만들어진 꽃가루 수와 이때 (나) 1개의 꽃가루에 들어 있는 염색체 수를 쓰시오.

23 그림은 어떤 사람의 염색체 구성을 나타낸 것이다.

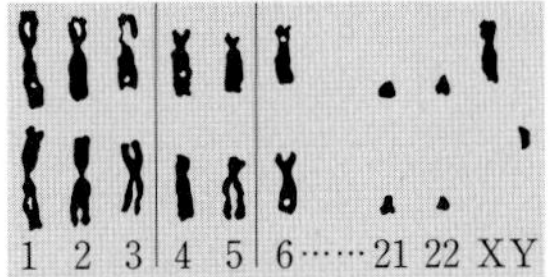

이 사람이 여자인지 남자인지 쓰고, 그 까닭을 서술하시오.

____

____

24 식물 세포와 동물 세포에서 일어나는 세포질 분열을 비교하여 서술하시오.

____

____

____

25 그림은 어떤 생물에서 일어나는 서로 다른 종류의 세포 분열 과정 중 한 시기의 모습을 나타낸 것이다.

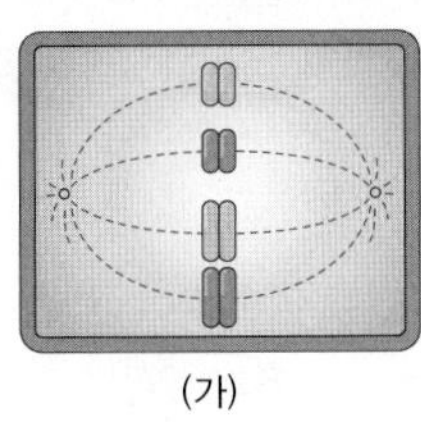 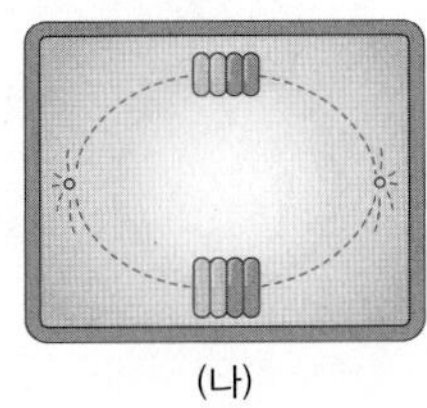

(가)   (나)

(1) (가)와 (나)의 세포 분열 종류와 시기를 쓰시오.

____

(2) (가)와 (나)의 다음 단계에서 염색체가 분리되어 세포의 양극으로 이동될 때의 차이점을 비교하여 서술하시오.

____

____

____

1 생식세포의 형성과 수정

(1) 사람의 생식 기관의 구조와 기능

남자	❶ ( )	정자를 만들고, 남성 호르몬을 분비한다.
	❷ ( )	정자가 일시적으로 저장되는 곳으로, 이곳에서 정자가 성숙하여 운동 능력을 갖추게 된다.
	수정관	부정소에 저장되어 있던 정자가 이동하는 통로이다.
	요도	정자를 몸 밖으로 내보내는 통로이다.
	정자의 이동 경로	정소(정자 생성) → 부정소 → 수정관 → 요도 → 몸 밖
여자	❸ ( )	난자를 생성하고, 여성 호르몬을 분비한다.
	수란관	난자와 수정란이 자궁으로 이동하는 통로이다.
	❹ ( )	임신했을 때 태아가 자라는 장소이다.
	질	정자가 들어오고, 출산 시 태아가 모체 밖으로 나가는 통로이다.
	난자의 이동 경로	난소(난자 생성) → 수란관 → 자궁 → 질 → 몸 밖

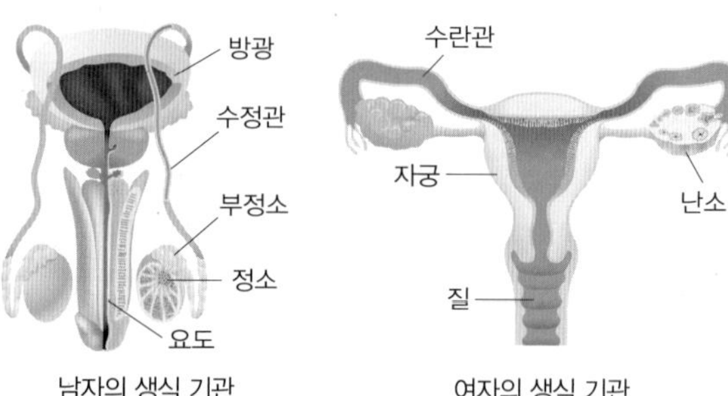

(2) 사람의 생식세포

❺ ( )	머리에 유전 물질이 들어 있는 핵이 있으며, 정자가 움직일 수 있도록 꼬리가 있어 운동성을 가진다.
❻ ( )	유전 물질이 들어 있는 핵이 있고, 세포질에 많은 양분을 저장하고 있어 정자보다 크기가 크다.

(3) 수정 : 정자와 난자가 수란관에서 만나 정자의 핵과 난자의 핵이 결합하는 과정 ➡ 염색체 수가 체세포의 절반인 정자와 난자가 수정하여 만들어진 수정란은 체세포와 염색체 수가 같다.

2 사람의 발생

(1) 발생 : 수정란이 세포 분열을 거쳐 하나의 개체로 되기까지의 과정

① ❼( ) : 수정란의 초기 세포 분열로, 세포의 생장 없이 빠르게 분열한다. 난할이 진행되면 각 세포의 크기는 작아지며, 전체의 크기는 수정란과 비슷하다.

② ❽( ) : 수정란이 난할을 하면서 수란관을 따라 자궁으로 이동하여 수정 후 약 일주일이 지나면 포배 상태가 되어 자궁 내막에 파묻히는 현상 ➡ 착상되었을 때부터 ❾( )되었다고 한다.

③ 배란에서 착상까지의 과정

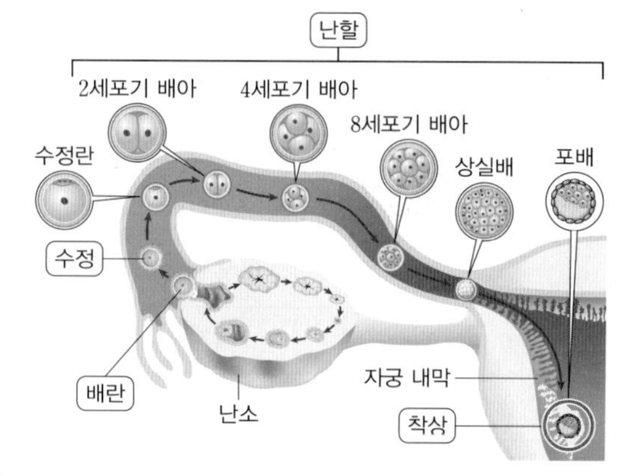

난자가 난소에서 배출되어 수란관으로 나옴(배란) → 수란관 상단부에서 정자와 난자가 만나 수정함(수정) → 수정란이 난할을 거듭하여 세포 수를 늘리면서 자궁으로 이동함(난할) → 수정 후 약 일주일이 지나면 포배가 되어 자궁 안쪽 벽에 파묻힘(착상)

④ 임신된 후 자궁에서 배아는 모체로부터 양분을 공급받으며, 체세포 분열을 계속하여 조직과 기관을 만들고 하나의 개체로 성장한다.

• 태반의 형성 : 착상 후 태아와 모체 사이에 태반이 형성되며, 태반에서 ❿( )이 일어난다.

• 배아와 태아 : 수정란이 첫 번째 세포 분열을 시작했을 때부터 수정 후 8주까지를 ⓫( )라 하고, 그 이후부터를 ⓬( )라고 한다. 임신 초기 3개월 이내에 태아의 신체 중요 부분이 발달한다.

(2) 출산 : 수정 후 약 266일이 지나면 태아가 모체 밖으로 나오는 ⓭( )이 일어난다.

[1~4] 그림은 남자와 여자의 생식 기관을 순서 없이 나타낸 것이다.

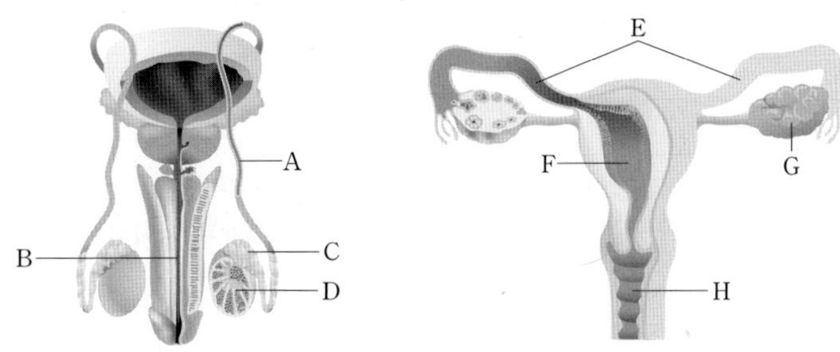

1 A~H 중 정자를 만들고 남성 호르몬을 분비하는 곳의 기호를 쓰시오.

2 A~H 중 난자를 만들고 여성 호르몬을 분비하는 곳의 기호를 쓰시오.

3 A~H 중 정자가 성숙하여 운동 능력을 갖추는 곳의 기호를 쓰시오.

4 A~H 중 정자와 난자가 만나 수정이 이루어지는 곳의 기호를 쓰시오.

5 생식세포 중 (   )는 머리에 유전 물질이 들어 있는 핵이 있으며, 꼬리가 있어 운동성을 가
진다.

6 생식세포 중 (   )는 유전 물질이 들어 있는 핵이 있고, 운동성이 없으며 세포질에 많은 양분
을 저장하고 있다.

7 오른쪽 그림은 난소에서 배출된 난자가 수란관에서 수정된 후 자궁
으로 이동하기까지의 과정을 나타낸 것이다.
A~C 과정을 무엇이라 하는지 각각 쓰시오.

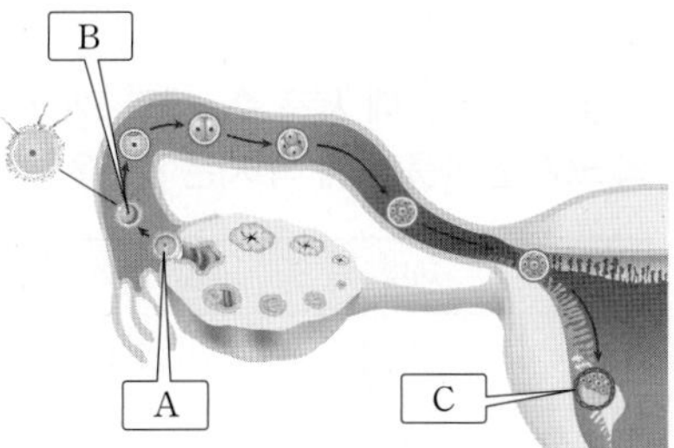

(1) A : (   )
(2) B : (   )
(3) C : (   )

8 착상이 되면 태아와 모체를 연결하는 (   )이 만들어지고, 이를 통해 태아와 모체의 혈액 사
이에 물질 교환이 일어난다.

실전 대비 예상 문제

01 사람의 정자와 난자를 비교한 것으로 옳지 <u>않은</u> 것을 모두 고르면? (2개)

	특징	정자	난자
①	생성 장소	정소	난소
②	크기	작다	크다
③	운동성	있다	없다
④	염색체 수	23개	46개
⑤	핵의 유무	없다	있다

02 여성의 생식 기관에 대한 설명으로 옳지 <u>않은</u> 것은?

① 질에서 배란이 일어난다.
② 난소에서 난자가 만들어진다.
③ 자궁에서 수정란이 착상한다.
④ 수란관에서 수정이 일어난다.
⑤ 난자의 이동 경로는 난소 → 수란관 → 자궁 → 질 → 몸 밖이다.

03 난할이 일반적인 체세포 분열과 다른 점으로 옳은 것은?

① 딸세포의 염색체 수가 줄어든다.
② 분열이 일어날수록 세포 수가 증가한다.
③ 체세포 분열에 비해 분열 속도가 느리다.
④ 분열 후 세포 1개의 크기가 변하지 않는다.
⑤ 딸세포의 생장이 거의 없어 세포 분열이 빠르게 일어난다.

04 난할이 진행될 때 세포 수, 세포 1개의 크기, 배아 전체의 크기 변화를 옳게 짝 지은 것은?

	세포 수	세포 1개의 크기	배아 전체의 크기
①	증가	감소	변화 없음
②	증가	감소	감소
③	감소	감소	변화 없음
④	감소	변화 없음	증가
⑤	변화 없음	증가	증가

05 다음 (   ) 안에 들어갈 알맞은 말을 쓰시오.

- 난자가 난소에서 배출되어 수란관으로 나오는 현상 ········ (   )
- 수정란이 세포 분열을 하면서 여러 과정을 거쳐 개체가 되기까지의 과정········ (   )

[06~07] 그림은 수정란의 형성과 초기 발생 과정을 나타낸 것이다.

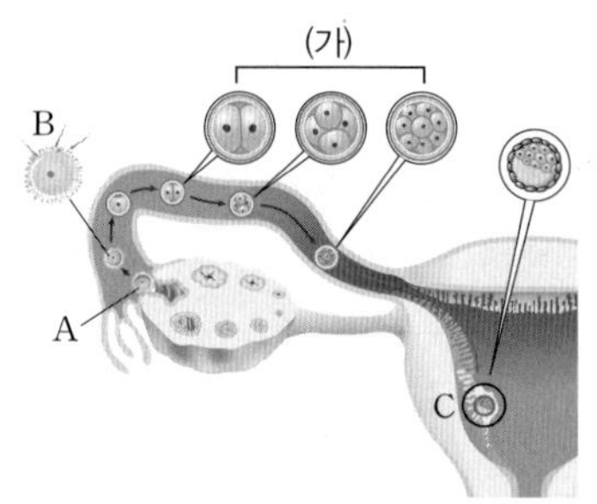

06 이에 대한 설명으로 옳지 <u>않은</u> 것은?

① A 과정은 약 28일을 간격으로 일어난다.
② 임신이 되더라도 A 과정은 주기적으로 일어난다.
③ B는 정자와 난자가 만나는 수정 과정이다.
④ C 과정이 일어날 때 배아는 포배 상태이다.
⑤ C 과정이 일어났을 때부터 임신되었다고 한다.

07 (가) 과정에 대한 설명으로 옳은 것을 〈보기〉에서 모두 고른 것은?

| 보기 |
ㄱ. 수정란의 초기 세포 분열 과정이다.
ㄴ. (가) 과정에서 세포 1개의 크기는 변화 없다.
ㄷ. (가) 과정이 일어날 때 세포의 생장이 거의 없다.
ㄹ. (가) 과정에서 세포 1개당 염색체 수는 모두 같다.

① ㄱ, ㄴ   ② ㄷ, ㄹ   ③ ㄱ, ㄴ, ㄷ
④ ㄱ, ㄷ, ㄹ   ⑤ ㄴ, ㄷ, ㄹ

08 다음은 아기가 태어날 때까지의 과정을 순서 없이 나타낸 것이다.

> (가) 정자와 난자가 만나 수정한다.
> (나) 배아가 자궁 안쪽 벽에 파묻힌다.
> (다) 난자가 난소에서 수란관으로 나온다.
> (라) 출산을 한다.
> (마) 태반이 만들어진다.

이를 순서대로 옳게 나열한 것은?

① (가) → (나) → (다) → (라) → (마)
② (나) → (다) → (가) → (마) → (라)
③ (다) → (가) → (나) → (마) → (라)
④ (라) → (나) → (마) → (가) → (다)
⑤ (마) → (나) → (라) → (다) → (가)

09 태아와 모체 사이에서 일어나는 물질 교환에 대한 설명으로 옳지 <u>않은</u> 것은?

① 태아는 모체로부터 영양소와 산소 등을 공급받는다.
② 태반에서 태아의 혈액과 모체의 혈액은 서로 섞인다.
③ 태아와 모체 사이의 물질 교환은 태반을 통해 일어난다.
④ 모체는 태아로부터 이산화 탄소와 노폐물을 받아들인다.
⑤ 모체가 섭취한 알코올은 태반을 통해 태아로 전달될 수 있다.

10 사람의 발생에 대한 설명으로 옳은 것을 〈보기〉에서 모두 고른 것은?

> **보기**
> ㄱ. 태반이 만들어진 후 착상이 일어난다.
> ㄴ. 수정 후 약 280일이 지나면 태아가 모체 밖으로 나온다.
> ㄷ. 수정 후 8주가 지난 후부터를 태아라고 한다.
> ㄹ. 발생 과정이 일어날 때 세포 1개당 염색체 수는 변하지 않는다.

① ㄱ, ㄴ ② ㄴ, ㄷ ③ ㄷ, ㄹ
④ ㄱ, ㄷ, ㄹ ⑤ ㄴ, ㄷ, ㄹ

11 생식세포 중 난자는 정자에 비해 크기가 매우 크다. 난자가 정자에 비해 크기가 큰 까닭을 서술하시오.

____

____

12 그림은 수정란의 초기 발생 과정 중 일부를 순서 없이 나타낸 것이다.

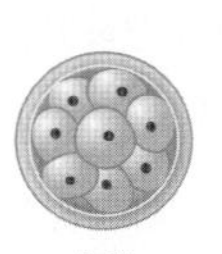 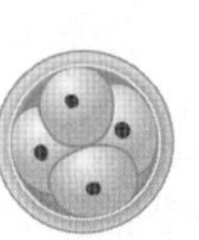 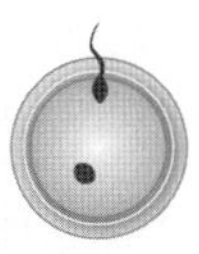 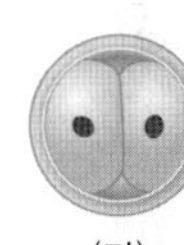 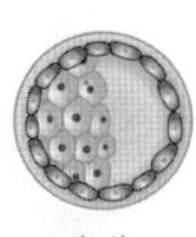

(가)　　(나)　　(다)　　(라)　　(마)

(1) 수정란의 초기 발생 과정을 순서대로 바르게 나열하시오.

____

(2) 세포 분열이 일어날수록 세포 수와 세포 1개의 크기가 어떻게 변하는지 서술하시오.

____

____

13 착상은 어떤 현상을 말하는지, 다음에 제시된 단어를 모두 사용하여 서술하시오.

> 포배, 자궁 내막, 수정

____

____

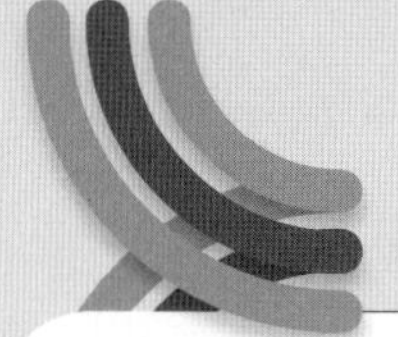

핵심 내용 정리

03 멘델의 유전 원리

1 유전 용어

유전	부모의 형질을 자손에게 물려주는 현상
❶(　　)	생물이 지니고 있는 여러 가지 특성 📵 모양, 색깔, 성질 등
대립 형질	한 가지 특성에 대해 서로 뚜렷하게 대비되는 형질 📵 둥근 완두 ↔ 주름진 완두
❷(　　)	유전자 구성에 따라 겉으로 드러나는 형질
유전자형	유전자 구성을 알파벳 기호로 나타낸 것 📵 RR, Rr, rr
순종	한 형질을 나타내는 대립유전자 구성이 같은 개체 📵 RR, rr, rrYY
잡종	한 형질을 나타내는 대립유전자 구성이 다른 개체 📵 Rr, Yy
❸(　　)	대립 형질이 다른 순종끼리 교배하였을 때 잡종 1대에서 나타나는 형질
❹(　　)	대립 형질이 다른 순종끼리 교배하였을 때 잡종 1대에서 나타나지 않는 형질

2 멘델이 밝힌 유전 원리

(1) 멘델의 실험 : 멘델은 완두의 교배 실험을 통해 우열의 원리, 분리의 법칙, 독립의 법칙과 같은 유전의 원리를 밝혀냈다.

(2) ❺(　　　　)의 원리 : 대립 형질이 다른 순종의 완두끼리 교배하였을 때 잡종 1대에서 우성 형질만 나타나는 현상이다. 잡종 1대에서 표현되는 형질이 우성, 표현되지 않는 형질이 열성이다.

(3) ❻(　　　　)의 법칙 : 생식세포가 형성될 때 유전 인자(대립유전자)는 분리되어 각각 다른 생식세포로 들어간다. 그 결과 잡종 1대를 자가 수분한 잡종 2대에서 우성과 열성이 일정한 비율로 나타나는 현상이다. ➡ 잡종 2대에서 우성 표현형 : 열성 표현형=❼(　　　　)로 나타난다.

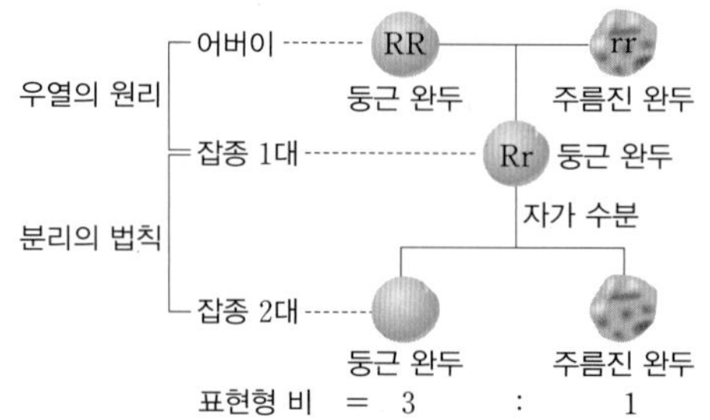

• 잡종 1대에서의 생식세포 형성 : 유전자 R와 r가 분리되어 서로 다른 생식세포로 들어간다.
• 잡종 2대의 분리비

유전자형	RR : Rr : rr=❽(　　　　)
표현형	둥근 완두 : 주름진 완두=❾(　　　　)

(4) ❿(　　　　)의 법칙 : 두 쌍 이상의 대립 형질이 동시에 유전될 때 각각의 형질을 결정하는 유전 인자(대립유전자)는 서로 영향을 주지 않으며 독립적으로 유전되는 현상이다.

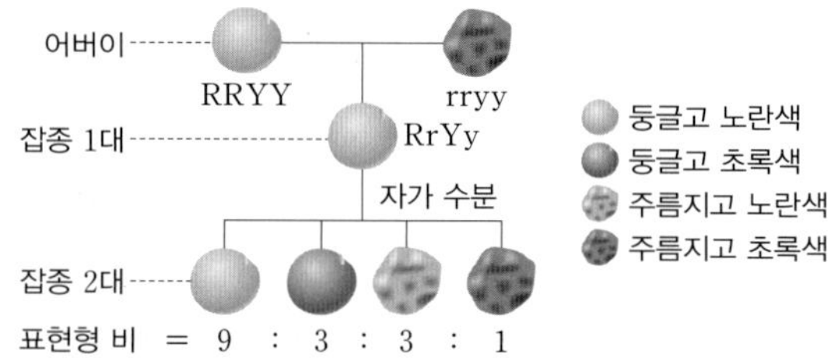

• 잡종 1대에서의 생식세포 형성 : 유전자 R와 r, Y와 y가 각각 분리되어 서로 다른 생식세포로 들어간다.
• 잡종 2대의 분리비

씨의 모양	둥근 완두 : 주름진 완두=⓫(　　　　)
씨의 색깔	노란색 완두 : 초록색 완두=⓬(　　　　)
표현형	둥글고 노란색 : 둥글고 초록색 : 주름지고 노란색 : 주름지고 초록색=⓭(　　　　)

• 독립의 법칙이 성립되기 위한 조건 : 각 형질을 결정하는 유전자가 서로 다른 염색체에 존재해야 한다.

3 중간 유전

(1) 중간 유전 : 대립유전자 사이에 우열 관계가 뚜렷하지 않아 어버지의 중간 형질이 나타나는 현상 📵 분꽃의 꽃 색, 금어초의 꽃 색, 말의 털 색

(2) 중간 유전의 특징 : 우열의 원리가 성립하지 않지만, ⓮(　　　　)의 법칙은 성립한다.

(3) 분꽃의 꽃잎 색깔 유전 : 순종의 빨간색 꽃잎 분꽃(RR)과 순종의 흰색 꽃잎 분꽃(WW)을 교배하면 잡종 1대에서 분홍색 분꽃(RW)만 나타난다. ➡ 빨간색 꽃잎 유전자(R)와 흰색 꽃잎 유전자(W) 사이의 우열 관계가 뚜렷하지 않다.

쪽지 시험

03 멘델의 유전 원리

1 (　　　　　)은 어버이의 형질이 자손에게 전달되는 현상이다.

2 유전 용어와 이 유전 용어의 설명을 옳게 연결하시오.

(1) 순종　　•　　　　　　　　　• ㉠ 생물이 지니고 있는 여러 가지 특성

(2) 형질　　•　　　　　　　　　• ㉡ 유전자 구성에 따라 겉으로 드러나는 형질

(3) 열성　　•　　　　　　　　　• ㉢ 한 형질을 나타내는 대립유전자 구성이 같은 개체

(4) 표현형 •　　　　　　　　　• ㉣ 순종끼리 교배하였을 때 잡종 1대에서 나타나지 않는 형질

3 여러 세대에 걸쳐 자가 수분하였을 때 항상 같은 형질이 나타나는 개체는 대립유전자의 구성이 (　　　　　).

4 오른쪽 그림은 순종의 둥근 완두(RR)와 주름진 완두(rr)를 교배하여 얻은 잡종 1대를 자가 수분하여 잡종 2대를 얻는 과정을 나타낸 것이다.

(1) 잡종 1대의 유전자형을 쓰시오.

(2) 잡종 1대에서 만들어지는 생식세포의 유전자형을 모두 쓰시오.

(3) 잡종 2대에서 총 400개의 완두를 얻었다면, 이 중 주름진 완두는 이론상 몇 개인지 쓰시오.

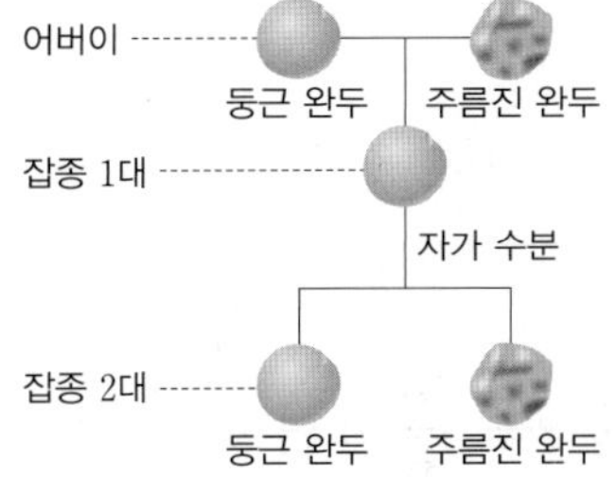

5 그림은 순종의 둥글고 노란색 완두(RRYY)와 주름지고 초록색 완두(rryy)를 교배하여 얻은 잡종 1대를 자가 수분하여 잡종 2대를 얻는 과정을 나타낸 것이다.

(1) ㉠과 ㉡의 유전자형을 각각 쓰시오.

(2) 잡종 2대에서 주름지고 노란색 완두의 유전자형을 모두 쓰시오.

(3) 잡종 2대에서 총 800개의 완두를 얻었다면, 이 중 둥글고 노란색 완두는 이론상 몇 개인지 쓰시오.

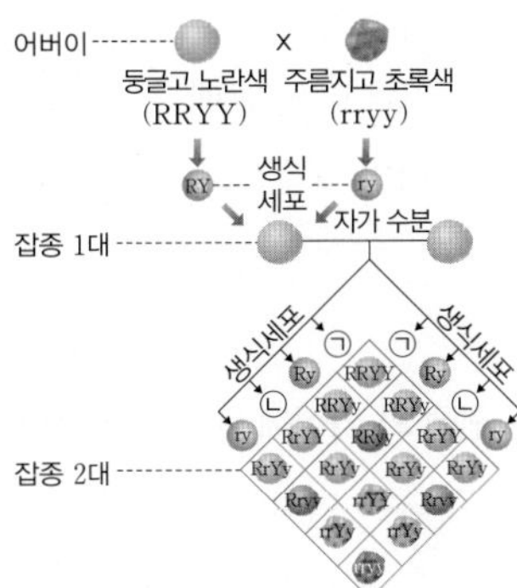

6 대립유전자 사이에 우열 관계가 뚜렷하지 않아 어버이의 중간 형질이 나타나는 유전 현상을 (　　　　　)이라고 한다.

01 유전 용어에 대한 설명으로 옳은 것은?

① 둥근 완두의 대립 형질은 노란색 완두이다.

② 대립 형질은 한 가지 형질에 대해 뚜렷하게 대비되는 형질이다.

③ 표현형은 유전자 구성을 알파벳 기호로 나타낸 것이다.

④ 잡종은 형질을 나타내는 대립유전자 구성이 같은 개체이다.

⑤ 열성은 대립 형질이 다른 순종끼리 교배하였을 때 잡종 1대에서 나타나는 형질이다.

02 다음 유전자형에서 순종인 것을 〈보기〉에서 모두 고른 것은?

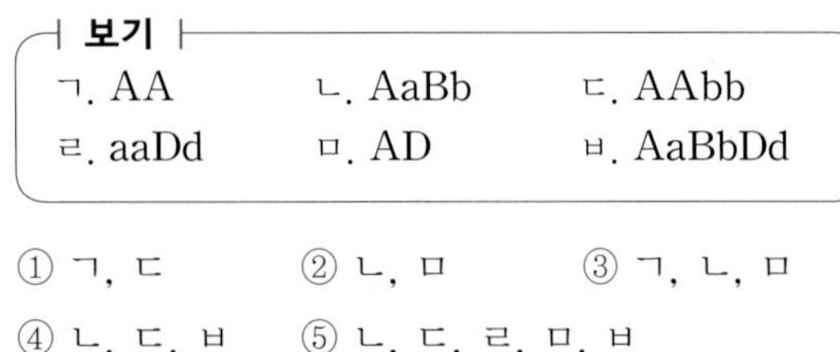

① ㄱ, ㄷ   ② ㄴ, ㅁ   ③ ㄱ, ㄴ, ㅁ

④ ㄴ, ㄷ, ㅂ   ⑤ ㄴ, ㄷ, ㄹ, ㅁ, ㅂ

03 완두가 유전 연구의 재료로 적합한 까닭을 모두 고르면? (2개)

① 기르기가 쉽다.

② 한 세대가 길다.

③ 자손의 수가 적다.

④ 자유로운 교배가 가능하다.

⑤ 대립 형질이 뚜렷하지 않다.

04 멘델의 가설에 대한 설명으로 옳지 <u>않은</u> 것은?

① 유전 인자는 부모에서 자손에게 전달된다.

② 특정 형질은 한 쌍의 유전 인자로 결정된다.

③ 유전 인자는 생식세포가 만들어질 때 분리된다.

④ 특정 형질에 대한 한 쌍의 유전 인자가 서로 다르면 그중 하나만 표현된다.

⑤ 특정 형질을 결정하는 한 쌍의 유전 인자는 생식세포 형성 시 함께 이동한다.

[05~07] 그림은 순종의 노란색 완두와 순종의 초록색 완두를 교배하여 얻은 잡종 1대를 자가 수분하여 잡종 2대를 얻는 과정을 나타낸 것이다.

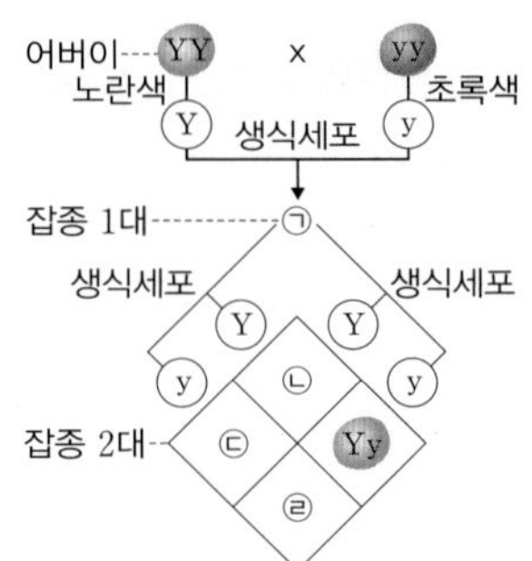

05 이에 대한 설명으로 옳지 <u>않은</u> 것은?

① ㉠~㉣ 중 순종은 ㉡과 ㉣이다.

② ㉡과 ㉢의 표현형은 서로 다르다.

③ 잡종 1대의 유전자형은 Yy이다.

④ 잡종 1대의 완두는 2종류의 생식세포를 만든다.

⑤ 잡종 2대에서 노란색 완두와 초록색 완두의 분리비는 3 : 1이다.

06 잡종 2대에서 총 400개의 완두를 얻었다면, 이 중 노란색 완두는 이론상 모두 몇 개인가?

① 50개   ② 100개   ③ 200개

④ 300개   ⑤ 400개

07 잡종 2대에서 총 800개의 완두를 얻었다면, 이 중 초록색 완두는 이론상 모두 몇 개인가?

① 100개   ② 200개   ③ 400개

④ 600개   ⑤ 800개

[08~09] 그림은 순종의 둥근 완두(RR)와 순종의 주름진 완두(rr)를 교배하여 얻은 잡종 1대를 자가 수분하여 잡종 2대를 얻는 과정을 나타낸 것이다.

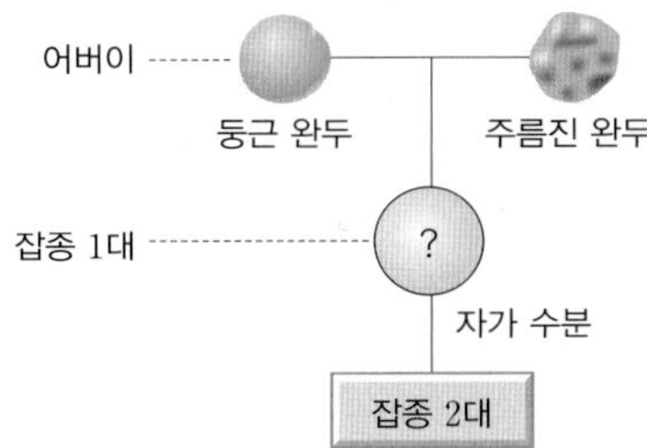

08 이에 대한 설명으로 옳은 것은?

① 잡종 1대는 순종이다.
② 독립의 법칙이 성립한다.
③ 완두 씨의 모양은 둥근 것이 열성이다.
④ 잡종 2대에서 순종과 잡종의 비는 1 : 1이다.
⑤ 잡종 2대의 표현형의 분리비는 1 : 2 : 1이다.

09 잡종 2대에서 총 400개의 완두를 얻었다면, 이 중 유전자형이 잡종 1대와 같은 것은 이론상 모두 몇 개인가?

① 0개 ② 100개 ③ 200개
④ 300개 ⑤ 400개

10 표는 완두를 재료로 하여 여러 가지 교배 실험을 한 결과를 나타낸 것이다.

실험	교배 실험	잡종 1대	
		노란색 완두	초록색 완두
(가)	㉠ 노란색 완두 × ㉡ 노란색 완두	301	102
(나)	㉢ 노란색 완두 × 초록색 완두	401	0
(다)	㉣ 노란색 완두 × 초록색 완두	199	202

노란색 완두 ㉠~㉣ 중 유전자형이 잡종인 것을 모두 고른 것은?

① ㉠, ㉡ ② ㉢, ㉣ ③ ㉠, ㉡, ㉢
④ ㉠, ㉡, ㉣ ⑤ ㉡, ㉢, ㉣

11 그림과 같이 (가) 키 큰 완두와 (나) 키 작은 완두를 교배하였더니 자손에서 키 큰 완두와 키 작은 완두가 1 : 1의 비로 나타났다.

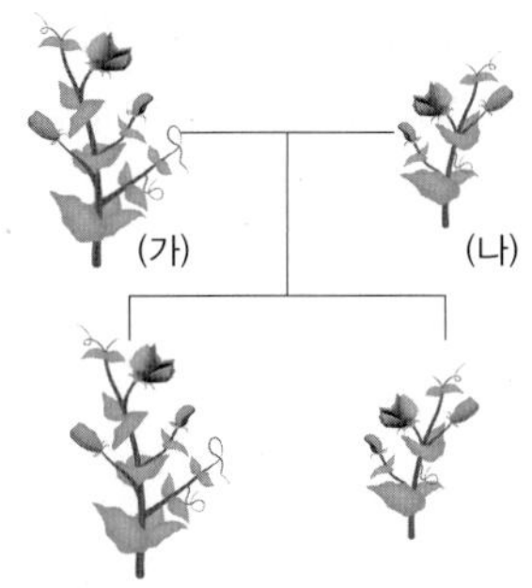

이에 대한 설명으로 옳은 것을 보기에서 모두 고른 것은? (단, 키 큰 완두가 키 작은 완두에 대해 우성이며, 큰 키 대립유전자는 T, 작은 키 대립유전자는 t로 표시한다.)

| 보기 |
ㄱ. (가)의 유전자형은 Tt이다.
ㄴ. (가)와 (나)는 모두 잡종이다.
ㄷ. 자손에서 순종과 잡종의 비는 1 : 1이다.

① ㄱ ② ㄴ ③ ㄱ, ㄷ
④ ㄴ, ㄷ ⑤ ㄱ, ㄴ, ㄷ

12 다음과 같은 완두 교배 실험 결과 그 자손에서 우성과 열성이 1 : 1로 나타나는 것은? (단, 완두 씨의 모양이 둥근 대립유전자 R는 주름진 대립유전자 r에 대해 우성이다.)

① RR × rr ② RR × RR ③ RR × Rr
④ Rr × Rr ⑤ Rr × rr

13 (가) 둥글고 노란색 완두와 주름지고 초록색 완두를 교배하였더니, 잡종 1대에서 노란색 완두 : 초록색 완두 = 1 : 1로 나타났고 모양은 둥근 것만 나타났다.

(가)의 유전자형으로 옳은 것은? (단, 완두 씨의 모양이 둥근 유전자는 R, 주름진 유전자는 r, 완두 씨의 색깔이 노란색 유전자는 Y, 초록색 유전자는 y로 표시한다.)

① RRYY ② RrYy ③ rrYY
④ RRYy ⑤ RrYY

[14~17] 그림은 순종의 둥글고 노란색 완두(RRYY)와 순종의 주름지고 초록색 완두(rryy)를 교배하여 얻은 잡종 1대를 자가 수분하여 잡종 2대를 얻는 과정을 나타낸 것이다. 완두 씨의 모양을 나타내는 유전자와 색깔을 나타내는 유전자는 서로 다른 염색체에 있다.

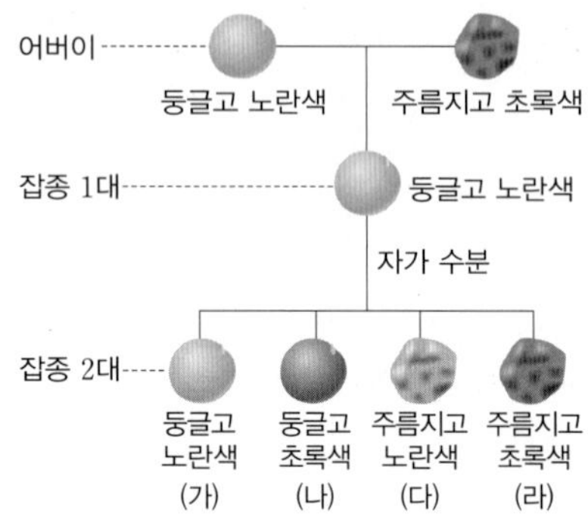

14 잡종 1대에서 대립유전자의 위치를 염색체에 옳게 나타낸 것은?

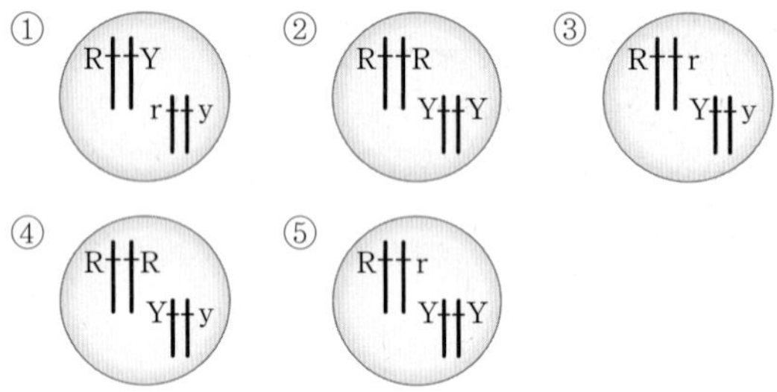

15 이에 대한 설명으로 옳은 것을 모두 고르면? (2개)

① (가)는 순종, (라)는 잡종이다.
② 독립의 법칙이 성립함을 알 수 있다.
③ (가) : (나) : (다) : (라)=9 : 3 : 3 : 1이다.
④ 잡종 1대에서 만들어지는 생식세포의 비는 RY : Ry : rY : ry=3 : 1 : 3 : 1이다.
⑤ 잡종 2대에서 둥근 완두와 노란색 완두는 3 : 1의 비로 나온다.

16 잡종 2대에서 총 1600개의 완두를 얻었다면, 이 중 초록색 완두는 이론상 모두 몇 개인가?

① 200개　　② 400개　　③ 800개
④ 1200개　　⑤ 1600개

17 잡종 2대에서 총 1600개의 완두를 얻었다면, 이 중 잡종 1대와 유전자형이 같은 완두는 이론상 모두 몇 개인가?

① 200개　　② 400개　　③ 800개
④ 1200개　　⑤ 1600개

18 중간 유전에 대한 설명으로 옳은 것을 〈보기〉에서 모두 고른 것은?

┌ 보기 ┐
ㄱ. 분리의 법칙이 성립한다.
ㄴ. 분꽃의 꽃잎 색깔 유전이 이에 해당한다.
ㄷ. 대립유전자 사이의 우열 관계가 뚜렷하다.
└──────┘

① ㄱ　　　　② ㄴ　　　　③ ㄱ, ㄴ
④ ㄱ, ㄷ　　　⑤ ㄴ, ㄷ

19 그림은 순종의 붉은색 꽃잎 분꽃(RR)과 순종의 흰색 꽃잎 분꽃(WW)을 교배하여 얻은 잡종 1대를 나타낸 것이다.

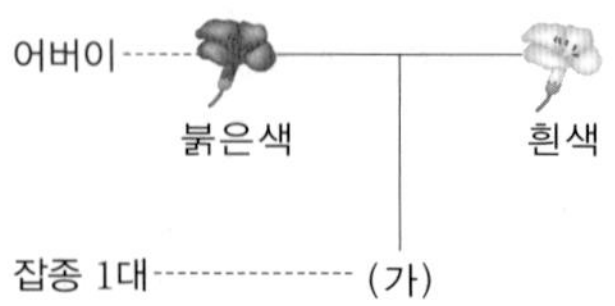

(가)와 흰색 분꽃을 교배하였을 때, 흰색 분꽃이 나올 확률은?

① 0 %　　② 25 %　　③ 50 %
④ 75 %　　⑤ 100 %

[20~22] 그림은 순종의 빨간색 꽃잎 분꽃(RR)과 순종의 흰색 꽃잎 분꽃(WW)을 교배하여 얻은 잡종 1대를 자가 수분하여 잡종 2대를 얻는 과정을 나타낸 것이다.

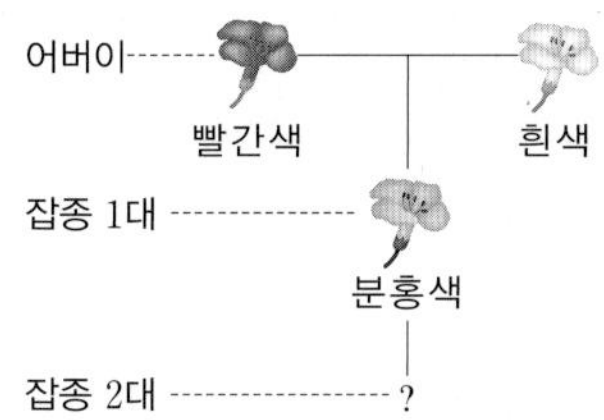

20 이에 대한 설명으로 옳은 것을 〈보기〉에서 모두 고른 것은?

| 보기 |

ㄱ. 잡종 1대의 분홍색 분꽃은 잡종이다.
ㄴ. 잡종 2대에서 표현형의 비와 유전자형의 분리비는 모두 1 : 2 : 1이다.
ㄷ. 잡종 2대에서 나타나는 꽃잎 색깔의 종류는 2종류이다.
ㄹ. 빨간색 꽃잎 대립유전자가 흰색 꽃잎 대립유전자에 대해 우성이다.

① ㄱ, ㄴ
② ㄷ, ㄹ
③ ㄱ, ㄴ, ㄷ
④ ㄱ, ㄴ, ㄹ
⑤ ㄴ, ㄷ, ㄹ

21 잡종 2대에서 총 200개의 분꽃을 얻었다면, 이중 흰색 분꽃은 이론상 모두 몇 개인가?

① 0개
② 50개
③ 100개
④ 150개
⑤ 200개

22 잡종 1대를 어버이의 흰색 분꽃과 교배하였을 때 나타날 수 있는 꽃의 색을 모두 열거한 것은?

① 흰색
② 분홍색
③ 흰색, 분홍색
④ 빨간색, 흰색
⑤ 빨간색, 분홍색, 흰색

23 유전 용어 중 순종과 잡종의 의미를 각각 서술하시오.

____

____

24 그림은 순종의 노란색 완두와 순종의 초록색 완두를 교배하여 얻은 잡종 1대를 자가 수분하여 잡종 2대를 얻는 과정을 나타낸 것이다.

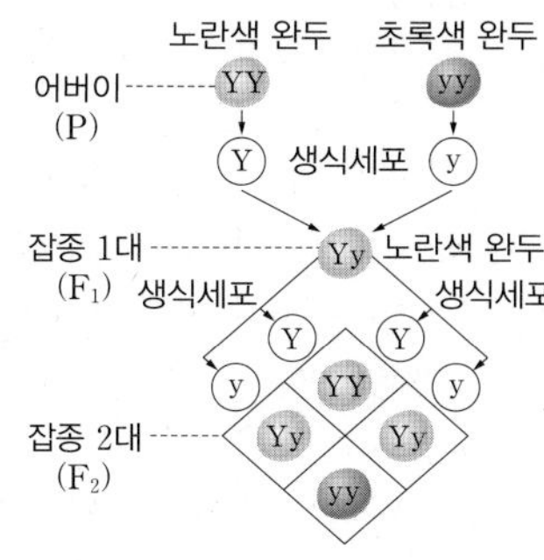

잡종 2대에서 형질이 일정한 비율로 나타나는 이유를 잡종 1대의 생식세포 형성 과정에서의 유전자 행동과 관련지어 서술하시오.

____

____

25 그림은 순종의 둥글고 노란색 완두(RRYY)와 순종의 주름지고 초록색 완두(rryy)를 교배하여 얻은 잡종 1대를 자가 수분하여 잡종 2대를 얻는 과정을 나타낸 것이다.

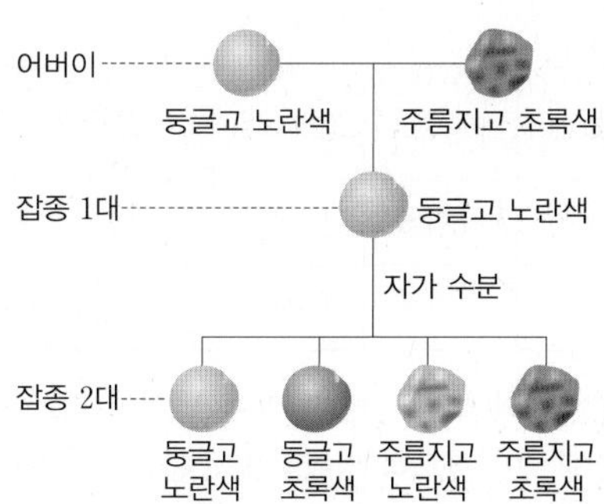

잡종 2대에서 주름지고 초록색인 완두가 50개였다면 잡종 2대에서 모양이 둥근 완두는 이론상 몇 개인지 쓰고, 구하는 과정을 서술하시오.

____

____

____

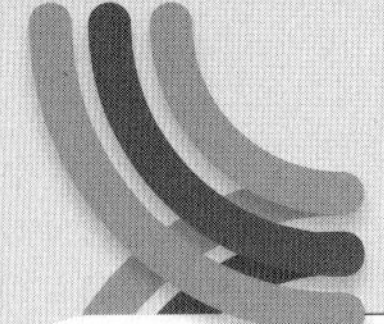

핵심 내용 정리

04 사람의 유전

1 사람의 유전 연구가 어려운 이유
(1) 한 세대가 길고, ❶(   )의 수가 적다.
(2) 자유로운 교배 실험을 할 수가 없다.
(3) 환경의 영향을 많이 받고, ❷(   ) 형질이 복잡하다.

2 사람의 유전 연구 방법

연구 방법	특징
❸ ( )	가족과 친척의 특정 형질을 조사하여 유전 형질이 여러 세대를 걸쳐 어떻게 유전되는지 알아보는 방법
쌍둥이 연구	쌍둥이의 성장 환경과 특정 형질의 발현이 어느 정도 일치하는지 조사하는 방법
❹ ( )	특정 형질이 나타난 사례를 많이 수집하여 자료를 통계적으로 분석하는 방법
염색체와 유전자 조사	• 염색체 수와 모양을 분석하여 염색체 이상에 의한 유전병을 진단할 수 있다. • DNA 또는 유전자를 분석하여 특정 형질에 관여하는 유전자를 알아낼 수 있다.

3 상염색체 유전
(1) 상염색체 유전 : 상염색체에 있는 ❺(   )의 대립유전자에 의해 형질이 결정되므로 남녀에 따라 유전 형질이 나타나는 빈도에 차이가 없다.
(2) 상염색체에 있는 한 쌍의 대립유전자에 의해 결정되는 형질

형질	눈꺼풀	귓불 모양	혀 말기	PTC 미맹	보조개
우성	쌍꺼풀	분리형	가능	정상	있음
열성	외까풀	부착형	불가능	미맹	없음

➡ 멘델의 ❻(   ) 법칙에 따라 유전되며, 대립 형질이 비교적 명확하게 구분되고, 남녀에 따라 형질이 나타나는 빈도에 차이가 없다.
(3) ABO식 혈액형 유전(복대립 유전) : ABO식 혈액형 유전자는 ❼(   )에 있으며 한 쌍의 대립유전자에 의해 형질이 결정된다.
① 대립유전자는 A, B, O 3가지가 있으며, A와 B는 O에 대해 각각 ❽(   )이고, A와 B 사이에는 우열 관계가 없다.(A=B>O)
② 표현형과 유전자형 : 표현형은 ❾(   ), 유전자형은 6가지이다.

표현형	A형	B형	AB형	O형
유전자형	AA 또는 AO	BB 또는 BO	AB	OO

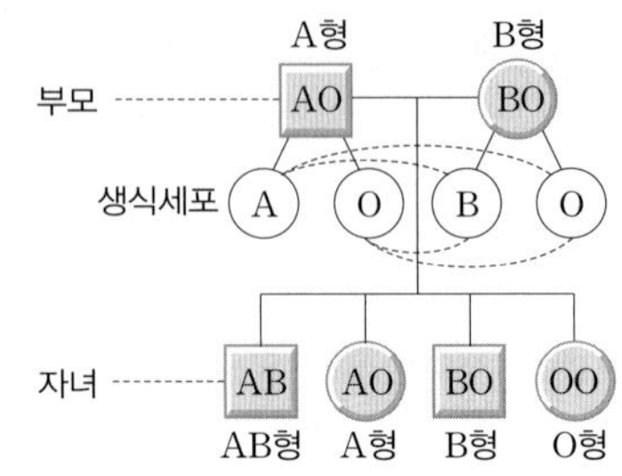

▲ ABO식 혈액형 가계도의 예

(4) 여러 쌍의 대립유전자에 의한 유전(다인자 유전)
① 상염색체에 의해 유전되며, 한 형질을 결정할 때 ❿(   ) 이상의 대립유전자가 관여하는 유전 방식이다.
② 대립 형질이 뚜렷하지 않고 표현형이 조금씩 차이를 보이면서 다양하게 나타난다. 예 사람의 키, 몸무게, 피부색 등

4 성염색체 유전
(1) ⓫(   )유전 : 유전자가 성염색체에 있어 유전 형질이 나타나는 빈도가 남녀에 따라 차이가 나는 유전 현상 예 적록 색맹, 혈우병
① 적록 색맹 유전 : 적록 색맹은 붉은색과 초록색을 잘 구별하지 못하는 유전 형질로, 형질을 결정하는 유전자가 ⓬(   )에 있다.
➡ 적록 색맹은 정상에 대해 열성이며, 여자보다 남자에게 더 많이 나타난다.

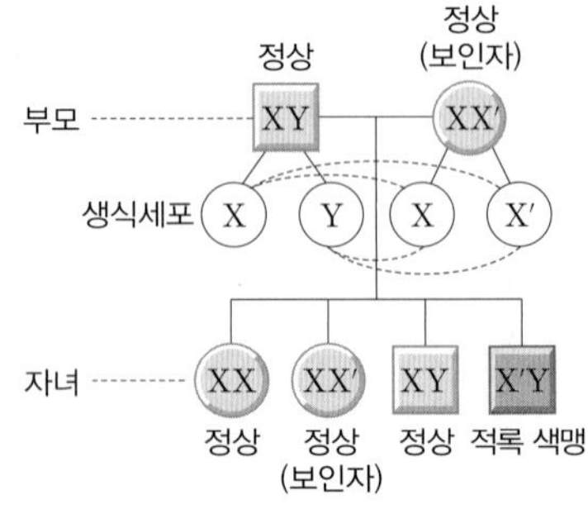

▲ 적록 색맹 가계도의 예

② ⓭(   ) 유전 : 혈액 응고에 필요한 효소가 부족하여 상처가 났을 때 출혈이 잘 멈추지 않는 병으로, 형질을 결정하는 유전자가 X 염색체에 있으며, 정상에 대해 열성이다.

1 사람의 유전 연구가 어려운 이유로 옳은 것은 ○, 옳지 <u>않은</u> 것은 ×로 표시하시오.

(1) 환경의 영향을 받지 않는다. ··· (   )

(2) 인위적인 교배 실험을 할 수 없다. ·· (   )

(3) 한 세대가 길고, 자손의 수가 적다. ··· (   )

(4) 대립 형질이 뚜렷하고 복잡하지 않다. ·· (   )

2 사람의 유전을 연구하는 방법에는 (   ), 쌍둥이 연구, 통계 조사(집단 조사), 염색체와 유전자 조사 등이 있다.

3 표는 상염색체에 의해 유전되는 혀 말기와 보조개의 우열 관계를 나타낸 것이다. ㉠~㉣ 안에 들어갈 알맞은 말을 쓰시오.

형질	혀 말기	보조개
우성	㉠( )	㉡( )
열성	㉢( )	㉣( )

4 PTC 미맹에 대한 설명으로 옳은 것은 ○, 옳지 <u>않은</u> 것은 ×로 표시하시오.

(1) 미맹 유전자는 상염색체에 있다. ·· (   )

(2) 멘델의 유전 법칙에 따라 유전된다. ··· (   )

(3) 미맹은 정상에 대해 우성으로 유전된다. ·· (   )

5 ABO식 혈액형에서 대립유전자 (   )와 (   ) 사이에는 우열 관계가 없으며, 대립유전자 A와 B는 (   )에 대해 우성이다.

6 그림은 어떤 집안의 ABO식 혈액형과 적록 색맹 가계도를 나타낸 것이다.

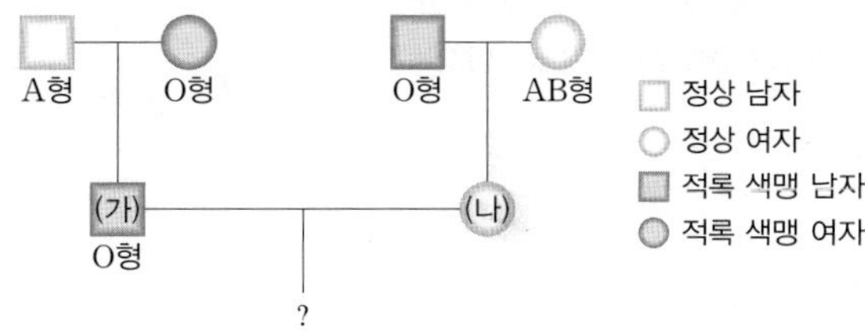

(1) (가)의 부모의 ABO식 혈액형 유전자형을 쓰시오.

(2) (나)의 적록 색맹 유전자형을 쓰시오. (단, 적록 색맹에 대해 정상 대립유전자는 X로, 적록 색맹 대립유전자는 X′로 표시한다.)

(3) (가)와 (나) 사이에서 아이가 태어날 때, 이 아이가 적록 색맹일 확률을 구하시오.

실전 대비 예상 문제

01 사람의 유전 연구가 어려운 까닭으로 옳은 것을 〈보기〉에서 모두 고른 것은?

> **보기**
> ㄱ. 한 세대가 짧다.
> ㄴ. 자손의 수가 적다.
> ㄷ. 대립 형질이 뚜렷하다.
> ㄹ. 교배 실험이 불가능하다.

① ㄱ, ㄹ ② ㄴ, ㄷ ③ ㄴ, ㄹ
④ ㄱ, ㄴ, ㄷ ⑤ ㄴ, ㄷ, ㄹ

02 특정 형질에 대해 유전과 환경이 미치는 영향을 알아보기 위한 사람의 유전 연구 방법으로 옳은 것은?

① 통계 조사 ② 교배 실험 ③ 쌍둥이 연구
④ 가계도 조사 ⑤ 염색체 조사

03 다음에서 설명하는 사람의 유전 연구 방법을 쓰시오.

> • 유전 형질이 여러 세대를 걸쳐 어떻게 유전되는지 알아보는 방법이다.
> • 한 집안에서 특정 형질의 유전자가 어떤 경로로 유전되는지 연구한다.

04 어떤 부부가 결혼하여 쌍둥이를 낳았다고 했을 때, 이 쌍둥이에 대한 설명으로 옳은 것을 〈보기〉에서 모두 고른 것은? (단, 이 부부의 ABO식 혈액형은 모두 AB형이다.)

> **보기**
> ㄱ. 쌍둥이는 모두 O형을 가지지 않는다.
> ㄴ. 1란성 쌍둥이일 경우, 두 아이의 성별은 같다.
> ㄷ. 2란성 쌍둥이일 경우, 한 아이가 A형이면 다른 아이도 A형이다.

① ㄱ ② ㄴ ③ ㄱ, ㄴ
④ ㄱ, ㄷ ⑤ ㄴ, ㄷ

05 PTC 미맹 유전에 대한 설명으로 옳지 <u>않은</u> 것은?

① 미맹이 정상에 대해 열성이다.
② 멘델의 유전 법칙에 따라 유전된다.
③ 대립 형질이 비교적 명확하게 구분된다.
④ 남녀에 따라 나타나는 빈도에 차이가 없다.
⑤ 상염색체에 있는 여러 쌍의 대립유전자에 의해 결정된다.

06 그림은 어떤 집안의 PTC 미맹 가계도를 나타낸 것이다.

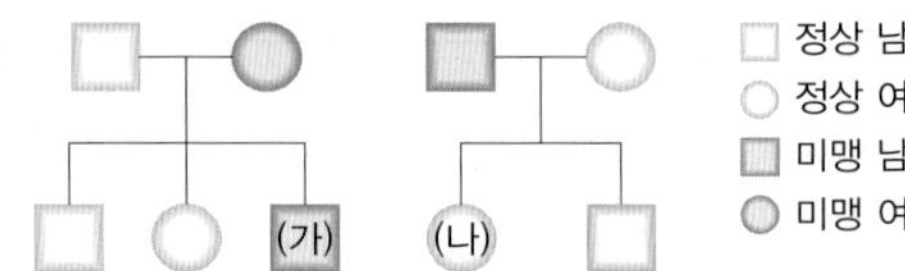

(가)와 (나)가 결혼하여 자녀가 태어났을 때, 이 아이가 미맹일 확률은?

① 100 % ② 75 % ③ 50 %
④ 25 % ⑤ 0 %

07 그림은 어떤 집안의 귓불 모양 가계도를 나타낸 것이다.

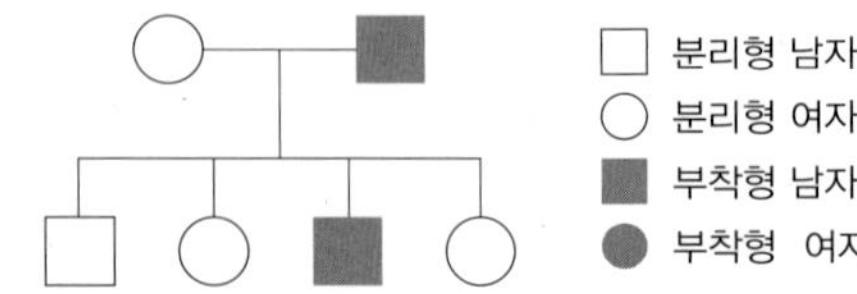

이 집안에서 분리형 대립유전자와 부착형 대립유전자를 모두 가지고 있는 사람은 총 몇 명인지 쓰시오. (단, 분리형 귓불 모양이 부착형 귓불 모양에 대해 우성이다.)

[08~09] 그림은 어떤 집안의 눈꺼풀 모양 가계도를 나타낸 것이다.

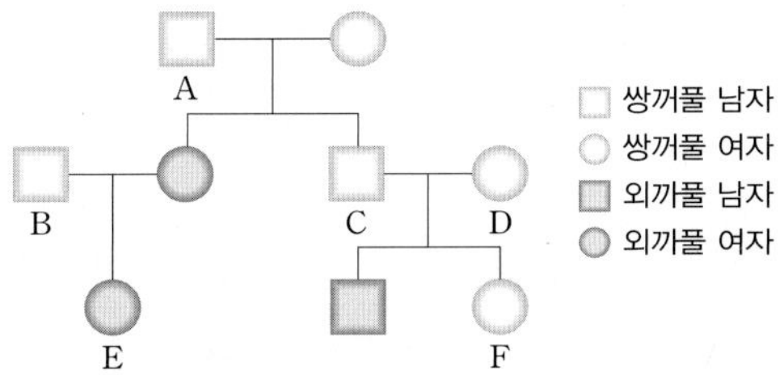

08 이에 대한 설명으로 옳지 <u>않은</u> 것은? (단, 우성 대립유전자는 D, 열성 대립유전자는 d로 표시한다.)

① A의 눈꺼풀 모양 유전자형은 Dd이다.
② B는 외까풀 대립유전자를 가지고 있다.
③ 외까풀은 쌍꺼풀에 대해 열성이다.
④ 외까풀인 사람의 유전자형은 dd이다.
⑤ E는 B로부터 대립유전자 D를 물려받았다.

09 A~F 중 유전자형을 확실하게 알 수 <u>없는</u> 사람을 쓰시오.

10 표는 여러 부모 사이에서 태어난 자녀들의 머리카락 모양을 조사하여 기록한 것이다.

조사군	부모		자녀	
	부	모	곱슬머리	곧은머리
(가)	㉠ 곱슬머리	곧은머리	4	0
(나)	㉡ 곱슬머리	곧은머리	2	2
(다)	㉢ 곧은머리	㉣ 곧은머리	0	4
(라)	㉤ 곱슬머리	곱슬머리	3	1

이에 대한 설명으로 옳은 것을 〈보기〉에서 모두 고른 것은?

┌ **보기** ├
ㄱ. 곱슬머리가 곧은머리에 대해 우성이다.
ㄴ. ㉠과 ㉡의 유전자형은 같다.
ㄷ. ㉢과 ㉣은 모두 열성 순종이다.
ㄹ. ㉤은 우성 순종이다.

① ㄱ, ㄷ   ② ㄴ, ㄷ   ③ ㄴ, ㄹ
④ ㄱ, ㄴ, ㄹ   ⑤ ㄴ, ㄷ, ㄹ

11 ABO식 혈액형 유전에 대한 설명으로 옳지 <u>않은</u> 것은?

① 복대립 유전이다.
② 다인자 유전에 해당한다.
③ 유전자형의 종류는 6가지이다.
④ 혈액형을 결정하는 대립유전자의 종류는 3가지이다.
⑤ 대립유전자 중 우열 관계가 명확하지 않은 것이 있다.

12 그림은 어떤 집안의 ABO식 혈액형 가계도를 나타낸 것이다.

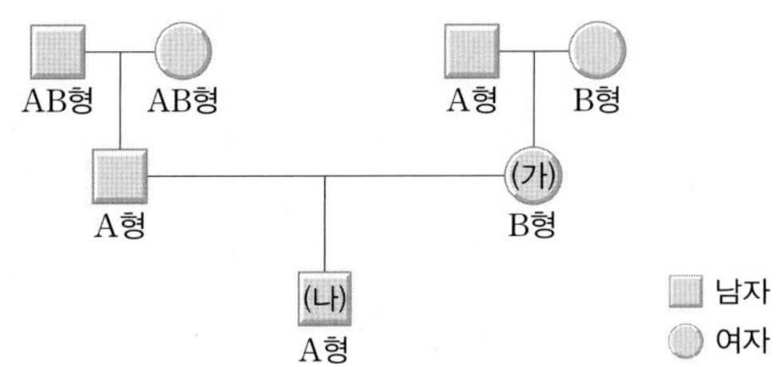

(가)와 (나)의 ABO식 혈액형 유전자형을 옳게 짝 지은 것은?

	(가)	(나)
①	BB	AA
②	BB	AO
③	BO	AA
④	BO	AO
⑤	BO	AO 또는 AA

13 다음 부모의 ABO식 혈액형 조합 중에서 O형인 자녀가 일반적으로 태어날 수 <u>없는</u> 경우는?

① A형×B형   ② A형×O형   ③ B형×B형
④ B형×O형   ⑤ AB형×O형

14

그림은 어떤 두 집안의 미맹과 ABO식 혈액형 가계도를 나타낸 것이다.

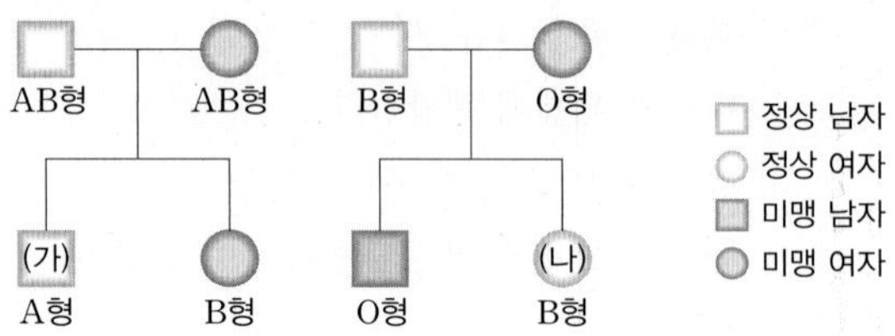

(가)와 (나)가 결혼하여 자녀가 태어났을 때, 이 아이가 AB형이면서 미맹일 확률은?

① $\dfrac{1}{2}$　　② $\dfrac{1}{3}$　　③ $\dfrac{1}{4}$

④ $\dfrac{1}{8}$　　⑤ $\dfrac{1}{16}$

15

다인자 유전에 대한 설명으로 옳은 것을 〈보기〉에서 모두 고른 것은?

┤ 보기 ├
ㄱ. 키, 몸무게 등이 이에 해당한다.
ㄴ. 대립 형질이 뚜렷하여 표현형이 다양하다.
ㄷ. 한 형질을 결정할 때 두 쌍 이상의 대립유전자가 관여하는 유전이다.

① ㄱ　　② ㄷ　　③ ㄱ, ㄴ
④ ㄱ, ㄷ　　⑤ ㄴ, ㄷ

16

적록 색맹 유전에 대한 설명으로 옳지 <u>않은</u> 것은?

① 반성유전에 해당한다.
② 여자보다 남자에게 많이 나타난다.
③ 적록 색맹에 대한 대립유전자는 X 염색체에 있다.
④ 남자는 적록 색맹 대립유전자를 아버지로부터 물려받는다.
⑤ 어머니가 적록 색맹이면 아들은 항상 적록 색맹이다.

[17~19]

그림은 어떤 집안의 유전병 가계도를 나타낸 것이다. 이 유전병을 결정하는 유전자는 X 염색체에 있다.

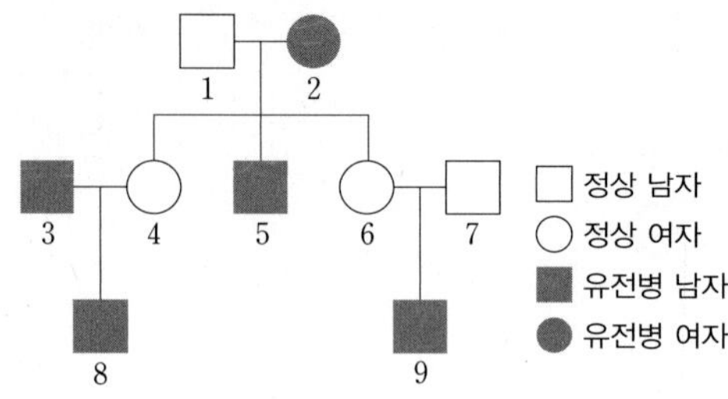

17

이에 대한 설명으로 옳지 <u>않은</u> 것은?

① 유전병은 정상에 대해 우성이다.
② 5는 2로부터 유전병 대립유전자를 물려받았다.
③ 4와 6의 유전병 유전자형은 서로 같다.
④ 7은 정상 대립유전자만 가지고 있다.
⑤ 8은 4로부터 유전병 대립유전자를 물려받았다.

18

3과 4 사이에서 8의 동생이 태어났을 때, 이 아이가 유전병일 확률은?

① 100 %　　② 75 %　　③ 50 %
④ 25 %　　⑤ 0 %

19

6과 7 사이에서 9의 동생이 태어났을 때, 이 아이가 유전병일 확률은?

① 100 %　　② 75 %　　③ 50 %
④ 25 %　　⑤ 0 %

20 그림 (가)는 어떤 집안의 적록 색맹 가계도를, (나)는 (가)에 표시된 쌍둥이 A와 B의 수정과 발생 과정을 나타낸 것이다.

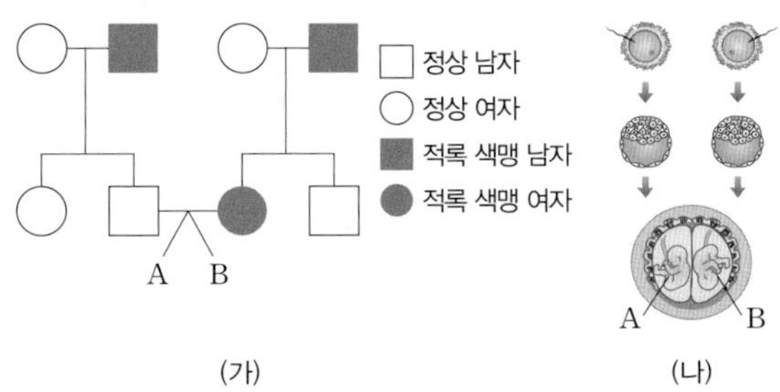

이에 대한 설명으로 옳지 <u>않은</u> 것은?

① A와 B는 2란성 쌍둥이이다.

② A가 여자일 경우 항상 보인자이다.

③ B가 남자일 경우 항상 적록 색맹이다.

④ A와 B가 모두 적록 색맹일 확률은 $\dfrac{1}{2}$이다.

⑤ A와 B는 반드시 어머니부터 적록 색맹 대립유전자를 물려받는다.

[21~22] 그림은 어떤 두 집안의 적록 색맹과 ABO식 혈액형 가계도를 나타낸 것이다.

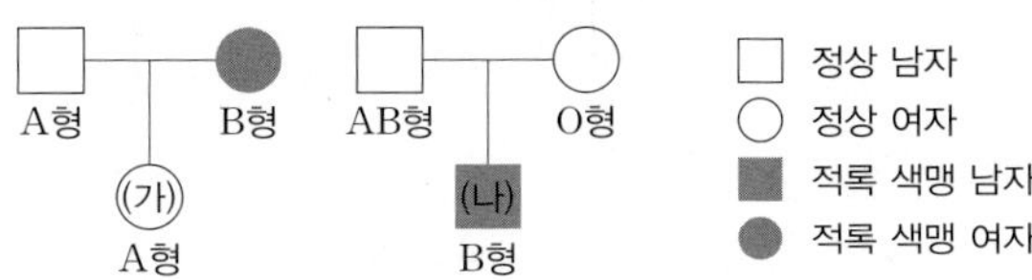

21 이에 대한 설명으로 옳은 것은?

① (가)는 적록 색맹 대립유전자를 가진다.

② (가)의 아버지는 적록 색맹 대립유전자를 가진다.

③ (가)는 아버지로부터 유전자 O를 물려받았다.

④ (나)의 혈액형 유전자형은 BB이다.

⑤ (나)는 적록 색맹 대립유전자를 아버지로부터 물려받았다.

22 (가)와 (나)가 결혼하여 자녀가 태어났을 때, 이 아이가 AB형이면서 적록 색맹일 확률은?

① $\dfrac{1}{2}$ ② $\dfrac{1}{3}$ ③ $\dfrac{1}{4}$

④ $\dfrac{1}{8}$ ⑤ $\dfrac{1}{16}$

23 다음은 어떤 유전병에 대한 자료이다.

- 유전병의 유전은 멘델의 유전 법칙을 따른다.
- 유전병이 나타나는 빈도는 성별에 관계없다.
- 자녀는 유전병을 나타내지만 부모는 모두 정상 형질이다.

유전병에서 정상 형질에 대한 유전병의 우열 관계와 유전병을 결정하는 유전자가 있는 염색체를 서술하시오.

---

24 어떤 부부 사이에서 태어난 자녀들의 ABO식 혈액형이 다음과 같았다.

A형, B형, AB형, O형

(1) 이 부부의 ABO식 혈액형을 쓰시오.

(2) 이 부부 사이에서 또 다른 아이가 태어났을 때, 이 아이가 AB형일 확률을 구하시오.

25 그림은 어떤 집안의 적록 색맹 가계도를 나타낸 것이다. (가)는 아버지이고 (나)는 어머니이다.

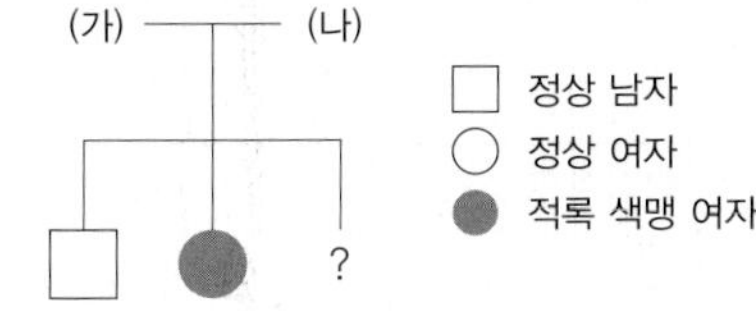

(1) (가)와 (나)의 적록 색맹 유전자형을 쓰시오. (단, 적록 색맹 대립유전자는 X', 정상 대립유전자는 X로 표시한다.)

(2) (가)와 (나) 사이에서 자녀가 한 명 더 태어날 때, 이 아이가 적록 색맹일 확률을 쓰시오.

핵심 내용 정리

01 역학적 에너지 전환과 보존

1 역학적 에너지 : 운동하는 물체가 가지는 운동 에너지와 위치 에너지의 합을 말한다.

> ❶(　　　　　)=운동 에너지＋위치 에너지

2 역학적 에너지의 전환 : 물체의 높이가 낮아지면 위치 에너지가 운동 에너지로 전환되고, 높이가 높아지면 ❷(　　　　　)가 ❸(　　　　　)로 전환된다.

(1) 롤러코스터의 역학적 에너지 전환

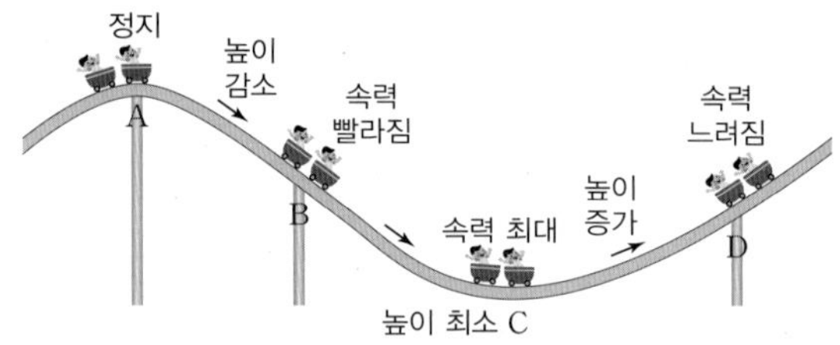

구분	A	B	C	D
위치 에너지	최대	❹(　　　)	0	증가
운동 에너지	0	❺(　　　)	최대	감소
역학적 에너지 전환	위치 에너지 → 운동 에너지		운동 에너지 → 위치 에너지	

(2) 진자 운동의 역학적 에너지 전환

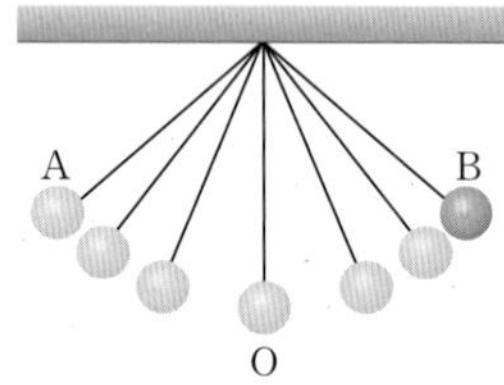

구분	A	➡	O	➡	B
운동 에너지	0	증가	최대	❻(　　　)	0
위치 에너지	최대	❼(　　　)	0	증가	최대
역학적 에너지 전환	위치 에너지 → 운동 에너지			운동 에너지 → 위치 에너지	

(3) 연직 위로 던진 공의 에너지 전환

공이 연직 위로 올라갈 때	공이 자유 낙하 할 때
높이가 ❽(　　　)지고 속력이 ❾(　　　)진다. → 운동 에너지가 위치 에너지로 전환된다.	높이가 낮아지고 속력이 빨라진다. → 위치 에너지가 운동 에너지로 전환된다.

3 역학적 에너지 보존 : ❿(　　　　　)이나 마찰이 없을 때 운동하고 있는 물체의 역학적 에너지는 물체의 위치와 관계없이 항상 일정하게 보존된다.

> 역학적 에너지＝운동 에너지＋위치 에너지＝일정

(1) 운동 에너지와 위치 에너지의 관계

① 물체의 위치가 높아질 때 : 증가한 ⓫(　　　　　)＝감소한 운동 에너지

② 물체의 위치가 낮아질 때 : 감소한 위치 에너지＝증가한 ⓬(　　　　　)

4 자유 낙하 운동에서의 역학적 에너지 보존 : 모든 지점에서의 ⓭(　　　　　)는 같다.

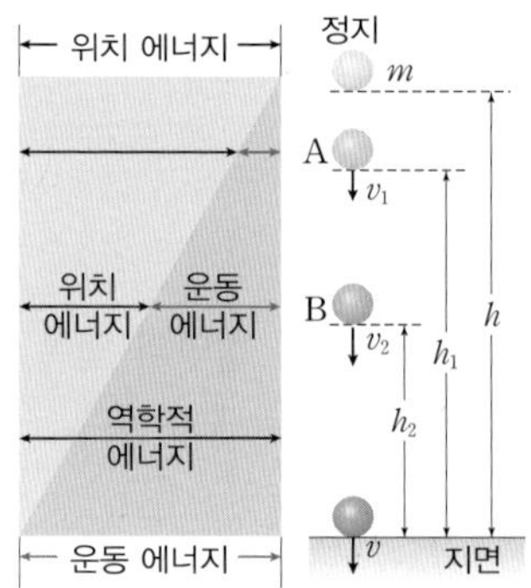

> • 최고점 : 역학적 에너지＝위치 에너지＝$9.8mh$
> • A → B로 낙하할 때 : 감소한 위치 에너지＝⓮(　　　　　)한 운동 에너지
> $$9.8mh_1 - 9.8mh_2 = \frac{1}{2}mv_2^2 - \frac{1}{2}mv_1^2$$
> $$\therefore 9.8mh_1 + \frac{1}{2}mv_1^2 = 9.8mh_2 + \frac{1}{2}mv_2^2$$
> ➡ A에서의 역학적 에너지＝B에서의 역학적 에너지
> • 지면 : 역학적 에너지＝⓯(　　　　　)＝$\frac{1}{2}mv^2$

5 운동과 역학적 에너지 보존

(1) 롤러코스터의 운동 : 레일 및 공기와의 ⓰(　　　　　)이 없다면 롤러코스터가 운동하는 동안 역학적 에너지는 일정하게 보존된다.

(2) 진자 운동 : 마찰이나 공기 저항이 없다면 실에 매달린 진자가 왕복 운동하는 동안 ⓱(　　　　　)는 일정하게 보존된다.

쪽지 시험

01 역학적 에너지 전환과 보존

정답 및 해설 **42**쪽

1 운동 에너지와 위치 에너지의 합을 (　　　　　　)라고 한다.

2 중력이 작용하는 곳에서 운동하는 물체의 속력과 높이가 변할 때, 운동 에너지와 위치 에너지가 서로 (　　　　　　)된다.

3 물체의 위치가 높아질 때는 (　　　　　) 에너지가 (　　　　　) 에너지로 전환된다.

4 물체의 위치가 낮아질 때는 (　　　　　) 에너지가 (　　　　　) 에너지로 전환된다.

5 공기 저항이나 마찰이 없을 때 운동하고 있는 물체의 역학적 에너지가 물체의 위치에 관계없이 항상 일정하게 보존되는 것을 (　　　　　　)이라고 한다.

6 오른쪽 그림과 같이 롤러코스터가 정지 상태에서 A점을 출발하여 운동하는 동안 에너지 변화를 표로 정리하였다. ㉠~㉣에 들어갈 알맞은 말을 쓰시오. (단, 공기 저항과 마찰은 무시한다.)

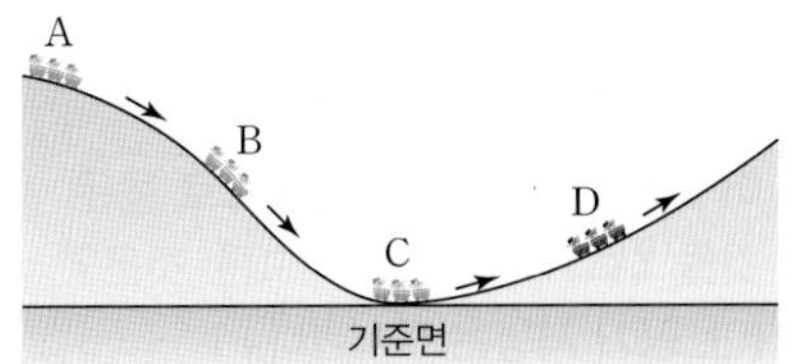

지점	A	B	C	D
운동 에너지	0	㉠ (　　　　)	최대	㉡ (　　　　)
위치 에너지	최대	㉢ (　　　　)	0	㉣ (　　　　)

7 다음은 물체의 운동에 대한 설명이다. (　　　　) 안에 알맞은 말을 쓰시오.

오른쪽 그림은 질량이 m인 물체를 A 지점에서 가만히 놓아 B 지점까지 떨어지는 모습을 나타낸 것이다. A에서 B로 낙하하는 동안 (　　　　) 에너지가 (　　　　) 에너지로 전환되며, (　　　　) 에너지의 감소량은 (　　　　) 에너지의 증가량과 같다. 또한 역학적 에너지는 최고 높이인 A에서의 (　　　　) 에너지와 같고, 지면인 B에서의 (　　　　) 에너지와 같다.

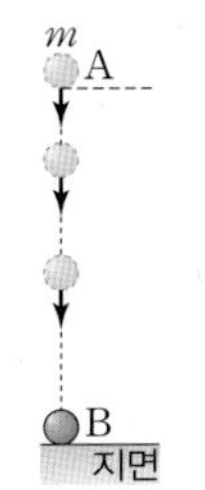

8 오른쪽 그림은 진자 운동을 나타낸 것이다. 진자가 A → O → B점까지 운동하는 동안 물음에 답하시오. (단, 공기 저항은 무시한다.)

(1) 위치 에너지가 운동 에너지로 전환되는 구간을 쓰시오.

(2) 운동 에너지가 위치 에너지로 전환되는 구간을 쓰시오.

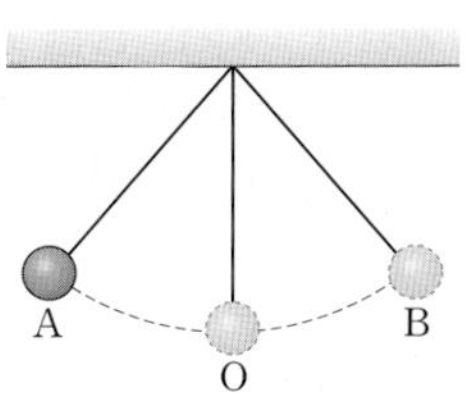

실전 대비 예상 문제

01 역학적 에너지에 대한 설명으로 옳지 <u>않은</u> 것은?

① 위치 에너지와 운동 에너지의 합을 역학적 에너지라고 한다.

② 물체가 높이 올라갈수록 위치 에너지는 증가한다.

③ 정지해 있는 물체의 역학적 에너지는 항상 0이다.

④ 높이에 변화가 있는 운동에서는 운동 에너지와 위치 에너지가 서로 전환된다.

⑤ 공기 저항 및 마찰이 없을 때 운동하는 물체의 역학적 에너지는 항상 일정하다.

02 오른쪽 그림은 질량이 $5\,kg$인 공을 v의 속력으로 연직 위로 던져 올렸을 때 최고 높이에 도달한 모습을 나타낸 것이다.

이 공의 운동에 대한 설명으로 옳은 것을 〈보기〉에서 모두 고른 것은? (단, 공기 저항은 무시한다.)

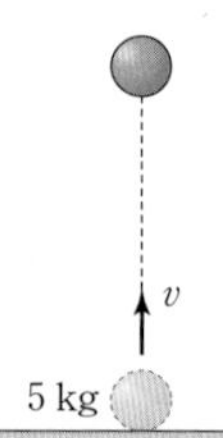

| 보기 |

ㄱ. 최고 높이에서의 공의 속력은 v보다 크다.

ㄴ. 공이 올라가는 동안 위치 에너지가 운동 에너지로 전환된다.

ㄷ. 감소한 운동 에너지만큼 위치 에너지가 증가한다.

① ㄱ   ② ㄴ   ③ ㄷ

④ ㄱ, ㄴ   ⑤ ㄱ, ㄷ

03 질량이 $2\,kg$인 공을 $19.6\,m/s$의 속력으로 연직 위로 던져 올렸을 때 공이 올라갈 수 있는 최고 높이는? (단, 공기 저항은 무시한다.)

① $4.9\,m$ ② $9.8\,m$ ③ $19.6\,m$

④ $29.4\,m$ ⑤ $39.2\,m$

04 그림은 선수가 스케이트 보드를 타고 A와 E 사이를 왕복 운동하는 것을 나타낸 것이다.

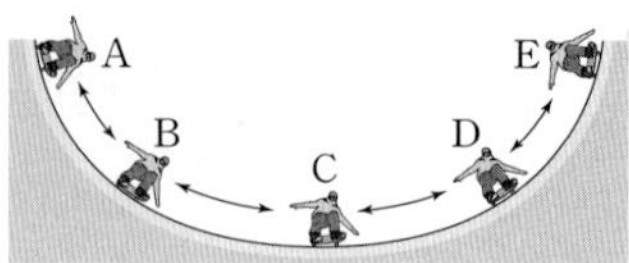

A → B 구간에서 일어나는 역학적 에너지 전환과 같은 에너지 전환이 일어나는 구간은? (단, 공기 저항과 모든 마찰은 무시한다.)

① B → C 구간   ② C → D 구간   ③ D → E 구간

④ B → A 구간   ⑤ C → B 구간

05 오른쪽 그림은 지면으로부터 $10\,m$ 높이에서 질량이 $10\,kg$인 공을 가만히 낙하시킨 모습을 나타낸 것이다.

지면으로부터 $4\,m$ 높이에서 운동 에너지는? (단, 공기 저항은 무시한다.)

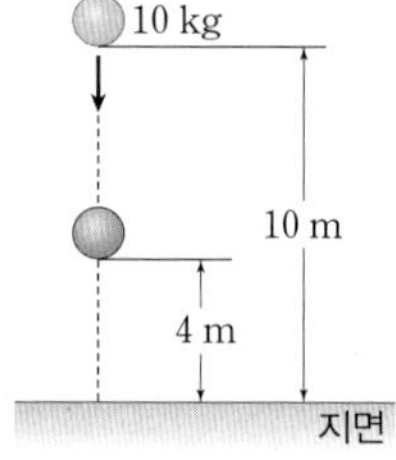

① $98\,J$ ② $120\,J$ ③ $360\,J$

④ $588\,J$ ⑤ $980\,J$

06 그림은 레일 위에서 운동하는 구슬이 A, B, C점을 지나 D점에서 정지한 순간의 모습을 나타낸 것이다.

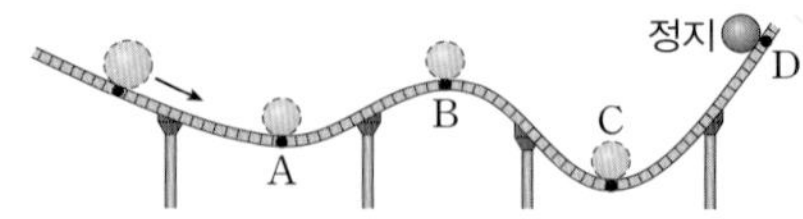

이에 대한 설명으로 옳은 것을 〈보기〉에서 모두 고른 것은? (단, 공기 저항과 모든 마찰은 무시한다.)

| 보기 |

ㄱ. 운동 에너지는 A점에서 가장 크다.

ㄴ. A, B, C, D점에서 역학적 에너지는 모두 같다.

ㄷ. B점에서 C점으로 운동하는 동안 위치 에너지가 운동 에너지로 전환된다.

① ㄱ   ② ㄴ   ③ ㄷ

④ ㄱ, ㄴ   ⑤ ㄴ, ㄷ

07 그림은 10 m 높이에서 질량이 2 kg인 물체를 가만히 놓았을 때의 모습을 나타낸 것이다.

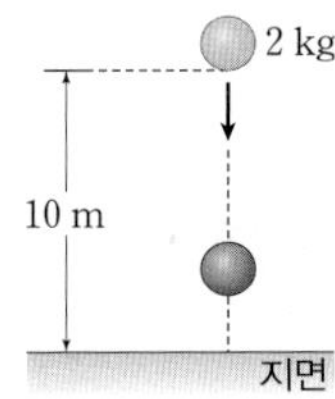

운동 에너지 : 위치 에너지=2 : 3인 지점의 지면으로부터의 높이는? (단, 공기 저항은 무시한다.)

① 2 m ② 4 m ③ 6 m
④ 8 m ⑤ 10 m

08 그림은 롤러코스터가 정지 상태에서 A점을 출발하여 D점까지 운동하는 모습을 나타낸 것이다.

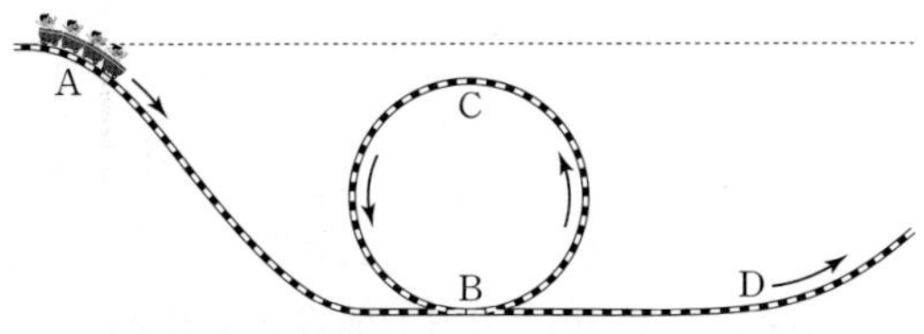

이에 대한 설명으로 옳지 <u>않은</u> 것은? (단, 공기 저항과 모든 마찰은 무시한다.)

① A점에서 위치 에너지가 최대이다.
② B → C 구간에서 위치 에너지가 운동 에너지로 전환된다.
③ C → B 구간에서 운동 에너지는 증가한다.
④ D점에서의 위치 에너지는 C점에서보다 작다.
⑤ 모든 지점에서 역학적 에너지는 일정하다.

09 질량이 m인 공을 연직 위로 v의 속력으로 던져 올렸다. 공이 올라가는 최고점의 높이를 h라고 하면, 높이 $0.5h$에서 공이 가지는 운동 에너지를 나타내는 식으로 옳은 것은? (단, 공기 저항은 무시한다.)

① $4.9mh$ ② $9.8mh$
③ $\dfrac{1}{2}mv^2$ ④ $mv^2+4.9mh$
⑤ $\dfrac{1}{2}mv^2+9.8mh$

[10~11] 그림은 진자 운동을 연속적으로 찍은 사진을 나타낸 것이다. 진자는 A점에서 출발하였다. (단, 공기 저항과 모든 마찰은 무시한다.)

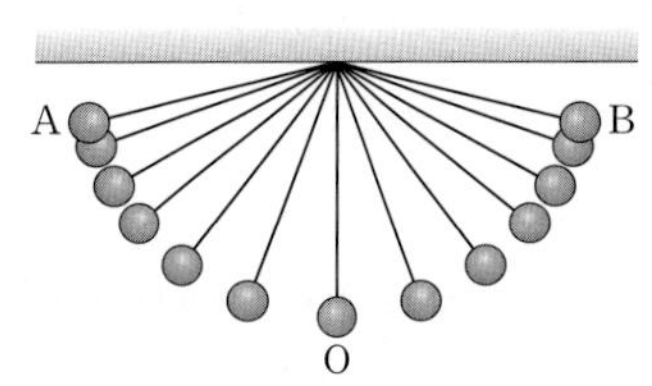

10 이에 대한 설명으로 옳지 <u>않은</u> 것은?

① A에서 운동 에너지는 최대이다.
② A에서 O로 갈수록 진자의 속력은 증가한다.
③ O에서 위치 에너지는 최소이다.
④ O를 기준으로 A와 B의 높이는 같다.
⑤ O에서 B로 갈수록 운동 에너지는 감소하고 위치 에너지는 증가한다.

11 A에서의 위치 에너지가 16 J이었다면, O에서와 B에서의 역학적 에너지로 옳은 것은?

	O에서 역학적 에너지	B에서 역학적 에너지
①	0	0
②	0	16 J
③	8 J	8 J
④	8 J	16 J
⑤	16 J	16 J

12 그림은 A점과 C점 사이를 왕복 운동하는 장난감 모형의 운동을 나타낸 것이다.

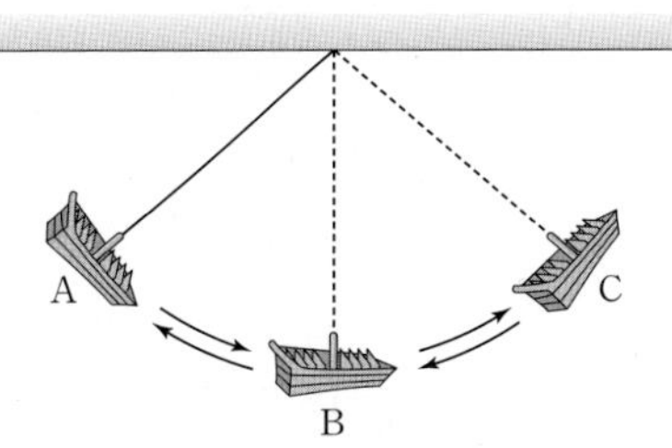

이에 대한 설명으로 옳은 것은? (단, 공기 저항은 무시한다.)

① A점에서 속력이 가장 빠르다.
② B점에서 속력은 0이다.
③ B점에서 위치 에너지가 최대이다.
④ B에서 A로 이동하는 동안 운동 에너지가 감소한다.
⑤ C점에서 운동 에너지가 최대이다.

[13~14] 그림은 지면으로부터 10 m 높이에서 정지해 있던 질량이 2 kg인 물체를 가만히 놓아 낙하시킨 모습을 나타낸 것이다. (단, 공기 저항은 무시한다.)

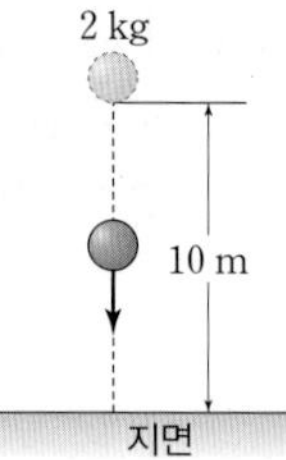

13 물체의 운동 에너지가 위치 에너지의 4배가 되는 지점의 지면으로부터의 높이는?

① 2 m ② 4 m ③ 6 m
④ 8 m ⑤ 10 m

14 물체가 지면에 닿는 순간의 속력은?

① 9.8 m/s ② 14 m/s ③ 19.6 m/s
④ 28 m/s ⑤ 196 m/s

15 그림은 질량이 5 kg인 공을 2 m 높이의 A점에서 가만히 놓아 낙하시킨 모습을 나타낸 것이다.

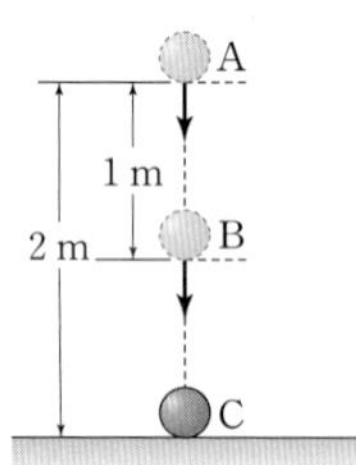

그 값이 나머지와 <u>다른</u> 하나는? (단, 공기 저항은 무시한다.)

① A점에서의 위치 에너지
② A → B 구간에서의 감소한 위치 에너지
③ (A → B 구간에서 증가한 운동 에너지) × 2
④ C점에서의 운동 에너지
⑤ C점에서의 역학적 에너지

16 그림은 질량이 10 kg인 추가 A와 B 사이를 왕복하는 진자 운동을 나타낸 것이다.

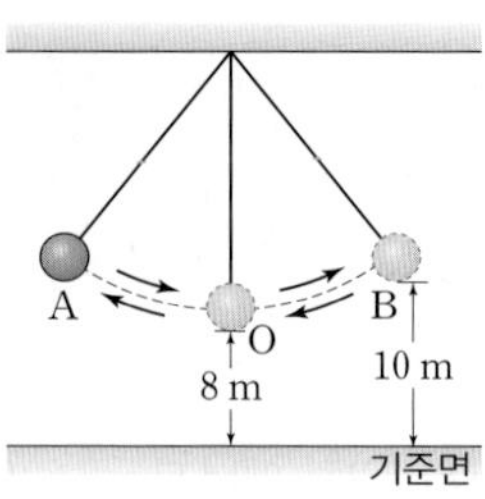

O점을 지나는 순간 운동 에너지는? (단, 공기 저항은 무시한다.)

① 0 J ② 29.4 J ③ 39.2 J
④ 68.6 J ⑤ 196 J

17 그림은 5 m 높이에 정지해 있던 공이 언덕을 따라 운동하는 모습을 나타낸 것이다.

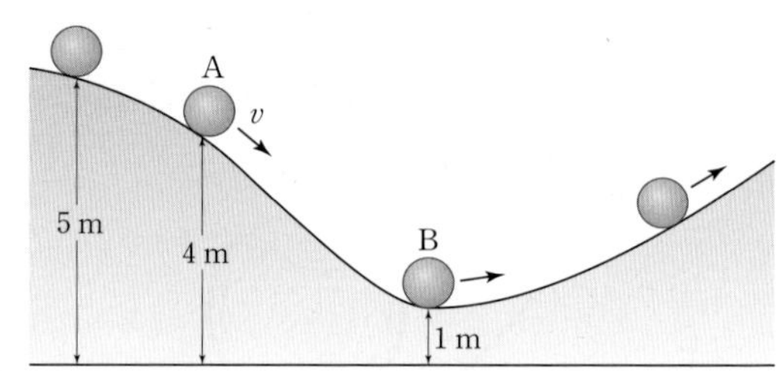

A에서의 속력이 v라면 B에서의 속력은? (단, 공기 저항과 모든 마찰은 무시한다.)

① v ② $2v$ ③ $3v$
④ $6v$ ⑤ $9v$

18 그림은 5 m 높이에 정지해 있던 질량이 2 kg인 공이 빗면을 따라 내려오는 모습을 나타낸 것이다.

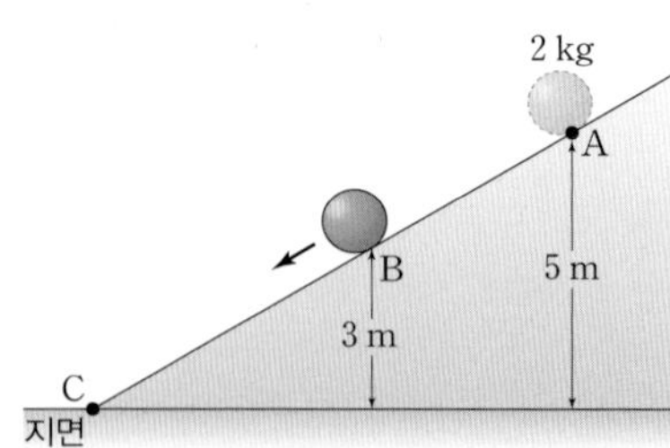

이 공의 운동에 대한 설명으로 옳지 <u>않은</u> 것은? (단, 지면을 기준으로 하고, 공기 저항과 모든 마찰은 무시한다.)

① A점에서의 역학적 에너지는 98 J이다.
② 공이 내려오면서 운동 에너지가 증가한다.
③ B점에서의 운동 에너지는 39.2 J이다.
④ B점에서의 역학적 에너지는 58.8 J이다.
⑤ C점에서의 운동 에너지는 98 J이다.

19 그림과 같이 다이빙 선수가 다이빙대에서 낙하하고 있다. 선수가 낙하하는 동안 역학적 에너지 전환 과정을 높이, 속력과 연관지어 서술하시오.

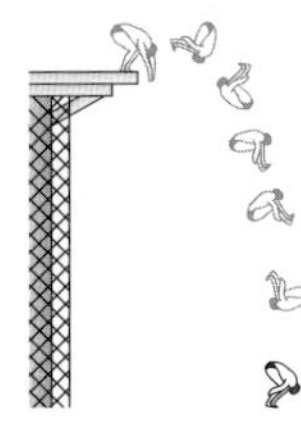

____

____

20 오른쪽 그림은 질량이 5 kg인 공이 낙하하는 모습을 나타낸 것이다.
A점에서의 위치 에너지가 98 J이고 운동 에너지가 392 J이라면 위치 에너지와 운동 에너지가 같을 때의 지면으로부터의 높이를 풀이 과정과 함께 서술하시오. (단, 공기 저항은 무시한다.)

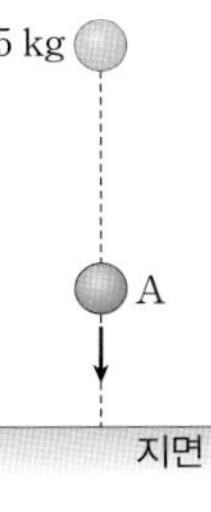

____

____

____

21 그림과 같이 질량이 5 kg인 수레가 지면으로부터 2 m 높이에 정지해 있다.

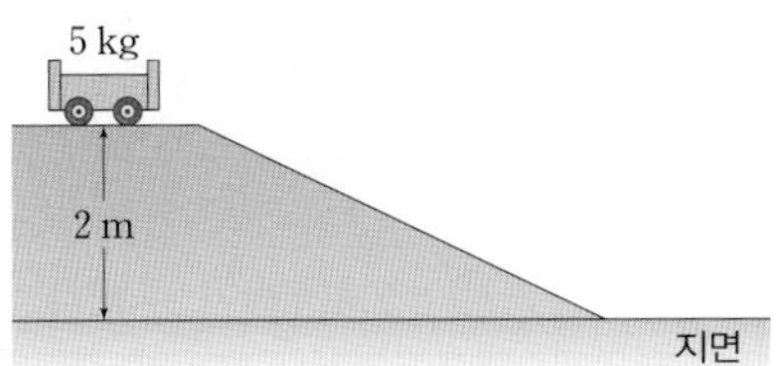

수레가 빗면을 따라 내려와 지면에 도착했을 때 운동 에너지를 풀이 과정과 함께 서술하시오. (단, 공기 저항과 모든 마찰은 무시한다.)

____

____

22 그림과 같이 높이가 20 m인 지점에서 물체를 가만히 떨어뜨렸다. 이 물체의 운동 에너지가 위치 에너지의 3배가 되는 높이 h를 풀이 과정과 함께 서술하시오. (단, 공기 저항은 무시한다.)

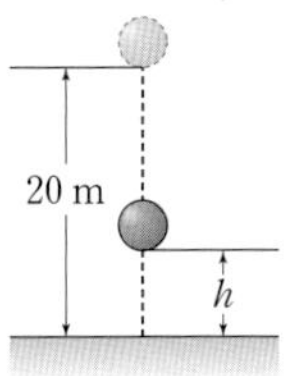

____

____

____

____

23 그림은 질량이 10 kg인 물체가 낙하하는 모습을 나타낸 것이다. 물체가 B점을 통과하는 순간 운동 에너지가 598 J이었다면 A점에서의 순간 속력을 풀이 과정과 함께 서술하시오. (단, 공기의 저항은 무시한다.)

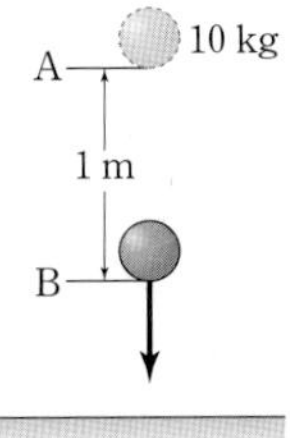

____

____

____

24 그림과 같이 진자가 A점과 B점 사이를 왕복 운동하고 있을 때 운동 에너지가 최대인 곳을 쓰고, 그 까닭을 서술하시오. (단, 공기 저항과 마찰은 무시한다.)

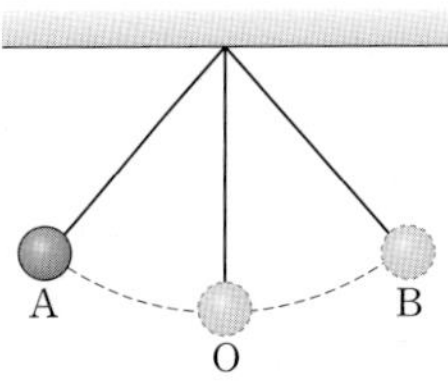

____

02 전기 에너지의 발생과 전환

1 전자기 유도 : 코일 주위에서 자석을 움직일 때 코일을 통과하는 ❶(　　　　　)이 변하여 코일에 전류가 흐르게 되는 현상 ➡ 자석 주위에서 코일을 움직일 때도 전자기 유도가 일어난다.

2 유도 전류 : ❷(　　　　　) 현상에 의해 코일에 흐르는 전류

(1) 방향 : 자기장의 변화를 ❸(　　　　　)하는 쪽으로 유도 전류가 흐른다.

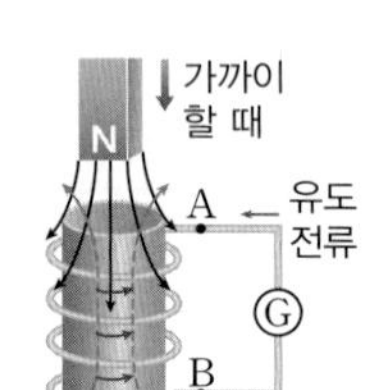

(2) 유도 전류의 세기를 증가시키는 방법

① 자석을 ❹(　　　　　) 움직인다.

② 자석의 세기가 강한 것을 사용한다.

③ 코일의 감은 수를 증가시킨다.

④ 코일에 철심을 넣는다.

3 전자기 유도 현상의 이용 : 발전기, 마이크, 도난 방지 장치, 교통 카드 판독기, 통행료 지불 단말기, 전기기타, 금속 탐지기 등

(1) 발전기 : ❺(　　　　　) 원리를 이용하여 전기를 만드는 기구

① 발전기의 구조와 원리 : 코일이 회전할 때마다 자기장이 통과하는 코일의 면적이 달라지므로 자기장의 변화가 생겨 코일에 ❻(　　　　　)가 흐른다.

② 에너지 전환 : 역학적 에너지 → ❼(　　　　　) 에너지

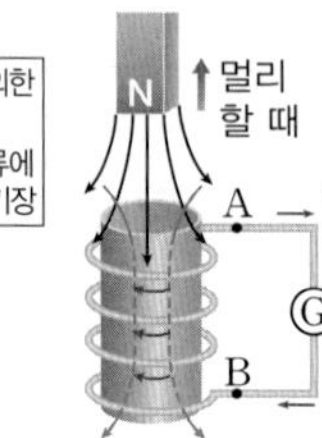

(2) 발전소의 에너지 전환

발전소	에너지 전환
화력 발전소	화학 에너지 → 열에너지 → 역학적 에너지 → 전기 에너지
수력 발전소	위치 에너지 → 역학적 에너지 → 전기 에너지
원자력 발전소	핵에너지 → 열에너지 → 역학적 에너지 → 전기 에너지
풍력 발전소	운동 에너지 → 역학적 에너지 → 전기 에너지

4 전기 에너지의 전환

(1) 전기 에너지 : 전류가 흐를 때 공급되는 에너지 [단위 : J(줄)]

• ❽(　　　　　)는 운동 에너지, 소리 에너지, 빛에너지, 열에너지 등 다른 형태의 에너지로 쉽게 전환된다.

(2) 가정에서의 전기 에너지의 전환

전기 기구	전기 에너지의 전환
전등	빛에너지로 전환
선풍기	❾(　　　　　) 에너지로 전환
텔레비전	빛·열·소리 에너지로 전환

5 소비 전력과 전력량

(1) ❿(　　　　　) : 전기 기구가 1초 동안 사용하는 전기 에너지의 양[단위 : W(와트)]

① 1 W(와트) : 1초 동안 1 J의 전기 에너지를 사용할 때의 전력

$$\text{소비 전력(W)} = \frac{\text{전기 에너지(J)}}{\text{시간(s)}} = \text{전압(V)} \times \text{전류(A)}$$

② 정격 소비 전력 : 정격 ⓫(　　　　　)을 걸어 주었을 때 그 전기 기구가 사용하는 전력

(2) 전력량 : 전기 기구가 일정 시간 동안 사용한 전기 에너지의 양[단위 : Wh(와트시)]

$$\text{전력량(Wh)} = \text{소비 전력(W)} \times \text{시간(h)}$$

• 1 Wh(와트시) : 1 W의 전력을 ⓬(　　　　　) 동안 사용했을 때의 전력량

6 에너지 전환과 보존

(1) 에너지 전환 : 에너지가 다른 형태로 바뀌는 현상

예	에너지 전환
광합성	빛에너지 → 화학 에너지
전구	⓭(　　　　　) 에너지 → 빛에너지
자동차	화학 에너지 → 운동 에너지

(2) 에너지 보존 : 에너지는 한 형태에서 다른 형태로 전환되거나 한 곳에서 다른 곳으로 이동할 수 있지만, 새로 생성되거나 소멸되지 않아서 에너지의 총량은 일정하게 ⓮(　　　　　)된다.

1 코일 근처에서 자석을 움직이거나 자석 근처에서 코일을 움직이면 코일에 전류가 흐르는 현상은 무엇인지 쓰시오.

2 (　　　　　　　)는 전자기 유도 원리를 이용하여 역학적 에너지를 전기 에너지로 전환한다.

3 오른쪽 그림과 같이 장치하고 검류계 바늘의 움직임을 관찰하였다. 이에 대한 설명으로 옳은 것은 ○표, 옳지 <u>않은</u> 것은 ×표를 하시오.

(1) 자석의 N극을 코일에 가까이 하였더니 검류계 바늘이 움직였다. ·· (　　　　　)

(2) 자석의 S극을 코일에서 멀리 하였더니 검류계 바늘이 움직였다. ·· (　　　　　)

(3) 자석 대신 코일을 가까이 하거나 멀리 해도 전자기 유도 현상이 일어난다. ························ (　　　　　)

(4) 자석의 N극을 코일 속에 넣은 채로 가만히 있었더니 검류계 바늘이 움직였다. ···················· (　　　　　)

4 우리 주변의 전기 에너지의 전환을 알맞게 연결하시오.

(1) 전등 : 전기 에너지　　·　　　　　·　㉠ 소리 에너지

(2) 다리미 : 전기 에너지　　·　　　　·　㉡ 빛에너지

(3) 라디오 : 전기 에너지　　·　　　　·　㉢ 열에너지

(4) 엘리베이터 : 전기 에너지　·　　　·　㉣ 역학적 에너지

5 전기 기구가 정상적으로 작동할 수 있는 전압을 (　　　　　　)이라 하고, 그 전기 기구가 1초 동안 사용하는 전기 에너지의 양을 (　　　　　)이라고 한다.

6 전기 기구가 일정 시간 동안 사용한 전기 에너지의 양을 (　　　　　)이라고 하며, (　　　　　)과 (　　　　　)의 곱으로 나타낸다.

7 소비 전력이 60 W인 선풍기를 60초 동안 작동시켰을 때, 선풍기가 소비한 전기 에너지는 몇 J인지 구하시오.

8 에너지는 여러 가지 다른 형태로 전환되는데, 전기난로에서는 전기 에너지가 (　　　　　)로 전환된다.

9 에너지가 전환될 때 새로 생기거나 소멸되지 않고 그 양은 일정하게 보존되는 것은 무엇인지 쓰시오.

실전 대비 예상 문제

01 그림과 같이 코일에 검류계를 연결하고, 코일 부근에서 자석을 움직이는 실험을 하였다.

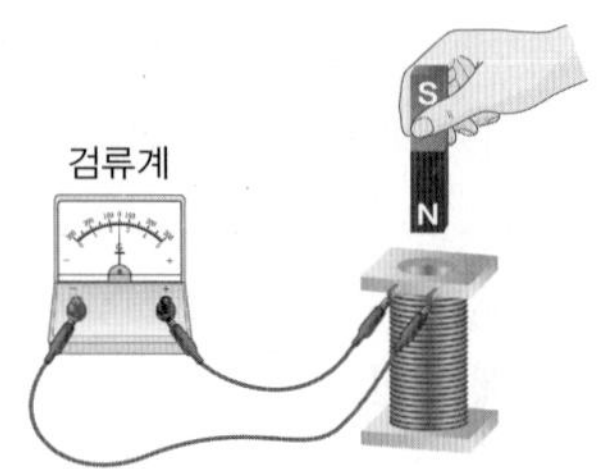

이에 대한 설명으로 옳지 <u>않은</u> 것은?

① N극을 가까이 하면 검류계의 바늘이 움직인다.
② 자석 대신 코일을 움직여도 검류계의 바늘이 움직인다.
③ 코일의 감은 수가 적으면 검류계의 바늘이 움직이지 않는다.
④ 더 센 자석으로 실험을 하면 검류계 바늘의 움직임이 더 크다.
⑤ S극을 가까이 하면 검류계의 바늘이 N극을 가까이 할 때와 반대 방향으로 움직인다.

02 그림과 같이 전자기 유도 현상을 확인하는 실험을 하고 있다.

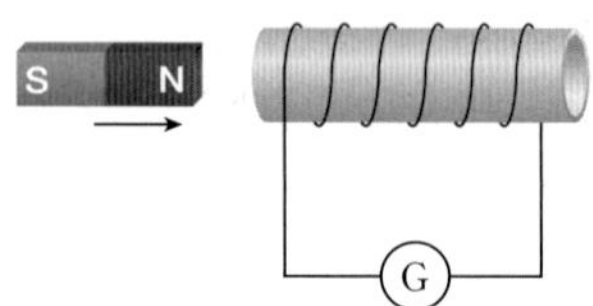

코일에 흐르는 전류의 세기를 세게 하기 위한 방법으로 옳지 <u>않은</u> 것은?

① 자석의 극을 바꾼다.
② 코일에 철심을 넣는다.
③ 더 강한 자석으로 바꾼다.
④ 자석을 더 빨리 움직인다.
⑤ 코일의 감은 수를 늘린다.

03 전자기 유도 현상이 일어나지 <u>않는</u> 경우는?

① 코일 근처에 자석을 가까이 할 때
② 코일 속에 강한 자석을 가만히 넣어 둘 때
③ 자석의 두 극 사이에서 코일을 회전시킬 때
④ 코일 근처에 있는 자석을 코일에서 멀리 할 때
⑤ 자석 근처에 있는 코일을 자석에서 멀리 할 때

04 오른쪽 그림과 같이 발광 다이오드를 코일에 연결하고, 막대자석을 코일에 가까이 하였더니 발광 다이오드에 불이 켜졌다.
이에 대한 설명으로 옳은 것을 〈보기〉에서 모두 고른 것은?

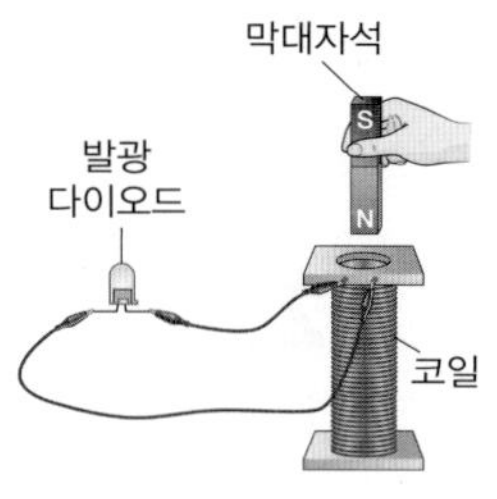

| 보기 |
ㄱ. 코일을 많이 감을수록 불빛이 더 밝다.
ㄴ. 자석의 세기가 셀수록 불빛이 더 밝다.
ㄷ. 자기장의 변화를 방해하는 쪽으로 유도 전류가 흐른다.

① ㄱ
② ㄴ
③ ㄱ, ㄷ
④ ㄴ, ㄷ
⑤ ㄱ, ㄴ, ㄷ

05 전자기 유도의 원리를 이용한 것을 〈보기〉에서 모두 고른 것은?

| 보기 |
ㄱ. 마이크
ㄴ. 스피커
ㄷ. 전압계
ㄹ. 교통 카드 판독기

① ㄱ, ㄴ
② ㄱ, ㄷ
③ ㄱ, ㄹ
④ ㄴ, ㄷ
⑤ ㄷ, ㄹ

06 전자기 유도와 유도 전류에 대한 설명으로 옳은 것을 〈보기〉에서 모두 고른 것은?

| 보기 |
ㄱ. 자석의 N극을 코일에 가까이 하면 N극을 밀어내는 방향으로 전류가 흐른다.
ㄴ. 자석의 S극을 코일에서 멀리 하면 S극을 밀어내는 방향으로 전류가 흐른다.
ㄷ. 자석을 빨리 움직일수록 코일에 흐르는 전류의 세기가 감소한다.

① ㄱ
② ㄴ
③ ㄱ, ㄷ
④ ㄴ, ㄷ
⑤ ㄱ, ㄴ, ㄷ

07 그림은 거실에서 텔레비전을 보는 모습을 나타낸 것이다.

텔레비전이 작동하고 있을 때의 에너지 전환 과정으로 가장 적절한 것은?

① 화학 에너지 → 소리 에너지, 운동 에너지
② 전기 에너지, 빛에너지 → 화학 에너지
③ 전기 에너지 → 소리 에너지, 빛에너지
④ 빛에너지, 소리 에너지 → 전기 에너지
⑤ 역학적 에너지 → 전기 에너지, 빛에너지

[08~09] 그림은 전구에 표시된 세부 사항을 나타낸 것으로 이 전구를 220 V의 전원 장치에 연결하였다.

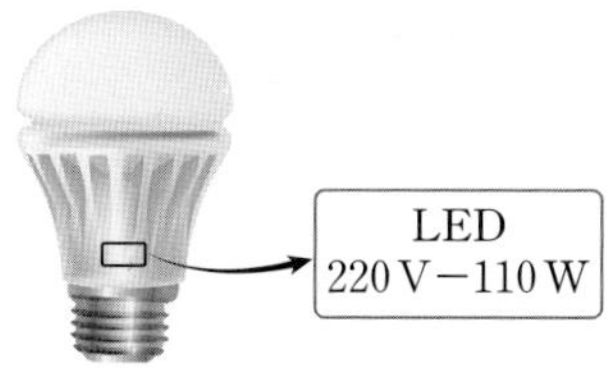

08 전구에 흐르는 전류의 세기는?

① 0.5 A
② 0.8 A
③ 1 A
④ 2.5 A
⑤ 5 A

09 전구를 1분 동안 켜 두었을 때 사용한 전기 에너지는?

① 550 J
② 1100 J
③ 2200 J
④ 3300 J
⑤ 6600 J

[10~11] 준우는 셔츠를 다리고 있었다. 다림질을 하다 문득 다리미를 살펴보니 다음과 같은 표가 붙어 있었다.

10 이 다리미에 정격 전압을 걸어 주었을 때, 다리미에 흐르는 전류의 세기는?

① 2 A
② 5 A
③ 10 A
④ 200 A
⑤ 1000 A

11 준우는 다림질을 30분 동안 했고, 다음 날 어머니가 같은 다리미를 이용해 1시간 30분 동안 다림질을 하였다. 이틀 동안 사용한 전력량은?

① 100 Wh
② 500 Wh
③ 1000 Wh
④ 1500 Wh
⑤ 2000 Wh

12 소비 전력과 전력량에 대한 설명으로 옳은 것을 〈보기〉에서 모두 고른 것은?

┤ 보기 ├
ㄱ. 소비 전력의 단위는 W(와트)를 사용한다.
ㄴ. 전력량은 전기 기구를 사용하는 시간에 비례하여 증가한다.
ㄷ. 전기 기구를 사용하는 시간이 길수록 소비 전력이 증가한다.

① ㄱ
② ㄴ
③ ㄱ, ㄴ
④ ㄱ, ㄷ
⑤ ㄴ, ㄷ

실전 대비 예상 문제

13 전기 기구에서의 에너지 전환 과정을 나타낸 것으로 옳지 <u>않은</u> 것은?

① 형광등 : 전기 에너지 → 빛에너지
② 선풍기 : 전기 에너지 → 운동 에너지
③ 세탁기 : 전기 에너지 → 운동 에너지
④ LED 조명 : 전기 에너지 → 위치 에너지
⑤ 전기다리미 : 전기 에너지 → 열에너지

14 그림은 롤러코스터의 운동을 나타낸 것이고 표는 각 구간에서의 에너지 전환을 나타낸 것이다. A에서 정지해 있는 롤러코스터를 전기 에너지로 B까지 끌어올려 주면 롤러코스터는 저절로 F까지 운동하게 된다.

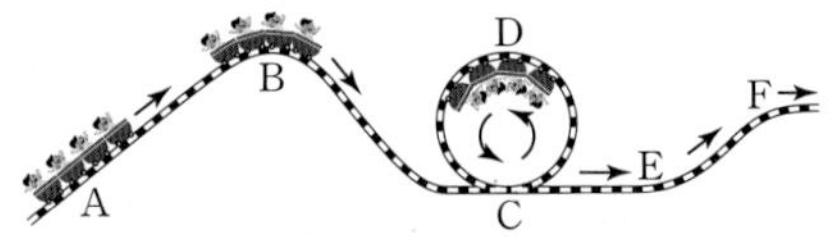

구간	에너지 전환
B → C	위치 에너지 (㉠) 운동 에너지
C → D	위치 에너지 (㉡) 운동 에너지
D → C	위치 에너지 (㉢) 운동 에너지
E → F	위치 에너지 (㉣) 운동 에너지

빈 칸에 해당하는 화살표를 옳게 짝 지은 것은?

	㉠	㉡	㉢	㉣
①	→	←	→	→
②	←	→	←	→
③	→	→	←	←
④	←	←	→	→
⑤	→	←	→	←

15 풍력 발전에서는 바람을 이용해 오른쪽 그림과 같은 발전기를 회전시켜 전기를 얻는다.
이때 에너지 전환을 옳게 나타낸 것은?

① 열에너지 → 전기 에너지
② 빛에너지 → 전기 에너지
③ 운동 에너지 → 전기 에너지
④ 소리 에너지 → 전기 에너지
⑤ 화학 에너지 → 전기 에너지

16 에너지에 대한 설명으로 옳은 것을 〈보기〉에서 모두 고른 것은?

> **보기**
> ㄱ. 역학적 에너지는 항상 보존된다.
> ㄴ. 한 형태의 에너지는 다른 형태로 전환될 수 있다.
> ㄷ. 에너지는 전환 과정에서 새로 생기거나 소멸되지 않는다.

① ㄱ   ② ㄴ   ③ ㄷ
④ ㄱ, ㄴ   ⑤ ㄴ, ㄷ

17 그림과 같이 질량이 2 kg인 공이 5 m 높이에서 내려와 지면에서 운동을 하고 있다.

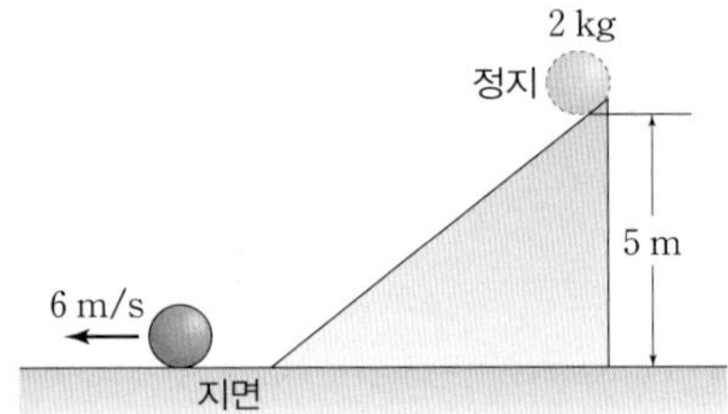

공이 지면에 도달하는 순간의 속력이 6 m/s이었다면 손실된 역학적 에너지는?

① 36 J   ② 62 J   ③ 98 J
④ 134 J   ⑤ 160 J

18 오른쪽 그림은 우리 주변에서 쉽게 접하는 휴대 전화를 나타낸 것이다. 휴대 전화에서의 에너지 전환으로 옳지 <u>않은</u> 것은?

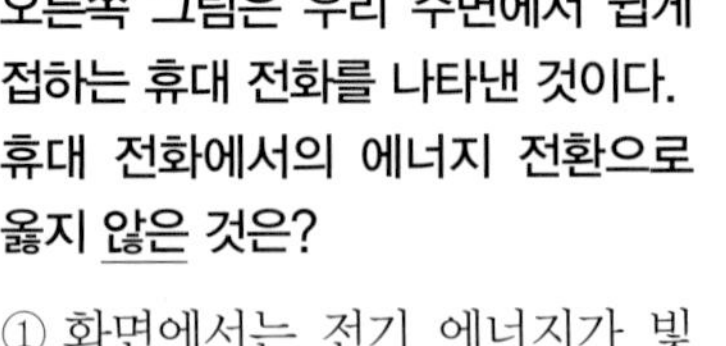

① 화면에서는 전기 에너지가 빛에너지로 전환된다.
② 충전할 때 전기 에너지가 화학 에너지로 전환된다.
③ 스피커에서는 소리 에너지가 전기 에너지로 전환된다.
④ 휴대 전화가 뜨거워질 때 전기 에너지가 열에너지로 전환된다.
⑤ 휴대 전화가 진동할 때 전기 에너지가 운동 에너지로 전환된다.

19 그림과 같이 장치하고 막대자석을 이용하여 유도 전류를 발생시켰다.

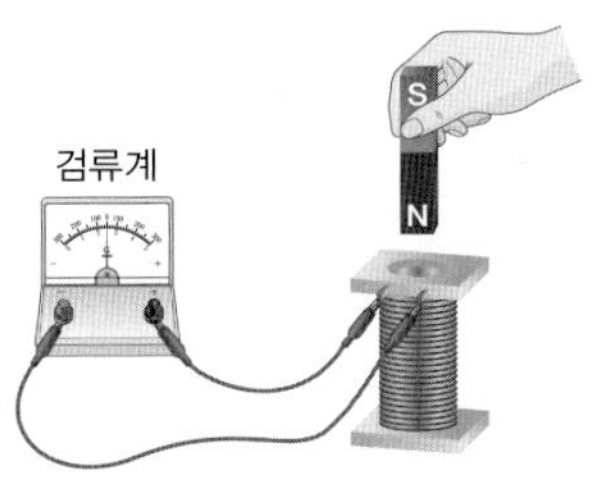

검류계 바늘의 움직임을 더 크게 하는 방법을 세 가지 서술하시오.

---

20 표는 여러 가지 전기 기구의 하루 동안의 소비 전력과 사용 시간을 나타낸 것이다.

전기 기구	소비 전력(W)	사용 시간(h)
선풍기	30	4
냉장고	100	24
전기다리미	1000	0.5
전기밥솥	250	4

하루 동안 사용한 전력량이 가장 많은 전기 기구를 쓰고, 소비 전력량과 사용 시간은 어떤 관계가 있는지 서술하시오.

---

21 소비 전력이 1200 W인 다리미를 30분 동안 사용하였다. 이때 사용한 전력량을 풀이 과정과 함께 서술하시오.

[22~23] 그림은 2 m 높이에서 질량이 5 kg인 공을 떨어뜨렸을 때 바닥에서 튀어 오르는 모습을 나타낸 것이다.

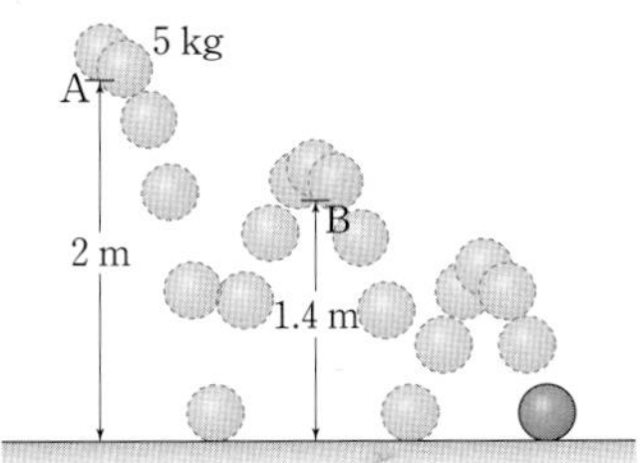

22 튀어 오르는 공의 높이가 점점 낮아지는 까닭을 서술하시오.

---

23 공이 A에서 B로 가는 동안 손실된 역학적 에너지를 풀이 과정과 함께 서술하시오.

---

24 그림은 자동차에서 일어나는 여러 형태의 에너지 전환을 나타낸 것이다.

공급된 화학 에너지는 여러 형태의 에너지로 전환되지만 그 총량은 보존된다. 그럼에도 불구하고 우리가 에너지를 절약해야 하는 까닭은 무엇인지 서술하시오.

---

01 별의 특성

1 연주 시차와 별까지의 거리

(1) 시차 : 멀리 떨어진 두 지점에서 한 물체를 관측할 때, 관측자의 위치에 따라 물체의 위치가 달라져 보이는 각도이다.

① 시차를 이용하면 물체까지의 ❶(　　　　　)를 구할 수 있다.

② 관측자와 물체 사이의 거리가 가까울수록 시차는 ❷(　　　　　)지고, 거리가 멀수록 시차는 ❸(　　　　　)진다.

(2) 연주 시차 : 지구에서 6개월 간격으로 같은 별을 관측하여 측정한 시차의 ❹(　　　　　)이다.

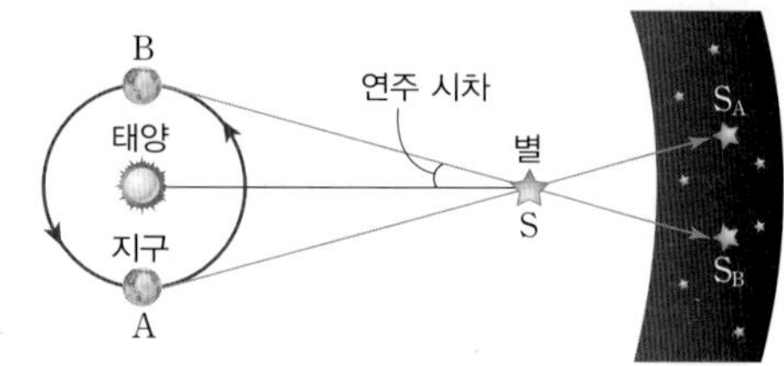

① 연주 시차가 나타나는 까닭 : 지구가 태양 주위를 ❺(　　　　　)하기 때문이다.

② 연주 시차의 단위 : ″(초) ➡ 1°(도)＝60′(분)＝3600″(초)

(3) 연주 시차와 별까지의 거리 : 별까지의 거리가 멀어질수록 연주 시차는 ❻(　　　　　)진다. ➡ 별의 거리는 연주 시차에 반비례한다.

$$별의\ 거리(pc) = \frac{1}{연주\ 시차(″)}$$

2 별의 밝기

(1) 별의 밝기와 거리

① 별이 방출하는 빛의 양 : 별까지의 거리가 같은 경우, 별이 방출하는 빛의 양이 많을수록 밝게 보인다.

② 별까지의 거리 : 별이 방출하는 빛의 양이 같은 경우, 거리가 먼 별일수록 밝기가 어두워진다. ➡ 별의 밝기는 별까지의 거리의 제곱에 ❼(　　　　　)한다.

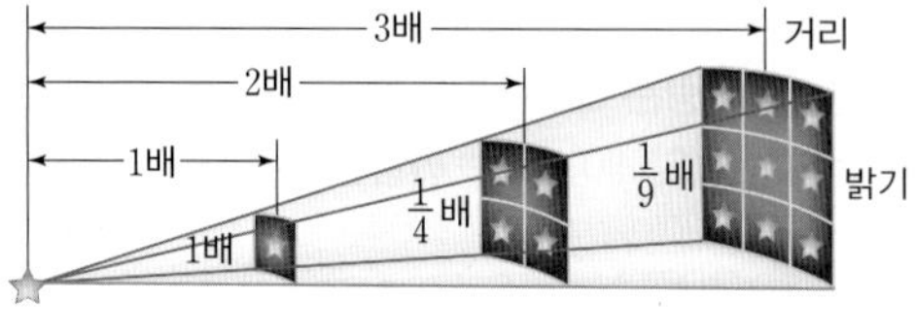

$$별의\ 밝기 \propto \frac{1}{(별까지의\ 거리)^2}$$

(2) 별의 밝기와 등급

① 히파르코스는 맨눈으로 볼 수 있는 별을 1등성에서 6등성으로 정하였다.

② 별의 등급이 작을수록 밝고, 등급이 클수록 어두운 별이다.

③ 별의 밝기가 각 등급 사이일 때, 별의 등급은 소수점을 이용하여 나타낸다.

④ 1등급인 별은 6등급인 별보다 약 ❽(　　　　　)배 밝다.

⑤ 별의 등급이 1등급 차이일 때, 별의 밝기는 약 2.5배 차이가 있다. ➡ 별의 밝기 차＝$2.5^{등급\ 차}$

3 별의 겉보기 등급과 절대 등급

(1) 겉보기 등급

① 맨눈으로 본 별의 밝기 등급이다.

② 별까지의 거리를 고려하지 않고 우리 눈에 보이는 별의 밝기를 상대적으로 비교하여 나타낸 것이다.

③ 겉보기 등급이 작을수록 우리 눈에는 밝게 보인다.

(2) 절대 등급

① 별이 ❾(　　　　　) pc(≒32.6 광년)의 거리에 있다고 가정했을 때의 밝기 등급이다.

② 별의 실제 밝기를 비교할 수 있다.

③ 절대 등급이 작을수록 실제로 더 밝은 별이다.

(3) 별의 등급과 거리 : ❿(　　　　　)의 값이 클수록 멀리 있는 별이다.

10 pc보다 가까이 있는 별	겉보기 등급 ＜ 절대 등급
10 pc의 거리에 있는 별	겉보기 등급 ＝ 절대 등급
10 pc보다 멀리 있는 별	겉보기 등급 ＞ 절대 등급

4 별의 색깔과 표면 온도

(1) 별의 색깔

① 별은 ⓫(　　　　　)에 따라 색깔이 달라진다.

② 표면 온도가 높은 별일수록 파란색을 띠고, 표면 온도가 낮은 별일수록 ⓬(　　　　　)을 띤다.

(2) 별의 색깔과 표면 온도

별의 색깔	파란색	청백색	흰색	황백색	노란색	주황색	붉은색
표면 온도	높다 ←——————————→ 낮다						
대표적인 별	민타카	리겔	견우성	북극성	태양	아크투루스	베텔게우스

(3) 별의 표면 온도를 알아내는 방법 : 별의 색깔 등을 통해 별의 표면 온도를 알아낸다.

1 물체를 서로 다른 방향에서 볼 때 생기는 각을 ⑴ (　　　　　)라고 하는데, 관측자와 물체 사이의 거리가 ⑵ (가까울 , 멀)수록 그 값은 커진다.

2 별까지의 거리가 멀어질수록 연주 시차는 (작아 , 커)진다.

3 **오른쪽 표는 별 A~D의 지구로부터의 거리를 나타낸 것이다.**

별	A	B	C	D
거리(pc)	1.5	4.6	3.0	7.8

A~D 중 연주 시차가 가장 작은 별은 ⑴ (　　　　　)이고, 연주 시차가 가장 큰 별은 ⑵ (　　　　　)이다.

4 어떤 별의 시차가 0.2″라면 이 별의 연주 시차는 ⑴ (　　　　　)이고, 별까지의 거리는 ⑵ (　　　　　) pc이다.

5 3등급의 별은 −3등급의 별보다 밝기가 (밝다 , 어둡다).

6 1등급 사이에는 약 (　　　　　)배의 밝기 차이가 난다.

7 지구에서 별의 거리가 10배로 멀어지면 밝기는 (　　　　　)배로 어두워진다.

8 우리 눈에 보이는 별의 밝기를 등급으로 나타낸 것을 ⑴ (　　　　　)이라 하고, 별이 10 pc 거리에 있다고 가정할 때의 밝기를 등급으로 나타낸 것을 ⑵ (　　　　　)이라고 한다.

9 맨눈으로 보았을 때 1등급인 별과 10등급인 별 중 밝게 보이는 별은 (1 , 10)등급의 별이다.

10 겉보기 등급과 절대 등급이 같은 별까지의 거리는 ⑴ (　　　　　)이고, 10 pc보다 멀리 있는 별은 겉보기 등급이 절대 등급보다 ⑵ (작다 , 같다 , 크다).

11 별의 표면 온도가 높을수록 ⑴ (파란색 , 붉은색)을 띠고, 표면 온도가 낮을수록 ⑵ (파란색 , 붉은색)을 띤다.

12 **표는 몇몇 별들의 색깔을 나타낸 것이다.**

별	태양	베텔게우스	견우성	리겔
별의 색깔	노란색	붉은색	흰색	청백색

이 별들 중 표면 온도가 가장 높은 별은 ⑴ (　　　　　)이고, 표면 온도가 가장 낮은 별은 ⑵ (　　　　　)이다.

실전 대비 예상 문제

01 그림 (가)는 관측자가 팔을 굽힌 상태로, (나)는 팔을 편 상태로 양쪽 눈을 번갈아 감으면서 연필 끝의 위치 변화를 관찰한 것이다.

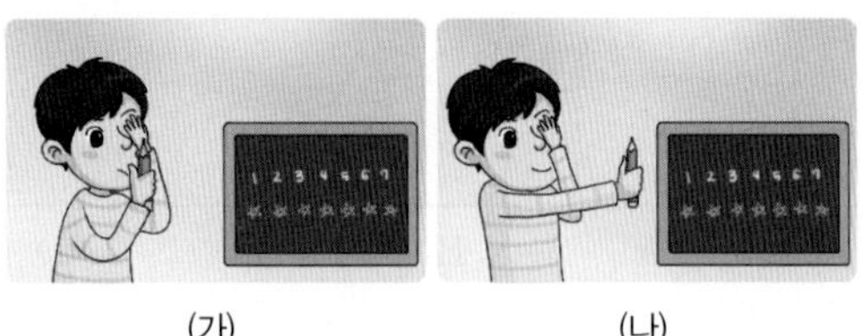

(가)   (나)

이에 대한 설명으로 옳은 것을 〈보기〉에서 모두 고른 것은?

┤ 보기 ├
ㄱ. 연필이 보이는 방향의 차이를 시차라고 한다.
ㄴ. 물체의 거리와 시차는 반비례함을 알 수 있다.
ㄷ. (가)의 경우보다 (나)의 경우 시차가 더 크게 측정된다.

① ㄱ   ② ㄷ   ③ ㄱ, ㄴ
④ ㄴ, ㄷ   ⑤ ㄱ, ㄴ, ㄷ

02 그림은 관측자가 A와 B 위치에서 나무를 관측하는 모습이다.

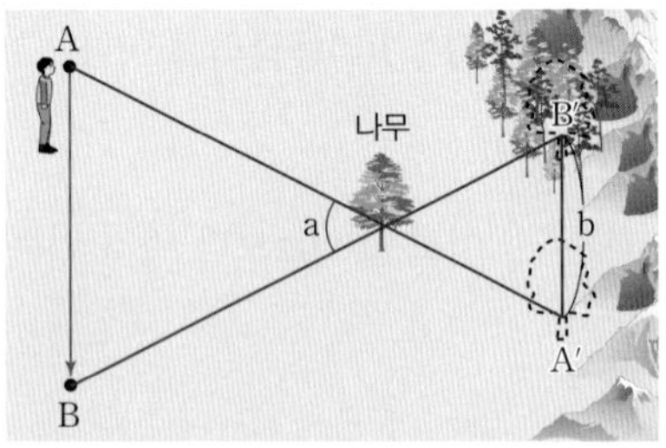

이에 대한 설명으로 옳은 것을 〈보기〉에서 모두 고른 것은?

┤ 보기 ├
ㄱ. a를 연주 시차라고 한다.
ㄴ. A와 B 사이가 가까워지면 b는 멀어진다.
ㄷ. 관측자가 A에서 B로 이동하면 나무는 A′에서 B′로 이동하는 것처럼 보인다.

① ㄱ   ② ㄷ   ③ ㄱ, ㄴ
④ ㄴ, ㄷ   ⑤ ㄱ, ㄴ, ㄷ

03 시차와 연주 시차에 대한 설명으로 옳지 <u>않은</u> 것은?

① 시차는 연주 시차의 2배이다.
② 연주 시차는 별까지의 거리에 반비례한다.
③ 시차는 별까지의 거리가 멀어질수록 커진다.
④ 시차와 연주 시차는 두 관측 지점의 위치가 멀어지면 커진다.
⑤ 별의 시차와 연주 시차는 지구가 공전하기 때문에 나타나는 현상이다.

04 그림은 별 A와 B의 시차를 나타낸 것이다.

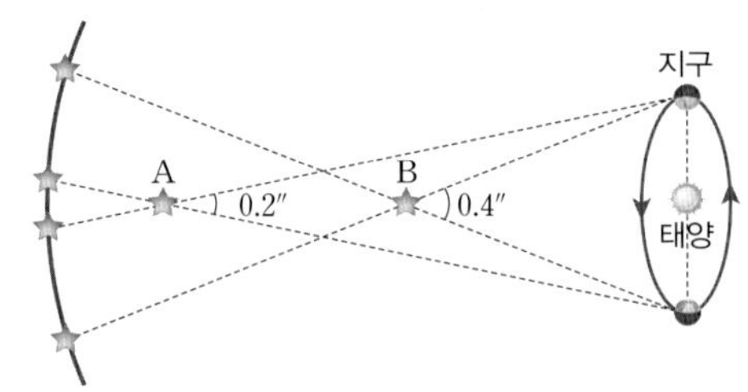

(가) 지구에서 별 A까지의 거리와 (나) 별 B의 연주 시차를 옳게 짝 지은 것은?

	(가)	(나)		(가)	(나)
①	5 pc	0.1″	②	5 pc	0.2″
③	10 pc	0.1″	④	10 pc	0.2″
⑤	10 pc	0.4″			

05 표는 별의 등급 차에 따른 밝기 차를, 그림은 별의 밝기와 거리와의 관계를 나타낸 것이다.

등급 차	1	2	3	4	5
밝기 차(배)	2.5	6.3	16	40	100

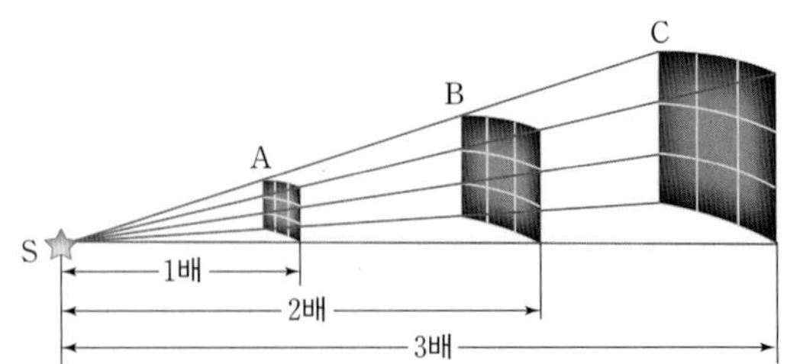

어떤 별을 현재의 위치에서 거리를 변화시켰더니 9배로 밝아졌다. 이 별은 현재 거리의 몇 배로 이동하였는가?

① $\frac{1}{9}$배   ② $\frac{1}{3}$배   ③ 3배
④ 9배   ⑤ 18배

06 그림 (가)는 같은 종류의 전구를 40개 모아 놓은 모습을, (나)는 16개 모아 놓은 모습을 나타낸 것이다.

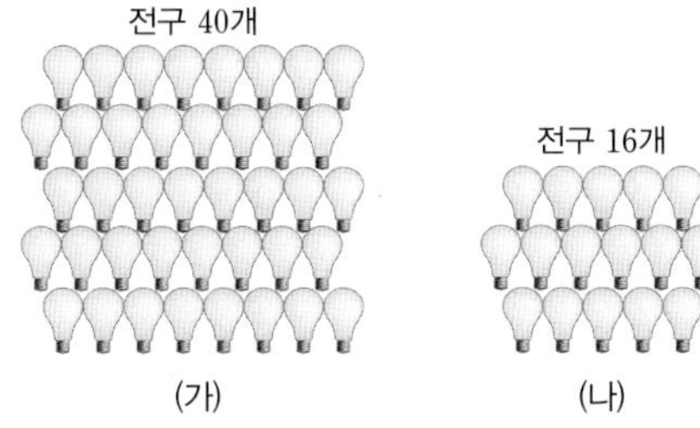

(가)의 밝기가 2등급으로 보인다면 (나)의 밝기는 몇 등급으로 보이겠는가?

① 1등급   ② 2등급   ③ 3등급
④ 4등급   ⑤ 5등급

07 별의 밝기와 등급에 대한 설명으로 옳은 것은?

① 등급이 클수록 밝은 별이다.
② 6등성은 1등성보다 100배 밝다.
③ 별의 등급은 항상 정수로 나타낸다.
④ 1등급 차이의 밝기 차는 약 2.5배이다.
⑤ 별자리를 이루는 별들은 밝기가 모두 같다.

08 그림은 사자자리를 이루는 별 A와 B의 겉보기 등급을 나타낸 것이다.

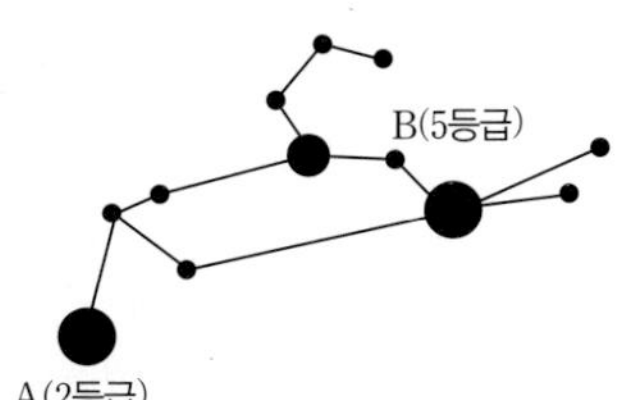

별 B가 별 A와 같은 밝기로 보이려면 별 B를 어떻게 이동시켜야 하는가?

① 3배 멀리 이동시킨다.
② $\frac{1}{3}$배로 가까이 이동시킨다.
③ 4배 멀리 이동시킨다.
④ $\frac{1}{4}$배로 가까이 이동시킨다.
⑤ $\frac{1}{16}$배로 가까이 이동시킨다.

09 직녀성의 겉보기 등급은 0등급이다. 직녀성이 현재의 거리보다 10배 더 멀어진다면 직녀성은 몇 등급으로 보이겠는가?

① −9등급   ② −4등급   ③ 1등급
④ 5등급   ⑤ 10등급

10 표는 별 A~D의 겉보기 등급과 절대 등급을 나타낸 것이다.

별	A	B	C	D
겉보기 등급	6.0	2.7	2.0	−1.5
절대 등급	1.0	−1.5	3.0	1.5

이에 대한 설명으로 옳지 <u>않은</u> 것은?

① 실제로 가장 밝은 별은 B이다.
② 별 C까지의 거리는 10 pc이다.
③ 맨눈으로 보았을 때 가장 밝게 보이는 별은 D이다.
④ 별 A는 C보다 맨눈으로 보았을 때 $\frac{1}{40}$배로 어둡게 보인다.
⑤ 별 D를 현재 위치에서 10배 먼 거리에 가져다 놓을 경우 겉보기 등급은 3.5등급이 된다.

11 그림에서 1 pc 거리에 있는 별 S_1과 10 pc 거리에 있는 별 S_2의 겉보기 등급은 1등급으로 서로 같았다.

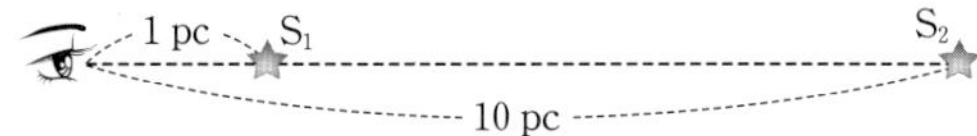

별 S_1과 S_2의 절대 등급을 옳게 비교한 것은?

① 별 S_1과 S_2의 절대 등급은 같다.
② 별 S_1이 S_2보다 5등급 더 크다.
③ 별 S_1이 S_2보다 5등급 더 작다.
④ 별 S_1이 S_2보다 10등급 더 크다.
⑤ 별 S_1이 S_2보다 10등급 더 작다.

[12~14] 표는 몇몇 별들의 겉보기 등급과 절대 등급을 나타낸 것이다.

별	겉보기 등급	절대 등급
시리우스	−1.5	1.4
리겔	0.1	−6.8
태양	−26.8	4.8
북극성	2.1	−3.7
안타레스	0.9	−4.5
아크투루스	−0.04	−0.3
견우성	0.8	2.2

12 위 별들 중 가장 밝게 보이는 별과 가장 어둡게 보이는 별을 순서대로 나열한 것은?

① 시리우스, 태양   ② 시리우스, 북극성
③ 리겔, 태양   ④ 태양, 리겔
⑤ 태양, 북극성

13 위 별들 중 (가)10 pc보다 가까이 있는 별과 (나)실제 방출하는 에너지양이 가장 많은 별을 옳게 짝 지은 것은?

	(가)	(나)
①	시리우스	리겔
②	리겔	북극성
③	태양	안타레스
④	북극성	아크투루스
⑤	견우성	시리우스

14 위 별들 중 연주 시차가 가장 큰 별은?

① 리겔   ② 태양   ③ 북극성
④ 안타레스   ⑤ 아크투루스

[15~16] 표는 세 별의 겉보기 등급과 절대 등급을 나타낸 것이다.

별	겉보기 등급	절대 등급
프로키온	0.37	2.6
아크투루스	−0.04	−0.3
카펠라	0.08	−0.6

15 지구에서 먼 별부터 순서대로 옳게 나열한 것은?

① 프로키온 – 아크투루스 – 카펠라
② 프로키온 – 카펠라 – 아크투루스
③ 아크투루스 – 프로키온 – 카펠라
④ 아크투루스 – 카펠라 – 프로키온
⑤ 카펠라 – 아크투루스 – 프로키온

16 카펠라에 대한 설명으로 옳은 것을 〈보기〉에서 모두 고른 것은?

┤ 보기 ├
ㄱ. 연주 시차가 0.1″보다 작다.
ㄴ. 별까지의 거리가 10 pc보다 멀다.
ㄷ. 프로키온보다 실제로 밝은 별이다.

① ㄱ   ② ㄷ   ③ ㄱ, ㄴ
④ ㄴ, ㄷ   ⑤ ㄱ, ㄴ, ㄷ

17 그림은 별 A~E의 겉보기 등급과 절대 등급을 나타낸 것이다.

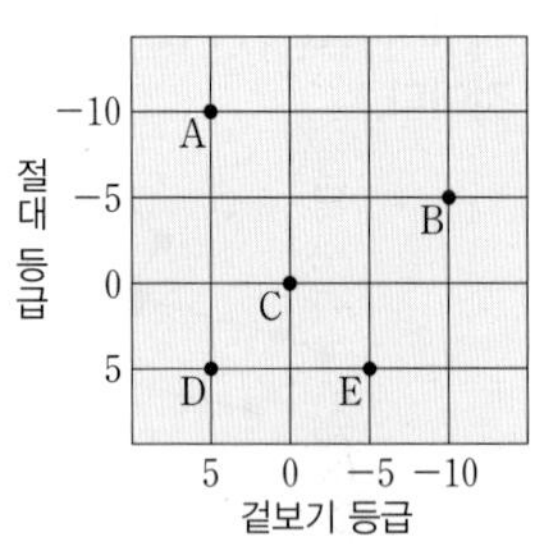

별 A~E에 대한 설명으로 옳은 것을 〈보기〉에서 모두 고른 것은?

┤ 보기 ├
ㄱ. 실제로 가장 밝은 별은 E이다.
ㄴ. 가장 밝게 보이는 별은 A이다.
ㄷ. 별 C와 D는 같은 거리에 있다.

① ㄱ   ② ㄷ   ③ ㄱ, ㄴ
④ ㄴ, ㄷ   ⑤ ㄱ, ㄴ, ㄷ

18 겉보기 등급이 −26.8등급인 태양을 태양으로부터 40 AU 떨어진 탐사선에서 관측한다면 태양의 겉보기 등급은 몇 등급인가?

① −26.8 ② −18.8 ③ −14.8
④ −10.8 ⑤ −6.8

19 다음 〈보기〉의 별들 중 거리가 가장 먼 별부터 순서대로 옳게 나열한 것은?

┤ **보기** ├
ㄱ. 연주 시차가 0.05″인 별
ㄴ. 별빛이 오는 데 10년이 걸리는 별
ㄷ. 절대 등급과 겉보기 등급이 같은 별

① ㄱ — ㄴ — ㄷ ② ㄱ — ㄷ — ㄴ
③ ㄴ — ㄷ — ㄱ ④ ㄷ — ㄱ — ㄴ
⑤ ㄷ — ㄴ — ㄱ

20 그림은 별의 겉보기 등급과 색깔을 나타낸 것이다.

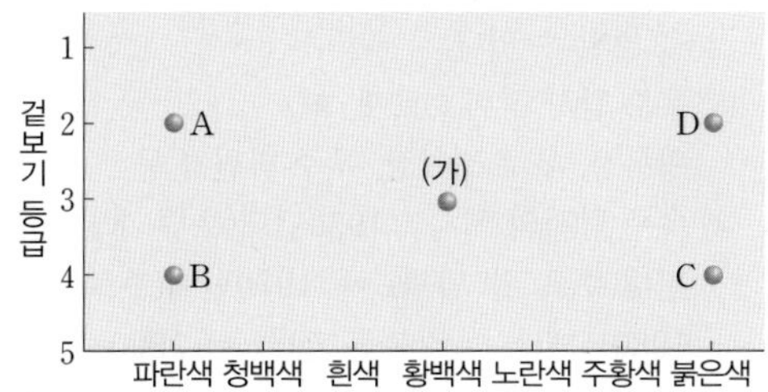

이에 대한 설명으로 옳은 것을 〈보기〉에서 모두 고른 것은?

┤ **보기** ├
ㄱ. (가)보다 어둡게 보이는 별은 B, C이다.
ㄴ. (가)보다 표면 온도가 높은 별은 A, D이다.
ㄷ. C, D별은 표면 온도가 낮아서 붉은색으로 보인다.
ㄹ. D별은 표면 온도가 높아서 우리 눈에 어둡게 보인다.

① ㄱ, ㄴ ② ㄱ, ㄷ ③ ㄴ, ㄷ
④ ㄴ, ㄹ ⑤ ㄷ, ㄹ

21 그림은 별 S의 시차를 나타낸 것이다.

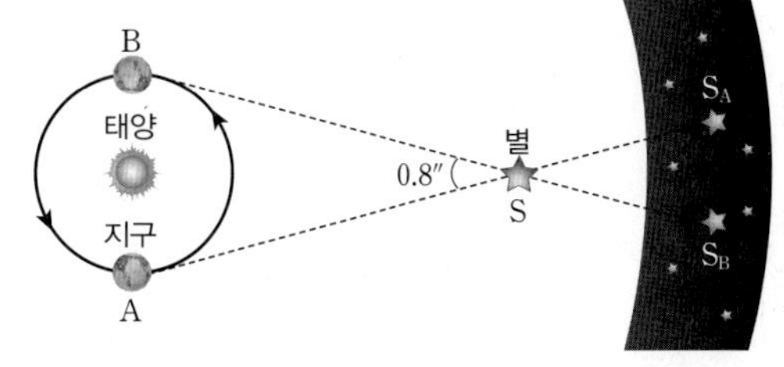

(1) 별 S의 연주 시차를 구하고, 별 S의 거리가 현재보다 2배 멀어지면 연주 시차는 어떻게 변하는지 서술하시오.

(2) 별 S의 시차와 같이 지구의 위치에 따라 별이 보이는 위치가 달라지는 까닭을 서술하시오.

22 표는 시리우스와 북극성의 겉보기 등급과 절대 등급을 나타낸 것이다.

별	겉보기 등급	절대 등급
시리우스	−1.5	1.4
북극성	2.1	−3.7

(1) 시리우스와 북극성 중 거리가 더 먼 별을 쓰고, 그 까닭을 서술하시오.

(2) 밤하늘에서 가장 밝게 보이는 별인 시리우스는 북극성보다 실제로는 더 어두운 별이지만, 시리우스가 북극성보다 밝게 보이는 까닭을 서술하시오.

23 표는 몇몇 별들의 색깔을 나타낸 것이다.

별	시리우스	카펠라	알데바란	프로키온
색깔	흰색	노란색	주황색	황백색

별들의 색깔이 다른 까닭을 서술하시오.

1 우리은하

(1) 은하 : 우주 공간에 수많은 별로 이루어진 거대한 천체 집단

(2) 우리은하 : 태양계가 속해 있는 은하이다.

① 우리은하의 크기

- 우리은하의 지름 : 약 30 kpc(10만 광년)
- 우리은하에 포함된 별의 수 : 약 2000억 개
- 태양계의 위치 : 우리은하 중심에서 약 **❶**(   ) kpc(3만 광년) 떨어진 나선팔에 위치한다.

② 우리은하의 모양

- 옆에서 본 모양 : 중심부가 약간 볼록한 원반 모양이다.
- 위에서 본 모양 : 중심부는 막대 모양이고, 막대 끝에는 소용돌이치는 나선 모양의 팔이 있다.

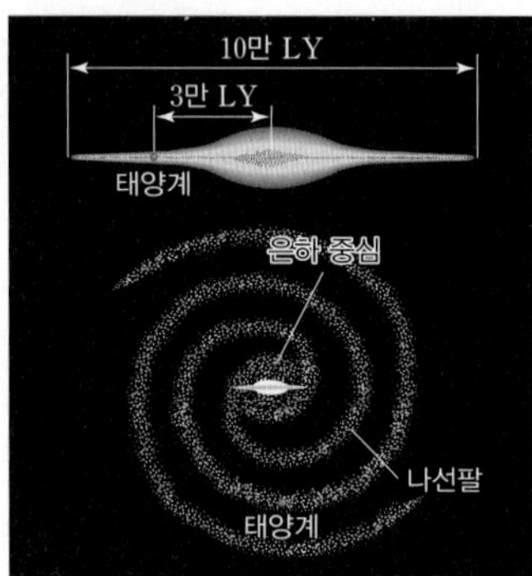

(3) 은하수

① 수많은 별들이 모여 있어 뿌연 띠처럼 보이는 것으로, 하늘을 한 바퀴 휘감고 있다.

② 우리은하의 일부를 지구에서 본 모습이다.

③ 군데군데 검게 보이는 부분은 짙은 가스와 티끌이 뒤에서 오는 별빛을 가리기 때문이다.

④ 우리나라에서는 여름철에 은하 중심 방향을 바라보기 때문에 폭이 넓고 선명하게 보인다.

2 성단과 성운

(1) 성단 : 수많은 별들이 무리를 지어 모여 있는 집단이다.

① **❷**(   ) 성단 : 수만~수십만 개의 별들이 공 모양으로 빽빽하게 모여 있는 성단으로, 나이가 많고, 표면 온도가 낮아 붉은색을 띠며, 주로 은하핵과 은하 주변의 둥근 공간에 분포한다.

② **❸**(   ) 성단 : 수십~수만 개의 별들이 허술하게 모여 있는 성단으로, 나이가 젊고, 표면 온도가 높아 파란색을 띠며, 주로 나선팔에 분포한다.

 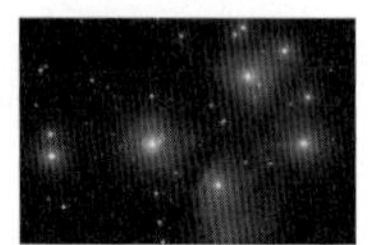

▲ 구상 성단　　　▲ 산개 성단

(2) 성운 : 별과 별 사이의 공간에 성간 물질이 많이 모여 구름처럼 보이는 것이다.

① 방출 성운 : 고온의 별에서 나오는 강한 빛에 의해 기체가 가열되어 스스로 빛을 내는 성운으로, 주로 붉은색을 띤다.

② **❹**(   ) 성운 : 주위의 별에서 나오는 빛을 가스와 티끌이 반사하여 밝게 보이는 성운으로, 주로 파란색을 띤다.

③ **❺**(   ) 성운 : 짙은 가스나 티끌이 뒤에서 오는 별빛을 가려 어둡게 보이는 성운이다.

  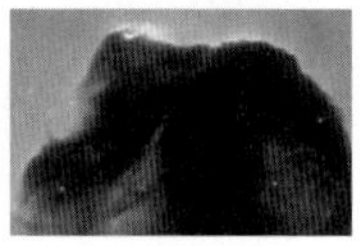

▲ 방출 성운　　　▲ 반사 성운　　　▲ 암흑 성운

3 우주 팽창

(1) 외부 은하 : 우리은하 밖에 있는 은하이다.

(2) 외부 은하의 분류 : 허블은 외부 은하를 **❻**(   )에 따라 타원 은하, **❼**(   ) 나선 은하, 막대 나선 은하, 불규칙 은하로 분류하였다.

(3) 우주 팽창 : 은하들 사이의 거리는 서로 멀어지고 있으며, 팽창하는 우주에는 중심이 없다.

(4) **❽**(   ) 우주론(빅뱅 우주론)

① 약 138억 년 전, 모든 물질과 에너지가 모인 한 점에서 대폭발로 시작된 우주가 점점 **❾**(   )하여 현재의 우주가 되었다는 이론이다.

② 대폭발 이후 우주의 온도는 점차 낮아져 별과 은하가 만들어졌으며, 현재에도 계속 팽창하고 있다.

4 우주 탐사

(1) 우주 탐사 : 우주를 이해하고자 우주를 탐색하고 조사하는 활동

(2) 우주 탐사의 의의 : 인류는 우주 탐사 과정에서 얻은 지식으로 지구와 우주를 더 잘 이해할 수 있고, 생각의 폭을 넓힐 수 있다.

(3) 우주 탐사 장비 : 로켓, **❿**(   ), 탐사선, 우주 왕복선, 우주 정거장, 우주 망원경 등

(4) 우주 탐사의 역사 : 1950년대(우주 개발 시작) ➡ 1960년대(주로 달 탐사) ➡ 1970년대(주로 행성 탐사) ➡ 1980년대(우주 왕복선 개발) ➡ 1990년대(다양한 우주 개발) ➡ 2000년대(국가 간의 우주 개발 협력)

(5) 우주 탐사의 영향

① 우주 개발과 관련된 직업 : 우주 비행사, 인공위성 연구원, 로켓 제작자, 천문학자, 우주 식품 개발자 등

② 우주 개발 과정에서 얻어진 첨단 기술의 이용 : MRI, 정수기, 진공청소기, 화재경보기, 에어쿠션 운동화 등

③ 인공위성의 이용 : 과학 위성, 방송 통신 위성, 기상 위성, 항법 위성, 지구 관측 위성, 군사 위성 등

④ **⓫**(   ) : 수명을 다한 인공위성이나 로켓 등에서 떨어져 나온 파편들로, 속도가 매우 빠르고 궤도가 일정하지 않다. ➡ 피해 : 인공위성, 탐사선과 충돌하거나 지상으로 떨어져 피해를 준다.

1 우리은하에 대한 설명으로 옳은 것은 ○, 옳지 <u>않은</u> 것은 ×로 표시하시오.

(1) 태양계는 우리은하의 중심에 있다. ·· (   )

(2) 우리은하는 약 2천억 개의 별을 포함한다. ··· (   )

(3) 위에서 보면 원반 모양이고, 옆에서 보면 막대 나선 모양이다. ················ (   )

2 우리은하의 지름은 약 (   ) kpc이다.

3 우리은하의 중심부 방향을 보면 은하수가 (넓고 선명하게 , 좁고 희미하게) 보인다.

4 산개 성단과 구상 성단 중 다음 설명에 해당하는 성단의 이름을 각각 쓰시오.

(1) 수만~수십만 개의 별들이 공 모양으로 빽빽하게 모여 있다. ·················· (   )

(2) 수십~수만 개의 별들이 허술하게 모여 있고, 주로 나선팔에 분포한다. ········ (   )

(3) 주로 은하핵과 은하 주변의 둥근 공간에 분포한다. ································ (   )

5 별과 별 사이에 퍼져 있는 가스와 티끌 등을 (   )이라고 한다.

6 (   )은 성간 물질이 모여 있어 구름처럼 보이는 천체이다.

7 우주 팽창에 대한 설명으로 옳은 것은 ○, 옳지 <u>않은</u> 것은 ×로 표시하시오.

(1) 우주에는 수많은 은하가 있고, 우주는 팽창하고 있다. ···························· (   )

(2) 은하 사이의 거리는 가까워진다. ·· (   )

(3) 우주의 중심에는 우리은하가 있다. ·· (   )

8 우주 탐사의 역사에 대한 설명으로 옳은 것은 ○, 옳지 <u>않은</u> 것은 ×로 표시하시오.

(1) 1957년에 최초로 발사한 인공위성은 스푸트니크 1호이다. ····················· (   )

(2) 1960년대에는 주로 행성 탐사가 이루어졌고, 1970년대에는 주로 달 탐사가 이루어졌다.
··· (   )

(3) 우주 탐사는 달, 태양계, 우리은하, 외부 은하 및 우주로 점차 확장되어 진행되어 왔다.
··· (   )

9 직접 우주로 나가 탐사 활동을 하거나 우주 정거장에서 생활하면서 임무를 수행하는 직업은
(   )이다.

10 지상으로부터 받은 신호를 지상으로 다시 보내어 지상국, 배, 비행기 등과 통신을 중계하고, 방송국의
전파를 송수신하는 역할을 하는 인공위성은 (   ) 위성이다.

11 오른쪽 그림은 수명을 다한 인공위성이나 로켓 등에서 떨어져 나온 다양한 크기의
파편이 지구 주위를 돌고 있는 모습을 나타낸 것이다. 이것은 무엇인지 쓰시오.

(   )

실전 대비 예상 문제

01 우리은하에 대한 설명으로 옳은 것을 〈보기〉에서 모두 고른 것은?

| 보기 |
ㄱ. 반지름은 약 30 kpc이다.
ㄴ. 약 2000개의 별을 포함하고 있다.
ㄷ. 태양계는 우리은하의 중심에서 약 8.5 kpc 떨어진 나선팔에 있다.
ㄹ. 우리은하에는 나선 모양의 팔이 있다.

① ㄱ, ㄴ ② ㄱ, ㄷ ③ ㄴ, ㄷ
④ ㄴ, ㄹ ⑤ ㄷ, ㄹ

02 그림은 우리은하를 옆에서 본 모습을 나타낸 것이다.

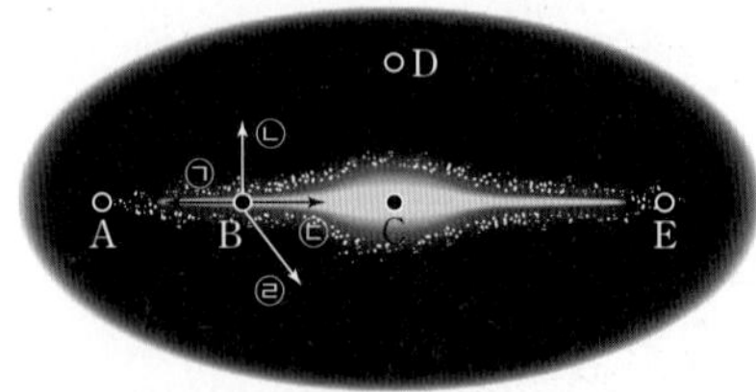

이에 대한 설명으로 옳지 <u>않은</u> 것은?

① 태양계는 B에 위치한다.
② 궁수자리는 C 방향에 위치한다.
③ C와 D에는 주로 구상 성단이 분포한다.
④ A에서 출발한 빛이 E에 도달하기까지는 약 10만 년이 걸린다.
⑤ 은하수의 폭이 가장 두껍고 밝게 보이는 것은 ㉣ 방향을 볼 때이다.

03 은하수에 대한 설명으로 옳지 <u>않은</u> 것은?

① 수많은 별들이 모여 뿌연 띠처럼 보인다.
② 우리은하의 일부를 지구에서 바라본 모습이다.
③ 우리은하의 중심 방향에서 가장 희미하게 보인다.
④ 북반구와 남반구 어디에서나 관측할 수 있다.
⑤ 우리나라에서 은하수가 가장 넓고 밝게 보이는 계절은 여름이다.

04 그림 (가)와 (나)는 우리은하 내에 분포하는 산개 성단과 구상 성단을 순서 없이 나타낸 것이다.

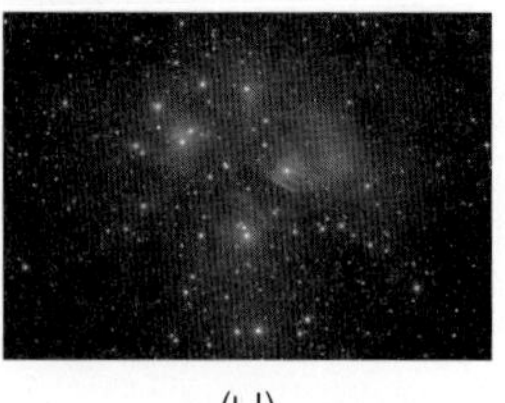

(가) (나)

(가), (나) 두 성단의 특징을 옳게 비교한 것은?

구분	(가)	(나)
① 별의 개수	수만~수십만 개	수십~수만 개
② 별의 나이	적음	많음
③ 별의 색깔	파란색	붉은색
④ 별의 표면 온도	높음	낮음
⑤ 분포	나선팔	은하핵, 은하를 둘러싼 공간

05 성간 물질과 성운에 대한 설명으로 옳은 것을 〈보기〉에서 모두 고른 것은?

| 보기 |
ㄱ. 성간 물질은 우주 공간에 고르게 분포한다.
ㄴ. 성간 물질은 우주 공간에 매우 희박하게 흩어져 있다.
ㄷ. 성간 물질이 모여 구름처럼 보이는 천체를 성운이라고 한다.
ㄹ. 말머리 성운은 대표적인 암흑 성운이다.

① ㄱ, ㄴ ② ㄱ, ㄷ ③ ㄴ, ㄹ
④ ㄱ, ㄴ, ㄷ ⑤ ㄴ, ㄷ, ㄹ

06 그림은 밤하늘에서 관측할 수 있는 천체의 모습 중 하나이다.

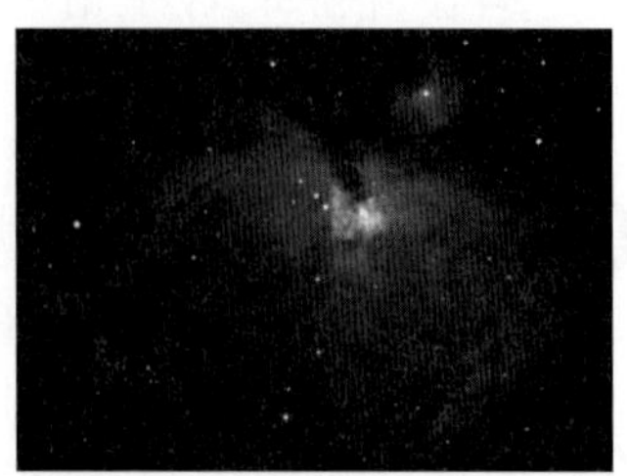

이 천체의 이름으로 가장 적절한 것은?

① 산개 성단 ② 구상 성단 ③ 방출 성운
④ 암흑 성운 ⑤ 반사 성운

[07~08] 그림은 우주에서 관측되는 성운들을 나타낸 것이다.

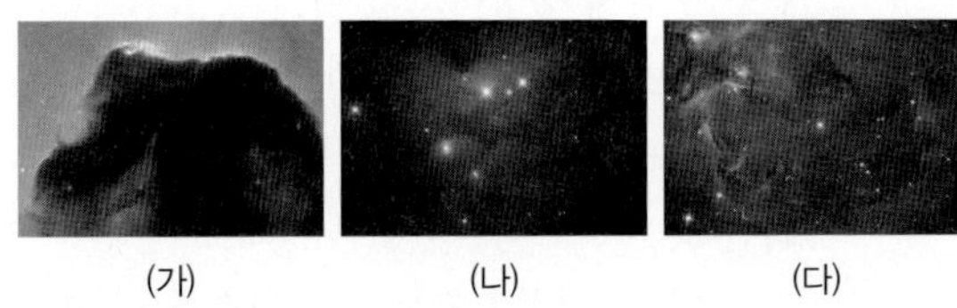

(가)　　　　(나)　　　　(다)

07 (가)~(다) 천체의 공통점으로 옳은 것은?

① 우리은하 밖에 분포한다.
② 표면 온도가 높은 별들이 밀집해 있다.
③ 성간 물질이 밀집해 있어 구름처럼 보인다.
④ 가스와 티끌이 주변의 빛을 반사하여 밝게 보인다.
⑤ 은하수의 가운데 부분이 검게 보이는 것과 생성 원리가 같다.

08 (가), (나), (다)의 천체를 〈보기〉의 설명에서 골라 옳게 짝 지은 것은?

┤ 보기 ├
ㄱ. 성간 물질이 주변의 별빛을 반사하여 밝게 보인다.
ㄴ. 성간 물질이 주변의 별빛을 흡수하여 가열되면서 스스로 빛을 낸다.
ㄷ. 성간 물질이 뒤에서 오는 별빛을 가로막아 어둡게 보인다.

	(가)	(나)	(다)
①	ㄱ	ㄴ	ㄷ
②	ㄱ	ㄷ	ㄴ
③	ㄴ	ㄱ	ㄷ
④	ㄷ	ㄱ	ㄴ
⑤	ㄷ	ㄴ	ㄱ

09 표는 외부 은하의 종류를 나타낸 것이다.

(가)	(나)
나선 은하, 타원 은하	불규칙 은하

(가), (나)로 은하를 분류한 기준은 무엇인가?

① 나선팔의 유무
② 나선팔의 개수
③ 은하의 납작한 정도
④ 은하 모양의 규칙성
⑤ 은하 중심의 막대 구조 유무

10 그림은 우리은하의 어느 방향을 관측하여 찍은 사진이다.

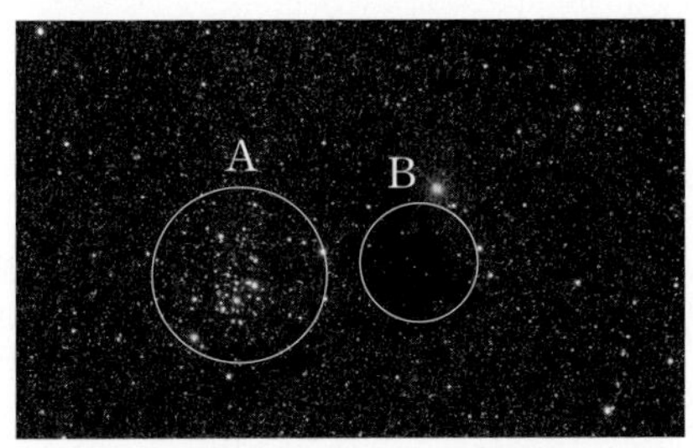

이에 대한 설명으로 옳은 것을 〈보기〉에서 모두 고른 것은?

┤ 보기 ├
ㄱ. A는 주로 젊은 별들로 이루어져 있다.
ㄴ. B는 A보다 성간 물질이 많이 분포한다.
ㄷ. A는 주로 은하의 중심부에, B는 은하면에 분포한다.

① ㄱ　　　② ㄷ　　　③ ㄱ, ㄴ
④ ㄴ, ㄷ　　　⑤ ㄱ, ㄴ, ㄷ

[11~12] 그림은 허블이 외부 은하를 분류한 것을 간단하게 나타낸 것이다.

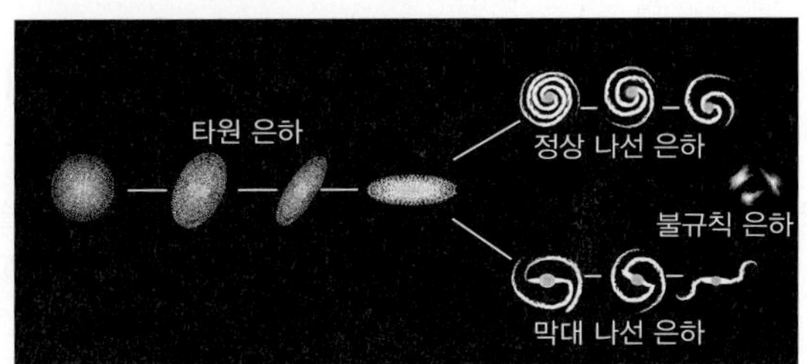

11 위와 같은 은하의 분류 기준은?

① 은하의 색　　　② 은하의 크기
③ 은하의 나이　　　④ 은하의 모양
⑤ 은하의 온도

12 위 자료에 대한 설명으로 옳은 것을 〈보기〉에서 모두 고른 것은?

┤ 보기 ├
ㄱ. 우리은하는 정상 나선 은하에 속한다.
ㄴ. 타원 은하는 납작한 정도에 따라 세분한다.
ㄷ. 나선팔이 없는 은하는 모두 불규칙 은하이다.

① ㄱ　　　② ㄴ　　　③ ㄱ, ㄷ
④ ㄴ, ㄷ　　　⑤ ㄱ, ㄴ, ㄷ

13 외부 은하에 대한 설명으로 옳지 <u>않은</u> 것은?

① 모양에 따라 분류한다.
② 우리은하 밖에 있는 은하이다.
③ 타원 은하는 나선팔이 없다.
④ 불규칙 은하는 구조나 모양이 일정하지 않다.
⑤ 나선 은하는 나선팔의 모양에 따라 정상 나선 은하와 막대 나선 은하로 구분한다.

[14~15] 그림은 외부 은하들의 모습을 나타낸 것이다.

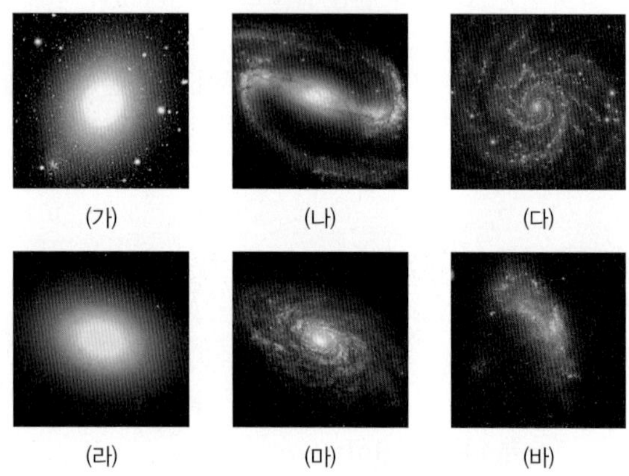

14 (가), (나), (다) 중 우리은하와 같은 모습의 은하와 이름을 옳게 짝 지은 것은?

① (가), 타원 은하   ② (나), 막대 나선 은하
③ (나), 정상 나선 은하   ④ (다), 막대 나선 은하
⑤ (다), 정상 나선 은하

15 (라), (마), (바) 은하의 특징에 해당하는 설명을 다음 A, B, C 중에서 골라 옳게 짝 지은 것은?

- A : 규칙적인 모양이 없고, 구조나 모양이 일정하지 않은 은하이다.
- B : 은하의 중심에서 나선팔이 직접 휘어져 나온 은하이다.
- C : 나선팔이 없으며, 공 모양이나 타원 모양의 은하이다.

	(라)	(마)	(바)		(라)	(마)	(바)
①	A	B	C	②	B	A	C
②	B	C	A	④	C	A	B
⑤	C	B	A				

16 우주 팽창에 대한 설명으로 옳지 <u>않은</u> 것은?

① 우주는 현재 팽창하고 있다.
② 팽창하는 우주에는 특별한 중심이 없다.
③ 우주가 팽창함에 따라 외부 은하들은 서로 가까워진다.
④ 서로 멀리 떨어져 있는 은하일수록 더 빨리 멀어진다.
⑤ 약 138억 년 전 한 점에 모여 있던 우주는 대폭발하여 현재와 같은 우주가 되었다.

17 그림은 우주가 탄생한 이후 시간의 흐름에 따른 우주의 모습을 모식적으로 나타낸 것이다.

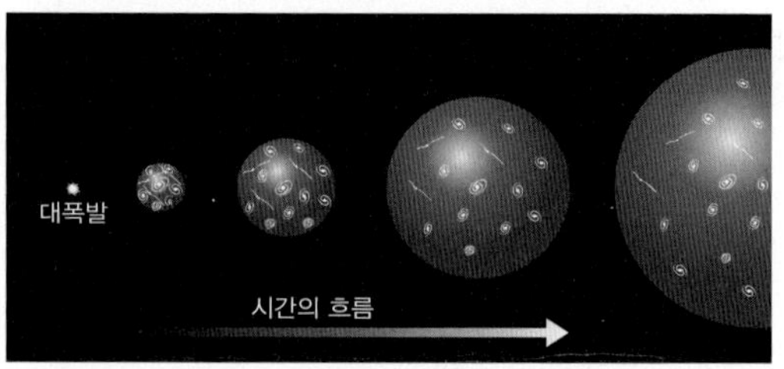

이에 대한 설명으로 옳은 것만을 〈보기〉에서 있는 대로 고른 것은?

┤ 보기 ├
ㄱ. 우주는 한 점에서 폭발하였다.
ㄴ. 팽창하는 우주의 중심은 우리은하이다.
ㄷ. 이와 같은 이론을 정상 우주론이라고 한다.

① ㄱ   ② ㄷ   ③ ㄱ, ㄴ
④ ㄴ, ㄷ   ⑤ ㄱ, ㄴ, ㄷ

18 우주 탐사에 대한 설명으로 옳은 것을 〈보기〉에서 모두 고른 것은?

┤ 보기 ├
ㄱ. 우주를 이해하기 위한 활동이다.
ㄴ. 인류의 일상생활과는 관련이 없다.
ㄷ. 탐사 준비 과정에서 발전한 기술은 여러 산업 분야에 활용되고 있다.

① ㄱ   ② ㄴ   ③ ㄱ, ㄷ
④ ㄴ, ㄷ   ⑤ ㄱ, ㄴ, ㄷ

19 우주 탐사에 필요한 기본적 도구로, 연료를 태워 만들어진 가스를 분출시켜 그 반작용으로 앞으로 나아갈 수 있게 만든 장비는 무엇인가?

① 로켓
② 탐사선
③ 인공위성
④ 우주 왕복선
⑤ 우주 정거장

20 다음은 민수네 반 친구들이 우주와 관련된 직업에 대해 나눈 대화 내용이다.

> • 민수 : 난 직접 우주로 나가서 탐사 활동을 하는 일을 할 거야.
> • 정민 : 나는 영화에서처럼 인공위성이나 탐사선이 정상적으로 활동하도록 통제하는 일을 하고 싶어.
> • 민경 : 난 우주인들이 안전하고 맛있게 먹을 수 있는 음식을 개발해야지.

세 친구가 미래에 되고 싶어 하는 직업을 옳게 짝 지은 것은?

	민수	정민	민경
①	천문학자	우주선 개발자	우주 첨단 제품 개발자
②	천문학자	인공위성 연구원	우주 식품 개발자
③	우주인	인공위성 연구원	우주 식품 개발자
④	우주인	우주선 개발자	우주 첨단 제품 개발자
⑤	공학자	인공위성 연구원	우주 식품 개발자

21 인공위성의 종류와 목적을 옳게 짝 지은 것은?

① 지구 관측 위성 : 과학 연구를 위한 자료를 수집한다.
② 과학 위성 : 자동차, 비행기, 배 등의 위치를 추적한다.
③ 방송 통신 위성 : 방송국의 전파를 송수신하는 목적으로 이용된다.
④ 항법 위성 : 군사 시설이나 군인의 이동 등을 정찰하고 정보를 수집한다.
⑤ 기상 위성 : 해양 오염을 감시하고, 산림 상태나 어군의 분포 등을 조사한다.

22 성단과 성운의 차이점을 구성 물질을 비교하여 서술하시오.

23 만일 태양계가 우리은하의 중심에 있다고 가정할 때, 지구에서 본 은하수의 모습을 서술하시오.

24 그림은 우주 팽창 원리를 알아보기 위한 풍선 실험을 나타낸 것이다.

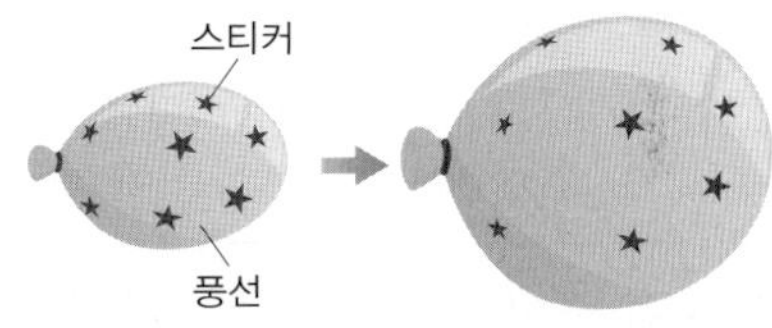

(1) 별 모양 스티커와 풍선의 표면이 비유하는 것을 각각 쓰시오.

(2) 위 모형을 바탕으로 우주가 팽창할 때 나타나는 현상을 서술하시오.

25 다음은 영화 '그래비티(Gravity)'와 연관있는 그림과 영화의 주요 줄거리이다.

> 허블 우주 망원경을 수리하기 위해 우주 공간에서 작업하던 스톤 박사는 ㉠폭파된 인공위성의 잔해와 부딪히면서 그곳에 홀로 남겨지게 되고, 우주 공간 속에서 그녀는 생존을 위한 처절한 노력을 한다.

㉠에 해당하는 것은 무엇인지 쓰시오.

핵심 내용 정리

01 과학기술과 인류 문명

1 불의 이용 : 불을 이용하면서 ❶( )이 발달하였다.
⑴ 음식을 익히거나 토기를 만드는 등 생존을 위한 기술이 발달함
⑵ 청동이나 철과 같은 금속을 얻고 가공하는 기술이 발달함
⑶ 과학기술의 발달로 생활 수준이 향상되고, 인류 문명이 발달함

2 인류 문명 발달에 영향을 미친 과학 원리의 발견

태양 중심설 (코페르니쿠스)	망원경으로 천체를 관측하여 우주의 중심이 태양임을 발견 → ❷( )가 우주의 중심이라는 생각을 변화시킴
세포의 발견 (훅)	❸( )을 이용하여 생물의 세포 발견 → 생물체를 작은 세포들이 모여서 이루어진 존재로 인식
❹( ) 법칙 (뉴턴)	질량을 가지고 있는 모든 물체는 서로 끌어당기는 힘이 작용한다고 주장 → 자연 현상을 이해하고 그 변화를 예측할 수 있게 됨
전자기 유도 법칙 (패러데이)	코일 속에서 자석을 움직이면 코일에 유도 전류가 흐른다고 주장 → ❺( )를 생산하고 활용할 수 있는 방법을 얻음

3 과학기술이 인류 문명의 발달에 미친 영향
⑴ 인쇄 분야 : 활판 인쇄술이 발달하면서 책의 대량 생산이 가능해지고, 지식과 정보의 유통이 활발해지면서 과학과 인간 중심의 사회로 변화 ➡ 현재는 전자책이 출판되어 많은 양의 정보를 저장하고 검색하기 쉬워짐
⑵ 공업과 교통 분야 : ❻( )을 이용한 기차로 물건을 먼 곳까지 운반할 수 있게 되었고, 기계의 발명으로 제품의 대량 생산이 가능해짐 ➡ 현재는 비행기나 고속 열차를 이용하여 빠르게 이동하거나 운반할 수 있음
⑶ 의료 분야 : 종두법의 발견 이후 여러 가지 백신이 개발되어 질병을 예방할 수 있게 되었고, 페니실린의 발견으로 ❼( )가 개발됨 ➡ 현재는 첨단 의료 기기의 발달로 정밀한 진단이 가능하며, 원격 의료 기술이 발달하여 장소에 관계없이 의료 지원을 받을 수 있음
⑷ 농업 분야 : 암모니아 합성법을 개발하여 ❽( )의 대량 생산이 가능해짐 ➡ 현재는 생명 공학 기술을 이용하여 특정한 목적에 맞게 품종을 개량하고, 지능형 농장으로 농산물의 생산성과 품질이 향상됨
⑸ 정보 통신 분야 : 소리의 진동을 전기적 신호로 바꾸는 기술을 통해 ❾( )가 발명되어 멀리 떨어진 사람과 통화가 가능하게 됨 ➡ 현재는 사물 인터넷과 인공 지능의 발달로 인류의 문명과 생활이 더욱 편리해짐

4 생활을 편리하게 하는 과학기술

❿( ) 기술	나노미터 크기로 작아진 물질을 이용하여 다양한 소재나 제품을 만드는 기술 → 제품의 소형화, 경량화가 가능해짐 • 나노 반도체 : 초소형 하드 디스크를 만들 때 사용하며 크기가 매우 작음 • 나노 로봇 : 몸속의 혈관을 따라 이동하면서 바이러스를 파괴하거나 산소를 공급함 • 휘어지는 디스플레이 : 얇고 가벼우며, 휘어지는 성질이 있어 충격에 강함
생명 공학 기술	생물체의 특성과 기능을 활용하거나 생물체를 인위적으로 조작하여 인간에게 유용하게 만드는 기술 • 유전자 재조합 기술 : 특정 생물의 유전자를 다른 생물의 DNA에 재조합하는 기술 • 세포 융합 기술 : 서로 다른 특징을 가진 두 종류의 세포를 융합하여 하나의 세포로 만드는 기술
정보 통신 기술	⓫( )의 수집, 저장, 처리, 검색, 전송 등과 관련된 모든 기술 • 사물 인터넷(IoT) : 모든 사물을 인터넷으로 연결하는 기술 • 인공 지능(AI) : 인간의 사고, 기억, 학습 등의 지능적인 행동을 모방하여 컴퓨터가 스스로 추론, 학습, 판단하여 인간 고유의 지식 행위를 실현하는 기술 • 빅데이터 기술 : 방대한 정보를 분석하여 활용하는 기술 • 증강 현실(AR) : 가상의 정보가 실제 존재하는 것처럼 보이게 하는 기술 • 가상 현실(VR) : 가상의 세계를 오감을 통해 현실처럼 체험하는 기술

5 공학적 설계
⑴ 공학적 설계 : 과학 원리나 과학기술을 활용하여 새로운 제품이나 시스템을 개발하거나 기존 제품을 개선하는 창의적인 설계 과정
⑵ 공학적 설계 과정
문제점 인식 및 ⓬( ) 설정하기 → 정보 수집하기 → 해결 방법 모색 및 결정하기 → 설계도 작성하기 → 제품 생산하기 → 평가 및 개선하기
⑶ 공학적 설계를 할 때 고려해야 할 사항 : 경제성, 안전성, 편리성, 환경적 요인, 외형적 요인 등

쪽지 시험

01 과학기술과 인류 문명

정답 및 해설 **49**쪽

1 인류는 (　　　　　　)을 이용하여 청동이나 철과 같은 금속을 얻고 가공하는 기술이 발달하게 되어 생활 수준이 크게 향상되었다.

2 망원경으로 천체를 관측하여 태양이 우주의 중심을 발견하고, 중세의 가치관을 변화시킨 인물은 누구인가?

3 다음은 인류 문명의 발달에 영향을 미친 과학 원리 중 하나이다. 이와 관련된 법칙이 무엇인지 쓰시오.

> 패러데이는 코일 속에서 자석을 움직이면 코일에 유도 전류가 흐른다고 주장하였으며, 이 법칙으로 인해 전기를 생산하고 활용할 수 있는 방법을 얻게 되었다.

4 다음은 과학기술이 인류 문명의 발달에 미친 영향을 나타낸 것이다. 어떤 분야에 대한 설명인지 쓰시오.

> 금속 활자를 이용한 활판 인쇄술이 발달하면서 책의 대량 생산이 가능해져 지식과 정보를 쉽게 접할 수 있게 되었다. 현재는 전자책이 출판되어 많은 양의 정보를 저장하고 검색하기 쉬워졌다.

5 종두법의 발견 이후 여러 가지 백신이 개발되어 질병을 예방할 수 있게 되었고, (　　　　　　)의 발견으로 항생제가 개발되어 인간의 수명이 길어졌다.

6 다음 (　　　　) 안에 말맞은 말을 쓰시오.

> 산업 혁명 이후 급격한 인구 증가에 따른 식량 부족 문제가 발생하였다. 하버는 ㉠ (　　　　　　)를 대량으로 합성하는 새로운 제조 공정을 고안하여 ㉡ (　　　　　　) 비료를 대량으로 생산할 수 있게 되었다.

7 나노기술을 이용하여 나노 반도체, 나노 로봇, 휘어지는 디스플레이 등을 만들면 얇고 가벼우며, 휘어지는 성질이 있어 충격에 (강하다 / 약하다).

8 (　　　　　　) 기술은 생물체의 특성과 기능을 활용하거나 생물체를 인위적으로 조작하여 인간에게 유용하게 만드는 기술을 의미한다.

9 과학 원리나 과학기술을 활용하여 새로운 제품이나 시스템을 개발하거나 기존 제품을 개선하는 창의적인 설계 과정을 (　　　　　　) 설계라고 한다.

실전 대비 예상 문제

01 태양 중심설에 대한 설명으로 옳은 것을 모두 고르면?

(2개)

① 코페르니쿠스가 주장하였다.
② 지구가 우주의 중심이라는 이론이다.
③ 중세의 우주관을 믿게 하는 계기가 되었다
④ 망원경으로 천체를 관측하여 발견된 이론이다.
⑤ 태양이 지구 주위를 도는 천체 중의 하나라는 이론이다.

02 과학 원리의 발견이 인류의 문명에 미친 영향으로 옳은 것을 〈보기〉에서 모두 고른 것은?

┤ 보기 ├
ㄱ. 경험 중심의 과학적 사고를 중요하게 생각하게 되었다.
ㄴ. 생물체를 작은 세포들이 모여서 이루어진 존재로 인식하였다.
ㄷ. 백신의 개발로 인해 인류의 수명이 연장되었다.

① ㄱ   ② ㄴ   ③ ㄱ, ㄷ
④ ㄴ, ㄷ   ⑤ ㄱ, ㄴ, ㄷ

03 인쇄 분야의 과학기술이 인류 문명의 발달에 미친 영향으로 옳지 <u>않은</u> 것은?

① 활판 인쇄술이 발달하면서 책의 대량 생산이 가능해졌다.
② 지식과 정보를 쉽게 접할 수 있게 되었다.
③ 지식과 정보의 유통이 활발해지면서 과학과 인간 중심의 사회로 변화되었다.
④ 기계의 발명으로 제품의 대량 생산이 가능해졌다.
⑤ 전자책이 출판되어 많은 양의 정보를 저장하고 검색하기 쉬워졌다.

04 정보 통신 분야의 과학기술이 인류 문명의 발달에 미친 영향으로 옳은 것을 〈보기〉에서 모두 고른 것은?

┤ 보기 ├
ㄱ. 인공위성을 이용한 원거리 통신이 가능하다.
ㄴ. 사물 인터넷과 인공 지능의 발달로 인류의 문명과 생활이 더욱 편리해졌다.
ㄷ. 개인의 사생활 침해와 같은 사회적 문제를 막을 수 있다.

① ㄱ   ② ㄷ   ③ ㄱ, ㄴ
④ ㄴ, ㄷ   ⑤ ㄱ, ㄴ, ㄷ

05 과학기술이 인류 문명의 발달에 미친 영향으로 옳지 <u>않</u>은 것은?

① 증기 기관을 이용한 기차나 배로 물건을 먼 곳까지 운반할 수 있게 되었다.
② 공업과 제조업이 발달하면서 도시가 축소되었다.
③ 지능형 농장으로 농산물의 생산성과 품질이 향상되었다.
④ 원격 의료 기술이 발달하여 장소에 관계없이 의료 지원을 받을 수 있다.
⑤ 인터넷을 통해 전 세계의 다양한 정보의 공유가 가능하다.

06 다음은 생활을 편리하게 하는 과학기술에 대한 설명이다.

(가) 생물체의 특성과 기능을 활용하거나 생물체를 인위적으로 조작하여 인간에게 유용하게 만드는 기술
(나) 정보의 수집, 저장, 처리, 검색, 전송 등과 관련된 모든 기술

(가)와 (나)에 해당하는 과학기술을 옳게 짝 지은 것은?

	(가)	(나)
①	나노 기술	생명 공학 기술
②	나노 기술	정보 통신 기술
③	생명 공학 기술	나노 기술
④	생명 공학 기술	정보 통신 기술
⑤	정보 통신 기술	나노 기술

07 다음은 생명 공학 기술을 이용하여 만든 작물에 관한 내용이다.

> 제초제에 내성을 가진 콩이나 잘 무르지 않는 토마토 등을 생산하는 데 이용한 기술이다.

이와 관련된 생명 공학 기술은?

① 나노 반도체
② 유전자 재조합 기술
③ 세포 융합 기술
④ 홈 네트워크
⑤ 바이오 의약품

08 다음 중 정보 통신 기술과 관련이 <u>없는</u> 것은?

① 가상 현실(VR)
② 빅데이터 기술
③ 사물 인터넷(IoT)
④ 인공 지능(AI)
⑤ 휘어지는 디스플레이

09 공학적 설계에 대한 설명으로 옳은 것을 〈보기〉에서 모두 고른 것은?

> **┤ 보기 ├**
> ㄱ. 공학적 설계는 과학적 원리나 기술을 이용한다.
> ㄴ. 새로운 제품을 개발할 때 적용되지만 기존의 제품을 개선할 때에는 적용되지 않는다.
> ㄷ. 일상생활에서 불편한 점을 인식하고 최적의 해결 방법을 모색한다.

① ㄱ   ② ㄴ   ③ ㄱ, ㄷ
④ ㄴ, ㄷ   ⑤ ㄱ, ㄴ, ㄷ

10 공학적 설계를 이용하여 전기 자동차를 개발할 때 고려해야 할 사항으로 적합하지 <u>않은</u> 것은?

① 경제성 — 수명이 긴 배터리를 사용한다.
② 안전성 — 보행자의 접근을 알 수 있는 경보음 장치 설치한다.
③ 편리성 — 자주 충전하여 사용할 수 있도록 가볍고 용량이 적은 배터리를 사용한다.
④ 환경적 요인 — 배기가스를 배출하지 않도록 설계한다.
⑤ 외형적 요인 — 소비자층의 취향을 고려하여 외형을 설계한다.

서술형

11 나노 기술은 나노 물질의 독특한 특성을 이용하여 다양한 소재나 제품을 만드는 기술이다. 나노 기술을 이용한 분야의 예를 두 가지 이상 쓰시오.

____

____

12 다음은 과학기술이 인류 문명의 발달에 미친 영향과 관련된 내용이다.

> 종두법의 발견 이후 여러 가지 백신이 개발되어 질병을 예방할 수 있게 되었고, 페니실린의 발견으로 항생제가 개발되었다.

이 내용을 바탕으로 현재 의료 분야의 변화를 두 가지만 쓰시오.

____

____

정답 및 해설 50쪽

유전병을 나타내는 가계도 분석하기

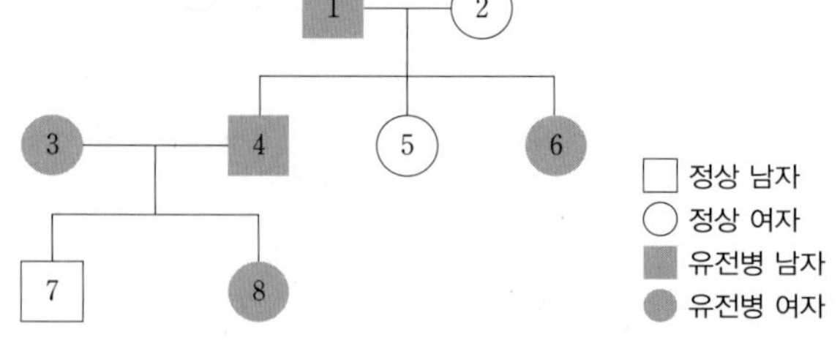

1. **우열 관계 파악하기** : 유전병을 나타내는 3과 4 사이에서 정상인 자녀 7이 태어난 것으로 보아 유전병은 정상에 대해 우성이다.

2. **유전병의 유전 방식 파악하기(상염색체 유전 또는 성염색체 유전인지 알아보기)**

   어머니인 2가 정상인데 아들인 4가 우성인 유전병을 나타내므로 유전병을 결정하는 유전자는 상염색체에 있다. 만약 유전병을 결정하는 유전자가 X 염색체에 있다면 유전병 대립유전자를 가지고 있지 않은 정상인 어머니로부터 X 염색체를 물려받은 아들은 반드시 유전병을 나타내지 않아야 한다.

3. **가계도 구성원의 유전병 유전자형 파악하기**

   ① 유전병 대립유전자를 A, 정상 대립유전자를 a라고 하였을 때, 정상인 사람의 유전자형은 열성 순종(aa)이다. 따라서 2, 5, 7의 유전자형은 모두 aa이다.

   ② 부모나 자녀 중 정상인 사람이 있는지 확인하여 유전병인 사람의 유전자형을 파악한다.
   - 1은 5에게, 3과 4는 7에게 정상 대립유전자를 물려주었다. ➡ 1, 3, 4의 유전자형 : Aa
   - 6은 2로부터 정상 대립유전자를 물려받았다. ➡ 6의 유전자형 : Aa
   - 8의 유전자형은 AA인지, Aa인지 확실하게 알 수 없다.

C 가계도 분석

1 위 가계도의 3과 4 사이에서 자녀가 한 명 더 태어날 때, 이 자녀가 정상인 딸일 확률을 구하시오.

[2~4] 그림은 어떤 집안의 특정 유전병에 대한 가계도를 나타낸 것이다.

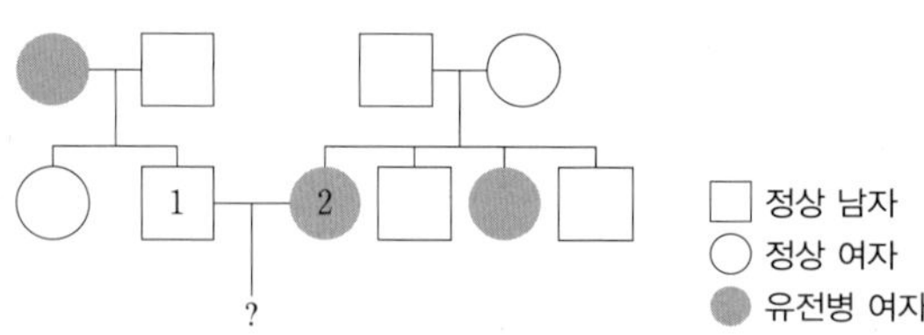

2 유전병은 정상에 대해 우성인지, 열성인지 쓰시오.

3 유전병을 결정하는 유전자는 상염색체와 성염색체 중 어디에 있는지 쓰시오.

4 1과 2 사이에서 자녀가 태어날 때, 이 자녀가 정상일 확률을 구하시오.

정답 및 해설 **50**쪽

역학적 에너지 보존

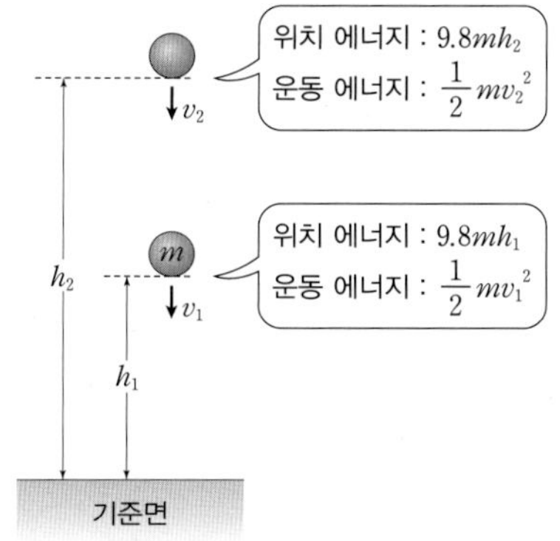

운동 에너지 증가량＝위치 에너지 감소량

$$\frac{1}{2}mv_1{}^2-\frac{1}{2}mv_2{}^2=9.8mh_2-9.8mh_1$$

$$9.8mh_1+\frac{1}{2}mv_1{}^2=9.8mh_2+\frac{1}{2}mv_2{}^2$$

➡ h_1에서의 역학적 에너지
　　　＝h_2에서의 역학적 에너지

C   역학적 에너지 보존 적용하기

1 질량이 2 kg인 물체를 7 m/s의 속력으로 연직 위로 던져 올렸을 때, 물체가 올라갈 수 있는 최고 높이를 구하시오. (단, 공기 저항은 무시한다.)

2 질량이 10 kg인 물체를 10 m 높이에서 가만히 떨어뜨렸을 때, 지면으로부터 4 m 높이에서의 위치 에너지와 운동 에너지의 비(위치 에너지 : 운동 에너지)를 구하시오. (단, 공기 저항은 무시한다.)

3 지면으로부터 10 m 높이에서 질량이 2 kg인 물체를 가만히 놓았다. 이 물체가 지면에 닿는 순간의 속력을 구하시오. (단, 공기 저항은 무시한다.)

4 지면으로부터 15 m 높이에 있는 물체가 자유 낙하 할 때 위치 에너지가 운동 에너지의 2배가 되는 지점은 지면으로부터 몇 m 높이인지 구하시오. (단, 공기 저항은 무시한다.)

5 오른쪽 그림은 질량이 2 kg인 물체가 낙하하는 모습을 나타낸 것이다. A 지점을 통과할 때 순간 속력이 8 m/s였다면 B 지점을 지나는 순간의 운동 에너지는 몇 J인지 구하시오. (단, 공기 저항은 무시한다.)

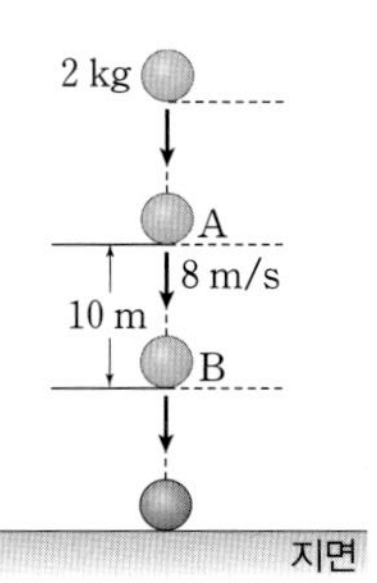

전자기 유도 현상과 소비 전력

전자기 유도 현상	소비 전력과 전력량
전자기 유도 : 코일 주위에서 자석을 움직일 때 코일을 통과하는 자기장이 변하여 코일에 전류가 흐르게 되는 현상 ➡ 자석 주위에서 코일을 움직일 때도 전자기 유도가 일어난다.	(1) 소비 전력 : 전기 기구가 1초 동안 사용하는 전기 에너지의 양[단위 : W(와트)]

(1) 소비 전력 공식:
$$\text{소비 전력(W)} = \frac{\text{전기 에너지(J)}}{\text{시간(s)}} = \text{전압(V)} \times \text{전류(A)}$$

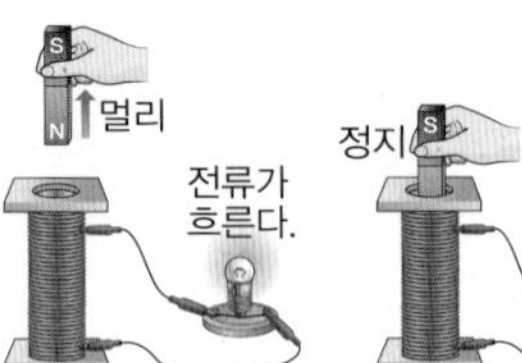

(2) 전력량 : 전기 기구가 일정 시간 동안 사용하는 전기 에너지의 양[단위 : Wh(와트시)]

$$\text{전력량(Wh)} = \text{소비 전력(W)} \times \text{시간(h)}$$

전자기 유도 현상

6 그림과 같이 코일에 검류계를 연결하고, 코일 부근에서 자석을 움직이는 실험을 하였다. 검류계의 바늘이 움직이는 경우에는 ○표, 바늘이 움직이지 <u>않는</u> 경우에는 ×표를 하시오.

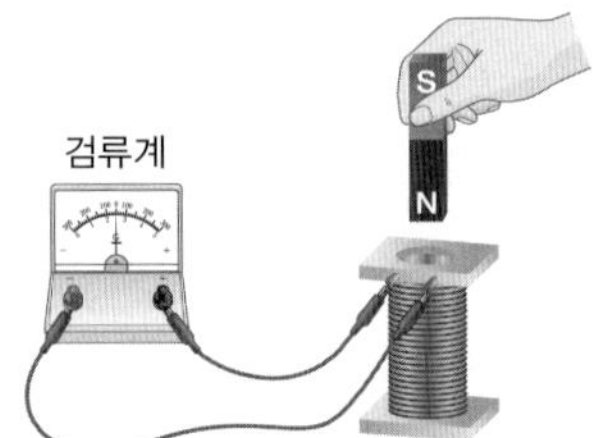

(1) N극을 코일에 가까이 한다. ····································(   )
(2) N극을 코일에서 멀리 한다. ····································(   )
(3) S극을 코일에 가까이 한다. ····································(   )
(4) S극을 코일에서 멀리 한다. ····································(   )
(5) 코일을 자석에 가까이 한다. ····································(   )
(6) 코일을 자석에서 멀리 한다. ····································(   )
(7) 자석을 코일 안에 넣어둔 채 움직이지 않는다. ············(   )

소비 전력과 전력량

7 소비 전력이 100 W인 전기 기구가 5초 동안 사용하는 전기 에너지는 몇 J인지 구하시오.

8 '220 V−44 W'라고 쓰여진 전구가 있다. 이 전구에 정격 전압을 걸어 2시간 동안 사용했을 때 전구가 사용한 전력량은 몇 Wh인지 구하시오.

9 어떤 전기 기구를 3시간 동안 사용했을 때 소비한 전력량이 3 kWh였다. 이 전기 기구의 소비 전력은 몇 W인지 구하시오.

10 소비 전력이 60 W인 선풍기를 60초 동안 작동시켰을 때, 선풍기가 사용한 전기 에너지는 몇 J인지 구하시오.

BON.본

BON 본

— 강남 학원가의 —
(((입소문셀러)))

고쟁이 끝에 내신 1등급이 온다!

중등

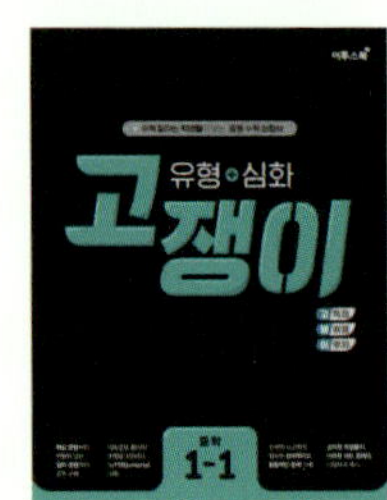

유형+심화 고쟁이

상위권을 위한
중등 우수 문제 선별

고등

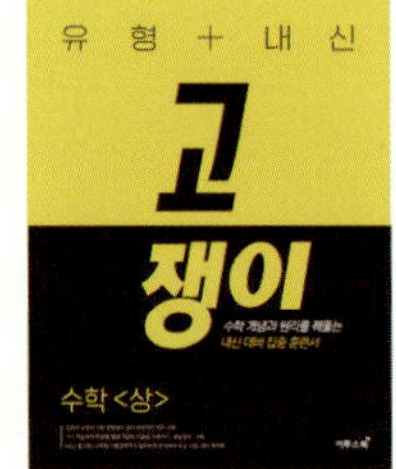

유형+내신 고쟁이

1000개 이상의
고등 내신 시험지
완벽 분석

실전+수능 고쟁이

수능 실전 대비
고난도 미니 모의고사

• 이투스북 도서는 전국 서점 및 온라인 서점에서 구매하실 수 있습니다.　　• 이투스북 온라인 서점 | www.etoosbook.com

이투스북

BON 본

본교재

1 개념 정리

교과서의 주요 개념과 시험에 자주 나오는 내용을 다양한 시각 자료와 함께 정리

개념 바로 확인 학습한 개념을 바로 확인할 수 있는 문제로 구성

초성 확인 문제 주요 핵심 용어를 알고 있는지 확인할 수 있음

2 개념 확장&이해

기출 최다 탐구 시험에 자주 출제되는 주요 탐구를 과정부터 결과까지 집중적으로 분석

더 알아보기 개념 정리만으로 이해하기 어려운 내용을 쉽고 자세하게 설명

기출 분석 다지선다 실제로 출제된 학교시험지를 심도 있게 분석하여 시험에 출제될 수 있는 다양한 선택지를 제시

3 실전 문제

학교 시험 변형 문제 족보닷컴에서 제공하는 학교시험지를 빈도별, 유형별로 분석하여 시험에 출제될 가능성이 높은 문제로 구성

단원 확인 문제 대단원을 마무리하는 실전 문제로 최종 점검

시험 대비 교재

1 기본 개념 확인

핵심 내용 정리 시험 직전 단원별 핵심 개념을 다시 한 번 확인

쪽지 시험 간단한 테스트를 통해 배운 내용을 확실히 알고 있는지 점검

2 실전 점검

실전 대비 예상 문제 다양한 예상 문제를 통해 학교시험을 완벽하게 대비

알면 쉽고 모르면 틀리는 문제 암기가 필요하거나 연습이 필요한 문제를 제시

족보닷컴과 함께하는
BON 본
정답 및 해설
중등 과학
3-2

V. 생식과 유전

01 세포 분열

개념 **바로 확인**　　　　본교재 **11쪽, 13쪽, 15쪽**

초성 확인 문제

01 유전자　02 염색 분체　03 상동 염색체　04 상, 성
05 세포 분열　06 체세포　07 핵, 세포질　08 전기, 중기
09 방추사　10 동물, 식물　11 감수　12 상동 염색체
13 염색 분체　14 체세포, 감수

01 (1) ○ (2) ○ (3) × (4) ×　02 (1) 유전자 (2) DNA (3) 상
동 염색체 (4) 염색체　03 (1) DNA (2) 단백질 (3) 염색체 (4)
염색 분체　04 (1) × (2) ○ (3) ○ (4) ○ (5) ×　05 (1) 간기
(2) 분열기　06 (1) ○ (2) × (3) ○ (4) ×　07 (1) 전기 (2) 후
기 (3) 중기　08 해설 참조　09 (1) (나) → (라) → (가) →
(다) (2) (나) (3) (가)　10 염색체의 모양과 행동　11 4
12 (1) ○ (2) × (3) ×　13 (1) 감수 1 (2) 감수 2 (3) 감수 1
(4) 감수 1　14 ㉡　15 감수 1분열 후기　16 정자, 난자,
꽃가루, 난세포　17 ㉠ : 2회, ㉡ : 생식세포, ㉢ : 4개, ㉣ :
염색체 수

01 (1) 염색체는 생물의 유전 정보를 담아 전달하는 역할을 하
며, DNA와 단백질로 구성된다.
(2) 염색체의 수와 모양은 생물의 종에 따라 다르며, 같은 종의
생물에서는 모두 같다.
(3) 염색 분체는 부모 중 한쪽에게서 물려받은 것이다.
(4) 종이 다르더라도 염색체 수가 같은 경우가 있다. 이때 종이
다르면 염색체의 크기와 모양, 유전자가 다르다.

03 염색체(C)는 DNA(A)와 단백질(B)로 이루어져 있다. 세
포가 분열하기 전에 DNA가 복제되어 하나의 염색체는 두 가닥
의 염색 분체(D)로 된다.

04 (1) 상동 염색체는 체세포에서 쌍을 이루고 있는 크기와 모
양이 같은 염색체이다.
(2), (5) 성염색체는 사람의 성 결정에 관여하며, 남자의 성염색체
구성은 XY, 여자의 성염색체 구성은 XX이다.
(3), (4) 사람의 체세포에는 23쌍(46개)의 상동 염색체가 있는데,
이 중 1번에서 22번까지의 염색체 쌍이 상염색체이다.

05 (1) 간기는 세포가 생장하고 핵 속의 유전 물질이 복제되며,
다음 세포 분열을 준비하는 시기이다.
(2) 분열기는 모세포가 분열하여 2개의 딸세포가 생성되는 시기
이다.

06 (1) 간기에 유전 물질(DNA)이 복제되어 그 양이 2배로 늘
어나는 시기가 있다.

(2) 체세포 분열 결과 1개의 모세포로부터 2개의 딸세포가 만들
어진다.
(3) 핵분열은 연속적으로 일어나며, 염색체의 모양과 행동에 따
라 전기, 중기, 후기, 말기로 구분한다.
(4) 체세포 분열에서는 상동 염색체가 분리되지 않고, 염색 분체
가 분리되어 각각의 딸세포에 들어간다.

07 (1) 핵막이 사라지면서 막대 모양의 염색체가 나타나는 시
기는 전기이다.
(2) 방추사에 의해 각 염색체의 염색 분체가 분리되어 세포의 양
극으로 이동하는 시기는 후기이다.
(3) 방추사가 부착된 염색체가 세포의 중앙에 나란히 배열되는
시기는 중기이다.

08 모세포는 염색체가 6개이고, 유전 물질(DNA)이 복제된
상태이다. 체세포 분열 과정에서 염색 분체가 분리되어 딸세포
로 나누어져 들어가므로 딸세포는 염색체가 6개이고 유전 물질
(DNA)의 양은 모세포의 절반이 된다.

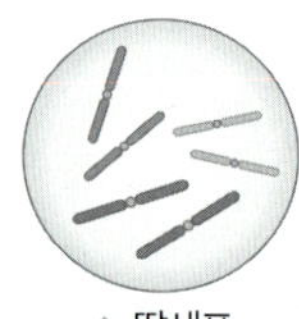

▲ 딸세포

09 (1) (가)는 중기, (나)는 간기, (다)는 후기, (라)는 전기이다.
따라서 체세포 분열 과정은 (나) → (라) → (가) → (다) 순으로
진행된다.
(2) 세포의 크기가 커지고 DNA가 복제되는 시기는 간기(나)이다.
(3) 염색체의 수와 모양을 뚜렷하게 관찰할 수 있는 시기는 중기
(가)이다.

12 (1) 감수 분열은 생식 기관에서 생식세포를 만들 때 일어나
는 세포 분열이다.
(2) 감수 1분열이 끝나고 감수 2분열이 일어날 때는 DNA가 복
제되는 간기가 없다.
(3) 감수 분열 결과 생성된 생식세포의 염색체 수는 체세포의 염
색체 수의 절반이다.

13 (1), (3) 감수 1분열 시에는 상동 염색체가 분리되어 세포의
양극으로 이동하므로 분열 결과 염색체 수가 절반으로 줄어든다.
(2) 염색 분체가 분리되어 세포의 양극으로 이동하는 시기는 감
수 2분열 후기이다.
(4) 2가 염색체가 세포의 중앙에 배열되는 시기는 감수 1분열 중
기이다.

16 • 동물의 생식세포 분열은 정소에서 정자가 만들어질 때,
난소에서 난자가 만들어질 때 일어난다.
• 식물의 생식세포 분열은 꽃밥에서 꽃가루가 만들어질 때, 밑
씨에서 난세포가 만들어질 때 일어난다.

01 (1) ◯ (2) ◯ (3) × (4) ◯   **02** 작은 세포
03 (가) : 6, (나) : 3   **04** (1) ◯ (2) × (3) ◯
05 (다) → (마) → (라) → (가) → (나)

01 (1) 한 변의 길이가 1 cm인 A는 한 변의 길이가 2 cm인 B
보다 부피와 표면적이 모두 작다.
(2) 부피에 대한 표면적의 비는 B가 3, C가 2이다.
(3) 세포의 크기가 클수록 단위 부피당 표면적의 비는 작아진다.
(4) 세포의 크기가 커지면 단위 부피당 표면적이 작아지기 때문
에 물질 교환이 효율적으로 일어나기 힘들다. 따라서 세포가 일
정 크기로 커지면 세포는 세포 분열을 통해 2개로 나누어진다.

02 세포의 크기가 클수록 단위 부피당 표면적이 작아지므로
생명 활동에 필요한 물질이 세포 중심까지 퍼져나가지 못하므로
물질 교환이 효율적으로 일어나지 못한다. 따라서 큰 세포보다
작은 세포가 물질 교환이 효율적으로 일어난다.

03 한 변의 길이가 1 cm인 (가)는 $\dfrac{표면적}{부피} = \dfrac{6}{1} = 6$이고, 한

변의 길이가 2 cm인 (나)는 $\dfrac{표면적}{부피} = \dfrac{24}{8} = 3$이다.

04 (1) 양파 뿌리 끝 부분에는 생장점이 있어서 체세포 분열이
활발하게 일어난다.
(2) 세포 분열 중 간기는 세포 주기의 대부분을 차지하기 때문에
간기의 세포가 가장 많이 관찰된다.
(3) 뿌리 조각을 50~60 ℃의 묽은 염산에 10분 정도 담가 두는
까닭은 세포 간의 결합력을 약화시켜 세포가 쉽게 분리되도록
하기 위해서이다.

05 양파의 뿌리 끝에서 일어나는 체세포 분열 과정을 관찰하
기 위한 실험 과정은 고정(다) → 해리(마) → 염색(라) → 분리
(가) → 압착(나) 순으로 진행된다.

01 ②, ④, ⑥, ⑧   **02** ①, ②, ⑧

01 (가)는 분열 결과 생성된 2개의 딸세포, (나)는 말기, (다)는
전기, (라)는 중기, (마)는 후기이다.
② 체세포 분열 결과 염색체 수는 변화 없다.
④ 체세포 분열에서는 2가 염색체가 형성되지 않는다.
⑥ 세포 분열 중 간기는 세포 주기의 대부분을 차지하기 때문에
양파의 뿌리 끝을 관찰하면 간기의 세포가 가장 많이 관찰된다.
(라)는 중기의 세포이다.

⑧ 핵막이 나타나고 염색체가 풀어지는 시기는 말기(나)이다.
오답 피하기 ① (가)는 체세포 분열 결과 형성된 2개의 딸세포이
다.
③ 식물 세포는 세포 중앙에서 바깥쪽으로 세포판이 만들어지면
서 세포질이 나누어진다. 따라서 (나)를 통해 식물의 체세포 분
열 과정임을 알 수 있다.
⑤ 핵막이 사라지면서 막대 모양의 염색체가 나타나는 시기는
전기(다)이다.
⑦ 염색체 수와 모양을 관찰하기에 가장 좋은 시기는 중기(라)이
다.
⑨ 염색 분체가 분리되어 세포의 양극으로 이동하는 시기는 후
기(마)이다.
⑩ 분열 과정은 전기(다) → 중기(라) → 후기(마) → 말기(나) →
딸세포(가) 순으로 진행된다.

02 그림과 같이 동물의 생식 기관에서 일어나는 세포 분열은
생식세포를 형성하는 감수 분열이다.
① 상처가 났을 때는 체세포 분열이 일어난다.
② (가) → (나) 과정에서 염색체 수는 변화 없다.
⑧ 감수 분열이 일어나면 염색체 수가 절반으로 감소하므로 (가)
의 염색체 수가 20이라면 (마)의 염색체 수는 10이다.
오답 피하기 ③ (가) → (나) 과정에서 DNA 복제가 일어나 유전
물질이 2배로 증가한다.
④ 상동 염색체가 접합하여 2가 염색체가 나타나는 시기는 감수
1분열 전기(나)이다.
⑤ 감수 1분열 (다) → (라) 과정에서 상동 염색체의 분리가 일어
난다.
⑥ 감수 2분열 (라) → (마) 과정에서 염색 분체의 분리가 일어나
DNA양이 절반으로 줄어든다.
⑦ 감수 분열 결과 1개의 모세포에서 4개의 딸세포가 형성된다.

유제 **01** (1) 3쌍 (2) 6   유제 **02** (1) (나) (2) (가)

01 (1) 이 생물의 체세포에 들어 있는 염색체 수는 6이므로 상
동 염색체는 3쌍이다.
(2) 체세포 분열 결과 염색체 수에는 변화 없으므로 딸세포의 염
색체 수도 6이다.

02 (가)의 염색체 수는 모세포의 절반이므로 감수 분열 결과
생성된 딸세포의 염색체이고, (나)는 염색체 수가 모세포와 같으
므로 체세포 분열 결과 생성된 딸세포의 염색체이다.

01 ②　**02** ⑤　**03** ⑤　**04** ⑤　**05** ④　**06** ②　**07** ③
08 ④, ⑤　**09** ③　**10** (가) : 분리, (나) : 압착, (다) : 고정,
(라) : 염색, (마) : 해리　**11** ③, ④　**12** ③　**13** ④
14 (다), (마)　**15** ②　**16** ①　**17** ②, ④　**18** (가) : 감수 2
분열 중기, (나) : 3　**19** 염색 분체는 하나의 염색체를 이루
는 각각의 가닥이며, 상동 염색체는 체세포에 있는 모양과 크
기가 같은 한 쌍의 염색체이다.　**20** 여자의 체세포를 구성
하는 총 염색체 수는 46이며, 이 중 상염색체 수는 44, 성염
색체는 X 염색체 2개이다.　**21** 양파 뿌리 끝에는 생장점이
있어 체세포 분열이 활발하게 일어나기 때문이다.　**22** A. 간
기는 세포 주기의 대부분을 차지하기 때문이다.　**23** 감수
분열로 만들어진 생식세포의 염색체 수가 체세포의 절반이기
때문에 생식세포 2개가 결합하여 생긴 자손의 염색체 수는
부모와 같다.　**24** 감수 1분열 중기, 상동 염색체가 접합하여
형성된 2가 염색체가 세포 중앙에 배열되어 있기 때문이
다.　**25** (1) 20 (2) 7　**26** (1) (가) : 체세포 분열, (나) : 감수
분열 (2) 분열 횟수는 (가)의 경우 1회, (나)의 경우 2회이고,
딸세포 수는 (가)의 경우 2, (나)의 경우 4이며, 염색체 수는
(가)의 경우 변화 없고, (나)의 경우 절반으로 줄어든다.

01 ② 유전자는 DNA의 특정 부위에 존재하며, 하나의 DNA
에는 수많은 유전자가 존재한다.
오답 피하기 ① 유전자는 DNA의 특정 부위에 존재하는 생물의
형질을 결정하는 유전 정보의 단위이다. 염색체가 DNA와 단
백질로 구성되어 있다.
③ 염색 분체를 구성하는 두 가닥의 유전 정보는 서로 같다.
④ 염색체는 세포가 분열할 때 나타나는 막대 모양의 구조물이
다. DNA가 2중 나선 구조이다.
⑤ DNA에서 유전 정보를 저장하고 있는 특정 부위는 유전자이다.

02 A는 DNA, B는 단백질, C와 D는 염색 분체, ㉠은 염색
체이다.
⑤ C와 D는 하나의 염색체를 구성하는 염색 분체로, 부모 중 한
쪽에게서 물려받은 것이다. 부모에게서 각각 하나씩 물려받은
것은 상동 염색체이다.

03 ㄴ. (나)는 상동 염색체로 유전 정보가 서로 다르다.
ㄷ. 상동 염색체인 (나)는 부모에게서 각각 하나씩 물려받은 것
이다.
오답 피하기 ㄱ. (가)는 염색 분체이다.

04 (가)는 남자의 염색체 구성, (나)는 여자의 염색체 구성이다.
⑤ (나)의 X 염색체는 어머니와 아버지에게서 각각 하나씩 물려
받았다.

05 ④ 세포가 커질수록 부피에 대한 표면적의 비가 작아져 생
명 활동에 필요한 물질 교환이 어려워진다.
오답 피하기 ① 세포가 커질수록 부피가 커진다.
② 세포가 커질수록 표면적이 커진다.

③ 세포가 커질수록 물질 교환이 어려워진다.
⑤ 세포가 커질수록 필요한 물질을 세포 중심까지 흡수하는 데
오래 걸린다.

06 체세포 분열 과정은 간기(가) → 전기(다) → 중기(라) → 후
기(마) → 말기(나) 순이다.

07 (가)는 간기, (나)는 말기, (다)는 전기, (라)는 중기, (마)는
후기이다.
③ 전기(다)에는 핵막이 사라지고, 막대 모양의 염색체가 나타난
다. 핵막이 뚜렷하게 관찰되는 시기는 간기(가)이다.

08 ④ 체세포 분열은 몸을 구성하는 체세포가 분열하여 2개의
세포를 만드는 과정으로, 체세포 분열 결과 재생이나 생장이 일
어난다.
⑤ 동물의 경우 몸 전체에서 체세포 분열이 일어나지만, 식물의
경우 생장점, 형성층에서 체세포 분열이 일어난다.
오답 피하기 ① 체세포 분열 결과 염색체 수에는 변화 없다.
② 핵분열이 일어난 후 세포질 분열이 일어난다.
③ 체세포 분열 결과 1개의 모세포로부터 2개의 딸세포가 생성
된다.

09 ㄱ, ㄴ. 식물 세포(가)에서는 두 개의 핵 사이에 형성된 세
포판이 안쪽에서 바깥쪽으로 성장하여 세포질이 분리된다. 동물
세포(나)에서는 세포막이 바깥쪽에서 안쪽으로 잘록하게 들어가
면서 세포질이 분리된다.
오답 피하기 ㄷ. 동물 세포(나)에서는 세포막이 바깥쪽에서 안쪽
으로 잘록하게 들어간다.

10 (가)는 분리, (나)는 압착, (다)는 고정, (라)는 염색, (마)는
해리 과정이다.

11 ③ 염색(라)은 아세트올세인 용액으로 핵이나 염색체를 붉
게 염색하는 과정이다.
④ 해리(마)는 세포 간의 결합력을 약화시켜 세포가 쉽게 분리되
도록 하기 위한 과정이다.
오답 피하기 ① 압착(나)은 세포를 한 층으로 얇게 펴 주는 과정이다.
② 고정(다)은 세포의 활동을 멈추게 하여 살아 있는 세포의 형
태를 그대로 유지하는 과정이다.
⑤ 실험 순서는 고정(다) → 해리(마) → 염색(라) → 분리(가) →
압착(나) 순으로 진행된다.

12 감수 분열은 생물의 생식 기관에서 생식세포가 만들어지는
과정으로, 감수 1분열과 감수 2분열이 연속해서 일어난다. 감수
분열 후 염색체 수가 절반으로 줄어든다.
③ 감수 1분열 전기에 상동 염색체가 결합한 2가 염색체가 나타
난다.

13 (가)는 감수 2분열 결과 생성된 딸세포, (나)는 감수 2분열
후기, (다)는 감수 1분열 전기, (라)는 감수 2분열 전기, (마)는

감수 1분열 중기이다.

감수 분열 과정은 감수 1분열 전기(다) → 감수 1분열 중기(마) → 감수 2분열 전기(라) → 감수 2분열 후기(나) → 감수 2분열 결과 생성된 딸세포(가) 순이다.

14 상동 염색체가 접합하여 형성된 2가 염색체는 감수 1분열 전기와 중기에 관찰할 수 있다.

15 그림은 감수 분열 과정을 나타낸 것이다. 식물에서는 밑씨와 꽃밥에서, 동물에서는 정소와 난소에서 감수 분열이 일어난다.
오답 피하기 ④, ⑤ 양파의 뿌리 끝과 봉선화의 형성층은 체세포 분열이 일어나는 곳이다.

16 ㄱ. (가) → (나) 과정에서 DNA가 복제되어 하나의 염색체가 두 가닥의 염색 분체로 된다.
ㄴ. (다) → (라) 과정에서 상동 염색체가 분리되므로 염색체 수가 절반으로 줄어든다.
오답 피하기 ㄷ. (라) → (마) 과정에서 염색 분체가 분리되므로 염색체 수는 변화 없다.
ㄹ. 감수 분열 결과 염색체 수가 모세포의 절반인 딸세포가 생성되므로 염색체 수는 (가)가 (마)의 2배이다.

17 체세포 분열과 감수 분열을 비교하면 표와 같다.

구분	체세포 분열	감수 분열
분열 횟수	1회	2회
2가 염색체	형성 안 됨	형성됨
딸세포 수	2개	4개
염색체 수	변화 없음	절반으로 감소함
분열 결과	생장, 재생	생식세포 형성

18 그림은 상동 염색체 쌍이 없으며 염색체가 세포 중앙에 배열되어 있으므로 감수 2분열 중기이다. 분열 결과 염색 분체가 분리되므로 딸세포의 염색체 수는 3이다.

19 **모범 정답** 염색 분체는 하나의 염색체를 이루는 각각의 가닥이며, 상동 염색체는 체세포에 있는 모양과 크기가 같은 한 쌍의 염색체이다.

채점 기준	배점
염색 분체와 상동 염색체에 대해 모두 옳게 서술한 경우	100 %
염색 분체와 상동 염색체 중 한 가지만 옳게 서술한 경우	50 %

20 **모범 정답** 여자의 체세포를 구성하는 총 염색체 수는 46이며, 이 중 상염색체 수는 44, 성염색체는 X 염색체 2개이다.

채점 기준	배점
총 염색체 수, 상염색체 수, 성염색체 수와 구성에 대해 모두 옳게 서술한 경우	100 %
총 염색체 수, 상염색체 수, 성염색체 수와 구성 중 두 가지만 옳게 서술한 경우	50 %

21 **모범 정답** 양파 뿌리 끝에는 생장점이 있어 체세포 분열이 활발하게 일어나기 때문이다.

채점 기준	배점
까닭을 옳게 서술한 경우	100 %
그 이외의 경우	0 %

22 **모범 정답** A, 간기는 세포 주기의 대부분을 차지하기 때문이다.

채점 기준	배점
가장 많이 관찰되는 세포의 기호를 쓰고, 그 까닭을 옳게 서술한 경우	100 %
가장 많이 관찰되는 세포의 기호만 쓴 경우	30 %

23 **모범 정답** 감수 분열로 만들어진 생식세포의 염색체 수가 체세포의 절반이기 때문에 생식세포 2개가 결합하여 생긴 자손의 염색체 수는 부모와 같다.

채점 기준	배점
까닭을 옳게 서술한 경우	100 %
그 이외의 경우	0 %

24 **모범 정답** 감수 1분열 중기, 상동 염색체가 접합하여 형성된 2가 염색체가 세포 중앙에 배열되어 있기 때문이다.

채점 기준	배점
세포 분열 시기를 쓰고, 그 까닭을 옳게 서술한 경우	100 %
세포 분열 시기만 옳게 쓴 경우	30 %

25 감수 분열 결과 1개의 모세포로부터 4개의 딸세포가 생성된다. 따라서 감수 분열 결과 5개의 세포로부터 만들어진 꽃가루 수는 20이다. 감수 분열 후 염색체 수가 반으로 줄어들므로 완두의 꽃가루에 들어 있는 염색체 수는 체세포 염색체 수의 반인 7이다.
모범 정답 (1) 20 (2) 7

채점 기준	배점
(1)과 (2)를 모두 옳게 쓴 경우	100 %
(1)과 (2) 중 한 가지만 옳게 쓴 경우	50 %

26 **모범 정답** (1) (가) : 체세포 분열, (나) : 감수 분열
(2) 분열 횟수는 (가)의 경우 1회, (나)의 경우 2회이고, 딸세포 수는 (가)의 경우 2, (나)의 경우 4이며, 염색체 수는 (가)의 경우 변화 없고, (나)의 경우 절반으로 줄어든다.

채점 기준	배점
(1)과 (2)를 모두 옳게 서술한 경우	100 %
(1)과 (2) 중 한 가지만 옳게 서술한 경우	50 %

02 수정과 발생

초상 확인 문제

01 수정　**02** 발생　**03** 난할　**04** 착상　**05** 출산

01 (1) ○ (2) × (3) ○ (4) ○ (5) ×　**02** (1) 증가, 감소 (2) 포배, 착상 (3) 태반　**03** (1) 배란 (2) 수정 (3) 변화 없다. (4) 포배　**04** ㄴ, ㄹ

01 (1) 난자는 세포질에 많은 양분을 저장하고 있어 정자보다 크기가 크다.

(2) 생식세포인 정자는 감수 분열을 통해 형성된다.

(3) 수정란의 초기 세포 분열인 난할은 체세포 분열이다.

(4) 정자와 난자의 염색체는 각각 23개이고, 정자와 난자가 수정되어 형성된 수정란의 염색체는 46개이다.

(5) 착상되었을 때부터 임신되었다고 한다.

02 (1) 수정란이 난할을 하면 세포의 수는 증가하고, 세포 하나의 크기는 감소한다.

(2) 수정 일주일 후 수정란이 포배 상태로 자궁 내막에 파묻히는 현상을 착상이라고 한다.

(3) 착상 후 태아와 모체 사이에 태반이 형성되며, 태반에서 물질 교환이 일어난다.

03 (1) 배란(A)은 약 28일을 주기로 난소에서 난자가 배출되는 현상이다.

(2) 정자와 난자가 수란관에서 만나 수정(B)이 일어난다.

(3) 난할(C)은 체세포 분열이지만 세포의 생장 없이 빠르게 분열한다. 따라서 난할(C)이 진행되면 세포 1개당 크기는 작아지지만, 염색체 수는 변화 없다.

(4) 수정 후 약 일주일이 지나면 수정란이 포배 상태가 되어 자궁 안쪽 벽에 파묻히는 착상(D)이 일어난다.

04 태반에서 태아와 모체 사이에 물질 교환이 일어날 때, 태아에서 모체로 이동하는 물질은 노폐물과 이산화 탄소이다.

유제 **01** (1) A : 요도, B : 수정관, C : 부정소, D : 정소 (2) D (3) D, C, B, A　유제 **02** (1) A : 수란관, B : 난소, C : 자궁, D : 질 (2) B (3) C (4) A

01 ①, ⑦, ⑨　**02** ②, ⑥, ⑧

01 A는 방광, B는 수정관, C는 부정소, D는 정소, E는 요도이고, F는 수란관, G는 난소, H는 질, I는 자궁이다.

① 남성 호르몬은 정소(D)에서 생성된다.

⑦ 난소(G)에서 감수 분열을 통해 난자가 만들어진다.

⑨ 자궁(I)은 태아가 자라는 장소이며, 정자와 난자가 수정되는 장소는 수란관(F)이다.

오답 피하기　② 수정관(B)은 정자가 이동하는 통로이다.

③ 부정소(C)는 정자가 잠시 머물면서 성숙하는 장소이다.

④ 정소(D)에서 생식세포 분열이 일어나 정자가 생성된다.

⑤ 요도(E)는 정자가 몸 밖으로 나가는 통로이다.

⑥ 수란관(F)은 난자와 수정란이 자궁으로 이동하는 통로이다.

⑧ 질(H)은 정자가 들어오고 태아가 나가는 통로이다.

⑩ 난자의 생성 및 이동 경로는 G(난소) → F(수란관) → I(자궁) → H(질) → 몸 밖 순이다.

02 A는 난소에서 난자가 배출되는 배란, B는 수란관 상단부에서 정자와 난자가 만나는 수정, (가)는 수정란의 초기 세포 분열 과정인 난할, C는 난할을 거친 배아가 포배 상태로 자궁 안쪽 벽에 파묻히는 착상이다.

② 임신이 되면 배란(A)은 일어나지 않는다.

⑥, ⑧ 수정란의 세포 분열인 난할(가)이 일어날 때 세포 1개의 크기는 점점 작아지며, 난할은 체세포 분열에 해당하므로 세포 1개당 염색체 수에는 변화가 없다.

오답 피하기　① 배란(A)은 약 28일을 간격으로 일어난다.

③ 수란관에서 정자와 난자가 만나 수정(B)이 일어난다.

④ B는 정자와 난자가 만나는 수정 과정이다.

⑤ (가)는 수정란의 초기 세포 분열인 난할이다.

⑦ 수정란의 초기 세포 분열 과정은 세포의 생장 없이 빠르게 분열한다.

⑨ 착상(C)이 일어날 때 배아는 포배 상태이다.

⑩ 배아가 자궁 안쪽 벽에 파묻히는 착상(C)이 일어났을 때부터 임신되었다고 한다.

01 ④　**02** ①, ⑤　**03** ①　**04** ③　**05** A : 배란, B : 수정, C : 착상　**06** ②　**07** ③　**08** ③　**09** ②　**10** A는 난자로 염색체 수가 23, B는 정자로 염색체 수가 23, C는 수정란으로 염색체 수가 46이다.　**11** 난할이 진행될수록 세포 1개의 크기는 작아지고, 배 전체의 크기는 수정란과 비슷하며, 세포 1개당 염색체 수는 변화 없다.　**12** 수정 후 8주까지를 배아라고 하며, 그 이후부터를 태아라고 한다.

01 ④ 정자(가)는 꼬리가 있어 운동성이 있지만, 난자(나)는 운동성이 없다.

오답 피하기 ① (가)는 정자, (나)는 난자이다.

② 정자(가)와 난자(나)는 각각 23개의 염색체를 가진다.

③ 정자(가)와 난자(나)는 모두 핵이 있다.

⑤ 정자(가)는 정소에서, 난자(나)는 난소에서 만들어진다.

02 ①, ⑤ 수정은 정자와 난자가 수란관에서 만나 정자의 핵과 난자의 핵이 결합하는 과정이다.

오답 피하기 ② 수정이 일어나는 곳은 수란관이고, 착상이 일어나는 곳은 자궁 내막이다.

③ 염색체 수가 체세포의 절반인 정자와 난자가 수정하여 만들어진 수정란은 체세포와 염색체 수가 같다.

④ 수정이 일어난 후 체세포 분열인 난할이 일어난다.

03 A는 수란관, B는 난소, C는 자궁, D는 질이다.

ㄴ. 난소(B)에서 생식세포 분열을 통해 난자가 만들어진다.

오답 피하기 ㄱ. 난소(B)에서 생식세포 분열이 일어난다.

ㄷ. 수란관(A)에서 정자와 난자가 만나 수정란이 형성된다.

04 난할은 수정란의 초기 세포 분열로, 세포의 생장 없이 빠르게 분열하므로 분열할수록 세포 1개당 크기는 작아지며, 전체의 크기는 수정란과 비슷하다.

③ 난할이 진행되어도 세포 1개당 염색체 수는 변화 없다.

05 A는 난자가 난소에서 배출되어 수란관으로 나오는 배란이고, B는 수란관에서 정자와 난자가 만나는 수정이며, C는 수정란이 포배 상태가 되어 자궁 내막에 파묻히는 착상이다.

06 ㄷ. 착상(C)이 일어난 후 태반이 만들어진다.

ㄹ. 수정 후 약 일주일이 지나면 수정란이 포배 상태가 되어 자궁 내막에 파묻히는 착상(C)이 일어난다.

오답 피하기 ㄱ. 배란(A)은 정자와의 만남에 상관없이 약 28일을 간격으로 일어난다. 임신이 되면 임신 기간 동안 배란은 일어나지 않는다.

ㄴ. 착상(C)이 일어나면 이때부터 임신되었다고 한다.

07 임신 및 출산 과정은 배란(다) → 수정(가) → 난할(마) → 착상(나) → 출산(라) 순이다.

08 ㄱ, ㄴ. 임신된 후 태아는 태반을 통해 모체로부터 영양소와 산소를 공급받고, 모체는 태아로부터 이산화 탄소와 노폐물을 받아들인다.

ㄷ. 태반에서 모체와 태아의 혈관은 직접 연결되어 있지 않아 태아와 모체의 혈액은 섞이지 않는다.

오답 피하기 ㄹ. 모체가 섭취한 알코올은 태반을 통해 태아로 전달된다.

09 수정란이 첫 번째 세포 분열을 시작했을 때부터 수정 후 8주까지를 배아라 하고, 그 이후부터를 태아라고 한다. 임신 초기

10 **모범 정답** A는 난자로 염색체 수가 23, B는 정자로 염색체 수가 23, C는 수정란으로 염색체 수가 46이다.

채점 기준	배점
A~C의 염색체 수를 모두 옳게 서술한 경우	100 %
A~C의 염색체 수 중 두 가지만 옳게 서술한 경우	50 %

11 **모범 정답** 난할이 진행될수록 세포 1개의 크기는 작아지고, 배 전체의 크기는 수정란과 비슷하며, 세포 1개당 염색체 수는 변화 없다.

채점 기준	배점
난할의 특징을 모두 옳게 서술한 경우	100 %
세포 1개의 크기, 배 전체의 크기, 세포 1개당 염색체 수 중 두 가지만 포함하여 옳게 서술한 경우	50 %

12 **모범 정답** 수정 후 8주까지를 배아라 하고, 그 이후부터를 태아라고 한다.

채점 기준	배점
시기를 포함하여 태아를 옳게 서술한 경우	100 %
그 이외의 경우	0 %

03 멘델의 유전 원리

초성 확인 문제

01 표현형　**02** 유전자형　**03** 순종, 잡종　**04** 우성, 열성
05 분리　**06** 독립　**07** 염색체　**08** 중간　**09** 분홍색
10 분리

01 (1) × (2) ○ (3) ○ (4) ○　**02** ㉠ : 씨 모양, ㉡ : 씨 색깔, ㉢ : 주름지다, ㉣ : 작다　**03** ㄴ, ㄹ　**04** (1) Rr (2) 둥근 모양　**05** 유전 인자(대립유전자), 3 : 1　**06** (1) RrYy (2) 둥글고 노란색 (3) 9 : 3 : 3 : 1 (4) 30　**07** 두 쌍, 독립적　**08** (1) RW (2) 50　**09** (1) ○ (2) × (3) ○

01 (1) 유전자형이 Rr인 것은 잡종이다. 순종은 한 형질을 나타내는 대립유전자 구성이 같은 개체이다.
(2) 대립 형질은 한 가지 특성에 대해 서로 뚜렷하게 대비되는 형질이며, 완두의 보라색 꽃과 흰색 꽃은 대립 형질이다.
(3) 형질은 모양, 색깔, 성질 등과 같은 생물이 지니고 있는 여러 가지 특성이다.
(4) 유전은 부모의 형질이 자녀에게 전달되는 현상이다.

03 완두가 유전 실험 재료로 사용되기 적합한 까닭은 자손의 수가 많고, 대립 형질이 뚜렷하며, 한 세대가 짧아 단시간에 여러 세대 관찰이 가능하다. 또한, 자가 수분과 타가 수분이 모두 가능하여 인위적인 교배 실험에 적합하다.

04 순종의 둥근 완두(RR)와 주름진 완두(rr)를 교배하면 잡종 1대에서는 둥근 완두(Rr)만 나오게 된다. 이때 잡종 1대에서 표현되는 형질(둥근 모양)이 우성이다.

05 잡종 1대를 자가 수분시켰을 때 유전 인자(대립유전자)는 분리되어 각각 다른 생식세포로 들어가며, 그 결과 잡종 2대에서 우성 : 열성=3 : 1의 일정한 비율로 나타난다.

06 (1) 잡종 1대 완두의 유전자형은 RrYy이다.
(2) 잡종 1대 완두의 표현형은 둥글고 노란색이다.
(3), (4) 잡종 2대의 표현형은 둥글고 노란색 : 둥글고 초록색 : 주름지고 노란색 : 주름지고 초록색=9 : 3 : 3 : 1이다. 따라서 잡종 1대를 자가 수분하여 잡종 2대에서 총 160개의 완두를 얻었다면, 이 중 둥글고 초록색인 완두는 이론상 $\frac{3}{16} \times 160 = 30$개이다.

07 두 쌍 이상의 대립 형질이 동시에 유전될 때 각각의 형질을 결정하는 대립유전자는 서로 영향을 주지 않으며 독립적으로 유전되는 현상을 독립의 법칙이라고 한다.

08 (1) 빨간색 분꽃(RR)과 흰색 분꽃(WW)을 교배하여 얻은 잡종 1대에서는 분홍색 분꽃(RW)만 나타난다.

(2) 잡종 1대를 자가 수분하면 잡종 2대에서는 빨간색 : 분홍색 : 흰색=1 : 2 : 1의 비율로 나타난다. 따라서 잡종 2대에서 총 100개의 씨를 얻었다면, 이 중 분홍색 분꽃은 이론상 $\frac{2}{4} \times 100 = 50$개이다.

09 (1) 중간 유전의 경우 우열의 원리가 성립하지 않지만, 분리의 법칙은 성립한다.
(2) 중간 유전은 우성 대립유전자와 열성 대립유전자가 뚜렷하게 구분되지 않는다.
(3) 분홍색 분꽃을 자가 수분하였을 때 나타나는 자손의 표현형은 빨간색, 분홍색, 흰색으로 총 3가지이다.

A to Z 기출 분석 다지선다

01 ①, ⑤, ⑦, ⑨　**02** ④, ⑦, ⑧

01 ① 순종의 노란색 완두(YY)와 순종의 초록색 완두(yy)를 교배하면 잡종 1대에서는 잡종인 노란색 완두(Yy)만 나온다.
⑤ 유전자형은 ㉠과 ㉢이 Yy, ㉡이 YY, ㉣이 yy이다. 따라서 ㉠~㉣ 중 순종은 ㉡과 ㉣이다.
⑦ ㉣은 열성 대립유전자만 가지므로 초록색 완두이다.
⑨ 잡종 2대에서 노란색 완두 : 초록색 완두=3 : 1의 비율로 나타난다. 따라서 잡종 2대에서 총 400개의 완두를 얻었다면 이 중 노란색 완두는 이론상 $\frac{3}{4} \times 400 = 300$개이다.

오답 피하기 ② 대립유전자 Y는 y에 대해 우성이다.
③ 잡종 1대에서 나오는 형질이 우성이다.
④ 잡종 1대의 완두에서는 2종류의 생식세포가 형성된다.
⑥ ㉡과 ㉢은 노란색 완두로, 표현형이 서로 같다.
⑧ 잡종 2대에서 노란색 완두(Y_)와 초록색 완두(yy)의 분리비는 3 : 1이다.
⑩ 잡종 2대에서 총 800개의 완두를 얻었다면 이 중 초록색 완두는 이론상 $\frac{1}{4} \times 800 = 200$개이다.

02 ④ ㉠, ㉢, ㉣ 중 잡종은 ㉠이고, ㉢과 ㉣은 순종이다.
⑦ 잡종 2대에서 둥근 완두 : 주름진 완두=3 : 1이다.
⑧ 잡종 2대에서 총 1600개의 완두를 얻었다면, 이 중 주름지고 노란색 완두는 이론상 $\frac{3}{16} \times 1600 = 300$개이다.

오답 피하기 ①, ② ㉠의 유전자형은 RrYy로, 둥글고 노란색 완두이며, 잡종 1대에서 나오는 형질이 우성이다.
③ 잡종 1대의 완두에서 유전자형이 RY, Ry, rY, ry인 4종류의 생식세포가 형성된다.
⑤ ㉢은 둥글고 노란색 완두(RRYY)이다.
⑥ ㉣은 주름지고 초록색 완두(rryy)이다.

📗 더 알아보기

유제 **01** (1) 150개 (2) 50개
유제 **02** (1) 450개 (2) 150개 (3) 50개

01 잡종 1대인 노란색 완두(Yy)를 자가 수분하면 잡종 2대에서는 노란색 완두(YY, Yy) : 초록색 완두(yy)=3 : 1로 나온다. 따라서 잡종 2대에서 총 200개의 완두를 얻었다면, 노란색 완두는 $200 \times \frac{3}{4}$=150개, 초록색 완두는 $200 \times \frac{1}{4}$=50개이다.

02 잡종 1대인 둥글고 노란색 완두(RrYy)를 자가 수분하면 잡종 2대에서는 둥글고 노란색(R_Y_) : 둥글고 초록색(R_yy) : 주름지고 노란색(rrY_) : 주름지고 초록색(rryy)=9 : 3 : 3 : 1로 나온다. 따라서 잡종 2대에서 총 800개의 완두를 얻었다면, 둥글고 노란색 완두는 $800 \times \frac{9}{16}$=450개, 주름지고 노란색 완두는 $800 \times \frac{3}{16}$=150개, 주름지고 초록색 완두는 $800 \times \frac{1}{16}$=50개이다.

🐟 빈출 선별 학교 시험 변형 문제

01 ③ **02** ② **03** ④ **04** ⑤ **05** (1) Rr (2) 둥근 완두
06 ⑤ **07** ② **08** ⑤ **09** ③ **10** ④ **11** ⑤ **12** ②
13 ① **14** ④ **15** ⑤ **16** ⑤ **17** ② **18** ③ **19** ③
20 기르기 쉽다. 자손의 수가 많다. 대립 형질이 뚜렷하다. 한 세대가 짧다. 자가 수분과 타가 수분이 모두 가능하다. 등 **21** 우성은 대립 형질이 다른 순종끼리 교배하였을 때 잡종 1대에서 나타나는 형질이고, 열성은 대립 형질이 다른 순종끼리 교배하였을 때 잡종 1대에서 나타나지 않는 형질이다. **22** 생식세포가 형성될 때 유전 인자(대립유전자)는 분리되어 각각 다른 생식세포로 들어가므로 잡종 1대를 자가 수분한 잡종 2대에서 우성과 열성이 일정한 비율로 나타나는 현상이다. **23** A의 유전자형은 TT이고, B의 유전자형은 Tt이다. **24** (1) 3 : 1, 3 : 1 (2) 독립의 법칙, 두 쌍 이상의 대립 형질이 동시에 유전될 때 각각의 형질을 결정하는 유전 인자(대립유전자)는 서로 영향을 주지 않으며 독립적으로 유전된다. **25** (1) 빨간색 꽃잎 유전자(R)와 흰색 꽃잎 유전자(W) 사이의 우열 관계가 뚜렷하지 않기 때문이다. (2) 잡종 2대에서 표현형의 분리비는 빨간색 : 분홍색 : 흰색=1 : 2 : 1이고, 유전자형의 분리비는 RR : RW : WW=1 : 2 : 1이다.

01 ③ 표현형은 유전자 구성에 따라 겉으로 드러나는 형질이다. 유전자형이 유전자 구성을 알파벳 기호로 나타낸 것이다.

02 ㄴ, ㄷ. 대립 형질은 한 가지 특성에 대해 서로 뚜렷하게 대비되는 형질로, 완두의 보라색 꽃잎과 흰색 꽃잎, 노란색 씨와 초록색 씨가 대립 형질이다.
오답 피하기 ㄱ. 대립유전자 구성이 같은 것은 순종, 대립유전자 구성이 다른 것은 잡종이다.
ㄹ. 완두의 초록색 꼬투리의 대립 형질은 노란색 꼬투리이다.

03 순종은 한 형질을 나타내는 대립유전자 구성이 같은 개체이다. 따라서 bb, RRyy, aabbdd가 순종이다.

04 완두가 유전 연구의 재료로 적합한 까닭에는 대립 형질이 뚜렷하며, 한 세대가 짧고, 자가 수분과 타가 수분이 모두 가능한 것 등이 있다.
⑤ 완두는 자손의 수가 많아 통계적인 분석에 용이하다.

05 둥근 완두에서 생성되는 생식세포의 R와 주름진 완두에서 생성되는 생식세포의 r가 만나 잡종 1대의 유전자형은 Rr이고 표현형은 우성 형질인 둥근 완두이다.

06 잡종 1대를 자가 수분한 결과 잡종 2대에서 우성 표현형(둥근 완두) : 열성 표현형(주름진 완두)=3 : 1로 나타난다.

07 잡종 1대의 유전자형이 Rr이므로 잡종 1대를 자가 수분한 결과 잡종 2대에서 유전자형은 RR : Rr : rr=1 : 2 : 1로 나타난다.

08 분리의 법칙은 생식세포가 형성될 때 유전 인자(대립유전자)가 분리되어 각각 다른 생식세포로 들어가 잡종 1대를 자가 수분한 잡종 2대에서 우성 형질 : 열성 형질=3 : 1로 나타나는 것이다. 잡종 1대에서 나타나는 형질이 우성이므로 노란색 완두가 우성이다.
⑤ 잡종 2대에서 표현형의 분리비가 노란색 완두 : 초록색 완두=3 : 1이므로 노란색 완두가 나올 확률은 $\frac{3}{4}$이다.

09 잡종 1대의 유전자형은 Yy이며, 잡종 2대에서 유전자형의 분리비가 YY : Yy : yy=1 : 2 : 1이다. 따라서 유전자형이 잡종 1대(Yy)와 같은 것은 200개$\times \frac{1}{2}$=100개이다.

10 키 큰 완두가 키 작은 완두에 대해 우성이므로 키 작은 완두인 (나)의 유전자형은 tt(열성 순종)이다. 키 큰 완두인 (가)와 키 작은 완두인 (나)를 교배하였더니 자손에서 키 큰 완두와 키 작은 완두가 1 : 1의 비로 나타났으므로 (가)는 작은 키 유전자 t를 가진 우성 잡종이며, 유전자형은 Tt이다.

11 ⑤ 잡종 2대에서는 표현형이 둥글고 노란색, 둥글고 초록색, 주름지고 노란색, 주름지고 초록색 완두가 9 : 3 : 3 : 1의 비율로 나타난다. 따라서 둥근 완두 : 주름진 완두=12 : 4=3 : 1로 나온다.
오답 피하기 ① 순종의 둥글고 노란색 완두와 순종의 주름지고 초록색 완두를 교배하면 둥글고 노란색 완두에서 생성되는 생식세포의 RY와 주름지고 초록색 완두에서 생성되는 생식세포의 ry가 만나 잡종 1대에서 유전자형이 RrYy인 둥글고 노란색 완두가 나온다.
② ㉡은 생식세포의 유전자형이 RY이다.
③ ㉢의 유전자형은 RRYY, ㉣의 유전자형은 rryy로 모두 순종이다.

④ 잡종 1대의 둥글고 노란색 완두는 4종류의 생식세포(RY : R y : rY : ry=1 : 1 : 1 : 1)를 형성한다.

12 잡종 2대에서는 표현형이 둥글고 노란색, 둥글고 초록색, 주름지고 노란색, 주름지고 초록색 완두가 9 : 3 : 3 : 1의 비율로 나타난다. 따라서 주름지고 노란색 완두가 나올 확률은 $\frac{3}{16}$이므로 주름지고 노란색 완두는 1600개 $\times \frac{3}{16}=300$개이다.

13 ⓒ 완두는 RRYY이며 잡종 2대에서 ⓒ 완두가 나올 확률은 $\frac{1}{16}$이므로 ⓒ 완두는 1600개 $\times \frac{1}{16}=100$개이다.

14 자손에서 주름지고 초록색 완두(rryy)가 나올 수 있는 경우는 부모 모두 유전자형이 ry인 생식세포를 생성할 수 있는 경우이다.
④ RrYy×RrYy → R_Y_(둥글고 노란색 완두), R_yy(둥글고 초록색 완두), rrY_(주름지고 노란색 완두), rryy(주름지고 초록색 완두)
오답 피하기 ① RRYY×rryy → RrYy(둥글고 노란색 완두)
② RRYY×RRYY → RRYY(둥글고 노란색 완두)
③ RRyy×rrYY → RrYy(둥글고 노란색 완두)
⑤ RrYY×Rryy → R_Yy(둥글고 노란색 완두), rrYy(주름지고 노란색 완두)

15 유전자형을 알 수 없는 우성 개체를 열성 개체와 교배하여 얻은 자손이 모두 우성 개체일 경우에는 부모 세대 중 유전자형을 알 수 없는 우성 개체는 순종이다. 그러나 자손이 우성 형질 : 열성 형질=1 : 1인 경우에는 부모 세대 중 유전자형을 알 수 없는 우성 개체는 잡종이다.
주름지고 초록색 완두의 유전자형은 rryy인데, 잡종 1대에서 둥근 완두 : 주름진 완두=1 : 1로 나타났다고 하였으므로 (가)의 완두 모양은 잡종(Rr)임을 알 수 있다. 또한 색깔은 노란색만 나타났다고 하였으므로 (가)의 완두 색깔은 순종(YY)임을 알 수 있다. 따라서 (가)의 유전자형은 RrYY이다.

16 중간 유전은 대립유전자 사이의 우열 관계가 뚜렷하지 않아 잡종 1대에서 부모의 중간 형질이 나타나는 유전 현상으로 우열의 원리가 성립하지 않는다.
오답 피하기 ㄱ. 중간 유전도 생식세포가 형성될 때 유전 인자(대립유전자)가 분리되어 각각 다른 생식세포로 들어가므로 분리의 법칙이 성립한다.

17 ㄴ. 잡종 2대에서 나타나는 꽃잎 색깔의 종류는 빨간색, 분홍색, 흰색 3가지이다.
오답 피하기 ㄱ. 잡종 2대에서 표현형의 분리비는 빨간색 : 분홍색 : 흰색=1 : 2 : 1이다.
ㄷ. 빨간색 꽃잎 유전자(R)와 흰색 꽃잎 유전자(W) 사이의 우열 관계가 뚜렷하지 않다.

18 잡종 2대에서 표현형의 분리비는 빨간색 : 분홍색 : 흰색=1 : 2 : 1이다. 따라서 분홍색 분꽃이 나올 확률은 $\frac{1}{2}$이므로 분홍색 분꽃은 200개 $\times \frac{1}{2}=100$개이다.

19 잡종 1대인 분홍색 분꽃(RW)과 빨간색 분꽃(RR)을 교배하였을 때 나타날 수 있는 자손의 분꽃 색은 빨간색 분꽃(RR)과 분홍색 분꽃(RW)이다.

20 모범 답안 기르기 쉽다. 자손의 수가 많다. 대립 형질이 뚜렷하다. 한 세대가 짧다. 자가 수분과 타가 수분이 모두 가능하다. 등

채점 기준	배점
완두가 유전 실험의 재료로 적합한 까닭을 세 가지 모두 옳게 서술한 경우	100 %
완두가 유전 실험의 재료로 적합한 까닭을 두 가지만 옳게 서술한 경우	50 %

21 모범 답안 우성은 대립 형질이 다른 순종끼리 교배하였을 때 잡종 1대에서 나타나는 형질이고, 열성은 대립 형질이 다른 순종끼리 교배하였을 때 잡종 1대에서 나타나지 않는 형질이다.

채점 기준	배점
우성과 열성의 개념을 모두 옳게 서술한 경우	100 %
우성과 열성의 개념 중 한 가지만 옳게 서술한 경우	50 %

22 모범 답안 생식세포가 형성될 때 유전 인자(대립유전자)는 분리되어 각각 다른 생식세포로 들어가므로 잡종 1대를 자가 수분한 잡종 2대에서 우성과 열성이 일정한 비율로 나타나는 현상이다.

채점 기준	배점
분리의 법칙을 옳게 서술한 경우	100 %
그 이외의 경우	0 %

23 A와 키가 작은 완두(C)를 교배하였더니, 모두 키가 큰 완두만 나왔으므로 A는 순종이다. B와 키가 작은 완두(C)를 교배하였더니, 키가 큰 완두와 키가 작은 완두가 비슷한 비율로 나왔으므로 B는 잡종이다.
모범 답안 A의 유전자형은 TT이고, B의 유전자형은 Tt이다.

채점 기준	배점
A와 B의 유전자형을 모두 옳게 쓴 경우	100 %
A의 유전자형과 B의 유전자형 중 하나만 옳게 쓴 경우	50 %

24 모범 답안 (1) 3 : 1, 3 : 1
(2) 독립의 법칙, 두 쌍 이상의 대립 형질이 동시에 유전될 때 각각의 형질을 결정하는 유전 인자(대립유전자)는 서로 영향을 주지 않으며 독립적으로 유전된다.

채점 기준	배점
⑴과 ⑵를 모두 옳게 서술한 경우	100 %
⑴과 ⑵ 중 하나만 옳게 서술한 경우	50 %

25 모범 정답 ⑴ 빨간색 꽃잎 유전자(R)와 흰색 꽃잎 유전자(W) 사이의 우열 관계가 뚜렷하지 않기 때문이다.
⑵ 잡종 2대에서 표현형의 분리비는 빨간색 : 분홍색 : 흰색＝1 : 2 : 1이고, 유전자형의 분리비는 RR : RW : WW＝1 : 2 : 1이다.

채점 기준	배점
⑴과 ⑵를 모두 옳게 서술한 경우	100 %
⑴과 ⑵ 중 하나만 옳게 서술한 경우	50 %

본교재 41쪽, 43쪽

초성 확인 문제

01 가계도 **02** 쌍둥이 **03** 통계 **04** 염색체
05 상염색체 **06** 미맹 **07** 복대립 **08** 우성, 우열
09 성 **10** 반성 **11** 열성 **12** 남자

01 ⑴ ○ ⑵ ○ ⑶ × ⑷ × **02** ㄱ, ㄷ **03** ⑴ 가계도 조사 ⑵ 쌍둥이 연구 ⑶ 통계 조사(집단 조사) **04** ㉠ : 1란성, ㉡ : 2란성, ㉢ : 환경, ㉣ : 다르다 **05** ⑴ ○ ⑵ ○ ⑶ × **06** ⑴ ○ ⑵ ○ ⑶ ○ ⑷ × **07** ㄴ, ㄷ **08** ⑴ × ⑵ ○ ⑶ × ⑷ ○ **09** XY, X′Y **10** ⑴ 아버지 : XY, 어머니 : XX′ ⑵ (다) ⑶ 50 %

01 사람의 유전 연구가 어려운 까닭은 환경의 영향을 많이 받고, 대립 형질이 복잡하며, 자유로운 교배 실험을 할 수 없다. 또한, 한 세대가 길고, 자손의 수가 적다.

02 가계도 분석을 통해서 유전 형질이 우성인지, 열성인지의 여부를 알 수 있고, 유전 형질을 결정하는 유전자가 상염색체 또는 성염색체에 있는지의 여부 등을 알 수 있다.

04 (가)는 한 개의 난자가 한 개의 정자와 수정된 후 수정란이 둘로 나뉘어 각각 태아로 발생한 1란성 쌍둥이를, (나)는 두 개의 난자가 각각 다른 정자와 수정한 후 각각의 수정란이 태아로 발생한 2란성 쌍둥이를 나타낸 것이다. 1란성 쌍둥이는 유전자 구성이 서로 같으며, 이들의 형질 차이는 환경의 영향으로 나타날 가능성이 높다. 2란성 쌍둥이는 유전자 구성이 서로 다르며, 이들의 형질 차이는 유전과 환경의 영향으로 나타난다.

05 ⑴ 상염색체 유전은 멘델의 유전 원리에 따라 유전되며, 상염색체에 있는 한 쌍의 대립유전자에 의해 형질이 결정된다.
⑵ 혀 말기 형질은 상염색체에 있는 한 쌍의 대립유전자에 의해 결정되며, 혀 말기 가능한 형질이 우성이고, 불가능한 형질이 열성이다.
⑶ 우성 형질을 가진 사람의 수가 열성 형질을 가진 사람의 수보다 항상 많은 것은 아니다. 어떤 형질을 가진 사람의 수와 우열의 여부는 상관 관계가 없다.

06 ABO식 혈액형 유전은 A, B, O 세 가지 대립유전자가 관여하는 복대립 유전이며, 상염색체에 있는 한 쌍의 대립유전자에 의해 형질이 결정된다. 대립유전자 A와 B 사이에는 우열 관계가 없고, 대립유전자 A와 B는 각각 O에 대해 우성이다.

07 ㄴ, ㄷ. 반성 유전은 유전자가 X 염색체에 있어 유전 형질이 나타나는 빈도가 남녀에 따라 차이가 나는 유전 현상이다.
오답 피하기 ㄱ. ABO식 혈액형은 상염색체 유전에 해당한다.

08 (1), (2) 적록 색맹 유전은 대립유전자가 X 염색체에 있는 반성유전에 해당한다.

(3) 보인자는 여자에게만 볼 수 있다.

(4) 어머니의 X 염색체는 아들에게 전달되므로 어머니가 적록 색맹이면 아들은 반드시 적록 색맹이다.

10 (1) 민호가 적록 색맹이므로 어머니는 적록 색맹 대립유전자를 갖는 보인자(XX′)이다. 민호 아버지는 정상이므로 유전자형은 XY이다.

(2) 민호 어머니의 적록 색맹 대립유전자는 적록 색맹인 외할아버지로부터 물려받았으므로 민호의 적록 색맹 대립유전자는 (다)로부터 물려받은 것이다.

(3) 민호가 보인자인 여자와 결혼하여 자녀가 태어났을 때, 이 자녀가 갖는 유전자형은 XX′(보인자)×X′Y(민호) → XX′, X′X′, XY, X′Y이다. 따라서 자녀가 적록 색맹일 확률은 50 %이다.

A to Z 기출 분석 다지선다

본교재 **44**쪽

01 ②, ⑤, ⑦　**02** ②, ⑥, ⑨

01 ② 정상인 3과 4 사이에서 유전병을 갖는 7과 9가 태어났으므로 유전병은 정상에 대해 열성이다.

⑤ 5와 6은 1로부터 정상 대립유전자 1개를, 2로부터 유전병 대립유전자를 1개를 물려받아 유전병 유전자형은 서로 같다.

⑦ 유전병에 대해 정상 대립유전자를 A, 유전병 대립유전자를 a라고 했을 때, 6의 유전자형은 Aa, 7의 유전자형은 aa이다. 따라서 6과 7 사이에서 자녀가 태어날 때, 이 아이가 정상(Aa)일 확률은 50 %이다.

오답 피하기 ① 어떤 유전병이 X 염색체 열성 유전인 경우, 어머니가 유전병이면 아들도 유전병을 가져야 한다. 그러나 아들인 6이 정상인데, 어머니인 2가 유전병을 가지므로 이 유전병은 상염색체에 의해 유전된다.

③ 2는 유전병이 나타나므로 유전병 대립유전자만 가지고 있다.

④ 3과 4 사이에서 유전병을 갖는 자녀가 태어났으므로 이 유전병은 정상에 대해 열성이고, 3과 4의 유전병 유전자형은 서로 같다.

⑥ 6은 1로부터 정상 대립유전자를, 2로부터 유전병 대립유전자를 물려받았다.

⑧ 유전병에 대해 정상 대립유전자를 A, 유전병 대립유전자를 a라고 했을 때, 6의 유전자형은 Aa, 7의 유전자형은 aa이다. 따라서 6과 7 사이에서 남자 아이가 태어날 때, 이 남자 아이가 유전병(aa)일 확률은 50 %이다.

⑨ 7과 9는 부모로부터 유전병 대립유전자를 각각 1개씩 물려받아 유전병을 나타낸다.

02 X 염색체에 의한 열성 유전인 경우 어머니가 유전병이면 아들은 반드시 유전병이고, 딸이 유전병이면 아버지는 반드시 유전병이다.

② 1은 정상으로 유전병 대립유전자를 가지고 있지 않다.

⑥ 유전병 대립유전자를 X′, 정상 대립유전자를 X라고 했을 때, 3의 유전자형은 X′Y, 4의 유전자형은 XX′이다. 따라서 3과 4 사이에서 8의 동생이 태어날 때, 이 아이가 유전병(X′Y, X′X′)일 확률은 50 %이다.

⑨ 유전병 대립유전자를 X′, 정상 대립유전자를 X라고 했을 때, 6의 유전자형은 XX′, 7의 유전자형은 XY이다. 따라서 6과 7 사이에서 9의 남동생이 태어날 때, 이 남자 아이가 유전병(X′Y)일 확률은 50 %이다.

오답 피하기 ① 정상인 6과 7 사이에서 유전병을 갖는 자녀 9가 태어났으므로 유전병은 정상에 대해 열성이다.

③ 4와 6은 보인자로, 유전병 유전자형이 서로 같다.

④ 5는 2로부터 유전병 대립유전자를 물려받아 유전병 남자이다.

⑤ 6은 9에게 유전병 대립유전자를 물려주어 9는 유전병 남자이다.

⑦ 유전병 대립유전자를 X′, 정상 대립유전자를 X라고 했을 때, 3의 유전자형은 X′Y, 4의 유전자형은 XX′이다. 따라서 3과 4 사이에서 8의 여동생이 태어날 때, 이 여자 아이가 유전병(X′X′)일 확률은 50 %이다.

⑧ 아버지 7이 정상이므로 6과 7 사이에서 태어난 딸은 모두 정상이다.

더 알아보기

본교재 **45**쪽

유제 01 (1) 우성 (2) 상염색체
유제 02 (1) 열성 (2) XX′ (3) 25 %

01 (1) 유전병을 갖는 3과 4 사이에서 정상인 자녀 7이 태어났으므로 유전병은 정상에 대해 우성이다.

(2) 만약 X 염색체 유전이라면 어머니(3)가 유전병을 가지면 아들은 반드시 유전병을 가져야 하지만, 정상인 아들(7)이 태어났으므로 이 유전병 유전자는 상염색체에 있다.

02 (1) 적록 색맹은 정상에 대해 열성으로 유전된다.

(2) 1은 정상인데, 1의 아들은 적록 색맹 남자이므로 1은 보인자이다. 따라서 1의 유전자형은 XX′이다.

(3) 2가 적록 색맹 여자이므로 2의 아버지는 적록 색맹(X′Y), 2의 어머니는 보인자(XX′)이다. 따라서 2의 동생이 태어날 때, 이 아이가 적록 색맹인 남자(X′Y)일 확률은 25 %이다.

01 ③　**02** ④　**03** ②　**04** ⑤　**05** ③　**06** ⑤　**07** ⑤
08 10　**09** 3 : Rr, 4 : Rr　**10** ③　**11** ④, ⑤　**12** ①
13 ⑤　**14** ③　**15** ④　**16** ④　**17** ①　**18** ②, ④
19 ⑤　**20** 자손의 수가 적다. 한 세대가 너무 길다. 대립 형질이 복잡하다. 교배 실험이 불가능하다. 환경의 영향을 많이 받는다. 등　**21** 대립유전자 A와 B는 O에 대해 각각 우성이고, A와 B 사이에는 우열 관계가 없다.　**22** A형, AB형, B형, 철수 아버지의 ABO식 혈액형 유전자형은 AO이고 어머니의 ABO식 혈액형 유전자형은 AB이므로, 이 둘 사이에서 태어나는 자녀의 ABO식 혈액형은 A형, AB형, B형이다.　**23** 아버지 : XY, 어머니 : XX′, 아들은 어머니로부터 적록 색맹 대립유전자 X′를 물려받았기 때문이다.　**24** (1) 10의 적록 색맹 대립유전자는 6에게서 물려받은 것이고, 6의 적록 색맹 대립유전자는 2에게서 물려받은 것이다. (2) 50 % $\left(\dfrac{1}{2}\right)$　**25** (1) 열성 (2) 상염색체, 유전병 유전자가 성염색체인 X 염색체에 있다면 유전병 여자의 아버지는 유전병이어야 하는데 정상이므로 유전병 유전자는 상염색체에 있다.

01 사람의 유전 연구가 어려운 까닭은 자손의 수가 적고, 한 세대가 길며, 자유로운 교배 실험을 할 수 없다. 또한, 환경의 영향을 많이 받으며, 대립 형질이 복잡하다.

02 가계도 조사는 가족과 친척의 특정 형질을 조사하여 유전 형질이 여러 세대를 걸쳐 어떻게 유전되는지 알아보는 방법이다. 통계 조사는 특정 형질에 나타난 사례를 많이 수집하여 자료를 통계적으로 분석하는 방법으로, 형질이 유전되는 특징과 유전자의 분포 등을 예측할 수 있다. 염색체 조사는 염색체 수와 모양을 분석하는 것으로 염색체 이상에 의한 유전병을 진단할 수 있다.

03 ② 1란성 쌍둥이(가)는 유전자 구성이 같으므로 1란성 쌍둥이(가)에서의 형질 차이는 환경의 영향이 크다.
오답 피하기 ① 1란성 쌍둥이(가)는 성별이 항상 같다.
③ 2란성 쌍둥이(나)는 성별이 같을 수도 있고 다를 수도 있다.
④ 2란성 쌍둥이(나)는 유전자 구성이 서로 다르며, 이들의 형질 차이는 유전과 환경의 영향으로 나타난다.
⑤ (가)는 1란성 쌍둥이, (나)는 2란성 쌍둥이이다.

04 ㄱ. 키는 1란성 쌍둥이가 함께 자란 경우와 따로 자란 경우 형질의 일치 정도가 다르므로 환경의 영향을 받는 형질이다.
ㄴ. ABO식 혈액형은 유전자에 의해 결정되므로 환경의 영향을 받지 않는다.
오답 피하기 ㄷ. 1란성 쌍둥이가 따로 자란 경우(나)의 형질의 일치율이 높을수록 유전의 영향을 많이 받는 형질이다.

05 남녀에 따라 유전 형질이 나타나는 빈도에 차이가 없으므로 상염색체에 유전자가 있는 상염색체 유전 형질임을 알 수 있다. 부모에게 없는 형질이 자녀에게 나타나면 자녀에게 나타난

형질이 열성, 부모의 형질이 우성이므로 형질 A는 열성임을 알 수 있다.

06 ㄱ. 상염색체 유전에 해당되는 형질에는 PTC 미맹, 혀 말기, 귓불 모양 등이 있다.
ㄴ, ㄷ. 한 쌍의 대립유전자에 의해 형질이 결정되므로 대립 형질이 비교적 명확하게 구분된다.

07 미맹은 상염색체 유전 형질이며 열성으로 유전된다.
⑤ 9는 6과 7로부터 각각 미맹 대립유전자를 하나씩 물려받았다.
오답 피하기 ①, ② 정상인 1과 2 사이에서 미맹인 자녀 5가 태어났으므로 미맹은 정상에 대해 열성이며, 1과 2의 유전자형은 Tt이다.
③ 4의 자녀 중에 미맹인 자녀 8이 태어났으므로 4는 미맹 대립유전자를 가지고 있다.
④ 미맹은 정상에 대해 열성이므로 미맹인 사람의 유전자형은 tt이다.

08 미맹인 3, 5, 8, 9의 유전자형은 모두 tt이다. 1, 2, 4, 6, 7의 유전자형은 모두 Tt이고, 10의 유전자형은 TT 또는 Tt이다. 따라서 유전자형을 정확하게 알 수 없는 사람은 10이다.

09 분리형 귓불을 가진 3과 4 사이에서 부착형 귓불을 가진 6이 태어났으므로 분리형 귓불이 부착형 귓불에 대해 우성이며, 3과 4는 열성인 부착형 귓불 대립유전자 r를 갖는 잡종이므로, 3과 4의 유전자형은 Rr이다.

10 5는 2로부터 부착형 귓불 대립유전자 r를 물려받아 유전자형이 Rr이고 6은 부착형 귓불을 가지므로 유전자형이 rr이다. 5와 6 사이에서 태어나는 자녀의 귓불 모양 유전자형의 비는 Rr : rr=1 : 1이므로 부착형 귓불(rr)을 가진 아이가 태어날 확률은 50 %이다.

11 ABO식 혈액형 유전자는 상염색체에 있으며 한 쌍의 대립유전자에 의해 형질이 결정된다.
④ 대립유전자 A와 B 사이에는 우열 관계가 없으며, A와 B는 O에 대해 각각 우성이다.
⑤ 부모의 ABO식 혈액형 유전자형이 모두 AO일 경우 O형의 자녀가 태어날 수 있다.
오답 피하기 ① 표현형의 종류는 A형, B형, AB형, O형으로 4가지이다.
② 유전자형의 종류는 AA, AO, BB, BO, AB, OO로 6가지이다.
③ 혈액형을 결정하는 대립유전자의 종류는 A, B, O로 3가지이다.

12 (가)는 자녀에게 대립유전자 A와 B를 각각 물려주었으므로 (가)의 ABO식 혈액형 유전자형은 AB이다. (나)는 자녀에게 대립유전자 A와 O를 각각 물려주었으므로 (나)의 ABO식 혈액형 유전자형은 AO이다.

13 부모의 ABO식 혈액형 유전자형이 각각 AO와 BO일 때 태어날 수 있는 자녀의 ABO식 혈액형은 A형, B형, AB형, O형이다.

14 ㄱ. 미맹은 한 쌍의 대립유전자에 의해 형질이 결정되므로 대립 형질이 뚜렷하다.
ㄴ. 키는 형질이 다양하게 나타나는 다인자 유전 형질이므로, 형질에 관여하는 대립유전자가 여러 쌍인 형질이다.
오답 피하기 ㄷ. ABO식 혈액형을 결정하는 대립유전자의 종류는 A, B, O의 3가지이다.

15 (가)의 아버지는 적록 색맹이므로 아버지로부터 적록 색맹 대립유전자 X′를 물려받아 (가)의 적록 색맹 유전자형은 XX′이다. (나)의 어머니는 적록 색맹이므로 어머니로부터 적록 색맹 대립유전자 X′를 물려받아 (나)의 적록 색맹 유전자형은 XX′이다.

16 ㄱ, ㄷ. 적록 색맹을 결정하는 유전자는 X 염색체에 있으므로 적록 색맹 유전은 반성유전에 해당한다.
오답 피하기 ㄴ. 성염색체 구성이 XY인 남자는 적록 색맹 대립유전자가 1개만 있어도 적록 색맹이 되지만, 성염색체 구성이 XX인 여자는 2개의 X 염색체에 모두 적록 색맹 대립유전자가 있어야 적록 색맹이 되기 때문에 여자보다 남자에게 많이 나타난다.

17 정상인 남자(XY)와 적록 색맹인 여자(X′X′)가 결혼하여 이 둘 사이에서 자녀가 태어날 때, 태어나는 자녀의 적록 색맹 유전자형은 X′Y, XX′이다. 따라서 아들이 태어났을 때, 이 남자 아이가 적록 색맹일 확률은 100 %이다.

18 ② B는 정상 여자인데, 아버지가 적록 색맹이므로 아버지로부터 적록 색맹 대립유전자 X′를 물려받아 B의 적록 색맹 유전자형은 XX′이다.
④ D는 적록 색맹 남자이므로 어머니에게서 적록 색맹 대립유전자를 물려받았다.
오답 피하기 ① A의 아들은 모두 정상이므로 A는 아들에게 적록 색맹 대립유전자를 물려주지 않았다.
③ C의 아버지는 정상이므로 C는 아버지에게서 적록 색맹 대립유전자를 물려받지 않았다.
⑤ E의 부모의 적록 색맹 유전자형은 각각 XY, X′X′이므로, 이 둘 사이에서 태어날 수 있는 자녀의 적록 색맹 유전자형은 X′Y(적록 색맹 남자), XX′(정상 여자)이다. 따라서 E의 동생이 태어났을 때, 이 아이가 적록 색맹인 여자일 확률은 0 %이다.

19 ABO식 혈액형의 경우 (가)는 아버지로부터 대립유전자 A를 물려받고 어머니로부터 대립유전자 O를 물려받아 유전자형이 AO이며, (나)는 아버지로부터 대립유전자 B를 물려받고 어머니로부터 대립유전자 O를 물려받아 유전자형이 BO이다. 적록 색맹의 경우 (가)는 어머니로부터 적록 색맹 대립유전자 X′를 물려받아 유전자형이 XX′이고 (나)는 적록 색맹 남자이므로

유전자형이 X′Y이다. 따라서 (가)와 (나)가 결혼하여 자녀가 태어났을 때, 이 아이가 A형이면서 적록 색맹인 아들일 확률은 A형일 확률($\frac{1}{4}$)×적록 색맹인 아들일 확률($\frac{1}{4}$)=$\frac{1}{16}$이다.

20 **모범 정답** 자손의 수가 적다. 한 세대가 너무 길다. 대립 형질이 복잡하다. 교배 실험이 불가능하다. 환경의 영향을 많이 받는다. 등

채점 기준	배점
사람의 유전 연구가 어려운 까닭을 세 가지 모두 옳게 서술한 경우	100 %
사람의 유전 연구가 어려운 까닭을 두 가지만 옳게 서술한 경우	50 %

21 **모범 정답** 대립유전자 A와 B는 O에 대해 각각 우성이고, A와 B 사이에는 우열 관계가 없다.

채점 기준	배점
대립유전자 사이의 우열 관계를 모두 옳게 서술한 경우	100 %
대립유전자 사이의 우열 관계를 일부만 옳게 서술한 경우	50 %

22 **모범 정답** A형, AB형, B형, 철수 아버지의 ABO식 혈액형 유전자형은 AO이고 어머니의 ABO식 혈액형 유전자형은 AB이므로, 이 둘 사이에서 태어나는 자녀의 ABO식 혈액형은 A형, AB형, B형이다.

채점 기준	배점
ABO식 혈액형을 모두 쓰고, 그 까닭을 옳게 서술한 경우	100 %
ABO식 혈액형만 옳게 쓴 경우	30 %

23 **모범 정답** 아버지 : XY, 어머니 : XX′, 아들은 어머니로부터 적록 색맹 대립유전자 X′를 물려받았기 때문이다.

채점 기준	배점
부모의 적록 색맹 유전자형을 모두 쓰고, 아들이 적록 색맹인 까닭을 옳게 서술한 경우	100 %
부모의 적록 색맹 유전자형만 옳게 쓴 경우	50 %

24 6의 적록 색맹 유전자형은 X′Y이고 7의 적록 색맹 유전자형은 XX′이므로 이 둘 사이에서 태어날 수 있는 자녀의 적록 색맹 유전자형은 XX′(정상 여자), X′X′(적록 색맹 여자), XY(정상 남자), X′Y(적록 색맹 남자)이다. 따라서 10의 동생이 태어났을 때 이 아이가 적록 색맹일 확률은 50 %이다.
모범 정답 (1) 10의 적록 색맹 대립유전자는 6에게서 물려받은 것이고, 6의 적록 색맹 대립유전자는 2에게서 물려받은 것이다.
(2) 50 %($\frac{1}{2}$)

채점 기준	배점
(1)과 (2)를 모두 옳게 서술한 경우	100 %
(1)과 (2) 중 한 가지만 옳게 서술한 경우	50 %

25 정상인 부모 사이에서 유전병인 자녀가 태어났으므로 유전병은 정상에 대해 열성이다.

[모범답안] (1) 열성

(2) 상염색체, 유전병 유전자가 성염색체인 X 염색체에 있다면 유전병 여자의 아버지는 유전병이어야 하는데 정상이므로 유전병 유전자는 상염색체에 있다.

채점 기준	배점
(1)과 (2)를 모두 옳게 서술한 경우	100 %
(1)만 옳게 쓴 경우	30 %

단원 확인 문제

본교재 50~55쪽

01 ③	**02** ④	**03** ⑤	**04** ②	**05** ②	**06** ①	**07** ①
08 ②	**09** ①	**10** ⑤	**11** ②	**12** ②	**13** ④	**14** ②
15 ③	**16** ③	**17** ②	**18** ④	**19** ③, ⑤	**20** ③	
21 ⑤	**22** ③	**23** ②	**24** ③	**25** ②	**26** ③	**27** ②
28 ③	**29** ④	**30** ⑤	**31** ④	**32** ④	**33** ③	**34** ③
35 ③						

01 ③ 염색체(C)는 분열하는 세포에서 관찰된다.

[오답 피하기] ① A는 DNA, B는 단백질이다.

② 유전자는 DNA(A)의 특정 부위에 존재하며, 하나의 DNA에는 수많은 유전자가 존재한다.

④ 염색 분체인 ㉠과 ㉡의 유전 정보는 같다.

⑤ 염색체(C)의 수가 같다고 반드시 같은 종의 생물인 것은 아니다. 다른 종 사이에서도 염색체 수가 같은 경우가 있다.

02 ㉠은 상동 염색체, ㉡은 X 염색체, ㉢은 Y 염색체이다. 상동 염색체(㉠)는 부모에게서 각각 하나씩 물려받은 것이다.

④ 이 사람의 생식세포 1개에는 23개의 염색체가 있다.

03 ㄴ. 세포 분열이 일어나 세포의 크기가 작을수록 단위 부피당 표면적이 커진다.

ㄷ. 핵분열은 염색체의 모양과 행동에 따라 전기, 중기, 후기, 말기의 4단계로 구분된다.

ㄹ. 세포의 크기가 커지면 단위 부피당 표면적이 줄어들어 물질 교환이 어려워지므로 세포 분열이 일어난다.

[오답 피하기] ㄱ. 핵분열 말기에 세포질이 나누어지는 세포질 분열이 일어난다.

04 (가)는 중기, (나)는 간기, (다)는 후기, (라)는 전기이다. 염색체의 수와 모양을 가장 잘 관찰할 수 있는 시기는 중기(가)이고, 막대 모양의 염색체와 방추사가 나타나는 시기는 전기(라)이다.

② 간기(나)에서는 핵막이 뚜렷하게 보이며, DNA가 복제된다.

05 ㄴ. 염색(라)은 아세트올세인 용액으로 핵이나 염색체를 붉게 염색하는 과정이다.

[오답 피하기] ㄱ. 고정(다)은 세포의 활동을 멈추게 하여 살아 있는 세포의 형태를 그대로 유지하는 과정이다.

ㄷ. 실험은 고정(다) → 해리(마) → 염색(라) → 분리(가) → 압착(나) 순으로 진행된다.

06 체세포에 들어 있는 염색체 수가 6이므로 체세포에 들어 있는 상동 염색체 쌍의 수는 3이다. 감수 분열 결과 염색체 수가 모세포의 절반인 딸세포가 생성되므로 딸세포의 염색체 수는 3이다.

07 ㄱ. A는 상동 염색체가 접합한 2가 염색체이다.

[오답 피하기] ㄴ. (다) → (라) 과정에서 상동 염색체가 분리되어 염색체 수가 반으로 줄어든다.

ㄷ. (라) → (마) 과정에서 염색 분체가 분리되므로 염색체 수는 변화가 없다.

08 표는 체세포 분열과 감수 분열을 비교한 것이다.

구분	체세포 분열	감수 분열
분열 횟수	1회	2회
딸세포 수	2개	4개
염색체 수 변화	변화 없음	절반으로 감소함
분열 결과	생장, 재생	생식세포 형성

09 (가)는 상동 염색체가 있으며, 염색체가 세포 중앙에 배열되어 있으므로 체세포 분열 중기이다. (나)는 상동 염색체가 접합한 2가 염색체가 있으며, 염색체가 세포 중앙에 배열되어 있으므로 감수 1분열 중기이다. (다)는 상동 염색체가 없으며, 염색체가 세포 중앙에 배열되어 있으므로 감수 2분열 중기이다.

10 A는 난자로 난소에서 만들어지고 스스로 움직이지 못한다. B는 정자로 정소에서 만들어지고 스스로 움직일 수 있다. C는 수정란으로 46개의 염색체가 들어 있다.

⑤ 정자와 난자는 모두 염색체 수가 23으로 같고, 수정란의 염색체 수는 46이다.

11 ② 배란 → 수정 → 난할 → 착상 → 출산 순으로 일어난다.

[오답 피하기] ① 수정된 지 8주 이후부터를 태아라고 한다.

③ 태반에서 모체와 태아의 혈관은 직접 연결되어 있지 않아 태아와 모체의 혈액은 섞이지 않는다.

④ 착상 이후에 배아는 체세포 분열을 계속하여 조직과 기관을 형성하고 하나의 개체로 성장한다.

⑤ 태아는 수정된 지 약 266일 후에 모체 밖으로 나온다.

12 A는 배란, B는 수정이다. C는 난할로 세포의 생장 없이 빠르게 분열하며, 체세포 분열에 해당하므로 세포 수가 증가한다. D는 착상으로 수정 후 약 일주일이 지나면 수정란이 포배 상태가 되어 자궁 내막에 파묻히는 현상이다.

② 착상(D)이 일어났을 때부터 임신되었다고 한다.

13 난할은 체세포 분열의 일종이므로, 세포 1개당 염색체 수는 변화 없다. 난할이 진행될 때 세포 1개의 크기는 작아지며, 배아 전체의 크기는 변화 없다.

14 ② 표현형이 둥근 완두의 경우 유전자형이 RR이거나 Rr 일 수 있으므로 표현형이 같아도 유전자형이 다를 수 있다.

[오답 피하기] ① 유전자형이 RRYy인 개체에서 Yy가 잡종이다.
③ 완두의 초록색 꼬투리와 노란색 꼬투리가 대립 형질이다.
④ 대립 형질은 한 가지 특성에 대해 서로 뚜렷하게 대비되는 형질이다.
⑤ 열성은 대립 형질이 다른 순종끼리 교배하였을 때 잡종 1대에서 나타나지 않는 형질이다.

15 ③ 잡종 1대의 완두는 Y를 갖는 생식세포와 y를 갖는 생식세포 z종류를 만든다.

[오답 피하기] ① 우열의 원리와 분리의 법칙이 모두 성립한다.
② 잡종 1대의 완두는 Y를 갖는 생식세포와 y를 갖는 생식세포가 결합하여 생성되었으므로 유전자형은 Yy이다.
④ 잡종 2대에서 순종(YY, yy)과 잡종(Yy)의 비는 $1:1$이다.
⑤ 잡종 2대에서 유전자형의 분리비는 $YY:Yy:yy=1:2:1$이다.

16 잡종 1대의 유전자형은 Yy이며, 잡종 2대에서 유전자형의 분리비가 $YY:Yy:yy=1:2:1$이다. 따라서 유전자형이 잡종 1대(Yy)와 같은 것이 나올 확률은 $\frac{1}{2}$이므로, 잡종 2대에서 유전자형이 잡종 1대와 같은 것은 800개$\times\frac{1}{2}=$400개이다.

17 ㉠과 키가 작은 완두를 교배하였더니, 모두 키가 큰 완두만 나왔으므로 ㉠은 순종(TT)이다. ㉡과 키가 작은 완두를 교배하였더니, 키가 큰 완두와 키가 작은 완두가 같은 비율로 나왔으므로 ㉡은 잡종(Tt)이다. ㉢과 키가 큰 완두를 교배하였더니, 키가 큰 완두와 키가 작은 완두가 $3:1$의 비율로 나왔으므로 ㉢은 잡종(Tt)이다.

18 완두의 모양과 색깔을 결정하는 각 유전자 쌍은 서로 다른 염색체에 있기 때문에 잡종 1대인 둥글고 노란색 완두(RrYy)는 4종류의 생식세포(RY, Ry, rY, ry)를 $1:1:1:1$의 비율로 생성한다.

19 ③ 4종류의 생식세포 RY, Ry, rY, ry의 수정을 통해 잡종 2대에서는 표현형이 (가)(R_Y_) : (나)(R_yy) : (다)(rrY_) : (라)(rryy)$=9:3:3:1$의 비율로 나타난다.
⑤ 잡종 2대에서 잡종 1대와 유전자형(RrYy)이 같은 완두가 나타날 확률은 $\frac{4}{16}=\frac{1}{4}$이다.

[오답 피하기] ① (가)는 순종(RRYY) 또는 잡종(RrYy, RRYy, RrYY)이다.
② (나)의 유전자형은 RRyy 또는 Rryy이다.
④ 잡종 2대에서 둥근 완두 : 주름진 완두$=3:1$이다.

20 잡종 2대에서는 표현형이 둥글고 노란색, 둥글고 초록색, 주름지고 노란색, 주름지고 초록색 완두가 $9:3:3:1$의 비율로 나타난다. 따라서 주름지고 노란색 완두(다)가 나올 확률은

$\frac{3}{16}$이므로, 잡종 2대에서 주름지고 노란색 완두는 400개$\times\frac{3}{16}$ $=75$개이다.

21 ⑤ 잡종 2대에서 표현형의 분리비는 빨간색 : 분홍색 : 흰색$=1:2:1$이고, 유전자형의 분리비는 $RR:RW:WW=1:2:1$이다.

[오답 피하기] ① 생식세포가 형성될 때 유전 인자(대립유전자)는 분리되어 각각 다른 생식세포로 들어가므로 분리의 법칙이 성립한다.
② 빨간색 꽃잎 유전자(R)와 흰색 꽃잎 유전자(W) 사이의 우열 관계가 뚜렷하지 않다.
③ 잡종 1대에서 분홍색(RW)인 잡종만 나타난다.
④ 잡종 2대에서 나타나는 꽃잎 색깔의 종류는 빨간색, 분홍색, 흰색 3종류이다.

22 잡종 2대에서 표현형의 분리비는 빨간색 : 분홍색 : 흰색$=1:2:1$이다. 따라서 분홍색 분꽃이 나올 확률은 $\frac{1}{2}$이므로, 잡종 2대에서 분홍색 분꽃은 400개$\times\frac{1}{2}=200$개이다.

23 키가 큰 유전자 T가 키가 작은 유전자 t에 대해 우성이므로 키가 작은 식물의 유전자형은 tt이다. 그리고 빨간색 꽃잎 유전자 R와 흰색 꽃잎 유전자 W 사이의 우열 관계가 뚜렷하지 않으므로 흰색 꽃잎을 가진 식물의 유전자형은 WW이다. 따라서 ttWW를 가진 식물을 얻기 위해서는 부모 세대로부터 각각 t 한 개씩과 W 한 개씩을 물려받아야 한다. 이러한 경우는 ②만 가능하다.

24 사람의 유전 연구 방법에는 가계도 조사, 염색체 조사, 통계 조사, 쌍둥이 연구 등이 있다.

25 표는 1란성 쌍둥이(가)와 2란성 쌍둥이(나)를 비교한 것이다.

쌍둥이 종류	1란성 쌍둥이(가)	2란성 쌍둥이(나)
형질 차이	환경	환경, 유전
유전자 구성	같다	다르다
성별	같다	같을 수도 있고, 다를 수도 있다.
ABO식 혈액형	같다	같을 수도 있고, 다를 수도 있다.

26 ③ 유전병 유전자가 X 염색체에 존재한다면 (가)가 유전병 여자이므로 아버지는 반드시 유전병 남자이어야 하는데 정상 남자이다. 따라서 유전병 유전자는 상염색체에 존재한다.

[오답 피하기] ① (가)는 부모로부터 유전병 대립유전자를 각각 하나씩 물려받아 (가)의 유전자형은 순종이다.
② 부모는 모두 정상인데 유전병 여자인 (가)가 태어난 것으로 보아 유전병은 정상에 대해 열성이다.
④ 부모는 모두 유전병 대립유전자와 정상 대립유전자를 가지고 있는 잡종이다.

⑤ 상염색체 유전의 경우 유전병은 남녀에 관계없이 같은 비율로 나타난다.

27 미맹 여자와 정상 형질인 남자 (가)가 결혼하여 미맹인 자녀가 태어났으므로 (가)는 미맹 대립유전자 t와 정상 대립유전자 T를 모두 갖는 잡종이다. 따라서 (가)의 유전자형은 Tt이다.

28 혀를 말 수 있는 유전자를 R, 혀를 말 수 없는 유전자를 r로 표시했을 때 민수는 아버지로부터 혀를 말 수 없는 유전자 r를 물려받아 유전자형이 Rr이고, 보미는 혀를 말 수 없는 여자이므로 유전자형이 rr이다. 따라서 민수와 보미 사이에서 태어나는 자녀의 유전자형은 Rr(혀를 말 수 있음), rr(혀를 말 수 없음)이므로 태어나는 아이가 혀를 말 수 없는 자녀일 확률은 50 %이다.

29 (가)의 자녀가 B형이므로 (가)는 자녀에게 대립유전자 O를 물려주었다. 따라서 (가)의 ABO식 혈액형 유전자형은 AO이다. 대립유전자는 상동 염색체에서 마주 보며 위치하므로, 염색체에 유전자가 배열되어 있는 모습으로 옳은 것은 대립유전자 A와 O가 마주 보며 위치하는 ④이다.

30 ㄱ. 1은 AB형이므로 대립유전자 B를 가진다.
ㄴ. 3과 4의 자녀인 6의 혈액형이 O형이므로 3의 혈액형 유전자형은 BO이고 4의 혈액형 유전자형은 AO이다. 따라서 3과 4는 모두 유전자 O를 갖는다.
ㄷ. 5의 혈액형 유전자형은 BO이고 6의 혈액형 유전자형은 OO이므로, 이 둘 사이에서 태어날 수 있는 자녀의 혈액형 유전자형은 BO, OO이다. 따라서 태어나는 아이의 ABO식 혈액형이 O형일 확률은 50 %이다.

31 어머니의 혈액형 유전자형은 AB, 아버지의 혈액형 유전자형은 BO이므로, 이 둘 사이에서 태어날 수 있는 자녀의 혈액형 유전자형은 AB, AO, BO, BB이다. 따라서 자녀에게 나타날 수 없는 ABO식 혈액형은 O형이다.

32 ㄱ. 미맹은 상염색체 유전 형질로 대립 형질이 뚜렷하다.
ㄷ. 키는 형질에 관여하는 대립유전자가 여러 쌍인 형질로 다인자 유전 형질에 해당한다.
오답 피하기 ㄴ. 눈꺼풀 형질은 쌍꺼풀과 외까풀로 대립 형질이 뚜렷하므로 유전의 영향을 많이 받는 형질이다.

33 ㄱ. 1의 자녀 중에 적록 색맹 여자인 6이 있으므로 1은 적록 색맹 대립유전자와 정상 대립유전자를 모두 갖는 보인자이다.
ㄴ. 여자인 4의 자녀 중에 적록 색맹 남자인 8이 있으므로 4는 적록 색맹 대립유전자와 정상 대립유전자를 모두 갖는 보인자이다. 따라서 4의 유전자형은 XX′이다.
오답 피하기 ㄷ. 6은 어머니인 1과 아버지인 2로부터 모두 적록 색맹 대립유전자를 물려받았다.

34 7은 아버지인 2로부터 적록 색맹 대립유전자를 물려받으므로 7의 유전자형은 XX′이고, 8은 적록 색맹 남자이므로 8의 유전자형은 X′Y이다. 따라서 7과 8 사이에서 태어날 수 있는 자녀의 유전자형은 XX′(정상 여자), X′X′(적록 색맹 여자), XY(정상 남자), X′Y(적록 색맹 남자)이므로 자녀가 적록 색맹일 확률은 50 %이다.

35 ㄱ. 1의 자녀 중에 AB형인 3과 O형인 4가 있으므로 1의 ABO식 혈액형의 유전자형은 BO이다.
ㄴ. 4는 어머니인 1로부터 유전병 (가) 대립유전자를 물려받았다.
오답 피하기 ㄷ. ABO식 혈액형의 경우 1의 혈액형 유전자형이 BO이고 2의 혈액형 유전자형이 AO이므로, 이 둘 사이에서 태어날 수 있는 자녀의 혈액형 유전자형은 AB, AO, BO, OO이다. 유전병 (가)의 경우 1의 유전자형은 XX′이고 2의 유전자형은 XY이므로, 이 둘 사이에서 태어날 수 있는 자녀의 유전병 (가) 유전자형은 XX′(정상 여자), XX(정상 여자), X′Y(유전병 (가) 남자), XY(정상 남자)이다. 따라서 5의 동생이 태어날 때, 이 아이가 A형이고 유전병 (가)일 확률은 A형일 확률($\frac{1}{4}$)×유전병 (가)일 확률($\frac{1}{4}$)=$\frac{1}{16}$이다.

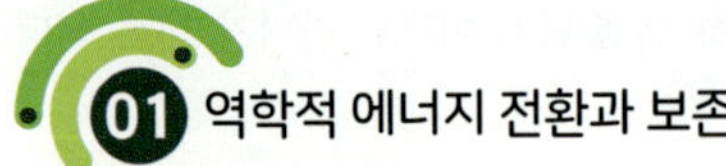

VI. 에너지 전환과 보존

01 역학적 에너지 전환과 보존

개념 바로 확인 본교재 **59**쪽

초성 확인 문제

01 역학적 **02** 위치, 운동, 운동, 위치 **03** 역학적 에너지 보존 **04** 위치, 운동

01 (1) ○ (2) ○ **02** (1) 위치, 운동 (2) 운동, 위치 **03** (1) O (2) O, O (3) A 또는 B, O **04** (1) ○ (2) × (3) × (4) ○ **05** (1) 98 J (2) 98 J (3) 14 m/s

01 (1) 공기 저항이나 마찰이 없을 때 운동하는 물체의 역학적 에너지는 위치 에너지와 운동 에너지의 합이다.
(2) 운동하는 물체의 역학적 에너지는 보존되므로 어느 지점에서나 역학적 에너지는 일정하다.

02 스케이트보드를 타는 사람은 A, C 지점에서 위치 에너지가 가장 크고 B 지점에서 운동 에너지가 가장 크다.
(1) A 지점에서 B 지점으로 이동하는 동안 높이는 감소하고 속력은 증가하므로 위치 에너지가 운동 에너지로 전환된다.
(2) B 지점에서 C 지점으로 이동하는 동안 높이는 증가하고 속력은 감소하므로 운동 에너지가 위치 에너지로 전환된다.

03 (1) 왕복 운동하는 진자의 위치 에너지가 최소인 지점은 높이가 가장 낮은 O 지점이다.
(2) 속력이 최대인 지점과 운동 에너지가 최대인 지점이 같으며, 운동 에너지가 최대인 지점은 위치 에너지가 최소인 지점이므로 이는 O 지점이다.
(3) 위치 에너지가 감소하고, 운동 에너지가 증가하는 구간은 높이가 높은 곳에서 낮은 곳으로 이동하는 구간으로 A → O 또는 B → O 구간이다.

04 (1) 자유 낙하 하는 동안 높이가 낮아지므로 위치 에너지는 감소한다.
(2) 자유 낙하 하는 동안 위치 에너지는 감소하므로 감소한 위치 에너지가 운동 에너지로 전환되어 운동 에너지는 증가한다.
(3) 자유 낙하 하는 동안 역학적 에너지는 일정하다.
(4) 지면에 닿는 순간 위치 에너지가 0이므로 역학적 에너지는 운동 에너지와 같다.

05 (1) 위치 에너지$=9.8×$질량$×$높이$=9.8×2$ kg$×5$ m$=98$ J이다.
(2) 5 m 높이에서의 운동 에너지는 처음 위치 10 m에서 5 m 높이까지 감소한 위치 에너지와 같다. 따라서 운동 에너지는 $9.8×$질량$×$감소한 높이$=9.8×2$ kg$×(10-5)$ m$=98$ J이다.

(3) 지면에 닿는 순간 운동 에너지는 10 m 높이에서의 위치 에너지와 같다. $9.8×2$ kg$×10$ m$=\frac{1}{2}×2$ kg$×v^2$에서 속력 $v=14$ m/s이다.

기출 최다 탐구 본교재 **60**쪽

01 (1) ○ (2) × (3) ○ (4) ○ **02** ㄱ, ㄴ, ㄷ

01 (1) 자유 낙하 하는 물체의 높이는 점점 감소하므로 위치 에너지도 점점 감소한다.
(2) 자유 낙하 운동은 공기 저항이 없을 때 정지해 있던 물체가 공중에서 중력만 받으면서 아래로 떨어지는 운동이므로 물체의 역학적 에너지는 일정하다.
(3) 자유 낙하 하는 물체의 속력은 지면에 가까워질수록 증가한다.
(4) 위치 에너지가 최대인 지점은 물체가 정지해 있는 최고 높이이므로 이때 속력은 0이다.

02 ㄱ. 역학적 에너지는 보존되므로 모든 지점에서 일정하다.
ㄴ. 10 m 높이는 공의 처음 위치로 높이가 가장 높은 곳이다. 따라서 이 지점에서의 위치 에너지는 역학적 에너지와 같다.
ㄷ. 최고점인 10 m 높이에서 위치 에너지는 지면에 도달한 순간의 운동 에너지로 모두 전환되어 이때의 운동 에너지와 같다. 따라서 지면에 도달한 순간의 속력은 $9.8×1$ kg$×10$ m$=\frac{1}{2}×1$ kg$×v^2$에서 $v^2=196$, $v=14$ m/s이다.

A to Z 기출 분석 다지선다 본교재 **61**쪽

01 ②, ⑤ **02** ⑤, ⑥

01 ①, ⑤ A~D점에서 위치 에너지가 가장 큰 점은 A이고, 운동 에너지가 가장 큰 점은 C이다.
② 역학적 에너지는 보존되므로 B점에서의 역학적 에너지와 D점에서의 역학적 에너지는 같다.
③, ④ A점에서 C점으로 갈수록 속력이 점점 빨라지면서 운동 에너지는 증가하고 위치 에너지는 감소한다.
⑥ B점과 D점의 높이가 같으므로 위치 에너지가 같고 역학적 에너지가 보존되므로 운동 에너지도 같다.
⑦ C점에서 D점으로 갈수록 높이는 증가하고 속력은 감소하므로 감소한 운동 에너지가 위치 에너지로 전환된다.

02 ① 위치 에너지는 높이에 비례하므로 10 m 높이에서의 위치 에너지와 6 m 높이에서의 위치 에너지의 비는 5 : 3이다.
② 공의 역학적 에너지는 10 m 높이에서의 위치 에너지와 같으므로 $9.8×4$ kg$×10$ m$=392$ J이다.
③ 지면으로부터 5 m 높이에서의 운동 에너지는 감소한 위치 에너지와 같으므로 $9.8×4$ kg$×5$ m$=196$ J이다.

④ 운동 에너지가 위치 에너지의 4배인 지점의 높이를 h라고 하면 $(10-h):h=4:1$에서 $h=2$ m이다.

⑤ 지면에 닿는 순간 공의 운동 에너지가 역학적 에너지와 같으므로 392 J$=\frac{1}{2}\times4$ kg$\times v^2$에서 속력 $v=14$ m/s이다.

⑥ 운동 에너지는 $\left(\frac{1}{2}\times질량\times속력^2\right)$이므로 속력의 제곱에 비례한다.

⑦ 위치 에너지는 $(9.8\times질량\times높이)$이므로 높이에 비례한다.

💧 더 알아보기

본교재 62쪽

유제 **01** 19.6 J   유제 **02** 2.5 m   유제 **03** 14 m/s

01 역학적 에너지 보존에 의해 낙하하면서 감소한 위치 에너지는 증가한 운동 에너지와 같다. 즉, 8 m 지점에서의 운동 에너지는 2 m 낙하하는 동안 감소한 위치 에너지와 같으므로 9.8×1 kg$\times2$ m$=19.6$ J이다.

02 역학적 에너지 보존에 의해 최고 높이에서의 위치 에너지는 기준면에서의 운동 에너지와 같다. $9.8\times10\times h=\frac{1}{2}\times10\times7^2$에서 최고 높이 $h=2.5$ m이다.

03 진자가 A 또는 B점에서 O점으로 내려갈 때 위치 에너지는 감소하고 운동 에너지는 증가한다. 또한 최고 높이에서의 위치 에너지는 O점(기준면)에서의 운동 에너지와 같으므로 9.8×2 kg$\times10$ m$=\frac{1}{2}\times2$ kg$\times v^2$에서 O점에서 속력 $v=14$ m/s이다.

💧 빈출 선별 **학교 시험** 변형 문제

본교재 63~65쪽

01 ⑤ **02** ⑤ **03** ① **04** ① **05** ③ **06** ② **07** ④
08 ③ **09** ③ **10** ③ **11** ② **12** ④
13 공의 운동 에너지는 감소하고, 위치 에너지는 증가하며, 역학적 에너지는 일정하다. **14** 위치 에너지가 운동 에너지의 4배가 되는 지점의 높이를 h라고 하면 h에서 운동 에너지는 감소한 위치 에너지와 같다. 따라서 운동 에너지 : 위치 에너지 $=(10-h):h=1:4$에서 $h=8$ m이다. **15** A→O로 갈 때는 위치 에너지가 운동 에너지로 전환되고, O→B로 갈 때는 운동 에너지가 위치 에너지로 전환된다. B→O로 갈 때는 위치 에너지가 운동 에너지로 전환되고, O→A로 갈 때는 운동 에너지가 위치 에너지로 전환된다. **16** (1) 49 J (2) 역학적 에너지는 처음 높이에서의 위치 에너지와 같으므로 9.8×2 kg$\times h=49$ J에서 h는 2.5 m이다. **17** B 지점에서의 위치 에너지는 A 지점에서의 역학적 에너지보다 크므로 역학적 에너지가 보존되지 않기 때문이다.

01 공이 올라가는 동안 높이가 높아지며 속력이 감소하므로 위치 에너지는 증가하고, 운동 에너지는 감소한다. 이때 운동 에너지가 위치 에너지로 전환된다.

02 공기 저항과 마찰을 무시할 때 역학적 에너지는 보존되므로 A, B, C, D에서 역학적 에너지는 모두 같다.

03 진자 운동에서 A → O, B → O로 운동하는 동안에는 위치 에너지가 운동 에너지로 전환되고, O → A, O → B로 운동하는 동안에는 운동 에너지가 위치 에너지로 전환된다.

04 물체가 낙하하는 동안 높이는 감소하고 속력은 증가하므로 위치 에너지는 감소하고 운동 에너지는 증가한다. 따라서 물체의 위치 에너지는 A에서가 B에서보다 크며, 운동 에너지는 B에서가 A에서보다 크다.

05 ③ 역학적 에너지는 보존되므로 B점에서 C점으로 이동할 때 역학적 에너지는 일정하다.

오답 피하기 ① 최하점인 C에서 속력이 가장 크기 때문에 운동 에너지가 가장 큰 곳은 C점이다.
② 역학적 에너지는 보존되므로 A점과 C점에서의 역학적 에너지는 같다.
④ C점에서 D점으로 이동할 때 높이가 증가하므로 위치 에너지는 증가한다.
⑤ E점에서 D점으로 이동할 때 속력이 증가하므로 운동 에너지는 증가한다.

06 역학적 에너지는 보존되므로 지면에서의 운동 에너지=최고 높이에서 위치 에너지이다. $\frac{1}{2}\times4$ kg$\times(7$ m/s$)^2=9.8\times4$ kg$\times h$에서 최고 높이 $h=2.5$ m이다.

07 증가한 운동 에너지는 감소한 위치 에너지와 같으므로 운동 에너지는 감소한 높이에 비례한다. 따라서 B점과 C점에서 운동 에너지의 비는 25 m$:(25-15)$ m$=5:2$이다.

08 A점에서 물체의 위치 에너지는 9.8×5 kg$\times2$ m$=98$ J이다. 물체의 증가한 운동 에너지는 감소한 위치 에너지와 같으므로 9.8×5 kg$\times(8-2)$ m$=294$ J이다.

09 낙하하는 공은 내려오면서 위치 에너지가 감소하는데 그 감소한 양만큼 운동 에너지가 증가하게 된다. 따라서 위치 에너지와 운동 에너지가 같은 지점은 낙하 높이의 $\frac{1}{2}$ 지점인 15 m 높이이다.

10 ③ B점에서의 운동 에너지는 감소한 위치 에너지와 같으므로 운동 에너지 : 위치 에너지 $=(8-6):6=1:3$이다. 따라서 B점에서의 운동 에너지는 위치 에너지의 $\frac{1}{3}$배이다.

오답 피하기 ① 물체가 낙하하는 동안 속력이 증가하므로 운동 에너지는 증가한다.

② A점에서는 운동 에너지가 0이므로 역학적 에너지는 위치 에너지와 같다.
④ C점에서는 감소한 위치 에너지가 운동 에너지와 같으므로 운동 에너지와 위치 에너지는 같다.
⑤ 역학적 에너지는 보존되므로 A점과 D점에서 역학적 에너지는 같다.

11 ㄷ. 역학적 에너지가 보존되므로 각 위치에서 역학적 에너지는 같다.

오답 피하기 ㄱ. 최저점인 B에서 속력이 최대이다.
ㄴ. B에서 C로 가는 동안 높이가 증가하므로 위치 에너지는 증가하고 속력이 감소하므로 운동 에너지는 감소한다.

12 최고점에서의 위치 에너지는 O점에서의 운동 에너지와 같으므로 $9.8 \times 1\,kg \times 4.9\,m = \frac{1}{2} \times 1\,kg \times v^2$에서 O점에서의 속력 $v = 9.8\,m/s$이다.

13 **모범 정답** 공의 운동 에너지는 감소하고, 위치 에너지는 증가하며, 역학적 에너지는 일정하다.

채점 기준	배점
3가지 에너지 변화를 모두 옳게 서술한 경우	100 %
2가지만 옳게 서술한 경우	50 %

14 공이 낙하 운동을 하는 동안 어느 지점에서든 공의 역학적 에너지는 같다. 따라서 감소한 위치 에너지만큼 운동 에너지가 증가한다.

모범 정답 위치 에너지가 운동 에너지의 4배가 되는 지점의 높이를 h라고 하면 h에서 운동 에너지는 감소한 위치 에너지와 같다. 따라서 운동 에너지 : 위치 에너지 $= (10-h) : h = 1 : 4$에서 $h = 8\,m$이다.

채점 기준	배점
풀이 과정과 답을 모두 옳게 서술한 경우	100 %
답만 옳게 서술한 경우	40 %

15 진자의 높이가 낮아질 때 위치 에너지가 운동 에너지로 전환되고, 높이가 높아질 때 운동 에너지가 위치 에너지로 전환된다.

모범 정답 A → O로 갈 때는 위치 에너지가 운동 에너지로 전환되고, O → B로 갈 때는 운동 에너지가 위치 에너지로 전환된다. B → O로 갈 때는 위치 에너지가 운동 에너지로 전환되고, O → A로 갈 때는 운동 에너지가 위치 에너지로 전환된다.

채점 기준	배점
4 구간에서 에너지 변화를 모두 옳게 서술한 경우	100 %
2~3 구간에 대해서만 옳게 서술한 경우	50 %

16 역학적 에너지는 위치 에너지와 운동 에너지의 합이므로 0.5 m 높이에서 역학적 에너지는 $9.8\,J + 39.2\,J = 49\,J$이다.

모범 정답 (1) 49 J
(2) 역학적 에너지는 처음 높이에서의 위치 에너지와 같으므로 $9.8 \times 2\,kg \times h = 49\,J$에서 h는 2.5 m이다.

	채점 기준	배점
(1)	답을 옳게 쓴 경우	30 %
(2)	풀이 과정과 답을 옳게 서술한 경우	70 %
	답만 옳게 쓴 경우	30 %

17 공기 저항과 마찰을 무시할 때 모든 지점에서의 역학적 에너지는 일정하고, 출발지인 A 지점에서의 역학적 에너지는 위치 에너지와 같다. 그런데 B 지점은 A 지점보다 높이가 더 높으므로 A 지점에서 갖는 역학적 에너지로 더 높은 곳인 B 지점까지는 올라갈 수 없다.

모범 정답 B 지점에서의 위치 에너지는 A 지점에서의 역학적 에너지보다 크므로 역학적 에너지가 보존되지 않기 때문이다.

채점 기준	배점
역학적 에너지가 보존되지 않는 까닭을 옳게 서술한 경우	100 %
출발 위치보다 높기 때문이라고만 서술한 경우	50 %

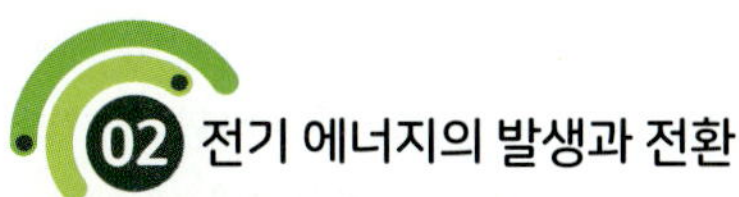

개념 바로 확인
본교재 **67쪽, 69쪽**

초성 확인 문제

01 전자기 유도 **02** 유도 전류 **03** 자석, 코일 **04** 발전기
05 역학적, 전기 **06** 전기 에너지 **07** 전력
08 와트, 와트시 **09** 보존, 에너지 보존

01 (1) ○ (2) × (3) ○ **02** B → ⓖ → A **03** (1) 강한
(2) 빠르게 (3) 늘린다 **04** (1) ○ (2) × (3) ○ **05** (1) 화학
(2) 위치 (3) 역학적 **06** (1) ○ (2) ○ (3) × **07** ㄴ, ㄷ, ㄹ,
ㅁ **08** 0.5 A **09** 4 W **10** (1) ㅁ → ㄴ (2) ㅁ → ㄱ, ㄴ

01 (1) 유도 전류는 자기장의 변화가 생길 때 흐르며, 이때 유도 전류는 자기장의 변화를 방해하는 방향으로 흐른다.
(2) 유도 전류를 이용하여 만든 장치는 발전기이고, 전동기는 자기장 안에서 코일에 전류가 흐를 때 코일이 받는 힘으로 움직이는 것이다.
(3) 발전기에서는 코일의 회전에 의해 자기장의 변화가 생겨 유도 전류가 흐르므로 역학적 에너지가 전기 에너지로 전환된다.

02 자석을 멀리 하면 자석을 가까이 할 때와 반대 방향으로 유도 전류가 흐르므로 B → ⓖ → A 방향으로 유도 전류가 흐른다.

03 자석의 세기가 강한 것을 사용하고, 자석을 빠르게 움직이며 또한, 코일의 감은 수를 늘리는 방법으로 유도 전류의 세기를 증가시킬 수 있다.

04 (1) 자석 대신 코일을 자석에 가까이 접근시켜도 자기장의 변화가 생기므로 유도 전류가 흐른다.
(2) 코일 속에 자석을 가만히 정지시키면 자기장의 변화가 없으므로 유도 전류는 흐르지 않는다.
(3) 코일과 자석을 동시에 반대 방향으로 움직이면 멀어지거나 가까워지므로 자기장의 변화가 생겨 유도 전류가 흐른다.

05 화력 발전은 연료의 화학 에너지, 수력 발전은 물의 위치 에너지, 원자력 발전은 핵에너지를 이용하여 전기 에너지를 생산한다.

06 (1), (2) 전기 에너지는 전류가 흐를 때 공급되는 에너지이며, 다른 형태의 에너지로 쉽게 전환된다.
(3) 2 W는 1초 동안 2 J의 전기 에너지를 사용할 때의 전력이다.

07 전기 에너지가 열에너지로 전환되는 전기 기구는 전기밥솥, 전기난로, 전기다리미, 헤어 드라이기 등이다. 선풍기와 세탁기는 전기 에너지가 운동 에너지로 전환된다.

08 정격 전압 100 V에 연결된 50 W인 전구에 흐르는 전류의 세기는 $\dfrac{\text{전력}}{\text{전압}} = \dfrac{50\text{ W}}{100\text{ V}} = 0.5$ A이다.

09 소비 전력 $= \dfrac{\text{전기 에너지(J)}}{\text{시간(s)}} = \dfrac{240\text{ J}}{60\text{ s}} = 4$ W이다.

10 (1) 전기다리미에서는 전기 에너지가 열에너지로 전환된다.
(2) 전등에서는 전기 에너지가 빛에너지와 열에너지로 전환된다.

기출 최다 탐구
본교재 **70쪽** 

01 (1) ○ (2) × (3) ○ (4) × **02** ㄱ, ㄴ

01 (1) 투명관에 에나멜선을 많이 감을수록 유도 전류의 세기가 세져 발광 다이오드의 밝기가 밝아진다.
(2) 강한 자석을 사용할수록 발광 다이오드의 밝기는 밝아진다.
(3) 자석의 역학적 에너지가 유도 전류를 만들어 전기 에너지로 전환되고, 유도 전류가 발광 다이오드에 흐르면 전기 에너지는 빛에너지로 전환된다.
(4) 투명관 안의 자석이 정지해 있으면 자기장의 변화가 없으므로 유도 전류가 흐르지 않는다. 따라서 발광 다이오드에서 빛이 나오지 않는다.

02 ㄱ. 자석의 역학적 에너지가 전자기 유도 현상에 의해 전기 에너지로 전환되어 발광 다이오드에 불이 들어온다.
ㄴ. 자석을 빠르게 움직일수록 유도 전류의 세기가 세지므로 발광 다이오드의 밝기는 밝아진다.
오답 피하기 ㄷ. 자석의 움직임으로 인한 자기장의 변화에 의해 코일에 유도 전류가 흐른다.

A to Z 기출 분석 다지선다
본교재 **71쪽**

01 ①, ④, ⑤ **02** ②, ④, ⑦

01 ①, ② 자석을 코일에 천천히 접근시키거나 코일에서 점점 멀리 하면 유도 전류가 흘러 검류계의 바늘이 움직인다.
③ S극을 코일에 가까이 할 때와 멀리 할 때 유도 전류의 방향은 서로 반대가 되므로 검류계의 바늘은 서로 반대 방향으로 움직인다.
④, ⑥ 검류계의 바늘이 더 많이 움직이게 하려면 자석을 빠르게 움직이거나 코일의 감은 수를 늘리거나 강한 자석을 사용한다.
⑤ 전자기 유도 현상을 이용하는 것은 전동기가 아닌 발전기이다.

02 ① 사용 시간이 1시간으로 같으므로 전력량이 가장 큰 것은 소비 전력이 가장 큰 에어컨이다.
② 냉장고 5대의 소비 전력은 $5 \times 200\text{ W} = 1000\text{ W}$이며, 이것은 에어컨 1대의 소비 전력과 같다.
③ 에어컨을 2시간 동안 사용했을 때 전력량은 $1000\text{ W} \times 2\text{ h} = 2000\text{ Wh} = 2\text{ kWh}$이다.

④ 텔레비전을 10분 동안 시청했을 때 사용한 전기 에너지는 $100\,W \times 600\,s = 60000\,J$이다.

⑤ 소비 전력 $1\,W$는 1초에 $1\,J$의 전기 에너지를 사용함을 뜻하므로 소비 전력이 $100\,W$인 전등의 매초마다 $100\,J$의 전기 에너지를 사용한다.

⑥ 전류 $= \dfrac{소비\ 전력}{전압}$ 이므로 전압이 같을 때 소비 전력이 가장 작은 전등과 텔레비전에 흐르는 전류의 세기가 가장 작다.

⑦ 전기 기구들은 전기 에너지가 다른 형태의 에너지로 전환되면서 작동한다.

빈출 선별 **학교 시험** 변형 문제   본교재 **72~75**쪽

01 ③   **02** ②   **03** ①   **04** ⑤   **05** ③   **06** ③   **07** ①
08 ②   **09** ⑤   **10** ③   **11** ③   **12** ④   **13** ③   **14** ②
15 ②   **16** ⑤   **17** ④   **18** ①   **19** (가) < (나) < (다), 자석이 움직이는 빠르기가 빠를수록, 코일의 감은 수가 많을수록 유도 전류의 세기가 증가하기 때문이다. **20** 검류계 바늘은 왼쪽으로 움직인다. 유도 전류는 자석을 코일에 가까이 할 때와 멀리 할 때 서로 반대 방향으로 흐르기 때문이다. **21** 세탁기로 빨래를 할 때는 전기 에너지가 운동 에너지로 전환된다. 전기난로를 사용할 때는 전기 에너지가 열에너지로 전환된다. 텔레비전을 볼 때는 전기 에너지가 빛에너지와 소리 에너지 등으로 전환된다. **22** 소비 전력은 전압과 전류의 곱이므로 소비 전력 $= 100\,V \times 5\,A = 500\,W$이다. **23** (1) 전기 에너지가 열에너지로 전환된다. (2) 전력량 $=$ 전력 $\times$ 사용 시간 $= 1100\,W \times 0.5\,h = 550\,Wh$이다. **24** A. 두 전구의 밝기가 같을 때 사용한 전기 에너지가 적을수록 에너지 효율이 높기 때문이다.

01 전자기 유도에 의한 유도 전류의 세기는 코일을 감은 수가 많을수록 세진다. 하지만 코일의 감은 수가 적어도 유도 전류의 세기가 약할 뿐 유도 전류는 흐른다.

02 ㄴ. 유도 전류는 코일을 지나는 자기장의 변화를 방해하는 방향으로 흐른다.
오답 피하기 ㄱ. 유도 전류는 코일을 지나는 자기장의 변화가 클수록 세게 흐른다.
ㄷ. 전동기는 자기장 속에서 전류가 받는 힘을 이용한 것이다.

03 나침반은 나침반 바늘이 자석의 성질을 가지는 것을 이용한다.

04 발전기에서는 회전 날개에 연결된 코일이 자석 사이에서 회전하면 코일 내부를 지나는 자기장이 변하여 코일에 전류가 흐르므로 역학적 에너지가 전기 에너지로 전환된다.

05 ㄱ, ㄴ. 발전기는 자석과 코일로 이루어져서 코일이나 자석이 회전하면 자기장의 변화가 생겨 전류가 흐른다. 즉, 발전기에서는 전자기 유도 현상에 의해 유도 전류가 발생한다.
오답 피하기 ㄷ. 자석이 회전해도 코일 내부를 지나는 자기장의 변화가 생기므로 유도 전류가 발생한다.

06 ㄱ. 간이 발전기를 흔들 때 자석이 움직이는 방향이 계속 바뀌므로 코일에 흐르는 유도 전류의 방향도 계속 바뀐다. 그러므로 발광 다이오드에 불이 켜졌다 꺼졌다를 반복한다.
ㄷ. 간이 발전기를 흔들면 유도 전류가 흐르므로 역학적 에너지가 전기 에너지로 전환된다.
오답 피하기 ㄴ. 흔드는 것을 중단하면 자석이 정지해서 자기장 변화가 생기지 않으므로 유도 전류가 흐르지 않아 불이 꺼진다.

07 화력 발전은 연료의 화학 에너지가 전기 에너지로 전환된다.

08 (가) 스피커에서 음악 소리가 나오는 것은 전기 에너지가 소리 에너지로 전환된 것이다.
(나) 휴대 전화를 오래 사용하면 뜨거워지는 것은 전기 에너지가 열에너지로 전환된 것이다.
(다) 전화가 올 때 휴대 전화가 진동하는 것은 전기 에너지가 운동 에너지로 전환된 것이다.

09 전기밥솥에서는 전기 에너지가 열에너지로 전환된다.

10 ③ 전력량 $=$ 전력 $\times$ 사용 시간이므로 30분 동안 사용한 전력량 $= 1100\,W \times 0.5\,h = 550\,Wh$이다.
오답 피하기 ① 정격 전압이 $220\,V$이고 소비 전력이 $1100\,W$이므로 $220\,V$의 전압에서 $1100\,W$의 전력을 소비한다.
② 소비 전력은 1초 동안 사용하는 전기 에너지의 양이므로 $1100\,W$는 1초 동안 $1100\,J$의 전기 에너지를 사용한다.
④ 정격 전압인 $220\,V$ 전압에서 사용해야 제대로 작동한다.
⑤ 소비 전력 $=$ 전압 $\times$ 전류이므로 정격 전압에서 청소기에 흐르는 전류의 세기는 $\dfrac{1100\,W}{220\,V} = 5\,A$이다.

11 하루 동안 사용한 전기 에너지의 총량인 전력량은 $(30\,W \times 5\,h) + (300\,W \times 2\,h) + (120\,W \times 3\,h) = 1110\,Wh$이다. 따라서 30일 동안 사용한 전력량은 $33300\,Wh$이다.

12 $100\,V$ 전원에 연결한 전구의 소비 전력은 $50\,W$이므로 1초에 $50\,J$의 전기 에너지를 사용한다. 2분 동안 사용한 전기 에너지 $= 50\,J \times (2 \times 60) = 6000\,J$이다.

13 ㄱ. 전력 $=$ 전압 $\times$ 전류이므로 에어컨에 흐르는 전류의 세기는 $\dfrac{1100\,W}{220\,V} = 5\,A$이다.
ㄷ. 냉장고의 소비 전력이 텔레비전보다 크므로 같은 시간 동안 냉장고가 텔레비전보다 전기 에너지를 더 많이 사용한다.
오답 피하기 ㄴ. 에너지는 여러 가지 형태로 전환될 수 있으므로 텔레비전에서 전기 에너지는 빛에너지뿐만 아니라 소리 에너지와 열에너지로도 전환된다.

14 전력량 $=$ 소비 전력 $\times$ 시간(h) $= 1100\,W \times 3\,h \times 2 = 6600\,Wh = 6.6\,kWh$이다.

15 ㄴ. 역학적 에너지는 마찰이나 공기 저항이 없어야 보존된다.

ㄹ. 한 종류의 에너지에서 다른 종류의 에너지로 변하는 것은 에너지 전환이다.

16 ⑤ 2 m 높이에서 공이 떨어졌을 때 공기의 저항이나 마찰이 없다면 역학적 에너지가 보존되어 다시 2 m까지 올라갈 수 있다. 그러나 1.4 m까지만 올라간 것은 역학적 에너지의 일부가 공기와 바닥과의 마찰에 의해서 열에너지로, 공이 튕기면서 나는 소리 에너지로 전환되었기 때문이다.

오답 피하기 ① 역학적 에너지의 일부가 손실되기 때문이다.
② 에너지 전환이 일어나도 에너지의 총량은 달라지지 않는다.
③, ④ 공기의 저항이나 바닥과의 마찰이 있기 때문에 다른 에너지로 전환된 것이다.

17 공이 바닥과 충돌한 다음 처음 2 m 높이보다 낮은 1.4 m까지 올라갔으므로 0.6 m 올라갈 수 있는 에너지만큼 손실된 것이다. 따라서 손실된 역학적 에너지는 9.8×5 kg×0.6 m＝29.4 J이다.

18 ㄱ. 세탁기에서는 전기 에너지가 여러 형태의 에너지로 전환된다.

오답 피하기 ㄴ. 전환 전후의 에너지의 총량은 변하지 않으므로 B, C, D를 모두 합한 값은 A와 같다.
ㄷ. 세탁기의 전원을 켜면 회전통이 돌아가면서 소리가 나고, 창에서는 빛도 난다. 따라서 세탁기는 전기 에너지를 여러 형태의 에너지로 동시에 전환한다.

19 **모범 정답** (가)＜(나)＜(다), 자석이 움직이는 빠르기가 빠를수록, 코일의 감은 수가 많을수록 유도 전류의 세기가 증가하기 때문이다.

채점 기준	배점
크기를 비교하고 그 까닭을 옳게 서술한 경우	100 %
크기만 옳게 비교한 경우	50 %

20 **모범 정답** 검류계 바늘은 왼쪽으로 움직인다. 유도 전류는 자석을 코일에 가까이 할 때와 멀리 할 때 서로 반대 방향으로 흐르기 때문이다.

채점 기준	배점
바늘이 왼쪽으로 움직이는 현상과 그 까닭을 옳게 서술한 경우	100 %
바늘이 왼쪽으로 움직이는 현상만 옳게 서술한 경우	50 %

21 **모범 정답** 세탁기로 빨래를 할 때는 전기 에너지가 운동 에너지로 전환된다. 전기난로를 사용할 때는 전기 에너지가 열에너지로 전환된다. 텔레비전을 볼 때는 전기 에너지가 빛에너지와 소리 에너지 등으로 전환된다.

채점 기준	배점
에너지 전환의 예를 2가지 이상 옳게 쓴 경우	100 %
에너지 전환의 예를 1가지만 쓴 경우	50 %

22 **모범 정답** 소비 전력은 전압과 전류의 곱이므로 소비 전력＝100 V×5 A＝500 W이다.

채점 기준	배점
풀이 과정과 답을 모두 옳게 쓴 경우	100 %
풀이 과정과 답 중 하나만 옳게 쓴 경우	50 %

23 **모범 정답** (1) 전기 에너지가 열에너지로 전환된다.
(2) 전력량＝전력×사용 시간＝1100 W×0.5 h＝550 Wh이다.

채점 기준	배점
(1)과 (2)를 옳게 쓴 경우	100 %
(1)과 (2) 중 하나만 옳게 쓴 경우	50 %

24 **모범 정답** A, 두 전구의 밝기가 같을 때 사용한 전기 에너지가 적을수록 에너지 효율이 높기 때문이다.

채점 기준	배점
효율이 더 좋은 전구를 고르고 그 까닭을 옳게 서술한 경우	100 %
효율이 더 좋은 전구만 옳게 고른 경우	50 %

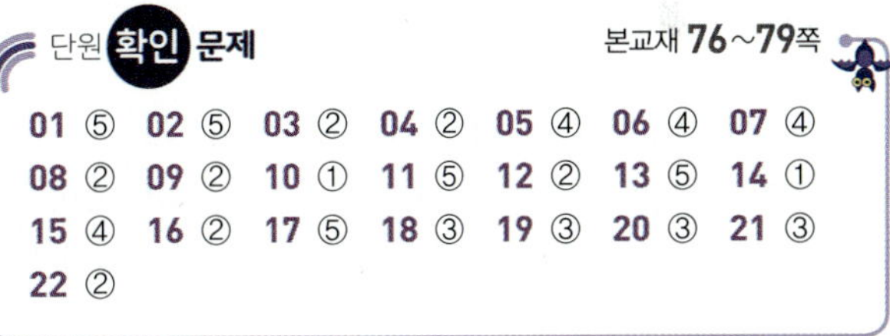

01 ⑤ 물체가 최고 높이에 도달한 순간 운동 에너지는 0이므로 최고 높이에서의 위치 에너지는 역학적 에너지와 같다.

오답 피하기 ① 역학적 에너지는 위치 에너지와 운동 에너지의 합을 말한다.
② 물체가 연직 위로 올라갈 때는 운동 에너지가 위치 에너지로 전환되어 감소한 운동 에너지만큼 위치 에너지가 증가한다.
③ 공기 저항이나 마찰이 없다면 역학적 에너지는 일정하다.
④ 낙하하는 물체는 속력이 증가하므로 운동 에너지도 증가한다.

02 공이 운동하는 동안 각 지점에서의 역학적 에너지는 모두 같다. 또한 최고 높이에서는 운동 에너지가 0이므로 각 지점의 역학적 에너지＝최고 높이에서의 위치 에너지이다. 지면으로부터 1 m 높이에서의 역학적 에너지는 최고 높이(5 m)에서의 위치 에너지와 같으므로 9.8×2 kg×5 m＝98 J이다.

03 공의 처음 운동 에너지는 모두 최고 높이에서의 위치 에너지로 전환된다. 최고 높이에서 공의 높이를 h라고 하면 $\frac{1}{2}×1 kg×(9.8 m/s)^2＝9.8×1 kg×h$에서 $h＝4.9 m$이다.

04 공이 위로 올라갈 때는 속력이 느려지고 높이가 높아져 운동 에너지가 위치 에너지로 전환된다. 공이 아래로 내려올 때는 높이가 낮아지고 속력이 빨라져 위치 에너지가 운동 에너지로 전환된다.

정답 및 해설

05 물체의 높이가 높아질 때 속력이 감소하므로 운동 에너지가 위치 에너지로 전환된다.

06 ④ 위치 에너지는 높이가 높을수록 크므로 B 지점이 D 지점보다 크다.
오답 피하기 ① A 지점에서 C 지점으로 운동하는 동안 높이는 낮아지고 속력은 빨라져 위치 에너지가 운동 에너지로 전환된다.
② 속력이 가장 빠른 곳은 C 지점이다.
③ 공기 저항과 마찰을 무시하므로 역학적 에너지는 모두 같다.
⑤ C 지점에서 D 지점으로 운동하는 동안 속력은 느려지므로 운동 에너지는 감소한다.

07 B 지점을 지나는 순간 운동 에너지는 A 지점에서 B 지점으로 내려오는 동안 감소한 위치 에너지와 같다. 따라서 B 지점을 지나는 순간 속력을 v라고 하면 $9.8 \times 100\,\mathrm{kg} \times (10-7.5)\,\mathrm{m}$ $= \frac{1}{2} \times 100\,\mathrm{kg} \times v^2$에서 $v=7\,\mathrm{m/s}$이다.

08 O점에서의 운동 에너지는 A점에서의 위치 에너지와 같으므로 진자의 질량을 m이라고 하면 $\frac{1}{2} \times m \times (14\,\mathrm{m/s})^2 = 9.8 \times m \times h$에서 $h=10\,\mathrm{m}$이다.

09 ② 위치 에너지가 0인 지점은 B이다.
오답 피하기 ① 위치 에너지가 최대인 곳은 출발 지점인 A이다.
③ C → B 구간에서는 공이 높은 곳에서 낮은 곳으로 내려가므로 운동 에너지가 증가한다.
④ D → E 구간에서는 공의 높이는 높아지고 속력이 느려지므로 운동 에너지가 위치 에너지로 전환된다.
⑤ 공의 역학적 에너지는 최고 높이, 즉 출발 지점에서의 위치 에너지와 같으므로 $9.8 \times 200\,\mathrm{kg} \times 50\,\mathrm{m} = 98000\,\mathrm{J}$이다.

10 공이 올라가는 동안 역학적 에너지는 항상 일정하다. 따라서 지면에서의 운동 에너지는 최고 높이에서의 위치 에너지와 같고, 공이 올라가는 동안 운동 에너지는 감소하고 위치 에너지는 증가한다.
공의 최고 높이를 h라고 하면 $\frac{1}{2} \times 2\,\mathrm{kg} \times (7\,\mathrm{m/s})^2 = 9.8 \times 2\,\mathrm{kg} \times h$에서 $h=2.5\,\mathrm{m}$이다.

11 A에서 B로 내려가는 동안 감소한 위치 에너지는 A에서 B로 내려가는 동안 증가한 운동 에너지와 같으므로 $\frac{1}{2} \times 2\,\mathrm{kg} \times (10\,\mathrm{m/s})^2 - \frac{1}{2} \times 2\,\mathrm{kg} \times (5\,\mathrm{m/s})^2 = 75\,\mathrm{J}$이다.

12 ② 전자기 유도는 코일과 자석이 상대적인 운동을 할 때 발생한다.
오답 피하기 ① 코일 내부에 자석을 넣어 두기만 하면 자기장의 변화가 없으므로 전류가 흐르지 않는다.
③ 자석 주위에서 코일을 움직일 때도 코일을 통과하는 자기장이 변하므로 유도 전류가 흐른다.
④ 자석이 움직이는 방향에 따라 유도 전류의 방향이 바뀐다.

⑤ 발전기는 전자기 유도를 이용하여 역학적 에너지를 전기 에너지로 전환한다.

13 코일 주위에서 자석을 움직이거나 자석 주위에서 코일을 움직여야 유도 전류가 흐른다. 자석이나 코일이 정지해 있으면 유도 전류가 흐르지 않는다.

14 텔레비전에서는 전기 에너지가 빛, 소리, 열에너지로 전환된다.

15 유도 전류는 코일을 통과하는 자기장의 변화를 방해하는 방향으로 흐른다.

16 (가)는 전동기, (나)는 발전기의 구조를 나타낸 것이다.
ㄱ. (가)는 자기장 속에서 전류가 흐르는 도선이 받는 힘을 이용하여 회전하는 전동기로, 선풍기에 이용된다.
ㄴ. (나)는 발전기이므로 전자기 유도 현상에 의해 유도 전류가 흘러 전구에 불이 켜진다.
오답 피하기 ㄷ. (가)에서는 전기 에너지가 역학적 에너지로 전환되고, (나)에서는 역학적 에너지가 전기 에너지로 전환된다.

17 수력 발전에서 에너지 전환은 물의 위치 에너지 → 물의 운동 에너지 → 발전기의 역학적 에너지 → 전기 에너지 과정을 거친다.

18 ㄱ. 전구의 소비 전력이 $50\,\mathrm{W}$이므로 1초당 사용하는 전기 에너지는 $50\,\mathrm{J}$이다.
ㄴ. 전류의 세기 $= \dfrac{\text{소비 전력}}{\text{전압}} = \dfrac{50\,\mathrm{W}}{100\,\mathrm{V}} = 0.5\,\mathrm{A}$이다.
오답 피하기 ㄷ. 전기 에너지 $= 50\,\mathrm{W} \times 60\,\mathrm{s} = 3000\,\mathrm{J}$이다.

19 전력량 $=$ 전력 $\times$ 시간(h)이므로 (가)의 전력량 $= 200\,\mathrm{W} \times 3\,\mathrm{h} = 600\,\mathrm{Wh}$, (나)의 전력량 $= 6000\,\mathrm{W} \times 0.5\,\mathrm{h} = 3000\,\mathrm{Wh}$, (다)의 전력량 $= 1500\,\mathrm{W} \times 0.5\,\mathrm{h} = 750\,\mathrm{Wh}$이다. 따라서 전력량을 비교하면 (나) > (다) > (가)이다.

20 ㄱ. 전등에서는 전기 에너지가 주로 빛에너지로 전환된다.
ㄴ. 하루 동안 텔레비전은 4시간 사용하므로 텔레비전이 사용하는 전력량은 전력 $\times$ 시간 $= 250\,\mathrm{W} \times 4\,\mathrm{h} = 1000\,\mathrm{Wh}$이다.
오답 피하기 ㄷ. 전기 에너지는 전력과 사용 시간의 곱이므로, 하루 동안 사용하는 전기 에너지는 냉장고가 가장 크다.

21 전기 에너지 $=3$ 개 $\times$ 전력 $\times 600\,\mathrm{s} = 90000\,\mathrm{J}$이므로 전구 1개의 소비 전력은 $50\,\mathrm{W}$이다.

22 ㄷ. 전기주전자에서는 전기 에너지가 주로 열에너지로 전환된다.
오답 피하기 ㄱ. 소비 전력은 단위 시간 동안 사용하는 전기 에너지이므로 전기주전자가 1초 동안 사용하는 전기 에너지는 $1800\,\mathrm{J}$이다.
ㄴ. 전기주전자를 10분 동안 사용했을 때 전력량은 $1800\,\mathrm{W} \times \frac{1}{6}\,\mathrm{h} = 300\,\mathrm{Wh}$이다.

01 별의 특성

개념 바로 확인

본교재 83쪽, 85쪽, 87쪽

초성 확인 문제

01 시차	**02** 거리	**03** 연주 시차	**04** 공전	**05** 반비례
06 거리	**07** 반비례	**08** 등급	**09** 작, 크	**10** 밝
11 겉보기	**12** 절대	**13** 크다	**14** 작다	**15** 겉보기, 절대
16 표면 온도	**17** 높, 낮			

01 (1) ○ (2) ○ (3) × (4) × (5) ×　**02** (1) $0.4''$ (2) $0.2''$ (3) 5 pc (4) $0.1''$　**03** (1) AU (2) 광년 (3) pc　**04** B−D−A−C　**05** (1) 밝게 (2) 먼　**06** A : 1배, B : $\frac{1}{4}$배, C : $\frac{1}{9}$배

07 (1) × (2) ○ (3) × (4) × (5) ○　**08** ㉠ 2.5, ㉡ $\frac{1}{100}$, ㉢ 어둡다　**09** 1등급　**10** (1) 겉 (2) 절 (3) 겉 (4) 절　**11** (1) × (2) × (3) ○　**12** (1) A (2) C (3) A (4) C (5) B　**13** ㉠ 높다, ㉡ 낮다　**14** ③

01 (3) 연주 시차는 시차의 $\frac{1}{2}$이다.

(4) 연주 시차는 6개월 간격으로 같은 별을 관측하였을 때 나타나는 각도의 $\frac{1}{2}$이다.

(5) 연주 시차는 별까지의 거리에 반비례한다.

02 (1) 시차는 6개월 간격으로 같은 별 S를 관측하여 나타난 각도인 $0.4''$이다.

(2) 별 S의 연주 시차는 시차의 $\frac{1}{2}$인 $0.2''$이다.

(3) 별의 거리＝$\dfrac{1}{연주 시차('')}$이므로, 별 S까지의 거리는＝$\dfrac{1}{0.2''}$＝5 pc이다.

(4) 연주 시차는 별까지의 거리에 반비례하므로, 지구에서 별 S까지의 거리가 2배로 멀어진다면 연주 시차는 $\dfrac{0.2''}{2}$인 $0.1''$가 된다.

03 별까지의 거리 단위로는 천문단위(AU), 광년(LY), 파섹(pc) 등이 있다.

04 별까지의 거리는 연주 시차에 반비례한다. 별 A까지의 거리는 10 pc, 별 B까지의 거리는 1 pc, 별 C까지의 거리는 100 pc, 별 D까지의 거리는 5 pc이다.

05 별의 밝기는 별이 방출하는 빛의 양과 별까지의 거리에 따라 달라진다.

(1) 별까지의 거리가 같은 경우, 별이 방출하는 빛의 양이 많을수록 밝게 보인다.

(2) 별이 방출하는 빛의 양이 같은 경우, 거리가 먼 별일수록 밝기가 어두워진다.

06 별까지의 거리가 2배, 3배, …로 멀어지면 단위 면적당 도달하는 별빛의 양이 $\frac{1}{4}$배, $\frac{1}{9}$배, …로 감소하므로, 별의 밝기는 별까지의 거리의 제곱에 반비례한다.

07 (1) 히파르코스는 맨눈으로 볼 때 가장 밝게 보이는 별을 1등성, 가장 어둡게 보이는 별을 6등성으로 정하고 별을 밝기에 따라 구분하였다.

(3) 1등급인 별은 2등급인 별보다 약 2.5배 밝다.

(4) 5등급인 별보다 100배 밝은 별은 0등급이다.

08 1등급 차이는 약 2.5배 밝기 차이이며, 등급이 클수록 어두운 별이다. 1등급인 별은 6등급인 별보다 약 100배 밝으므로, 6등성은 1등성보다 약 $\frac{1}{100}$배로 어둡다.

09 전구 100개가 모인 밝기가 전구 1개의 밝기보다 100배 더 밝으므로, 등급은 5등급 작은 1등급으로 보인다.

10 겉보기 등급은 맨눈으로 본 별의 밝기 등급으로 별까지의 거리를 고려하지 않는다. 절대 등급은 별이 10 pc(≒32.6광년)의 거리에 있다고 가정하였을 때의 밝기 등급으로 별의 실제 밝기를 비교할 수 있다.

11 별까지의 거리가 멀어지면 별은 어둡게 보이므로 겉보기 등급은 커진다. 별의 실제 밝기는 절대 등급으로 비교하므로 절대 등급이 작을수록 실제로 더 밝은 별이다.

12 (1), (2) 실제로 가장 밝은 별은 절대 등급이 가장 작은 별 A이고, 가장 밝게 보이는 별은 겉보기 등급이 가장 작은 별 C이다.

(3), (4), (5) 겉보기 등급이 절대 등급보다 작은 별은 10 pc보다 가까이 있고, 겉보기 등급이 절대 등급보다 큰 별은 10 pc보다 멀리 있으며, 겉보기 등급과 절대 등급이 같은 별은 10 pc에 있다.

13 표면 온도가 높은 별일수록 파란색을 띠고, 표면 온도가 낮은 별일수록 붉은색을 띤다.

14 태양은 노란색을 띠는 별이다.

기출 최다 탐구

본교재 88~89쪽

01 (1) × (2) × (3) ○ (4) ×　**02** ④　**03** (1) ○ (2) ○ (3) × (4) ○ (5) ×　**04** ③

01 (1) 왼쪽 눈으로 관측하면 연필 끝의 별은 중심보다 오른쪽으로 치우쳐서 보인다.

(2) 눈과 연필 사이의 거리가 가까울수록 칠판에 보이는 두 별 사이의 간격은 멀어진다.

(4) 탐구에서 양쪽 눈은 6개월 간격의 지구의 위치를 나타낸다.

02 물체까지의 거리(r)가 증가함에 따라 시차(θ)가 감소하므로, r가 증가함에 따라 배경에 보이는 막대의 수는 감소한다.

03 다른 밝기를 내는 손전등을 같은 거리에서 비추면 밝은 빛을 내는 손전등이 더 밝게 보이지만, 다른 거리에서 비추면 손전등의 밝기와 거리에 따라 밝기가 다르게 보인다.

04 같은 밝기를 내는 손전등을 다른 거리에서 비추면 가까운 거리에 있는 손전등(B)이 멀리 있는 손전등(A)보다 밝게 보인다.
③ 검은색 종이에 비춰진 손전등의 밝기가 다르게 보이는 까닭은 손전등의 거리가 다르기 때문이다.

A to Z 기출 분석 다지선다   본교재 **90**쪽

01 ②, ⑥, ⑧   **02** ④, ⑤, ⑥, ⑦

01 ①, ② 별 A의 연주 시차는 0.05″이고, 별 B의 연주 시차는 0.1″이다. 따라서 연주 시차는 별 A가 별 B보다 작다.
③, ④ 연주 시차는 별까지의 거리에 반비례하므로, 별 A까지의 거리는 20 pc, 별 B까지의 거리는 10 pc이다. 따라서 지구에서 별까지의 거리는 별 A가 별 B보다 2배 멀다.
⑤ 별 B의 거리는 10 pc이므로, 별 B의 겉보기 등급은 절대 등급과 같다.
⑥ 별 A의 겉보기 등급이 6등급이라고 할 때, 별 A의 거리가 $\frac{1}{10}$배로 가까워지면 100배 밝아진다. 따라서 별 A의 겉보기 등급은 1등급이 된다.
⑦ 별 A는 별 B보다 2배 더 멀리 떨어져 있으므로, 별 A와 B의 절대 등급이 같다면 별 B는 별 A보다 4배 밝게 보인다.
⑧ 화성은 지구보다 태양으로부터 멀리 떨어져 있으므로 공전 궤도 반지름이 지구보다 크다. 따라서 화성에서 별 A, B의 연주 시차를 측정하면 지구보다 크게 나타날 것이다.

02 ① 실제 가장 밝은 별은 절대 등급이 가장 작은 리겔이다.
② 가장 밝게 보이는 별은 겉보기 등급이 가장 작은 태양이다.
③ 지구에서 가장 멀리 떨어져 있는 별은 (겉보기 등급−절대 등급)이 가장 큰 리겔이다.
④ (겉보기 등급−절대 등급)<0이면 32.6광년(10 pc)보다 가까이 있는 별이다. 따라서 지구에서 시리우스까지의 거리는 32.6광년보다 가깝다.
⑤ 연주 시차가 가장 큰 별은 별까지의 거리가 가장 가까운 태양이다.
⑥ 별의 표면 온도가 낮을수록 붉은색으로 보인다.
⑦ 태양이 현재 위치보다 10배로 멀어지면 겉보기 등급은 5등급이 큰 −21.8등급이 될 것이다.
⑧ 베가가 100배 더 밝게 보이면 겉보기 등급은 5등급 작은 −5등급이 된다.

빈출 선별 학교 시험 변형 문제   본교재 **91~95**쪽

01 ⑤   **02** ④   **03** ①   **04** ①   **05** ③   **06** ②   **07** ①
08 ④   **09** ④   **10** ⑤   **11** ②   **12** ③   **13** ③   **14** ②
15 ④, ⑤   **16** ⑤   **17** ①   **18** ①   **19** ③   **20** ③   **21** ⑤   **22** ④   **23** ①   **24** ④   **25** ①   **26** ③   **27** 해설 참조   **28** 연주 시차 : 0.2″, 거리 : 5 pc   **29** A   **30** 해설 참조   **31** 해설 참조   **32** (1) −3등급 (2) 해설 참조   **33** (1) 북극성 (2) 리겔−북극성−안타레스−시리우스   **34** 해설 참조

01 연주 시차를 이용하면 별까지의 거리를 알 수 있다.

02 멀리 있는 별일수록 연주 시차가 작다.

03 p는 지구에서 별 S를 6개월 간격으로 관측한 시차의 $\frac{1}{2}$인 연주 시차이다.

04 별까지의 거리와 연주 시차는 반비례하므로, 연주 시차가 0.4″인 별 S보다 거리가 4배 먼 별의 연주 시차는 0.1″이다.

05 별 A의 연주 시차는 0.1″, 거리는 10 pc이고, 별 B의 연주 시차는 0.25″, 거리는 4 pc이다.

06 연주 시차가 1″인 별은 1 pc이고, 1 pc≒3.26광년≒3.0×10^{13} km이며, 1 AU≒1.5×10^{8} km이다. 10 pc 거리에 있는 별은 약 3.0×10^{14} km이고, 10 AU 거리에 있는 별은 약 1.5×10^{9} km이다.

07 ㄱ. 6개월 동안 별 B는 별 A에 대해 0.1″ 이동하였으므로 별 B의 시차는 0.1″이고, 연주 시차는 0.05″이다.
오답 피하기 ㄴ. 별 B의 연주 시차는 0.05″이므로, 별 B까지의 거리는 20 pc이다.
ㄷ. 별 A는 위치가 변하지 않고 별 B만 변하였으므로, 지구로부터의 거리는 별 B가 별 A보다 가깝다.

08 별의 밝기는 별까지의 거리의 제곱에 반비례하므로, 별까지의 거리가 1배, 2배, 3배로 멀어지면 별의 밝기는 1배, $\frac{1}{4}$배, $\frac{1}{9}$배로 어두워진다.

09 별의 밝기는 별까지의 거리의 제곱에 반비례하므로, 별까지의 거리가 5배 멀어지면 별의 밝기는 $\frac{1}{25}$배로 어두워진다.

10 ⑤ 1등급보다 밝은 별은 0등급, −1등급, −2등급 등으로 나타낸다.
오답 피하기 ① 6등급보다 어두운 별은 7등급, 8등급 등으로 나타낸다.
② 등급이 작을수록 밝은 별이다.
③ 밝게 보이는 별이 모두 지구에 가까운 것은 아니다.

④ 1등급의 밝기 차이는 약 2.5배이므로 1등급의 별은 2등급의 별보다 약 2.5배 밝다.

11 별의 밝기는 거리의 제곱에 반비례한다.

12 거리가 $\frac{1}{4}$배로 가까워지면 16배 밝게 보이므로, 이 별은 1등급으로 보인다.

13 별 A와 B는 4등급 차이가 나고, 등급이 작을수록 밝은 별이므로 별 A는 별 B보다 약 40배 밝다.

14 가장 밝게 보이는 별은 겉보기 등급이 가장 작은 태양이고, 실제 가장 밝은 별은 절대 등급이 가장 작은 리겔이다.

15 지구에서 10 pc보다 멀리 떨어져 있는 별은 (겉보기 등급－절대 등급)>0이고, 지구에서 10 pc보다 가까이 있는 별은 (겉보기 등급－절대 등급)<0이며, 지구에서 10 pc 거리에 있는 별은 (겉보기 등급－절대 등급)=0이다.

16 10배 더 먼 곳으로 이동했을 때 $\frac{1}{100}$배로 어둡게 보이므로, 겉보기 등급은 2.1등급보다 5등급 더 큰 7.1등급이 된다.

17 (겉보기 등급－절대 등급)이 작을수록 가까이 있는 별이다. 연주 시차는 별의 거리에 반비례하므로, 연주 시차가 가장 큰 A가 (겉보기 등급－절대 등급)이 가장 작다.

18 절대 등급은 별이 32.6광년(≒10 pc)의 거리에 있다고 가정했을 때의 밝기 등급이다. 32.6광년의 거리에서는 별의 겉보기 등급과 절대 등급이 같으므로, 이 별의 절대 등급은 0등급이다.

19 ③ 별 B는 겉보기 등급이 절대 등급보다 작으므로 10 pc보다 가까운 거리에 있다.

오답 피하기 ①, ② 별 A는 겉보기 등급과 절대 등급이 같으므로 연주 시차는 0.1″이고, 거리는 10 pc이다.

④ 별 A는 B보다 겉보기 등급이 5등급 크므로 약 $\frac{1}{100}$배로 어둡게 보인다.

⑤ 별 A는 B보다 절대 등급이 1등급 크므로 실제로 약 $\frac{1}{2.5}$배로 어둡다.

20 지구에서 10 pc보다 멀리 떨어져 있는 별은 (겉보기 등급－절대 등급)>0이고, 지구에서 10 pc보다 가까이 있는 별은 (겉보기 등급－절대 등급)<0이며, 지구에서 10 pc 거리에 있는 별은 (겉보기 등급－절대 등급)=0이다.

③ (가)는 (겉보기 등급－절대 등급)=－3이고 (나)는 (겉보기 등급－절대 등급)=8.5이므로, (가)는 10 pc 안쪽에 있는 별(B)이고, (나)는 10 pc 바깥쪽에 있는 별(C)이다.

21 별 (가)를 맨눈으로 보았을 때의 밝기(겉보기 등급)와 실제 밝기(절대 등급)는 3등급의 차이가 나기 때문에 맨눈으로 보았을 때의 밝기가 약 16배 밝다.

22 별의 표면 온도에 따라 별의 색깔이 달라진다. 표면 온도가 높은 별일수록 파란색을 띠고, 표면 온도가 낮은 별일수록 붉은색을 띤다.

23 ㄱ. 표면 온도가 높을수록 파란색을 띤다.

오답 피하기 ㄴ. 태양은 노란색을 띠는 별로 주황색의 알데바란보다 표면 온도가 높다.

ㄷ. 겉보기 등급과 절대 등급을 비교하면 별까지의 거리를 알 수 있다.

24 가장 파랗게 보이는 별은 표면 온도가 가장 높은 민타카이다.

25 파란색－청백색－흰색－황백색－노란색－주황색－붉은색으로 갈수록 표면 온도가 낮은 별이다. 따라서 표면 온도가 가장 높은 별은 청백색을 띠는 리겔이고, 표면 온도가 가장 낮은 별은 붉은색을 띠는 안타레스이다.

26 ㄷ. 표면 온도가 가장 낮은 별은 색이 붉은색 쪽에 가까운 B이다.

ㄹ. 실제로 가장 밝고 표면 온도가 가장 높은 별은 절대 등급이 가장 작고 색이 파란색 쪽에 가장 가까운 A이다.

오답 피하기 ㄱ. 실제로 가장 밝은 별은 절대 등급이 가장 작은 A와 B이다.

ㄴ. C는 A보다 표면 온도가 낮다.

27 **모범 정답** 별이 방출하는 빛의 양이 다르기 때문이다. 별까지의 거리가 다르기 때문이다.

채점 기준	배점
두 가지를 모두 옳게 서술한 경우	100 %
두 가지 중 한 가지만 옳게 서술한 경우	50 %

28 별 S의 시차는 0.4″, 연주 시차는 0.2″이고, 거리는 연주 시차에 반비례하므로 5 pc이다.

29 북두칠성을 이루는 별들은 지구로부터의 거리가 모두 다른데, 거리가 먼 별일수록 연주 시차가 작으므로 별 A의 연주 시차가 가장 작다.

30 **모범 정답** 연주 시차는 현재의 $\frac{1}{2}$로 작아져서 0.5″가 된다.

채점 기준	배점
거리 변화에 따른 연주 시차 변화를 옳게 서술한 경우	100 %
현재보다 작아진다고만 서술한 경우	50 %

31 **모범 정답** 겉보기 등급은 커지고, 절대 등급은 일정하다.

채점 기준	배점
겉보기 등급과 절대 등급의 변화를 모두 옳게 서술한 경우	100 %
겉보기 등급과 절대 등급 중 한 가지의 변화만을 서술한 경우	50 %

32 (1) 1등급보다 40배 밝은 별은 4등급이 작은 −3등급이다.
모범정답 (2) 6.3배 밝게 보인다.

채점 기준	배점
(1) 등급을 옳게 쓴 경우	50 %
(2) 밝기 변화를 옳게 서술한 경우	50 %

33 (1) 우리 눈에 가장 어둡게 보이는 별은 겉보기 등급이 가장 큰 북극성이다.
(2) (겉보기 등급−절대 등급)이 클수록 멀리 있는 별이므로, 리겔이 가장 멀고, 시리우스가 가장 가깝다. (겉보기 등급−절대 등급)의 값은 리겔은 6.9, 북극성은 5.8, 안타레스는 5.4, 시리우스는 −2.9이다.

34 **모범정답** 베텔게우스는 붉은색, 리겔은 청백색을 띠는데, 그 까닭은 리겔이 베텔게우스보다 표면 온도가 높기 때문이다.

채점 기준	배점
두 별의 색깔을 옳게 비교하고, 그 까닭을 옳게 서술한 경우	100 %
두 별의 색깔만 옳게 비교한 경우	50 %

02 은하와 우주

개념 **바로 확인**

본교재 **97쪽, 99쪽, 101쪽**

초성 확인 문제

01 은하 **02** 나선팔 **03** 은하수 **04** 성단 **05** 성운
06 구상, 산개 **07** 암흑 **08** 외부 **09** 모양 **10** 타원
11 나선팔 **12** 불규칙 **13** 팽창 **14** 대폭발 우주론
15 우주 탐사 **16** 로켓 **17** 우주 정거장 **18** 나로 우주
센터 **19** 인공위성 **20** 우주 쓰레기

01 (1) × (2) ○ (3) ○ (4) ○ **02** (가) A, (나) © **03** (1) ○
(2) × (3) × (4) × **04** (1) 산 (2) 구 (3) 산 (4) 산 (5) 산 (6) 구
05 (1) × (2) ○ (3) × (4) × (5) ○ **06** (1) 은하의 모양 (2)
A : 타원 은하, B : 정상 나선 은하, C : 불규칙 은하, D : 막대 나선 은하 (3) 중심을 가로지르는 막대 구조의 유무
07 (1) (가) 타원 은하, (나) 정상 나선 은하, (다) 막대 나선 은하, (라) 불규칙 은하 (2) (나), (다) (3) (다) **08** (1) 멀어진다
(2) 팽창 (3) 없다 (4) 작았다 **09** (1) ○ (2) × (3) ○ (4) ×
10 ③ **11** ㉠ 스푸트니크 1호, ㉡ 아폴로 11호 **12** (1) ㉠
(2) © (3) © **13** (1) (나) (2) (다) (3) (라) **14** (1) ○ (2) ○ (3)
× (4) ○

01 (1) 우리은하는 옆에서 보면 원반 모양이고, 위에서 보면 나선팔이 막대 모양의 중심부를 휘감고 있는 모양이다.

02 태양계는 은하 중심에서 약 8.5 kpc 떨어진 나선팔에 위치한다.

03 (2) 은하수는 북반구와 남반구 어디에서나 관측할 수 있다.
(3) 은하수는 우리은하의 일부를 지구에서 바라본 모습이다.
(4) 우리나라에서는 여름철에 은하수의 폭이 넓고 선명하게 보이고, 겨울철에는 폭이 좁고 희미하게 보인다.

04 산개 성단은 수십~수만 개의 별들이 엉성하게 모여 있는 것으로 주로 나선팔에 분포한다. 구상 성단은 수만~수십만 개의 늙은 별들이 둥근 공 모양으로 모여 있으며 붉은색을 띤다.

05 (1) 성운은 가스나 티끌 등의 성간 물질로 이루어져 있다.
(3) 방출 성운은 주로 붉은색을 띤다.
(4) 말머리성운은 대표적인 암흑 성운이다.

06 허블은 외부 은하를 모양에 따라 타원 은하, 정상 나선 은하, 막대 나선 은하, 불규칙 은하로 분류하였다.

07 (2) 나선팔이 있는 은하는 (나) 정상 나선 은하와 (다) 막대 나선 은하이다.
(3) 우리은하는 (다) 막대 나선 은하에 속한다.

08 우주가 팽창함에 따라 은하들은 서로 멀어지고 있으며, 팽창하는 우주는 특별한 중심이 없다.

09 지구 온난화나 물 부족 등을 우주 개발을 통해 해결할 수는 없다.

10 우주 망원경은 지상에 있는 망원경보다 훨씬 선명하게 천체를 관측할 수 있으며 태양계 밖 우주 탐사에 큰 역할을 하고 있다.

11 인류 최초의 인공위성은 스푸트니크 1호이고, 인류 최초의 유인 달 착륙선은 아폴로 11호이다.

12 천문학자는 우주 개발의 기초가 되는 학문을 연구하며, 우주 비행사는 직접 우주로 나가 탐사 활동을 하고, 로켓 제작자는 인공위성이나 탐사선 발사에 사용할 로켓을 만든다.

13 지구 관측 위성으로는 유용한 자원을 탐사할 수 있다.

14 우주 쓰레기는 크기가 작은 것부터 큰 것까지 매우 다양하고, 궤도가 일정하지 않으며 지상의 통제로부터 벗어나 있어 지구 대기 안으로 스스로 들어오기 힘들다.

01 (1) ◯ (2) × (3) ◯ (4) ◯ (5) ×   **02** ③

01 (2) 풍선이 커지면 스티커들 사이의 거리는 모두 멀어진다.
(5) 풍선이 커지더라도 스티커의 크기는 그대로이다.

02 ③ 우주는 특별한 중심이 없이 모든 방향으로 균일하게 팽창하고 있다.

01 ②, ④, ⑧   **02** ④, ⑤, ⑦, ⑨

01 ① 우리은하의 반지름인 C의 거리는 약 5만 광년(15 kpc)이다.
② ㉡에서 ㉠까지의 거리는 우리은하 중심에서 태양계까지의 거리로 약 3만 광년(8.5 kpc)이다.
③ 우리은하의 두께는 약 1.5만 광년이다.
④ 태양계는 은하 중심에서 약 3만 광년 떨어진 나선팔에 위치하므로 (가)의 A, (나)의 ㉠에 위치한다.
⑤ 은하수는 우리은하의 일부를 지구에서 바라본 모습으로, 우리은하의 중심 방향인 궁수자리 방향에서 가장 밝고 뚜렷하게 보인다.
⑥, ⑦ 우리나라에서는 여름철에 은하 중심 방향을 바라보기 때문에 은하수의 폭이 넓고 뚜렷하게 보인다. A에서 D 방향을 바라보면 여름철 은하수의 모습을 볼 수 있다.
⑧ 우리은하의 나선팔에는 주로 산개 성단이 분포한다.
⑨ 우리은하는 막대 나선 은하에 속한다.

02 ① 허블은 외부 은하를 모양에 따라 분류하였다.
②, ③ A는 타원 은하이고, B는 정상 나선 은하, C는 막대 나선 은하, D는 불규칙 은하이다.
④ 우리은하는 C와 같은 막대 나선 은하의 형태에 속한다.
⑤ 안드로메다은하는 B와 같은 정상 나선 은하의 형태에 속한다.
⑥ 은하 중심을 가로지르는 막대 모양 구조의 유무에 따라 정상 나선 은하(B)와 막대 나선 은하(C)로 분류한다.
⑦ A는 은하의 모양이 납작한 정도에 따라 세분한다.
⑧ 타원 은하(A)와 나선 은하(B, C)를 구분하는 기준은 나선팔의 유무이다.
⑨ 불규칙 은하는 규칙적인 모양이 없고 구조나 모양이 일정하지 않은 은하로, 나선팔이 없는 은하가 모두 불규칙 은하에 속하는 것은 아니다. 타원 은하도 나선팔이 없다.

01 ②   **02** ③   **03** ③   **04** ④   **05** ②   **06** ①   **07** ②
08 ⑤   **09** ⑤   **10** ①   **11** ③   **12** ①, ④   **13** ⑤   **14** ④
15 ③   **16** ③   **17** ③   **18** ①, ③   **19** 해설 참조
20 해설 참조   **21** 해설 참조   **22** 해설 참조   **23** 해설 참조   **24** A: 불규칙 은하, B: 타원 은하, C: 막대 나선 은하, D: 정상 나선 은하   **25** 해설 참조   **26** 해설 참조   **27** 해설 참조

01 우리은하는 지름이 약 30 kpc(약 10만 광년)이다.

02 우리은하는 옆에서 보았을 때 중심부가 볼록한 원반 모양이며, 태양계는 은하 중심에서 약 8.5 kpc(약 3만 광년) 떨어진 나선팔에 위치한다.

03 구상 성단은 주로 은하핵(C)과 은하 원반을 둘러싼 공간(A)에 분포한다. 산개 성단은 주로 나선팔(B)에 분포한다.

04 그림은 은하수의 모습이다. 은하수는 수많은 별들이 모여 있어 뿌옇게 띠 모양으로 보이며, 북반구와 남반구 모두를 긴 띠 모양으로 한 바퀴 휘감고 있다. 여름철 별자리인 궁수자리가 은하 중심 방향에 있으므로 이 방향을 바라볼 때 가장 밝고 넓게 보인다.

05 (가)는 구상 성단, (나)는 산개 성단이다. 천체의 나이는 구상 성단이 산개 성단보다 많고, 별의 표면 온도는 산개 성단이 구상 성단보다 높으며, 천체를 이루는 별의 수는 구상 성단이 산개 성단보다 많다.

06 ㄱ. A는 산개 성단이고, B는 구상 성단이다.
오답 피하기 ㄴ. 온도가 낮은 별들로 구성되어 있는 성단은 구상 성단이다.
ㄷ. 수십~수만 개의 별들이 비교적 엉성하게 모여 있는 성단은 산개 성단이다.

07 수만~수십만 개의 별들이 공 모양으로 빽빽하게 모여 있는 집단은 구상 성단이다.

08 방출 성운은 성간 물질이 주변의 별빛을 흡수하여 가열되면서 스스로 빛을 내는 성운이다.

09 성간 물질이 주변의 별빛을 반사하여 밝게 보이는 성운은 반사 성운이다. (가)는 암흑 성운, (나)는 방출 성운, (다)는 반사 성운이다.

10 나선팔이 없고 일정한 모양을 가지며, 납작한 정도에 따라 세분하는 은하는 타원 은하이다. ②와 ⑤는 정상 나선 은하, ③은 막대 나선 은하, ④는 불규칙 은하이다.

11 ㄱ, ㄴ. (가)는 타원 은하, (나)는 정상 나선 은하, (다)는 막

대 나선 은하이다. A는 막대 나선 은하, B는 정상 나선 은하, C는 타원 은하이다.

오답 피하기 ㄷ. 은하 중심부를 가로지르는 막대 구조에서 나선팔이 뻗어 나오는 은하는 (다) 막대 나선 은하(A)이다.

12 우주는 특별한 중심이 없이 모든 방향으로 균일하게 팽창하고 있다. 멀리 떨어져 있는 은하일수록 더 빨리 멀어진다.

13 풍선 표면은 우주, 스티커는 은하라고 할 때 우주의 팽창을 알아보는 실험이다. 우주가 팽창함에 따라 은하들 사이의 거리는 멀어지며, 풍선과 마찬가지로 팽창하는 우주에는 특별한 중심이 없다.

14 대폭발 이후 우주의 온도는 점차 낮아져 별과 은하가 만들어졌으며, 현재에도 계속 팽창하고 있다.

15 우주 왕복선은 재사용이 가능하도록 만들어진 우주선으로 우주 망원경, 인공위성 등을 설치하거나 수리하며 우주 정거장에 필요한 물품을 전달하는 일을 한다.

16 아폴로 11호는 1969년, 허블 우주 망원경은 1990년, 스푸트니크 1호는 1957년, 컬럼비아호는 1981년, 화성 탐사 로봇 오퍼튜니티는 2003년에 발사되었다.

17 우주 개발 과정에서 얻어진 기술은 자기 공명 영상 장치(MRI), 정수기, 진공청소기, 전자레인지, 화재경보기, 형상 기억 합금, 자동차 에어백, 에어쿠션 운동화 등 일상생활에 이용된다.

18 ② 우주 쓰레기는 크기가 수 cm~수십 m로 매우 다양하다.
④ 우주 쓰레기는 인공위성이나 우주 정거장, 유영 중인 우주인과 충돌할 가능성이 있으며, 지구로 떨어지면 인명 피해나 재산 피해를 줄 수도 있다.
⑤ 우주 쓰레기는 수명을 다 한 인공위성이나 위성 발사에 사용한 로켓, 위성 분리 때 떨어져 나온 물품 등 다양한 크기의 파편이다.

오답 피하기 ①, ③ 우주 쓰레기는 속도가 매우 빠르고, 궤도가 일정하지 않다.

19 **모범 정답** 막대 나선 은하, 태양계는 은하 중심으로부터 약 8.5 kpc(3만 광년) 떨어진 나선팔에 위치한다.

채점 기준	배점
우리은하의 모양과 태양계의 위치를 모두 옳게 서술한 경우	100 %
우리은하의 모양만 옳게 쓴 경우	30 %
태양계의 위치만 옳게 서술한 경우	70 %

20 **모범 정답** 여름철에는 우리은하 중심 방향을 바라보고, 겨울철에는 우리은하 중심의 반대 방향을 바라보기 때문이다.

채점 기준	배점
여름철과 겨울철에 관측되는 은하수의 모습을 지구에서 바라보는 은하의 방향으로 옳게 서술한 경우	100 %
여름철에는 은하 중심 방향을 바라본다고만 서술한 경우	50 %

21 **모범 정답** 구상 성단은 표면 온도가 낮은 별들로 이루어져 있어 붉은색을 띠고, 산개 성단은 표면 온도가 높은 별들로 이루어져 있어 파란색을 띤다.

채점 기준	배점
구상 성단과 산개 성단의 색을 옳게 비교하고 까닭을 모두 옳게 서술한 경우	100 %
구상 성단과 산개 성단의 색만 옳게 비교한 경우	50 %

22 **모범 정답** 암흑 성운, 성간 물질이 뒤에서 오는 별빛을 가로막기 때문이다.

채점 기준	배점
성운의 종류를 옳게 쓰고, 어둡게 보이는 까닭을 옳게 서술한 경우	100 %
어둡게 보이는 까닭만 옳게 서술한 경우	60 %
성운의 종류만 옳게 쓴 경우	40 %

23 **모범 정답** 공통점 : 은하핵과 나선팔을 가지고 있다. 차이점 : 은하 중심을 가로지르는 막대 구조가 (가) 은하에는 없고 (나) 은하에는 있다.

채점 기준	배점
공통점과 차이점을 모두 옳게 서술한 경우	100 %
공통점과 차이점 중 한 가지만 옳게 서술한 경우	50 %

24 A는 불규칙 은하, B는 타원 은하, C는 막대 나선 은하, D는 정상 나선 은하이다.

25 **모범 정답** 우주가 팽창하기 때문이다.

채점 기준	배점
우주의 팽창이라는 의미가 들어간 경우	100 %
그 외의 경우	0 %

26 **모범 정답** 우주의 크기는 지금보다 점점 작아질 것이다.

채점 기준	배점
모범 정답과 같이 서술한 경우	100 %
그 외의 경우	0 %

27 **모범 정답** 해외에 있는 사람과 휴대전화로 통화를 할 수 있다. 해외에서 열리는 스포츠 경기를 실시간으로 관람할 수 있다.

채점 기준	배점
예를 두 가지 옳게 서술한 경우	100 %
예 중 한 가지만 서술한 경우	50 %

01 ⑤   **02** ①   **03** ③   **04** ④   **05** ③   **06** ⑤   **07** ①
08 6등급   **09** ③   **10** ⑤   **11** (가) C (나) B (다) A, C
12 ③   **13** ②   **14** ②   **15** B, 약 10만 년   **16** ⑤   **17**
④   **18** ④   **19** ④   **20** ④   **21** ④   **22** ④   **23** ⑤   **24** ①
25 ②

01 ㄴ. 연주 시차는 별까지의 거리에 반비례한다.
ㄷ. 목성은 지구보다 공전 궤도 반지름이 크기 때문에 같은 별을 관측할 때 연주 시차가 더 크게 나타난다.
오답 피하기 ㄱ. 연주 시차는 지구의 공전에 의해 나타난다.

02 별 A는 6개월 동안 0.2″ 이동하였으므로 연주 시차는 0.1″ 이고 거리는 10 pc이다. 별 B는 6개월 동안 0.4″ 이동하였으므로 연주 시차는 0.2″이고 거리는 5 pc이다.

03 별의 거리는 연주 시차에 반비례하므로 연주 시차가 가장 큰 별 D의 거리가 가장 가깝고, 연주 시차가 가장 작은 별 C의 거리가 가장 멀다.

04 별의 거리가 4배로 멀어지면 밝기는 $\frac{1}{16}$배로 어두워지므로 등급은 3등급 커진다. 따라서 겉보기 등급이 1등급인 별이 현재의 거리보다 4배 멀어졌을 때 4등급의 별로 보인다.

05 ③ 가장 멀리 있는 별은 (겉보기 등급－절대 등급)이 가장 큰 별 C이다.
오답 피하기 ① 가장 어둡게 보이는 별은 겉보기 등급이 가장 큰 별 C이다.
② 별 A는 겉보기 등급과 절대 등급이 같으므로 10 pc에 위치하고, 별 B는 (겉보기 등급－절대 등급)이 0보다 작으므로 10 pc보다 가까이 있다. 따라서 별 A는 별 B보다 거리가 멀기 때문에 연주 시차가 더 작다.
④ 실제 밝기가 가장 밝은 별은 절대 등급이 가장 작은 별 C이다.
⑤ 별 A는 10 pc에 위치하므로 지구로부터 32.6광년 떨어져 있다.

06 가장 밝게 보이는 별은 겉보기 등급이 가장 작은 시리우스이고, 연주 시차가 가장 작은 별은 거리가 가장 먼 안타레스이다. 안타레스는 베가보다 절대 등급이 5등급 작으므로 실제 밝기가 약 100배 밝다.

07 별의 밝기와 거리만으로는 표면 온도를 알 수 없고, 멀리 있는 별일수록 어둡게 보이므로 겉보기 등급은 커진다.

08 거리가 10배 멀어지면 밝기는 $\frac{1}{100}$배로 어두워진다. 별의 등급은 5등급 차이가 나면 100배 밝기 차이가 나므로 이 별은 6등급으로 보인다.

09 별 B는 겉보기 등급이 4등급이고 거리가 100 pc이므로 절대 등급은 겉보기 등급보다 5등급 작은 －1등급이다.

10 ⑤ 표면 온도는 흰색인 별 A가 노란색인 별 B보다 높다.
오답 피하기 ① 별의 거리는 연주 시차에 반비례하므로 별 A의 거리는 10 pc이다.
② 별 A는 별 B보다 거리가 멀다.
③ 겉보기 등급이 작을수록 밝게 보이므로, 별 A는 별 B보다 밝게 보인다.
④ 별 A는 10 pc의 거리에 있으므로 절대 등급은 겉보기 등급과 같은 2등급이다.

11 겉보기 등급이 작을수록 밝게 보이는 별이고, (겉보기 등급－절대 등급)의 값이 클수록 멀리 있는 별이며, 겉보기 등급과 절대 등급이 같은 별이 10 pc에 있는 별이다.

12 ㄱ. 표면 온도는 청백색을 띠는 리겔이 더 높다.
ㄴ. 별까지의 거리는 (겉보기 등급－절대 등급)이 큰 리겔이 더 멀다.
오답 피하기 ㄷ. 두 별이 같은 거리에 있다고 가정하면 절대 등급이 작은 리겔이 더 밝게 보일 것이다.

13 별의 색깔에 따른 표면 온도의 변화는 다음과 같다.

별의 색깔	파란색	청백색	흰색	황백색	노란색	주황색	붉은색
표면 온도	높다. ←					→	낮다.

네 별 중 표면 온도가 높은 것부터 나열하면 리겔(청백색)－직녀성(흰색)－태양(노란색)－베텔게우스(붉은색) 순이다.

14 ㄴ. 우리은하를 옆에서 보면 납작한 원반 모양이다.
오답 피하기 ㄱ. 은하 중심(A)에는 붉은색 별들이 많다.
ㄷ. A에 있는 별들의 나이는 B에 있는 별들의 나이보다 많다.

15 태양계는 우리은하 중심에서 약 3만 광년(8.5 kpc) 떨어진 나선팔에 위치한다. A와 E 사이의 거리는 우리은하의 지름으로 약 10만 광년(30 kpc)이다. 빛이 1년 동안 이동한 거리를 약 1광년이라 했으므로, 빛이 A 지점을 출발하여 E 지점까지 가는 데 걸리는 시간은 약 10만 년이다.

16 A는 짙은 가스와 티끌이 모여 있어 뒤에서 오는 별빛을 가리기 때문에 검게 보이는 것으로, 암흑 성운의 생성 원리와 같다.

17 셀로판지를 통과한 빛의 색깔에 따라 향 연기의 색깔이 다르게 보인다. 이와 같은 원리로 반사 성운은 성간 물질이 별빛을 반사하여 우리눈에 밝게 보인다.

18 오답 피하기 ㄷ. 별빛을 반사하여 밝게 보이는 성운은 반사 성운이다.

19 우리은하 안에는 태양계를 비롯하여 별, 성단, 성운, 가스와 티끌로 이루어진 성간 물질 등이 포함되어 있다. 안드로메다 은하는 우리은하 밖의 외부 은하이다.

20 (가)는 방출 성운, (나)는 구상 성단, (다)는 산개 성단, (라)는 암흑 성운이다.
④ 플레이아데스 성단은 산개 성단이다.
[오답 피하기] ① (가)~(라)는 모두 우리은하에서 관측된다.
② (가)와 (라)는 가스와 티끌 등의 성간 물질이 모여 있고, (나)와 (다)는 수많은 별들로 이루어져 있다.
③ (가)는 주변의 고온의 별로부터 에너지를 받아 가열되어 스스로 빛을 내는 방출 성운이다.
⑤ (나)는 주로 나이가 많고 표면 온도가 낮은 별들로 이루어져 있다.

21 B는 불규칙 은하, C는 타원 은하, E는 정상 나선 은하, F는 막대 나선 은하이다. E와 F는 중심부를 가로지르는 막대 구조의 유무에 따라 분류한다.

22 허블 우주 망원경은 1990년에 발사된 우주 망원경으로, 지상 망원경으로는 얻을 수 없었던 선명한 영상을 제공하여 태양계 밖의 우주 탐사에 큰 역할을 하였다.

23 ㄱ. 빅뱅 우주론은 약 138억 년 전, 모든 물질과 에너지가 모인 한 점에서 대폭발로 시작된 우주가 점점 팽창하여 현재의 우주가 되었다는 이론이다.
ㄴ. 대폭발 이후 우주의 온도는 점차 낮아져 별과 은하가 만들어졌으며, 현재에도 계속 팽창하고 있다.
ㄷ. 과거의 우주는 지금보다 크기가 작고 온도가 높았다.

24 주로 태양계 천체를 탐사하기 위해 발사된 우주선은 탐사선이다.

25 인공위성은 목적에 따라 과학 위성, 방송 통신 위성, 기상 위성, 항법 위성, 지구 관측 위성, 군사 위성 등으로 분류한다.

VIII. 과학기술과 인류 문명

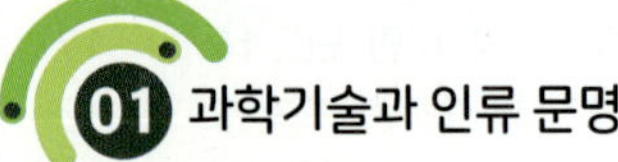

01 과학기술과 인류 문명

개념 바로 확인　　　　본교재 115쪽, 117쪽

초성 확인 문제

| **01** 태양 중심 | **02** 현미경 | **03** 활판 인쇄술 | **04** 원격 |
| **05** 사물, 인공 | **06** 생명 공학 | **07** 정보 통신 | **08** 공학적 |

01 (1) ○ (2) × (3) ○　**02** 만류인력 법칙　**03** (1) × (2) ○ (3) ○　**04** 증기 기관　**05** ㉠ 종두법 ㉡ 페니실린　**06** (1) ○ (2) ○ (3) ×　**07** 경량화　**08** (가), (라)　**09** (1) ㉢ (2) ㉠ (3) ㉤ (4) ㉢ (5) ㉡　**10** (가) → (라) → (다) → (나) → (바) → (마)

01 불의 이용으로 생존을 위한 기술이 발달하였고, 청동이나 철과 같은 금속을 얻고 가공하는 기술이 발달하였다.

03 코페르니쿠스는 망원경으로 천체를 관측하여 우주의 중심이 태양임을 발견하고, 태양 중심설을 주장하였다.

06 정보 통신의 발달로 인해 개인 정보 유출과 같은 사회적 문제가 발생할 수 있다.

08 휘어지는 디스플레이는 나노 기술과 관련이 있고, 홈 네트워크는 정보 통신 기술과 관련이 있다.

빈출 선별 학교 시험 변형 문제　　　　본교재 118~119쪽

01 ④　**02** ④　**03** ②　**04** ④　**05** ③　**06** ③　**07** ①, ③, ⑤　**08** ①　**09** ④　**10** ⑤　**11** 책의 대량 생산이 가능해졌다. 지식의 정보와 유통이 활발해지면서 과학과 인간 중심의 사회로 변화하였다.　**12** 사물 인터넷과 인공 지능의 발달로 인류의 문명과 생활이 더욱 편리해졌다.

01 ④ 불의 이용으로 과학기술이 발달하였고, 인류의 생활 수준이 크게 향상되었다.

02 ㄴ. 훅은 현미경을 이용하여 생물의 세포를 발견하였다. 세포의 발견으로 생물체가 작은 세포로 이루어진 존재임을 알게 되었다.
ㄷ. 패러데이는 전자기 유도 법칙을 발견하였는데, 이로 인해 전기를 생산하고 활용할 수 있는 방법을 알게 되었다.
[오답 피하기] ㄱ. 코페르니쿠스는 망원경으로 천체를 관측하여 우주의 중심이 태양임을 발견하고 태양 중심설을 주장하였다. 이로 인해 경험 중심의 과학적 사고를 중요시하게 되었다.

03 ㄴ. 주어진 과학 원리는 뉴턴의 만유인력 법칙이고, 이로 인해 자연 현상을 이해하고 그 변화를 예측할 수 있게 되었다.

오답 피하기 ㄱ, ㄷ. 세포의 발견으로 생물체를 보는 관점이 달라졌고, 전자기 유도 법칙의 발견으로 전기를 생산하고 활용할 수 있게 되었다.

04 ④ 인쇄 분야의 기술이 발달하면서 지식과 정보의 유통이 활발해지고, 과학과 인간 중심의 사회로 변화하였다.

05 ③ 종두법의 발견 이후 여러 가지 백신이 개발되어 소아마비와 같은 질병을 예방할 수 있게 되었다. 또한 페니실린의 발견으로 항생제가 개발되어 결핵과 같은 질병을 치료할 수 있게 되었다.

06 ㄱ, ㄴ. 주어진 내용은 농업 분야와 관련이 있다. 농업 분야의 발달로 생명 공학 기술을 이용하여 특정한 목적에 맞게 품종을 개량할 수 있게 되었고, 지능형 농장으로 인해 농산물의 생산성과 품질이 향상되었다.

오답 피하기 ㄷ. 첨단 의료 기기의 발달로 정밀한 진단이 가능한 것은 의료 분야와 관련이 있다.

07 나노 반도체, 나노 로봇, 휘어지는 디스플레이는 나노 기술을 이용한 제품이고, 바이오 칩, 유전자 변형 작물은 생명 공학 기술을 이용한 제품이다.

08 ㄱ. 인공 지능(AI)은 인간의 사고, 기억, 학습 등의 지능적인 행동을 모방하여 컴퓨터가 스스로 추론, 학습, 판단하여 인간 고유의 지식 행위를 실현하는 기술이다.

오답 피하기 ㄴ. 사물 인터넷(IoT)은 모든 사물을 인터넷으로 연결하는 기술이다. 방대한 정보를 분석하여 활용하는 기술은 빅 데이터 기술이다.

ㄷ. 증강 현실(AR)은 가상의 정보가 실제 존재하는 것처럼 보이게 하는 기술이다. 가상의 세계를 오감을 통해 현실처럼 체험하는 기술은 가상 현실(VR)이다.

09 ㄴ. 생명 공학 기술의 발달로 특정 생물의 유전자를 다른 생물의 DNA에 재조합하여 인간에 유용한 생물체를 인위적으로 조작하여 만들 수 있게 되었다.

ㄷ. 정보 통신 기술의 발달로 모든 사물을 인터넷으로 연결할 수 있는 사물 인터넷 기술이 발달하였다.

오답 피하기 ㄱ. 나노 기술의 발달로 제품의 소형화, 경량화가 가능해졌다.

10 ⑤ 공학적 설계를 고려할 때에는 경제성, 안전성, 편리성, 환경적 요인, 외형적 요인이 모두 고려되어야 한다.

11 **모범 정답** 책의 대량 생산이 가능해졌다. 지식과 정보의 유통이 활발해지면서 과학과 인간 중심의 사회로 변화하였다.

채점 기준	배점
활판 인쇄술이 인류 문명의 발달에 미친 영향을 두 가지 모두 옳게 쓴 경우	100 %
활판 인쇄술이 인류 문명의 발달에 미친 영향을 한 가지만 옳게 쓴 경우	50 %

12 **모범 정답** 사물 인터넷과 인공 지능의 발달로 인류의 문명과 생활이 더욱 편리해졌다.

채점 기준	배점
현재의 정보 통신 분야의 변화를 한 가지만 옳게 쓴 경우	100 %
정보 통신 분야와 관련된 내용만 쓴 경우	30 %

V. 생식과 유전

01 세포 분열

핵심 내용 정리   시험 대비 교재 **2쪽**

❶ DNA   ❷ DNA   ❸ 상동   ❹ 22   ❺ DNA
❻ 중앙   ❼ 염색 분체   ❽ 동물   ❾ 식물   ❿ 염색체 수
⓫ 2가 염색체   ⓬ 상동 염색체   ⓭ 염색 분체   ⓮ 2회
⓯ 2개

쪽지 시험   시험 대비 교재 **3쪽**

01 DNA   **02** (1) 유전자 (2) 단백질 (3) 염색체 (4) 염색 분체   **03** 세포 분열   **04** 상동 염색체   **05** 46, 상염색체, 성염색체   **06** (1) (다) (2) (라) (3) (가)   **07** 상동 염색체, 염색 분체   **08** 2, 4

실전 대비 예상 문제   시험 대비 교재 **4~7쪽**

01 ②   **02** ⑤   **03** ④   **04** ⑤   **05** ④   **06** ④, ⑤
07 ④   **08** A : 간기, B : 전기, C : 후기, D : 중기, E : 말기
09 ③   **10** ④   **11** (라) → (나) → (다) → (가) → (마)
12 ③   **13** ③   **14** ⑤   **15** D   **16** ①   **17** ④, ⑤
18 ②   **19** ③   **20** ②   **21** ②, ④   **22** (가) : 12, (나) : 12   **23** 남자, 성염색체 구성이 X 염색체와 Y 염색체로 되어 있기 때문이다.   **24** 식물 세포에서는 세포판이 안쪽에서 바깥쪽으로 성장하여 세포질이 분리되고, 동물 세포에서는 세포막이 바깥쪽에서 안쪽으로 잘록하게 들어가면서 세포질이 분리된다.   **25** (1) (가) : 체세포 분열 중기, (나) : 감수 1분열 중기 (2) 체세포 분열 중기(가) 다음 단계인 후기에서는 염색 분체가 분리되어 세포의 양극으로 이동되며, 감수 1분열 중기(나) 다음 단계인 후기에서는 상동 염색체가 분리되어 세포의 양극으로 이동된다.

01 ② DNA에서 유전 정보를 저장하고 있는 특정 부위를 유전자라고 하며, 하나의 DNA에는 수많은 유전자가 들어 있다.
오답 피하기 ① 염색체는 세포가 분열할 때 나타나는 막대 모양의 구조물이다.
③ 유전 정보를 저장하고 있는 유전 물질인 DNA는 단백질과 함께 염색체를 구성한다.
④ 유전자에 생물의 특징을 결정하는 여러 유전 정보가 들어 있다.
⑤ 부모에게서 각각 하나씩 물려받았으며, 모양과 크기가 같은 염색체 쌍을 상동 염색체라고 한다.

02 사람의 체세포에는 46개(23쌍)의 염색체가 들어 있는데, 상염색체 44개(22쌍)와 성염색체 2개(1쌍)로 구성되어 있다.
⑤ 남자의 경우 X 염색체는 어머니로부터 물려받았고, Y 염색체는 아버지로부터 물려받았다.

03 체세포에 들어 있는 염색체 수와 모양은 생물의 종에 따라 다르다. 따라서 염색체 수는 생물의 종을 판단할 수 있는 고유한 특징 중 하나이다. 하지만 종이 다르더라도 염색체 수가 같은 경우가 있는데, 종이 다르면 염색체의 크기나 모양, 유전자 등이 다르다.

04 ㄴ. C와 D는 모양과 크기가 같은 염색체이므로 상동 염색체이다.
ㄷ. 그림은 모양과 크기가 같은 염색체 5쌍으로 구성되어 있으므로 체세포의 염색체를 나타낸 것이다. 따라서 이 동물에서 체세포의 염색체 수는 10개이다.
오답 피하기 ㄱ. A와 B는 모양과 크기가 다른 한 쌍이므로 성염색체이다.

05 ㄱ. 세포의 크기가 작을수록 단위 부피당 표면적이 커져 물질 교환이 효율적으로 일어날 수 있다. A~C 중 물질 교환에 유리한 것은 부피에 대한 표면적의 비가 가장 큰 A이다.
ㄷ. 세포의 크기가 커질수록 부피에 대한 표면적의 비가 작아지므로 세포의 크기가 커질수록 세포 중심까지 물질이 이동하기 어려워진다.
오답 피하기 ㄴ. 부피에 대한 표면적의 비는 B($\frac{24}{8}=3$)가 C($\frac{54}{27}=2$)보다 크다.

06 ④ 핵분열은 염색체의 모양과 행동에 따라 전기, 중기, 후기, 말기로 구분된다.
⑤ 체세포 분열은 체세포 수를 늘려 생장을 하게 하거나 몸의 손상된 부분을 대체하기 위한 분열이다.
오답 피하기 ① 핵분열이 일어난 후 세포질 분열이 일어난다.
② 감수 분열의 경우 세포 분열이 연속해서 2회 일어난다.
③ 세포 분열이 일어나면 부피에 대한 표면적의 비가 커진다.

07 ④ 후기(라)에 염색 분체가 분리된다.
오답 피하기 ① 간기(가)는 기간이 가장 길며 유전 물질이 복제된다.
② 전기(나)에는 핵막이 사라지고 방추사가 관찰된다.
③ 중기(다)에는 염색체의 수와 모양을 가장 잘 관찰할 수 있다.
⑤ 말기(마)에는 세포막이 바깥쪽에서 안쪽으로 잘록하게 들어가면서 세포질이 분리된다.

08 A는 간기, B는 전기, C는 후기, D는 중기, E는 말기이다.

09 그림은 체세포 분열 중기 때의 모습이다.
ㄷ. 하나의 염색체는 2개의 염색 분체로 이루어져 있다.
오답 피하기 ㄱ. 이 생물의 체세포 염색체 수는 4이다.
ㄴ. 체세포 분열이므로 분열 결과 2개의 딸세포가 만들어진다.

10 체세포 분열 결과 1개의 모세포로부터 2개의 딸세포가 생성되며, 체세포 분열 후 염색체 수에는 변화가 없다. 따라서 3개의 체세포가 2번 분열하여 생성되는 딸세포 수는 12이며, 딸세

포의 염색체 수는 20이다.

11 (가)는 분리, (나)는 해리, (다)는 염색, (라)는 고정, (마)는 압착이다.
실험 순서는 고정(라) → 해리(나) → 염색(다) → 분리(가) → 압착(마) 순으로 진행된다.

12 ③ 양파 뿌리의 체세포 분열 관찰 실험에서 핵이나 염색체를 염색하기 위해 사용되는 용액으로는 아세트올세인 용액, 아세트산 카민 용액 등이 있다.
[오답 피하기] ① (가)는 세포들이 겹치지 않게 분리하는 과정이다.
② (나)는 세포 간의 결합력을 약화시켜 세포가 쉽게 분리되도록 하기 위한 과정이다.
④ (라)는 세포의 활동을 멈추게 하여 살아 있는 세포의 형태를 그대로 유지하게 하는 과정이다.
⑤ 양파의 뿌리 끝에서는 체세포 분열만 일어난다.

13 감수 분열은 생물의 생식 기관에서 생식세포가 만들어지는 과정으로 분열이 2회 연속해서 일어난다. 1개의 모세포로부터 4개의 딸세포가 생성되며, 감수 분열 후 염색체 수가 절반으로 줄어든다.
③ 감수 1분열 전기에 상동 염색체가 접합하여 형성된 2가 염색체가 나타난다.

14 감수 1분열 중 C → D 과정에서 상동 염색체가 분리되어 염색체 수가 절반으로 줄어든다. 감수 2분열 중 D → E 과정에서 염색 분체가 분리되어 염색체 수는 변화 없다.

15 감수 2분열 과정에서 염색 분체가 분리되므로 염색체 수는 변화 없다. 따라서 E와 염색체 수가 같은 것은 D이다.

16 그림은 감수 분열 과정을 나타낸 것이다. 동물에서 감수 분열이 일어나는 장소는 정소와 난소이다.

17 상동 염색체가 접합하여 형성된 2가 염색체는 감수 1분열 전기와 감수 1분열 중기에서 관찰할 수 있다.

18 ㄴ. 감수 분열을 통해 다양한 생식세포가 형성되며, 이러한 생식세포의 조합은 유전적 다양성을 증가시킨다.
ㄷ. 감수 분열로 만들어진 생식세포의 염색체 수가 체세포의 절반이기 때문에 세대를 거듭해도 염색체 수가 항상 일정하게 유지된다.
[오답 피하기] ㄱ. 상처를 아물게 하는 것은 체세포 분열이다.
ㄹ. 감수 분열 결과 체세포 절반의 염색체 수를 갖는 딸세포가 형성된다.

19 감수 분열에서 상동 염색체가 분리되어 딸세포에 들어가므로 딸세포의 염색체 수는 모세포 염색체 수의 절반이다. 따라서 감수 분열이 일어난 결과 만들어지는 딸세포는 염색체 수가 4이며, 상동 염색체 쌍이 없는 ③이다.

20 감수 2분열 중기의 염색체 수가 3이므로 염색 분체가 분리되어 형성된 생식세포의 염색체 수도 3이다. 체세포의 염색체 수는 생식세포의 염색체 수의 2배이므로 6이다.

21 (가)는 체세포 분열, (나)는 감수 분열을 나타낸 것이다. 체세포 분열과 감수 분열을 비교한 특징은 표와 같다.

구분	체세포 분열(가)	감수 분열(나)
분열 횟수	1회	2회
2가 염색체	형성 안 됨	형성됨
딸세포 수	2개	4개
염색체 수	변화 없음	절반으로 줄어듦
분열 결과	생장, 재생	생식세포 형성

22 감수 분열 결과 1개의 모세포로부터 4개의 딸세포가 생성되므로, 감수 분열 결과 3개의 세포로부터 만들어진 꽃가루 수는 12이다. 감수 분열 후 염색체 수가 절반으로 줄어들므로, 벼의 꽃가루에 들어 있는 염색체 수는 체세포 염색체 수의 절반인 12이다.

23 [모범 답안] 남자, 성염색체 구성이 X 염색체와 Y 염색체로 되어 있기 때문이다.

채점 기준	배점
성별을 쓰고, 그 까닭을 옳게 서술한 경우	100 %
성별만 쓴 경우	30 %

24 [모범 답안] 식물 세포에서는 세포판이 안쪽에서 바깥쪽으로 성장하여 세포질이 분리되고, 동물 세포에서는 세포막이 바깥쪽에서 안쪽으로 잘록하게 들어가면서 세포질이 분리된다.

채점 기준	배점
식물 세포와 동물 세포에서의 세포질 분열을 모두 옳게 서술한 경우	100 %
식물 세포와 동물 세포의 세포질 분열 중 한 가지만 옳게 서술한 경우	50 %

25 [모범 답안] (1) (가) : 체세포 분열 중기, (나) : 감수 1분열 중기
(2) 체세포 분열 중기(가) 다음 단계인 후기에서는 염색 분체가 분리되어 세포의 양극으로 이동되며, 감수 1분열 중기(나) 다음 단계인 후기에서는 상동 염색체가 분리되어 세포의 양극으로 이동된다.

채점 기준	배점
(1)과 (2) 모두 옳게 서술한 경우	100 %
(1)과 (2) 중 한 가지만 옳게 서술한 경우	50 %

02 수정과 발생

핵심 내용 정리   시험 대비 교재 **8**쪽

❶ 정소   ❷ 부정소   ❸ 난소   ❹ 자궁   ❺ 정자
❻ 난자   ❼ 난할   ❽ 착상   ❾ 임신   ❿ 물질 교환
⓫ 배아   ⓬ 태아   ⓭ 출산

쪽지 시험   시험 대비 교재 **9**쪽

01 D   **02** G   **03** C   **04** E   **05** 정자   **06** 난자
07 (1) 배란 (2) 수정 (3) 착상   **08** 태반

실전 대비 예상 문제   시험 대비 교재 **10~11**쪽

01 ④, ⑤   **02** ①   **03** ⑤   **04** ①   **05** 배란, 발생
06 ②   **07** ④   **08** ③   **09** ②   **10** ③   **11** 난자는 세포
질에 많은 양분을 저장하고 있기 때문이다.   **12** (1) (다) →
(라) → (나) → (가) → (마) (2) 분열이 일어날수록 세포 수는
많아지고 세포 1개의 크기는 작아진다.   **13** 수정 후 약 일
주일이 지났을 때 수정란이 포배 상태가 되어 자궁 내막에
파묻히는 현상이다.

01 정자와 난자를 비교한 특징은 표와 같다.

특징	정자	난자
생성 장소	정소	난소
크기	작다	크다
운동성	있다	없다
염색체 수	23개	23개
핵의 유무	있다	있다

02 수란관은 난자와 수정란이 자궁으로 이동하는 통로이며,
질은 정자가 들어오고, 출산 시 태아가 모체 밖으로 나가는 통로
이다.
① 난소에서 수란관으로 배란이 일어난다.

03 ⑤ 난할은 수정란의 초기 세포 분열로, 체세포 분열에 해당
한다. 난할은 일반적인 체세포 분열과 다르게 딸세포의 생장이
거의 없어 세포 분열이 빠르게 일어난다.
오답 피하기 ① 딸세포의 염색체 수는 변화 없다.
② 분열이 일어날수록 세포 수가 증가하는 것은 체세포 분열과
같은 특징이다.
③ 체세포 분열에 비해 분열 속도가 빠르다.
④ 분열 후 세포 1개의 크기는 작아진다.

04 난할은 수정란의 초기 세포 분열로, 세포의 생장 없이 빠르
게 분열한다. 난할이 진행될 때 세포 수는 증가하고, 세포 1개의
크기는 작아지며, 배아 전체의 크기는 변하지 않는다.

05 배란은 난자가 난소에서 배출되어 수란관으로 나오는 현상
이고, 발생은 수정란이 세포 분열을 거쳐 하나의 개체로 되기까
지의 과정이다.

06 A는 약 28일을 간격으로 난소에서 수란관으로 난자가 배
출되는 배란이고, B는 정자와 난자가 만나는 수정이다. C는 수
정 후 약 일주일이 지나 수정란이 포배 상태가 되어 자궁 내막에
파묻히는 착상이며, 착상되었을 때부터 임신되었다고 한다.
② 임신이 되면 배란(A)은 일어나지 않게 된다.

07 ㄱ. (가) 과정은 난할로 수정란의 초기 세포 분열 과정이다.
ㄷ. (가) 과정이 일어날 때 세포의 생장 없이 빠르게 분열한다.
ㄹ. 난할은 체세포 분열에 해당하므로 (가) 과정에서 세포 1개당
염색체 수는 모두 같다.
오답 피하기 ㄴ. (가) 과정에서 세포의 생장이 거의 없기 때문에
세포 1개의 크기는 작아진다.

08 임신 및 출산 과정은 배란(다) → 수정(가) → 착상(나) →
태반 형성(마) → 출산(라) 순으로 진행된다.

09 태반을 통해 태아는 모체로부터 영양소와 산소를 공급받
고, 모체는 태아로부터 이산화 탄소와 노폐물을 받아들인다. 모
체가 섭취한 알코올은 태반을 통해 태아로 전달된다.
② 태반에서 모체와 태아의 혈관은 직접 연결되어 있지 않아 태
아와 모체의 혈액은 섞이지 않는다.

10 ㄷ. 수정란이 첫 번째 세포 분열을 시작했을 때부터 수정
후 8주까지를 배아라 하고, 그 이후부터를 태아라고 한다.
ㄹ. 발생 과정이 일어날 때 체세포 분열이 일어나므로 세포 1개
당 염색체 수는 변하지 않는다.
오답 피하기 ㄱ. 착상이 일어난 후 태반이 형성된다.
ㄴ. 수정 후 약 266일이 지나면 태아가 모체 밖으로 나온다.

11 **모범 정답** 난자는 세포질에 많은 양분을 저장하고 있기 때
문이다.

채점 기준	배점
까닭을 옳게 서술한 경우	100 %
그 이외의 경우	0 %

12 **모범 정답** (1) (다) → (라) → (나) → (가) → (마)
(2) 분열이 일어날수록 세포 수는 많아지고 세포 1개의 크기는
작아진다.

채점 기준	배점
(1)과 (2)를 모두 옳게 서술한 경우	100 %
(1)과 (2) 중 한 가지만 옳게 서술한 경우	50 %

13 **모범 정답** 수정 후 약 일주일이 지났을 때 수정란이 포배 상
태가 되어 자궁 내막에 파묻히는 현상이다.

채점 기준	배점
제시된 단어를 모두 사용하여 착상을 옳게 서술한 경우	100 %
그 이외의 경우	0 %

03 멘델의 유전 원리

핵심 내용 정리
시험 대비 교재 12쪽

❶ 형질 ❷ 표현형 ❸ 우성 ❹ 열성 ❺ 우열
❻ 분리 ❼ 3 : 1 ❽ 1 : 2 : 1 ❾ 3 : 1 ❿ 독립
⓫ 3 : 1 ⓬ 3 : 1 ⓭ 9 : 3 : 3 : 1 ⓮ 분리

쪽지 시험
시험 대비 교재 13쪽

01 유전 **02** (1)—ⓒ (2)—㉠ (3)—㉣ (4)—ⓛ **03** 같다
04 (1) Rr (2) R, r (3) 100개 **05** (1) ㉠ : RY, ⓛ : rY
(2) rrYY, rrYy (3) 450개 **06** 중간 유전

실전 대비 예상 문제
시험 대비 교재 14~17쪽

01 ② **02** ① **03** ①, ④ **04** ⑤ **05** ② **06** ④
07 ② **08** ④ **09** ③ **10** ④ **11** ③ **12** ⑤ **13** ④
14 ③ **15** ②, ③ **16** ② **17** ② **18** ③ **19** ③
20 ① **21** ② **22** ③ **23** 순종은 한 형질을 나타내는 대립유전자 구성이 같은 개체이고, 잡종은 한 형질을 나타내는 대립유전자 구성이 다른 개체이다. **24** 생식세포가 형성될 때 유전 인자(대립유전자)는 분리되어 각각 다른 생식세포로 들어가기 때문이다. **25** 600개, 잡종 2대에서 주름지고 초록색 완두가 50개가 나왔다면, 표현형의 비에 따라 둥글고 노란색 완두는 450개, 둥글고 초록색 완두는 150개, 주름지고 노란색 완두는 150개가 나온다. 따라서 잡종 2대에서 얻을 수 있는 완두의 총 개수는 800개이며, 이중 둥근 완두 : 주름진 완두의 표현형의 비는 3 : 1이므로 잡종 2대에서 모양이 둥근 완두는 $800 \times \dfrac{3}{4} = 600$이다.

01 ② 대립 형질은 한 가지 특성에 대해 서로 뚜렷하게 대비되는 형질이다.

오답 피하기 ① 둥근 완두의 대립 형질은 주름진 완두이다.
③ 표현형은 유전자 구성에 따라 겉으로 드러나는 형질이다.
④ 잡종은 형질을 나타내는 대립유전자 구성이 다른 개체이다.
⑤ 열성은 대립 형질이 다른 순종끼리 교배하였을 때 잡종 1대에서 나타나지 않는 형질이다.

02 순종은 한 형질을 나타내는 대립유전자 구성이 같은 개체이다. AA, AAbb가 순종이다. AD는 서로 다른 유전자로 구성되어 있는 생식세포가 갖는 유전자형으로 이 개체가 순종인지 잡종인지 알 수 없다.

03 완두가 유전 연구의 재료로 적합한 까닭은 대립 형질이 뚜렷하며, 한 세대가 짧고, 자손의 수가 많으며, 자가 수분과 타가 수분이 모두 가능한 것 등이 있다.

04 멘델은 특정 형질은 부모로부터 하나씩 물려받은 한 쌍의 유전 인자로 결정된다고 하였다.
⑤ 특정 형질을 결정하는 한 쌍의 유전 인자는 생식세포 형성 시 분리되어 각각 다른 생식세포로 들어가고, 자손에게 전달되어 다시 쌍을 이룬다.

05 ② ⓛ과 ⓒ의 표현형은 노란색으로 같다.
오답 피하기 ① ㉠과 ⓒ은 Yy, ⓛ은 YY, ㉣은 yy이므로 ⓛ과 ㉣은 순종이다.
③, ④ 잡종 1대의 완두(Yy)는 Y를 갖는 생식세포와 y를 갖는 생식세포를 만든다.
⑤ 잡종 1대를 자가 수분한 결과 잡종 2대에서 우성 형질 : 열성 형질=3 : 1로 나타난다.

06 잡종 2대에서 표현형의 분리비는 노란색 : 초록색=3 : 1이다. 따라서 노란색 완두가 나올 확률은 $\dfrac{3}{4}$이므로, 잡종 2대에서 노란색 완두는 400개$\times \dfrac{3}{4} = 300$개이다.

07 잡종 2대에서 표현형의 분리비는 노란색 : 초록색=3 : 1이다. 따라서 초록색 완두가 나올 확률은 $\dfrac{1}{4}$이므로, 잡종 2대에서 초록색 완두는 800개$\times \dfrac{1}{4} = 200$개이다.

08 ④ 잡종 2대에서 순종(RR, rr)과 잡종(Rr)의 비는 1 : 1이 된다.
오답 피하기 ① 잡종 1대는 잡종(Rr)이다.
② 독립의 법칙은 두 쌍의 대립 형질이 유전될 때에 성립될 수 있다.
③ 완두 씨의 모양은 둥근 것이 우성이다.
⑤ 잡종 2대의 표현형의 분리비는 둥근 완두 : 주름진 완두=3 : 1이다.

09 잡종 1대의 유전자형은 Rr이며, 잡종 2대에서 유전자형의 분리비가 RR : Rr : rr=1 : 2 : 1이다. 따라서 유전자형이 잡종 1대와 같은 것이 나올 확률은 $\dfrac{1}{2}$이므로, 유전자형이 잡종 1대와 같은 것은 400개$\times \dfrac{1}{2} = 200$개이다.

10 노란색 완두와 초록색 완두의 교배 실험 (나)의 결과 노란색 완두만 나왔으므로 노란색 완두가 우성, 초록색 완두가 열성이다.

㉠과 ㉡의 교배 실험 (가)의 결과 노란색 완두와 초록색 완두가 3 : 1의 비율로 나타나므로 ㉠과 ㉡의 유전자형은 모두 Yy로 잡종이다. ㉢과 초록색 완두의 교배 실험 (나)의 결과 노란색 완두만 나타나므로 ㉢의 유전자형은 YY로 순종이다. ㉣과 초록색 완두의 교배 실험 (다)의 결과 노란색 완두와 초록색 완두가 1 : 1의 비율로 나타나므로 ㉣의 유전자형은 Yy로 잡종이다.

11 ㄴ. (가)와 (나)를 교배하였더니 자손에서 키 큰 완두와 키 작은 완두가 1 : 1의 비로 나타났으므로 (가)는 작은 키 대립유전자 t를 갖는 우성 잡종인 Tt이다.
ㄷ. 자손에서 순종(tt)과 잡종(Tt)의 비는 1 : 1이다.
오답 피하기 ㄱ. (가)는 잡종, (나)는 순종이다.

12 ⑤ 자손에서 우성과 열성이 1 : 1로 나타나는 경우는 부모에서 잡종(Rr)인 우성 형질과 열성 형질(rr)을 교배하였을 때이다.
오답 피하기 ① RR×rr → Rr(우성)
② RR×RR → RR(우성)
③ RR×Rr → RR(우성), Rr(우성)
④ Rr×Rr → RR(우성), 2Rr(우성), rr(열성)

13 유전자형을 알 수 없는 우성 형질을 열성 형질과 교배하여 얻은 자손이 모두 우성 형질일 경우에는 부모 세대에서 유전자형을 알 수 없는 우성 형질은 순종이다. 그리고 자손이 우성 형질 : 열성 형질=1 : 1인 경우에는 부모 세대에서 유전자형을 알 수 없는 우성 형질은 잡종이다.
주름지고 초록색 완두의 유전자형은 rryy인데, 잡종 1대에서 노란색 완두 : 초록색 완두=1 : 1로 나타났다고 하였으므로 (가)의 완두 색깔은 잡종(Yy)임을 알 수 있다. 또한 모양은 둥근 것만 나타났다고 하였으므로 (가)의 완두 모양은 순종(RR)임을 알 수 있다. 따라서 (가)의 유전자형은 RRYy이다.

14 하나의 형질을 결정하는 한 쌍의 대립유전자는 상동 염색체의 같은 위치에 존재해야 하며, 완두 씨의 모양과 색깔을 나타내는 유전자는 서로 다른 염색체에 존재해야 한다. 따라서 R(r)와 Y(y)가 다른 염색체에 위치하며, R와 r, Y와 y는 각각 상동 염색체에서 동일한 위치에 존재한다.

15 4종류의 생식세포 RY, Ry, rY, ry의 수정을 통해 잡종 2대에서는 표현형이 (가) : (나) : (다) : (라)=9 : 3 : 3 : 1의 비율로 나타난다.
오답 피하기 ① (가)는 순종(RRYY) 또는 잡종(RrYy, RRYy, RrYY)이다. (라)는 순종(rryy)이다.
④ 잡종 1대에서 만들어지는 생식세포의 비는 RY : Ry : rY : ry=1 : 1 : 1 : 1이다.
⑤ 잡종 2대에서 둥근 완두(R_)와 주름진 완두(yy)가 3 : 1의 비로 나온다.

16 잡종 2대에서는 표현형이 둥글고 노란색, 둥글고 초록색,

주름지고 노란색, 주름지고 초록색 완두가 9 : 3 : 3 : 1의 비율로 나타난다. 따라서 초록색 완두가 나올 확률은 $\frac{1}{4}$이므로, 잡종 2대에서 초록색 완두는 1600개×$\frac{1}{4}$=400개이다.

17 잡종 2대에서 잡종 1대와 유전자형(RrYy)이 같은 완두가 나타날 확률은 $\frac{4}{16}=\frac{1}{4}$이다. 따라서 잡종 2대에서 잡종 1대와 유전자형이 같은 완두는 1600개×$\frac{1}{4}$=400개이다.

18 ㄱ. 생식세포가 형성될 때 유전 인자(대립유전자)는 분리되어 각각 다른 생식세포로 들어가므로 분리의 법칙이 성립한다.
ㄴ. 분꽃의 꽃잎 색깔 유전은 중간 유전에 해당한다.
오답 피하기 ㄷ. 중간 유전은 대립유전자 사이의 우열 관계가 뚜렷하지 않다.

19 잡종 1대인 분홍색 분꽃(RW)(가)과 흰색 분꽃(WW)을 교배하였을 때 나타날 수 있는 분꽃은 분홍색 분꽃(RW) : 흰색 분꽃(WW)=1 : 1이다. 따라서 흰색 분꽃이 나올 확률은 50 %이다.

20 ㄱ. 잡종 1대의 분홍색 분꽃의 유전자형은 RW로 잡종이다.
ㄴ. 잡종 2대에서 표현형의 분리비는 빨간색 : 분홍색 : 흰색=1 : 2 : 1이고, 유전자형의 분리비는 RR : RW : WW=1 : 2 : 1이다.
오답 피하기 ㄷ. 잡종 2대에서 나타나는 꽃잎 색깔의 종류는 빨간색, 분홍색, 흰색 3종류이다.
ㄹ. 빨간색 꽃잎 유전자(R)와 흰색 꽃잎 유전자(W) 사이의 우열 관계가 뚜렷하지 않다.

21 잡종 2대에서 표현형의 분리비는 빨간색 : 분홍색 : 흰색=1 : 2 : 1이다. 따라서 흰색 분꽃이 나올 확률은 $\frac{1}{4}$이므로 잡종 2대에서 흰색 분꽃은 200개×$\frac{1}{4}$=50개이다.

22 잡종 1대인 분홍색 분꽃(RW)과 흰색 분꽃(WW)을 교배하였을 때 나타날 수 있는 분꽃은 분홍색 분꽃(RW)과 흰색 분꽃(WW)이다.

23 모범 정답 순종은 한 형질을 나타내는 대립유전자 구성이 같은 개체이고, 잡종은 한 형질을 나타내는 대립유전자 구성이 다른 개체이다.

채점 기준	배점
순종과 잡종의 의미를 모두 옳게 서술한 경우	100 %
순종과 잡종의 의미 중 한 가지만 옳게 서술한 경우	50 %

24 모범 정답 생식세포가 형성될 때 유전 인자(대립유전자)는 분리되어 각각 다른 생식세포로 들어가기 때문이다.

채점 기준	배점
모범 정답과 같이 옳게 서술한 경우	100 %
간단하게 서술한 경우	30 %

25 모범 정답 600개, 잡종 2대에서 주름지고 초록색 완두가 50개가 나왔다면, 표현형의 비에 따라 둥글고 노란색 완두는 450개, 둥글고 초록색 완두는 150개, 주름지고 노란색 완두는 150개가 나온다. 따라서 잡종 2대에서 얻을 수 있는 완두의 총 개수는 800개이며, 이중 둥근 완두 : 주름진 완두의 표현형의 비는 3 : 1이므로 잡종 2대에서 모양이 둥근 완두는 $800 \times \frac{3}{4} = 600$이다.

채점 기준	배점
둥근 완두의 개수와 과정을 모두 옳게 서술한 경우	100 %
둥근 완두의 개수만 옳게 쓴 경우	30 %

04 사람의 유전

핵심 내용 정리
시험 대비 교재 **18쪽**

❶ 자손 ❷ 대립 ❸ 가계도 조사 ❹ 통계 조사(집단 조사) ❺ 한 쌍 ❻ 분리 ❼ 상염색체 ❽ 우성 ❾ 4가지 ❿ 두 쌍 ⓫ 반성 ⓬ X 염색체 ⓭ 혈우병

쪽지 시험
시험 대비 교재 **19쪽**

01 (1) × (2) ○ (3) ○ (4) × **02** 가계도 조사
03 ㉠ : 가능, ㉡ : 있음, ㉢ : 불가능, ㉣ : 없음 **04** (1) ○
(2) ○ (3) × **05** A, B, O **06** (1) 아버지 : AO, 어머니 : OO (2) XX′ (3) 50 % ($\frac{1}{2}$)

실전 대비 예상 문제
시험 대비 교재 **20~23쪽**

01 ③ **02** ③ **03** 가계도 조사 **04** ③ **05** ⑤ **06** ③
07 4명 **08** ⑤ **09** F **10** ① **11** ② **12** ④ **13** ⑤
14 ④ **15** ④ **16** ④ **17** ① **18** ③ **19** ④ **20** ④
21 ① **22** ④ **23** 유전병은 정상에 대해 열성이고, 유전병을 결정하는 유전자는 상염색체에 있다. **24** (1) A형과 B형 (2) $\frac{1}{4}$ (25 %) **25** (1) (가) : X′Y, (나) : XX′ (2) $\frac{1}{2}$ (50 %)

01 ㄴ, ㄹ. 사람의 유전 연구가 어려운 까닭은 자손의 수가 적고, 환경의 영향을 많이 받으며, 교배 실험이 불가능하기 때문이다.
오답 피하기 ㄱ, ㄷ. 사람의 유전 연구가 어려운 까닭은 한 세대가 길고, 대립 형질이 복잡하기 때문이다.

02 쌍둥이 연구는 쌍둥이의 성장 환경과 특정 형질의 발현이 어느 정도 일치하는지 조사하는 방법으로, 유전과 환경이 특정 형질에 끼치는 영향을 알아보는 데 이용된다.

03 가계도 조사는 가족과 친척의 특정 형질을 조사하여 유전 형질이 여러 세대를 걸쳐 어떻게 유전되는지 알아보는 방법이다.

04 1란성 쌍둥이는 하나의 수정란이 발생 초기에 둘로 나뉘어 각각 발생한 경우이므로 유전자 구성이 서로 같고, 2란성 쌍둥이는 각기 다른 두 개의 수정란이 동시에 발생한 경우이므로 유전자 구성이 서로 다르다.
ㄱ. 부모 모두 AB형이므로 A형, B형, AB형을 갖는 자녀만 태어날 수 있다.
ㄴ. 1란성 쌍둥이는 유전적 구성이 같으므로 1란성 쌍둥이일 경우, 두 아이의 성별은 반드시 같다.
오답 피하기 ㄷ. 2란성 쌍둥이일 경우, 한 아이가 A형이더라도 다른 아이는 A형, B형, AB형 중 하나가 될 수 있다.

05 PTC 미맹은 상염색체에 있는 한 쌍의 대립유전자에 의해 형질이 결정되므로 남녀에 따라 유전 형질이 나타나는 빈도에 차이가 없다. 또한, 대립 형질이 뚜렷하며 멘델의 유전 법칙에 따라 유전된다.

06 (가)는 미맹 남자이므로 미맹 유전자형이 tt이고 (나)는 아버지로부터 미맹 대립유전자 t를 물려받아 미맹 유전자형이 Tt이다. 따라서 (가)와 (나) 사이에서 태어나는 아이의 미맹 유전자형은 Tt, tt가 가능하므로 태어나는 아이가 미맹일 확률은 50 %이다.

07 분리형 귓불 모양이 부착형 귓불 모양에 대해 우성이므로 부모 중 어머니는 분리형 대립유전자와 부착형 대립유전자를 모두 가지고 있는 잡종이다. 분리형 귓불을 가진 어머니와 부착형 귓불을 가진 아버지 사이에서 태어난 분리형 귓불을 가진 자녀는 모두 분리형 대립유전자와 부착형 대립유전자를 모두 가지고 있는 잡종이다. 따라서 이 집안에서 분리형 대립유전자와 부착형 대립유전자를 모두 가지고 있는 사람은 총 4명이다.

08 ⑤ E는 외까풀이므로 부모로부터 대립유전자 d만 물려받아야 한다. 따라서 E는 B로부터 대립유전자 d를 물려받았다.
오답 피하기 ① A의 자녀 중에 외까풀인 딸이 있으므로 A의 눈꺼풀 모양 유전자형은 Dd이다.
② B의 자녀 중에 외까풀인 딸인 E가 있으므로 B는 외까풀 대립유전자를 가지고 있다.

③ 쌍꺼풀인 C와 D 사이에서 외까풀인 자녀가 태어났으므로 외까풀은 쌍꺼풀에 대해 열성이다.

④ 외까풀은 열성이므로 외까풀인 사람의 유전자형은 dd이다.

09 A와 A의 아내는 외까풀인 자녀가 있으므로 모두 유전자형이 Dd이고, B와 B의 아내는 외까풀인 자녀 E가 있으므로 B의 유전자형은 Dd, B의 아내의 유전자형은 dd, E의 유전자형은 dd이다. C와 D 사이에서 외까풀인 자녀가 태어났으므로 C와 D의 유전자형은 Dd, 외까풀인 자녀의 유전자형은 dd, 쌍꺼풀인 F의 유전자형은 DD 또는 Dd이다.

10 ㄱ. (가)에서 곱슬머리와 곧은머리 사이에서 곱슬머리인 자녀만 태어난 것으로 보아 곱슬머리가 곧은머리에 대해 우성이다.

ㄷ. 곱슬머리가 곧은머리에 대해 우성이므로 곧은머리인 ㉢과 ㉣은 모두 열성 순종이다.

오답 피하기 ㄴ. ㉠은 우성 순종이며, ㉡은 우성 잡종이므로 ㉠과 ㉡의 유전자형은 다르다.

ㄹ. (라)에서 곱슬머리와 곱슬머리 사이에서 곱슬머리와 곧은머리인 자녀가 3 : 1의 비율인 것으로 보아 ㉤은 우성 잡종이다.

11 ② 다인자 유전은 한 형질을 결정할 때 두 쌍 이상의 대립유전자가 관여하는 유전 방식이므로 ABO식 혈액형 유전은 다인자 유전이 아니다.

오답 피하기 ① ABO식 혈액형 유전은 한 형질을 결정하는 데 관여하는 대립유전자가 3개 이상이 복대립 유전이다.

③ 유전자형의 종류는 AA, AO, BB, BO, AB, OO로 6가지이다.

④ 혈액형을 결정하는 대립유전자의 종류는 A, B, O로 3가지이다.

⑤ 유전자 A와 B 사이에는 우열 관계가 없다.

12 (가)는 아버지로부터 대립유전자 O를 물려받아 ABO식 혈액형 유전자형은 BO이다. (나)는 (가)로부터 대립유전자 O를 물려받아 ABO식 혈액형 유전자형은 AO이다.

13 O형의 자녀가 태어나가 위해서는 부모 양쪽 모두 대립유전자 O를 가지고 있어야 한다.

⑤ AB형×O형 → A형과 B형을 갖는 자녀만 나오게 된다.

오답 피하기 ① A형×B형 → A형, B형, AB형, O형

② A형×O형 → A형, O형

③ B형×B형 → B형, O형

④ B형×O형 → B형, O형

14 ABO식 혈액형의 경우 (가)는 부모로부터 대립유전자 A만 물려받아 (가)의 유전자형은 AA이다. (나)는 부모로부터 대립유전자 B와 대립유전자 O를 물려받아 (나)의 유전자형은 BO이다. 미맹의 경우 (가)는 어머니로부터 미맹 대립유전자 t를 물려받아 (가)의 유전자형은 Tt이다. (나)는 어머니로부터 미맹 대립유전자 t를 물려받아 (나)의 유전자형은 Tt이다. 따라서 (가)와

(나)가 결혼하여 자녀가 태어났을 때, 이 아이가 AB형이면서 미맹일 확률은 AB형일 확률($\frac{1}{2}$)×미맹일 확률($\frac{1}{4}$)=$\frac{1}{8}$이다.

15 ㄱ, ㄷ. 다인자 유전은 한 형질을 결정할 때 두 쌍 이상의 대립유전자가 관여하는 유전 방식으로, 키, 몸무게 등이 이에 해당한다.

오답 피하기 ㄴ. 다인자 유전 형질은 대립 형질이 뚜렷하지 않고 표현형이 조금씩 차이를 보이면서 다양하게 나타난다.

16 ④ 남자는 X 염색체를 어머니로부터 물려받으므로 적록 색맹 대립유전자를 어머니로부터 물려받았다.

오답 피하기 ①, ③ 적록 색맹을 결정하는 유전자는 X 염색체에 있으므로 적록 색맹 유전은 반성유전에 해당한다.

② 남자는 적록 색맹 대립유전자가 1개만 있어도 적록 색맹이 되지만, 여자는 2개의 X 염색체에 모두 적록 색맹 대립유전자가 있어야 적록 색맹이 되기 때문에 여자보다 남자에게 많이 나타난다.

⑤ 어머니가 적록 색맹이면 아들은 어머니로부터 적록 색맹 대립유전자를 물려받으므로 항상 적록 색맹이다.

17 ① 정상인 6과 7로부터 유전병인 자녀 9가 태어났으므로 유전병은 정상에 대해 열성이다.

오답 피하기 ② 5는 어머니인 2로부터 유전병 대립유전자를 물려받았다.

③ 4와 6은 아버지인 1로부터 정상 대립유전자를 물려받고 어머니인 2로부터 유전병 대립유전자를 물려받아 잡종이므로 4와 6의 유전자형은 서로 같다.

④ 7은 정상 남자이므로 정상 대립유전자만 가지고 있다.

⑤ 8은 어머니인 4로부터 유전병 대립유전자를 물려받았다.

18 정상 대립유전자를 X, 유전병 대립유전자를 X′이라고 했을 때, 3의 유전자형은 X′Y이고 4의 유전자형은 XX′이다. 따라서 3과 4 사이에서 태어날 수 있는 자녀의 유전자형은 XX′(정상 여자), X′X′(유전병 여자), X′Y(유전병 남자), XY(정상 남자)이므로, 8의 동생이 태어났을 때 이 아이가 유전병일 확률은 50 %이다.

19 정상 대립유전자를 X, 유전병 대립유전자를 X′이라고 했을 때, 6의 유전자형은 XX′이고 7의 유전자형은 XY이다. 따라서 6과 7 사이에서 태어날 수 있는 자녀의 유전자형은 XX(정상 여자), XX′(정상 여자), X′Y(유전병 남자), XY(정상 남자)이므로, 9의 동생이 태어났을 때 이 아이가 유전병일 확률은 25 %이다.

20 ④ A와 B의 부모의 적록 색맹 유전자형은 각각 XY, X′X′이므로 이 둘 사이에서 태어날 수 있는 자녀의 유전자형은 XX′(정상 여자), X′Y(유전병 남자)이다. 따라서 A와 B가 모두 적록 색맹일 확률은 A가 적록 색맹일 확률($\frac{1}{2}$)×B가 적록 색맹

일 확률$(\frac{1}{2})=\frac{1}{4}$이다.

오답 피하기 ① A와 B는 2란성 쌍둥이이다.

② A는 아버지로부터 정상 대립유전자를 물려받고 어머니로부터 적록 색맹 대립유전자를 물려받으므로 A가 여자일 경우 항상 보인자이다.

③ B는 어머니로부터 적록 색맹 대립유전자를 물려받으므로 B가 남자일 경우 항상 적록 색맹이다.

⑤ A와 B의 어머니는 적록 색맹이므로 A와 B는 반드시 어머니부터 적록 색맹 대립유전자를 물려받는다.

21 ① (가)는 어머니로부터 적록 색맹 대립유전자를 물려받았고, 아버지로부터 정상 대립유전자를 물려받았다.

오답 피하기 ② (가)의 아버지는 정상 남자이므로 적록 색맹 대립유전자를 가지지 않는다.

③ (가)는 아버지로부터 대립유전자 A를 물려받았고, 어머니로부터 유전자 O를 물려받았다.

④ (나)는 아버지로부터 대립유전자 B를 물려받았고, 어머니로부터 대립유전자 O를 물려받아 (나)의 혈액형 유전자형은 BO이다.

⑤ (나)는 적록 색맹 대립유전자를 어머니로부터 물려받았다.

22 ABO식 혈액형의 경우 (가)의 유전자형은 AO이고 (나)의 유전자형은 BO이다. 적록 색맹의 경우 (가)의 유전자형은 XX′이고 (나)의 유전자형은 X′Y이다. 따라서 (가)와 (나)가 결혼하여 자녀가 태어났을 때, 이 아이가 AB형이면서 적록 색맹일 확률은 AB형일 확률$(\frac{1}{4})\times$적록 색맹일 확률$(\frac{1}{2})=\frac{1}{8}$이다.

23 **모범 정답** 유전병은 정상에 대해 열성이고, 유전병을 결정하는 유전자는 상염색체에 있다.

채점 기준	배점
우열 관계와 유전병을 결정하는 유전자가 위치하는 염색체의 종류를 옳게 서술한 경우	100 %
우열 관계와 유전병을 결정하는 유전자가 위치하는 염색체의 종류 중 한 가지만 옳게 서술한 경우	50 %

24 태어나는 자녀들에서 ABO식 혈액형 4가지가 모두 나오기 위해서는 부모의 혈액형 유전자형은 각각 AO와 BO 중 하나이어야 한다.

모범 정답 (1) A형과 B형

(2) $\frac{1}{4}$(25 %)

채점 기준	배점
(1)과 (2)를 모두 옳게 쓴 경우	100 %
(1)과 (2) 중 하나만 옳게 쓴 경우	50 %

25 (가)는 딸에게 적록 색맹 대립유전자를 물려주었으므로 적록 색맹 남자(X′Y)이고, (나)는 아들에게 정상 대립유전자를 물려주고 딸에게 적록 색맹 대립유전자를 물려주었으므로 정상

여자(XX′)이다. (가)의 유전자형은 X′Y이고 (나)의 유전자형은 XX′이므로 이 둘 사이에서 태어날 수 있는 자녀의 유전자형은 XX′(정상 여자), X′X′(적록 색맹 여자), XY(정상 남자), X′Y(적록 색맹 남자)이다.

모범 정답 (1) (가) : X′Y, (나) : XX′

(2) $\frac{1}{2}$(50 %)

채점 기준	배점
(1)과 (2)를 모두 옳게 쓴 경우	100 %
(1)과 (2) 중 하나만 옳게 쓴 경우	50 %

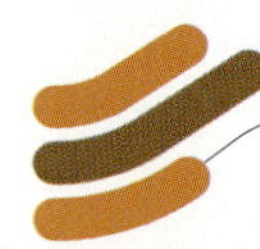

VI. 에너지 전환과 보존

01 역학적 에너지 전환과 보존

핵심 내용 정리
시험 대비 교재 **24쪽**

❶ 역학적 에너지　❷ 운동 에너지　❸ 위치 에너지
❹ 감소　❺ 증가　❻ 감소　❼ 감소　❽ 높아
❾ 느려　❿ 공기 저항　⓫ 위치 에너지　⓬ 운동 에너지
⓭ 역학적 에너지　⓮ 증가　⓯ 운동 에너지　⓰ 마찰
⓱ 역학적 에너지

쪽지 시험
시험 대비 교재 **25쪽**

01 역학적 에너지　**02** 전환　**03** 운동, 위치
04 위치, 운동　**05** 역학적 에너지 보존
06 ㉠ 증가, ㉡ 감소, ㉢ 감소, ㉣ 증가
07 위치, 운동, 위치, 운동, 위치, 운동
08 ⑴ A → O 구간 ⑵ O → B 구간

실전 대비 예상 문제
시험 대비 교재 **26~29쪽**

01 ③　**02** ③　**03** ③　**04** ①　**05** ④　**06** ⑤　**07** ③
08 ②　**09** ①　**10** ①　**11** ⑤　**12** ④　**13** ①　**14** ②
15 ②　**16** ⑤　**17** ②　**18** ④　**19** 선수의 높이는 낮아지고 속력은 증가한다. 이때 위치 에너지가 운동 에너지로 전환된다.　**20** 공이 가진 역학적 에너지는 98 J+392 J=490 J이다. 역학적 에너지 보존에 의해 $9.8 \times 5 \times h = 490$(J)이므로 최고 높이는 10 m가 된다. 따라서 위치 에너지와 운동 에너지가 같은 지점은 최고 높이의 절반인 5 m이다.　**21** 2 m 높이에서의 위치 에너지는 지면에 도착했을 때의 운동 에너지와 같다. 따라서 지면에서의 운동 에너지는 $9.8 \times 5 \text{ kg} \times 2 \text{ m} = 98$ J이다.　**22** 물체의 질량을 m이라고 할 때 20 m 높이에서 물체의 역학적 에너지는 $9.8 \times m \times 20$ m이고 역학적 에너지는 보존된다. 따라서 운동 에너지가 위치 에너지의 3배가 되는 높이 h에서의 역학적 에너지는 $9.8mh + 3 \times (9.8mh) = 9.8m \times 20$ m에서 $h = 5$ m이다.　**23** A에서 B까지 낙하하는 동안 위치 에너지의 변화량=운동 에너지의 변화량이므로 A점에서의 속력을 v_A라고 하면 $9.8 \times 10 \text{ kg} \times 1 \text{ m} = 598 \text{ J} - \frac{1}{2} \times 10 \text{ kg} \times v_A^2$에서 $v_A = 10$ m/s이다.　**24** O, O점에서 속력이 가장 크므로 운동 에너지가 최대이다.

01 역학적 에너지는 위치 에너지와 운동 에너지의 합이므로 물체가 정지해 있어 운동 에너지가 0이라도 위치 에너지를 가지면 역학적 에너지는 0이 아니다.

02 ㄷ. 공이 연직 위로 올라가는 동안 운동 에너지가 위치 에너지로 전환되므로, 감소한 운동 에너지만큼 위치 에너지가 증가한다.
오답 피하기 ㄱ. 최고 높이에서의 공의 속력은 0이다.
ㄴ. 공이 올라가는 동안 운동 에너지가 위치 에너지로 전환된다.

03 역학적 에너지는 보존되므로 던진 순간의 공의 운동 에너지=최고 높이에서의 공의 위치 에너지이다. 최고 높이를 h라고 하면 $\frac{1}{2} \times 2 \text{ kg} \times (19.6 \text{ m/s})^2 = 9.8 \times 2 \text{ kg} \times h$에서 $h = 19.6$ m이다.

04 A → B 구간에서 높이가 낮아지므로 위치 에너지가 운동 에너지로 전환된다. B → C 구간에서도 높이가 낮아지므로 위치 에너지가 운동 에너지로 전환된다.

05 감소한 위치 에너지는 증가한 운동 에너지와 같으므로 6 m 내려오면서 감소한 위치 에너지는 4 m 높이에서의 운동 에너지와 같다. 그러므로 4 m 높이에서 운동 에너지는 $9.8 \times 10 \text{ kg} \times 6 \text{ m} = 588$ J이다.

06 ㄴ. 마찰과 공기 저항을 무시할 때 역학적 에너지는 보존되므로 A, B, C, D점에서 역학적 에너지는 모두 같다.
ㄷ. B점에서 C점으로 운동하는 동안 높이는 낮아지고 속력은 증가하므로 위치 에너지가 운동 에너지로 전환된다.
오답 피하기 ㄱ. C점의 높이가 가장 낮으므로 운동 에너지는 C점에서 가장 크다.

07 운동 에너지 : 위치 에너지=2 : 3인 지점의 지면으로부터의 높이를 h라고 하면 이 지점에서 운동 에너지는 감소한 위치 에너지에 해당하므로 운동 에너지 : 위치 에너지=$(10-h)$: h=2 : 3이다. 따라서 $h = 6$ m이다.

08 ② B → C 구간에서는 속력은 느려지고 높이는 높아지므로 운동 에너지가 위치 에너지로 전환된다.
오답 피하기 ① A점의 높이가 가장 높으므로 위치 에너지는 A점에서 최대이다.
③ C → B 구간에서는 위치 에너지가 운동 에너지로 전환되므로 운동 에너지가 점점 증가한다.
④ C와 D를 비교하였을 때 C의 높이가 D보다 높으므로 C점에서의 위치 에너지가 D점에서보다 크다
⑤ 공기 저항과 모든 마찰을 무시하므로 모든 지점에서의 역학적 에너지는 같다.(역학적 에너지 보존 법칙)

09 공의 처음 운동 에너지=h에서 공의 위치 에너지=$(0.5h$에서 공의 위치 에너지+$0.5h$에서 공의 운동 에너지)이다. 따라서 $0.5h$에서 공의 운동 에너지=$9.8mh - (9.8 \times m \times 0.5h) = 4.9mh$이다.

10 마찰과 공기 저항을 무시하면 진자가 운동할 때 역학적 에너지는 일정하게 보존된다.

진자가 A에서 O로 내려갈 때 위치 에너지는 감소하고 운동 에너지는 증가한다. 이때 O에서 속력이 최대가 되므로 운동 에너지도 최대이다.

11 진자는 정지 상태에서 출발하였으므로 A에서의 역학적 에너지는 위치 에너지와 같은 16 J이고 역학적 에너지는 일정하게 보존된다. 따라서 O와 B에서의 역학적 에너지는 각각 16 J이다.

12 공기 저항을 무시하므로 각 지점에서의 역학적 에너지는 일정하고, 운동하는 동안 위치 에너지와 운동 에너지는 서로 전환이 이루어진다.
④ A → B, C → B로 운동하는 동안에는 위치 에너지가 운동 에너지로 전환되고, B → A, B → C로 운동하는 동안에는 운동 에너지가 위치 에너지로 전환된다.
오답 피하기 ①, ② 속력이 가장 빠른 지점은 B점이다.
③ B점에서 속력이 최대이므로 운동 에너지도 최대이다.
⑤ C점에서는 위치 에너지가 최대이다.

13 10 m 높이에서 물체의 역학적 에너지는 $9.8 \times 2\,\text{kg} \times 10\,\text{m}$이고 역학적 에너지는 보존된다. 따라서 운동 에너지가 위치 에너지의 4배가 되는 높이 h에서의 역학적 에너지는 $9.8 \times 2\,\text{kg} \times h + 4 \times (9.8 \times 2\,\text{kg} \times h) = 9.8 \times 2\,\text{kg} \times 10\,\text{m}$에서 $h = 2\,\text{m}$이다.

14 10 m 높이에서 위치 에너지는 지면에 닿는 순간의 운동 에너지와 같으므로 $9.8 \times 2\,\text{kg} \times 10\,\text{m} = \frac{1}{2} \times 2\,\text{kg} \times v^2 = 196\,\text{J}$에서 지면에 닿는 순간의 속력 $v = 14\,\text{m/s}$이다.

15 공기 저항을 무시하므로 모든 지점에서의 역학적 에너지는 같다. 즉, A에서의 위치 에너지(운동 에너지는 0)=B에서의 위치 에너지+B에서의 운동 에너지=C에서의 운동 에너지(위치 에너지 0)이다. 또한 감소한 위치 에너지는 증가한 운동 에너지와 같다.
② B에서 감소한 위치 에너지는 1 m 내려오는 동안 증가한 운동 에너지와 같다.
오답 피하기 ③ A → B 구간에서의 증가한 운동 에너지는 1 m 내려오는 동안 감소한 위치 에너지와 같으므로 증가한 운동 에너지의 2배는 역학적 에너지와 같다.

16 O점을 지나는 순간의 운동 에너지는 감소한 위치 에너지와 같고, 2 m 내려오면서 감소한 위치 에너지는 $9.8 \times 10\,\text{kg} \times 2\,\text{m} = 196\,\text{J}$이다.

17 역학적 에너지가 보존되므로 증가한 운동 에너지는 감소한 위치 에너지와 같다. 따라서 A점과 B점에서 운동 에너지의 비 $A : B = (5-4)\,\text{m} : (5-1)\,\text{m} = 1 : 4$이다. 운동 에너지는 속력의 제곱에 비례하므로 속력의 비 $A : B = 1 : 2$이다. 따라서 B의 속력은 $2v$이다.

18 질량이 2 kg인 공이 5 m 높이에서 내려오는 동안 위치 에너지가 운동 에너지로 전환된다. 이때 각 지점에서의 역학적 에너지는 같다.
④ B점에서의 역학적 에너지는 A점에서와 같은 98 J이다.
오답 피하기 ① A점에서의 역학적 에너지 $= 9.8 \times 2\,\text{kg} \times 5\,\text{m} = 98\,\text{J}$이다.
② 공이 내려오면서 속력이 빨라지므로 운동 에너지가 증가한다.
③ B점에서의 위치 에너지는 $9.8 \times 2\,\text{kg} \times 3\,\text{m} = 58.8\,\text{J}$이므로 운동 에너지는 $98\,\text{J} - 58.8\,\text{J} = 39.2\,\text{J}$이다.
⑤ C점에서의 운동 에너지는 A점에서의 위치 에너지와 같으므로 98 J이다.

19 **모범 정답** 선수의 높이는 낮아지고 속력은 증가한다. 이때 위치 에너지가 운동 에너지로 전환된다.

채점 기준	배점
에너지 전환 과정을 높이, 속력과 연관지어 서술한 경우	100 %
에너지 전환 과정만 서술한 경우	50 %

20 **모범 정답** 공이 가진 역학적 에너지는 $98\,\text{J} + 392\,\text{J} = 490\,\text{J}$이다. 역학적 에너지 보존에 의해 $9.8 \times 5 \times h = 490(\text{J})$이므로 최고 높이는 10 m가 된다. 따라서 위치 에너지와 운동 에너지가 같은 지점은 최고 높이의 절반인 5 m이다.

채점 기준	배점
풀이 과정과 답을 옳게 서술한 경우	100 %
풀이 과정과 답 중 하나만 옳게 서술한 경우	50 %

21 **모범 정답** 2 m 높이에서의 위치 에너지는 지면에 도착했을 때의 운동 에너지와 같다. 따라서 지면에서의 운동 에너지는 $9.8 \times 5\,\text{kg} \times 2\,\text{m} = 98\,\text{J}$이다.

채점 기준	배점
풀이 과정과 답을 옳게 서술한 경우	100 %
풀이 과정과 답 중 하나만 옳게 서술한 경우	50 %

22 **모범 정답** 물체의 질량을 m이라고 할 때 20 m 높이에서 물체의 역학적 에너지는 $9.8 \times m \times 20\,\text{m}$이고 역학적 에너지는 보존된다. 따라서 운동 에너지가 위치 에너지의 3배가 되는 높이 h에서의 역학적 에너지는 $9.8mh + 3 \times (9.8mh) = 9.8m \times 20\,\text{m}$에서 $h = 5\,\text{m}$이다.

채점 기준	배점
풀이 과정과 답을 옳게 서술한 경우	100 %
풀이 과정과 답 중 하나만 옳게 서술한 경우	50 %

23 **모범 정답** A에서 B까지 낙하하는 동안 위치 에너지의 변화량=운동 에너지의 변화량이므로 A점에서의 속력을 v_A라고 하면 $9.8 \times 10\,\text{kg} \times 1\,\text{m} = 598\,\text{J} - \frac{1}{2} \times 10\,\text{kg} \times v_A{}^2$에서 $v_A = 10\,\text{m/s}$이다.

채점 기준	배점
풀이 과정과 답을 옳게 서술한 경우	100 %
풀이 과정과 답 중 하나만 옳게 서술한 경우	50 %

24 모범 정답 O, O점에서 속력이 가장 크므로 운동 에너지가 최대이다.

채점 기준	배점
O를 고르고, 그 까닭을 옳게 서술한 경우	100 %
O만 고른 경우	50 %

02 전기 에너지의 발생과 전환

핵심 내용 정리
시험 대비 교재 **30**쪽

❶ 자기장　❷ 전자기 유도　❸ 방해　❹ 빠르게
❺ 전자기 유도　❻ 유도 전류　❼ 전기　❽ 전기 에너지
❾ 운동　❿ 소비 전력　⓫ 전압　⓬ 1시간　⓭ 전기
⓮ 보존

쪽지 시험
시험 대비 교재 **31**쪽

01 전자기 유도　**02** 발전기　**03** (1) ○ (2) ○ (3) ○ (4) ×
04 (1) ⓛ (2) ⓒ (3) ⑤ (4) ⓔ　**05** 정격 전압, 소비 전력
06 전력량, 소비 전력, 시간　**07** 3600 J　**08** 열에너지
09 에너지 보존

실전 대비 예상 문제
시험 대비 교재 **32~35**쪽

01 ③　**02** ①　**03** ②　**04** ⑤　**05** ③　**06** ①　**07** ③
08 ①　**09** ⑤　**10** ②　**11** ⑤　**12** ③　**13** ④　**14** ⑤
15 ③　**16** ⑤　**17** ②　**18** ③　**19** 코일의 감은 수를 늘린다, 센 자석을 사용한다, 자석의 움직임을 빠르게 한다.
20 냉장고, 소비 전력량은 소비 전력과 사용 시간에 비례하므로 냉장고가 2400 Wh로 가장 많은 전력량을 사용하였다.　**21** 전력량＝소비 전력×시간＝1200 W×0.5 h＝600 Wh이다.　**22** 공기 저항이나 마찰, 바닥과의 충돌에 의한 마찰, 충돌에 의한 소리가 발생하여 역학적 에너지가 보존되지 않고 열에너지나 소리 에너지로 전환되기 때문이다.
23 공이 0.6 m만큼 더 올라갈 수 있는 만큼의 에너지가 손실되었으므로 손실된 역학적 에너지는 9.8×5 kg×0.6 m ＝29.4 J이다.　**24** 전기 에너지, 화학 에너지 등의 에너지를 사용하면 열에너지로 전환된다. 열에너지로 전환되어 흩어지면 모을 수 없으므로 다시 사용할 수 없다. 즉, 에너지가 사라지는 것이 아니라 사용 가능한 에너지가 줄어들게 되므로 에너지를 아껴 써야 한다.

01 코일의 감은 수가 적으면 많을 때보다 유도 전류의 세기는 감소하지만 유도 전류는 흐른다.

02 자석의 극을 바꾸면 자기장의 변화가 일어나는 방향이 달라져 유도 전류의 방향이 반대가 된다.

03 코일 속에 자석이 정지해 있는 경우에는 자기장의 변화가 생기지 않아 전자기 유도 현상이 발생하지 않는다.

04 ㄱ. 코일을 많이 감을수록 전자기 유도에 의한 전류의 세기가 세진다.
ㄴ. 센 자석을 사용할수록 전자기 유도에 의한 전류의 세기가 세진다.
ㄷ. 전자기 유도는 자기장의 변화를 방해하는 방향으로 일어난다.

05 전자기 유도 현상을 이용한 기구는 마이크, 교통 카드 판독기, 발전기 등이 있다.

오답 피하기 스피커, 전압계는 자기장 속에서 전류가 받는 힘을 이용한 것이다.

06 ㄱ. 유도 전류는 자기장의 변화를 방해하는 방향으로 흐른다. 즉, 자석의 N극을 코일에 가까이 하면 N극을 밀어내는 방향으로 전류가 흐른다.

오답 피하기 ㄴ. 자석의 S극을 코일에서 멀리 하면 S극을 당기는 방향으로 전류가 흐른다.

ㄷ. 자석을 빨리 움직이면 코일에 흐르는 전류의 세기는 세진다.

07 텔레비전에서는 전기 에너지가 소리 에너지, 빛에너지, 열에너지로 전환된다.

08 220 V 전압에서 110 W의 전력을 사용하므로 전구에 흐르는 전류의 세기는 $\dfrac{110\ \mathrm{W}}{220\ \mathrm{V}}=0.5\ \mathrm{A}$이다.

09 220 V에 연결하였을 때 전구의 소비 전력이 110 W이므로 1초에 110 J의 전기 에너지를 사용한다. 따라서 1분 동안 사용한 전기 에너지는 $110\ \mathrm{W}\times60\ \mathrm{s}=6600\ \mathrm{J}$이다.

10 정격 전압이 200 V일 때 소비 전력이 1000 W라면, 전력 = 전압 × 전류이므로, 전류의 세기는 $\dfrac{1000\ \mathrm{W}}{200\ \mathrm{V}}=5\ \mathrm{A}$이다.

11 다리미를 이용한 총 시간은 2시간이다. 전력량 = 소비 전력 × 시간 $=1000\ \mathrm{W}\times2\ \mathrm{h}=2000\ \mathrm{Wh}$이다.

12 ㄷ. 소비 전력은 1초 동안 사용하는 전기 에너지의 양이므로 사용 시간과 관계가 없다.

13 LED 조명은 전기 에너지를 빛에너지로 전환한다.

14 B 이후부터는 롤러코스터의 높이가 낮아지면 위치 에너지가 운동 에너지로 전환되고 높이가 높아지면 운동 에너지가 위치 에너지로 전환된다.

15 풍력 발전은 바람의 운동 에너지를 이용하여 발전을 한다. 즉, 풍력 발전에서는 운동 에너지가 전기 에너지로 전환된다.

16 ㄴ. 에너지는 한 형태에서 다른 형태로 전환될 수 있다.

ㄷ. 에너지는 새로 생기거나 소멸되지 않아서 총량은 보존된다.

오답 피하기 ㄱ. 역학적 에너지는 공기 저항이나 마찰이 없을 때만 보존된다.

17 역학적 에너지가 보존된다면 최고 높이에서의 위치 에너지 = 지면에서의 운동 에너지이다. 그러나 마찰에 의해서 일부의 에너지가 열에너지로 손실되었으므로 손실된 역학적 에너지는 $9.8\times2\ \mathrm{kg}\times5\ \mathrm{m}-\dfrac{1}{2}\times2\ \mathrm{kg}\times(6\ \mathrm{m/s})^2=98\ \mathrm{J}-36\ \mathrm{J}=62\ \mathrm{J}$이다.

18 스피커에서는 전기 에너지가 소리 에너지로 전환된다. 마이크에서 소리 에너지가 전기 에너지로 전환된다.

19 **모범 정답** 코일의 감은 수를 늘린다, 센 자석을 사용한다, 자석의 움직임을 빠르게 한다.

채점 기준	배점
세 가지 경우를 모두 서술한 경우	100 %
세 가지 중 두 가지 경우만 서술한 경우	50 %
세 가지 중 한 가지 경우만 서술한 경우	30 %

20 **모범 정답** 냉장고, 소비 전력량은 소비 전력과 사용 시간에 비례하므로 냉장고가 2400 Wh로 가장 많은 전력량을 사용하였다.

채점 기준	배점
소비 전력량과 시간과의 관계를 옳게 서술하고, 냉장고가 가장 많은 전력량을 소비함을 언급한 경우	100 %
소비 전력량과 시간과의 관계만 옳게 서술한 경우	50 %
소비 전력량이 가장 많은 전기 기구만 옳게 쓴 경우	30 %

21 **모범 정답** 전력량 = 소비 전력 × 시간 $=1200\ \mathrm{W}\times0.5\ \mathrm{h}=600\ \mathrm{Wh}$이다.

채점 기준	배점
풀이 과정과 답을 옳게 서술한 경우	100 %
풀이 과정과 답 중 하나만 옳게 서술한 경우	50 %

22 **모범 정답** 공기 저항이나 마찰, 바닥과의 충돌에 의한 마찰, 충돌에 의한 소리가 발생하여 역학적 에너지가 보존되지 않고 열에너지나 소리 에너지로 전환되기 때문이다.

채점 기준	배점
에너지 전환을 포함하여 이유를 옳게 서술한 경우	100 %
에너지가 보존되지 않기 때문이라고만 서술한 경우	50 %

23 **모범 정답** 공이 0.6 m만큼 더 올라갈 수 있는 만큼의 에너지가 손실되었으므로 손실된 역학적 에너지는 $9.8\times5\ \mathrm{kg}\times0.6\ \mathrm{m}=29.4\ \mathrm{J}$이다.

채점 기준	배점
풀이 과정과 답을 옳게 서술한 경우	100 %
풀이 과정과 답 중 하나만 옳게 서술한 경우	50 %

24 **모범 정답** 전기 에너지, 화학 에너지 등의 에너지를 사용하면 열에너지로 전환된다. 열에너지로 전환되어 흩어지면 모을 수 없으므로 다시 사용할 수 없다. 즉, 에너지가 사라지는 것이 아니라 사용 가능한 에너지가 줄어들게 되므로 에너지를 아껴 써야 한다.

채점 기준	배점
에너지 전환 과정에서 사용 불가능한 에너지로의 전환이 일어나기 때문이라고 서술한 경우	100 %
에너지 자원이 부족하기 때문이라고 서술한 경우	50 %

VII. 별과 우주

01 별의 특성

핵심 내용 정리 시험 대비 교재 **36**쪽

❶ 거리 ❷ 커 ❸ 작아 ❹ $\frac{1}{2}$ ❺ 공전 ❻ 작아
❼ 반비례 ❽ 100 ❾ 10 ❿ 겉보기 등급−절대 등급
⓫ 표면 온도 ⓬ 붉은색

쪽지 시험 시험 대비 교재 **37**쪽

01 (1) 시차 (2) 가까울 **02** 작아 **03** (1) D (2) A **04** (1)
0.1˝ (2) 10 **05** 어둡다 **06** 2.5 **07** $\frac{1}{100}$ **08** (1) 겉보
기 등급 (2) 절대 등급 **09** 1 **10** (1) 10 pc (2) 크
다 **11** (1) 파란색 (2) 붉은색 **12** (1) 리겔 (2) 베텔게우스

실전 대비 예상 문제 시험 대비 교재 **38~41**쪽

01 ③ **02** ② **03** ③ **04** ④ **05** ② **06** ③ **07** ④
08 ④ **09** ④ **10** ② **11** ② **12** ⑤ **13** ① **14** ②
15 ⑤ **16** ⑤ **17** ② **18** ② **19** ② **20** ② **21** 해
설 참조 **22** 해설 참조 **23** 해설 참조

01 눈과 연필 사이의 거리가 멀수록 시차가 더 작게 측정된다.
오답 피하기 ㄷ. (가)의 경우보다 (나)의 경우 시차가 더 작게 측정
된다.

02 ㄷ. 관측자가 A에서 나무를 바라보면 나무가 A′에 있는 것
처럼 보이고, B에서 나무를 바라보면 나무가 B′에 있는 것처럼
보인다.
오답 피하기 ㄱ. a는 시차이다.
ㄴ. 시차는 관측 지점 사이의 거리에 비례하므로 A와 B 사이가
가까워지면 b는 가까워진다.

03 연주 시차는 시차의 절반이다. 시차와 연주 시차는 별까지
의 거리에 반비례하며, 지구에서 멀리 있는 별일수록 작아진다.

04 별의 연주 시차는 시차의 $\frac{1}{2}$로, 별 A의 연주 시차는 0.1˝
이고 별 B의 연주 시차는 0.2˝이다. 지구로부터 별까지의 거리
는 연주 시차에 반비례하므로 별 A까지의 거리는 10 pc이고,
별 B까지의 거리는 5 pc이다.

05 별의 밝기는 거리의 제곱에 반비례한다. 밝기가 9배가 되었
다면 거리는 $\frac{1}{3}$배로 가까워진 것이다.

06 전구 40개는 전구 16개의 밝기에 비해 약 2.5배 더 밝으므
로, (가)의 밝기가 2등급으로 보인다면 (나)의 밝기는 1등급 더
큰 3등급으로 보인다.

07 ④ 1등급 차이의 밝기 차는 약 2.5배이다.
오답 피하기 ① 등급이 클수록 어두운 별이다.
② 6등성은 1등성보다 $\frac{1}{100}$배로 어둡다.
③ 별의 등급은 소수점으로도 나타낸다.
⑤ 별자리를 이루는 별들은 밝기가 제각각이다.

08 별 A는 B보다 3등급 작으므로 별 B가 별 A와 같은 밝기
로 보이려면 16배 밝아져야 한다. 16배 밝아지려면 거리는 $\frac{1}{4}$
배 가까워져야 한다.

09 별의 밝기는 거리의 제곱에 반비례하므로 별의 거리가 10
배 더 멀어지면 밝기는 $\frac{1}{100}$배로 어두워지므로 5등급 큰 5등급
으로 보인다.

10 10 pc 거리에 있는 별은 겉보기 등급과 절대 등급이 같다.
별 C는 겉보기 등급이 절대 등급보다 작으므로, 별 C까지의 거
리는 10 pc보다 가깝다.

11 별 S_1을 10 pc의 거리로 가져가면 거리가 현재보다 10배
더 멀어지므로 겉보기 등급은 5등급 커진 6등급이 된다. 10 pc
거리에서 절대 등급과 겉보기 등급은 같으므로 별 S_1의 절대 등
급은 6등급이다. 별 S_2는 현재 10 pc의 거리에 있으므로 겉보기
등급과 절대 등급이 모두 1등급이다. 따라서 별 S_1과 별 S_2의 절
대 등급을 비교하면 별 S_1이 별 S_2보다 5등급 더 크다.

12 가장 밝게 보이는 별은 겉보기 등급이 가장 작은 태양이고,
가장 어둡게 보이는 별은 겉보기 등급이 가장 큰 북극성이다.

13 10 pc보다 가까이 있는 별은 겉보기 등급이 절대 등급보다
작은 별(시리우스, 태양, 견우성)이고, 실제 방출하는 에너지양
이 가장 많은 별은 절대 등급이 가장 작은 리겔이다.

14 연주 시차가 클수록 거리가 가까운 별이다. 별까지의 거리
는 (겉보기 등급−절대 등급)의 값이 클수록 멀기 때문에 (겉보
기 등급−절대 등급)이 가장 작은 태양이 가장 가까운 별이고,
가장 큰 리겔이 가장 멀리 있는 별이다.

15 별의 거리는 (겉보기 등급−절대 등급)의 값이 클수록 멀
다. (겉보기 등급−절대 등급)은 프로키온은 −2.23, 아크투루
스는 0.26, 카펠라는 0.68이므로 프로키온이 가장 가깝고 카펠
라가 가장 멀다.

16 ㄱ, ㄴ. 카펠라는 겉보기 등급이 절대 등급보다 크므로 별
까지의 거리가 10 pc보다 멀고, 연주 시차는 0.1˝보다 작다.

ㄷ. 절대 등급은 카펠라가 프로키온보다 작으므로 실제 밝기는 카펠라가 프로키온보다 밝다.

17 ㄷ. 겉보기 등급과 절대 등급이 같은 별 C와 D는 10 pc의 거리에 있다.

오답 피하기 ㄱ. 실제로 가장 밝은 별은 절대 등급이 가장 작은 A이다.

ㄴ. 가장 밝게 보이는 별은 겉보기 등급이 가장 작은 B이다.

18 지구보다 40배 먼 거리에서 태양을 관측하면 태양의 밝기는 $\frac{1}{40^2}$배로 감소한다. 밝기 차가 1600배인 경우 8등급이 차이 나므로 태양의 겉보기 등급은 $-26.8+8=-18.8$이 된다.

19 연주 시차가 0.05″인 별은 거리가 20 pc이고, 별빛이 오는데 10년이 걸리는 별의 거리는 10광년이며, 절대 등급과 겉보기 등급이 같은 별의 거리는 10 pc이다. 10 pc은 약 32.6광년이다.

20 A, B별은 표면 온도가 높아서 파란색으로 보이고, C, D별은 표면 온도가 낮아서 붉은색으로 보인다. B, C별은 A, D별보다 겉보기 등급이 커서 더 어둡게 보인다.

21 **모범 정답** (1) 0.4″, 연주 시차는 현재의 $\frac{1}{2}$인 0.2″가 된다.

(2) 지구가 공전하기 때문이다.

	채점 기준	배점
(1)	연주 시차와 거리가 멀어지면 연주 시차는 어떻게 변하는지를 모두 옳게 서술한 경우	60 %
	연주 시차만 옳게 쓴 경우	30 %
(2)	지구가 공전하기 때문이라고 서술한 경우	40 %

22 **모범 정답** (1) 북극성, (겉보기 등급－절대 등급)의 값이 더 크기 때문이다.

(2) 시리우스가 북극성보다 지구로부터 가깝기 때문이다.

	채점 기준	배점
(1)	거리가 더 먼 별을 옳게 쓰고, 그 까닭을 옳게 서술한 경우	50 %
	둘 중 하나만 옳게 쓰거나 서술한 경우	25 %
(2)	두 별의 거리 차이로 옳게 서술한 경우	50 %

23 **모범 정답** 별의 표면 온도가 다르기 때문이다.

채점 기준	배점
별들의 색깔이 다른 까닭을 옳게 서술한 경우	100 %

02 은하와 우주

핵심 내용 정리　　시험 대비 교재 **42**쪽

❶ 8.5　❷ 구상　❸ 산개　❹ 반사　❺ 암흑　❻ 모양　❼ 정상　❽ 대폭발　❾ 팽창　❿ 인공위성　⓫ 우주 쓰레기

쪽지 시험　　시험 대비 교재 **43**쪽

01 (1) × (2) ○ (3) ×　**02** 30　**03** 넓고 선명하게　**04** (1) 구상 성단 (2) 산개 성단 (3) 구상 성단　**05** 성간 물질　**06** 성운　**07** (1) ○ (2) × (3) ×　**08** (1) ○ (2) × (3) ○　**09** 우주 비행사　**10** 방송 통신　**10** 우주 쓰레기

실전 대비 예상 문제　　시험 대비 교재 **44~47**쪽

01 ⑤　**02** ⑤　**03** ③　**04** ①　**05** ⑤　**06** ③　**07** ③　**08** ④　**09** ④　**10** ③　**11** ④　**12** ②　**13** ⑤　**14** ②　**15** ⑤　**16** ③　**17** ①　**18** ③　**19** ①　**20** ③　**21** ③　**22** 해설 참조　**23** 해설 참조　**24** 해설 참조　**25** 우주 쓰레기

01 **오답 피하기** ㄱ, ㄴ. 우리은하는 약 2000억 개의 별을 포함하고 있으며, 우리은하의 지름은 약 30 kpc이다.

02 태양계는 B에 위치하고, 지구에서 우리은하의 중심 방향(ⓒ), 즉 궁수자리 방향을 바라볼 때 은하수의 폭이 가장 두껍고 밝게 보인다.

03 은하수는 우리은하의 중심 방향인 궁수자리 방향에서 가장 밝고 뚜렷하게 보인다.

04 구상 성단은 산개 성단보다 별들의 나이가 많고 표면 온도가 낮아 붉은색을 띠며, 주로 은하핵과 은하 원반을 둘러싼 공간에 분포한다.

05 별들 사이의 공간에는 기체나 티끌과 같은 성간 물질이 희박하게 흩어져 있다.

06 그림은 오리온 대성운으로 방출 성운이다.

07 (가)는 암흑 성운, (나)는 반사 성운, (다)는 방출 성운이다.
③ 성운은 가스와 티끌 등의 성간 물질이 밀집해 있어 구름처럼 보이는 것이다.
오답 피하기 ① 성운은 우리은하 안에 분포한다.
② 성운은 가스와 티끌 등의 성간 물질이 밀집해 있다.
④ 가스와 티끌이 주변의 빛을 반사하여 밝게 보이는 것은 (나) 반사 성운이다.
⑤ 은하수의 가운데 부분이 검게 보이는 것과 생성 원리가 같은

것은 (가) 암흑 성운이다.

08 (가)는 암흑 성운(ㄷ), (나)는 반사 성운(ㄱ), (다)는 방출 성운(ㄴ)이다.

09 나선 은하와 타원 은하는 특정한 모양을 가지고 있고, 불규칙 은하는 특정한 모양을 가지지 않는다.

10 ㄱ. A는 산개 성단으로, 주로 젊고 표면 온도가 높은 별들로 이루어져 있다.
ㄴ. B는 암흑 성운으로 가스와 티끌 등의 성간 물질로 이루어져 있고, A는 별들로 이루어져 있다.
오답 피하기 ㄷ. 산개 성단과 성운은 모두 우리은하의 나선팔(은하면)에 주로 분포한다.

11 허블은 외부 은하를 모양에 따라 타원 은하, 나선 은하, 불규칙 은하로 분류하였다.

12 ㄴ. 타원 은하는 나선팔이 없는 은하로, 납작한 정도에 따라 세분한다.
오답 피하기 ㄱ. 우리은하는 막대 나선 은하에 속한다.
ㄷ. 나선팔이 없는 은하에는 타원 은하와 불규칙 은하가 있다.

13 나선 은하는 중심부를 가로지르는 막대 구조의 유무로 정상 나선 은하와 막대 나선 은하로 구분한다.

14 우리은하는 막대 나선 은하에 속한다. (가)는 타원 은하, (나)는 막대 나선 은하, (다)는 정상 나선 은하이다.

15 (라)는 타원 은하(C), (마)는 정상 나선 은하(B), (바)는 불규칙 은하(A)이다.

16 우주가 팽창함에 따라 외부 은하들은 서로 멀어진다.

17 약 138억 년 전 한 점에 모여 있던 우주가 대폭발하여 팽창하면서 현재와 같은 모습의 우주가 되었다는 이론을 대폭발 우주론이라고 하며, 팽창하는 우주의 중심은 없다.

18 우주 탐사로 발달한 과학 기술은 다양한 산업 분야에 적용되어 일상생활에도 활용된다.

19 로켓은 작용 반작용 원리를 이용하여 우주로 나아가는 장비이다.

20 직접 우주로 나가 탐사 활동을 하는 사람은 우주인이고, 인공위성이나 탐사선을 통제하는 일을 하는 사람은 인공위성 연구원이며, 우주인들의 식품을 만드는 일을 하는 사람은 우주 식품 개발자이다.
오답 피하기 천문학자는 우주 개발의 기초가 되는 학문을 연구하는 사람이고, 우주선 개발자는 우주 탐사선을 설계하고 개발하며, 위성 통신 서비스와 관련된 각종 장비 및 기술을 개발하는 사람이다. 우주 첨단 제품 개발자는 탐사선에 사용하는 고체 연

료, 탐사선 표면 소재, 우주복 등을 개발하는 사람이고, 공학자는 인공위성을 이용한 위성 방송이나 통신 관련 기술을 개발하는 사람이다.

21 ①은 과학 위성, ②는 항법 위성, ④는 군사 위성, ⑤는 지구 관측 위성의 목적에 해당한다.

22 **모범 정답** 성단은 수많은 별들로 이루어져 있고, 성운은 가스와 티끌 등의 성간 물질이 모여 있는 것이다.

채점 기준	배점
성단과 성운의 차이점을 별과 성간 물질로 구분하여 옳게 서술한 경우	100 %

23 **모범 정답** 전 하늘에 걸쳐 은하수가 보일 것이다.

채점 기준	배점
은하수의 모습을 옳게 유추하여 서술한 경우	100 %

24 **모범 정답** (1) 별 모양 스티커 : 은하, 풍선 표면 : 우주
(2) 우주의 팽창으로 인해 은하 사이의 거리가 점점 멀어진다.

채점 기준	배점
(1)과 (2)를 모두 옳게 서술한 경우	100 %
(1)만 옳게 쓴 경우	40 %
(2)만 옳게 서술한 경우	60 %

25 우주 쓰레기는 수명을 다 한 인공위성이나 위성 발사에 사용한 로켓, 위성 분리 때 떨어져 나온 물품 등 다양한 크기의 파편으로, 속도가 매우 빠르고, 크기가 매우 다양하며, 궤도가 일정하지 않아 충돌하면 큰 피해를 입게 된다.

01 과학기술과 인류 문명

핵심 내용 정리
시험 대비 교재 **48**쪽

❶ 인류 문명 ❷ 지구 ❸ 현미경 ❹ 만류인력 ❺ 전기
❻ 증기 기관 ❼ 항생제 ❽ 질소 비료 ❾ 전화기
❿ 나노 ⓫ 정보 ⓬ 목표

쪽지 시험
시험 대비 교재 **49**쪽

01 불 **02** 코페르니쿠스 **03** 전자기 유도 법칙 **04** 인쇄 분야 **05** 페니실린 **06** ㉠ 암모니아 ㉡ 질소 **07** 강하다 **08** 생명 공학 **09** 공학적

실전 대비 예상 문제
시험 대비 교재 **50~51**쪽

01 ①, ④ **02** ⑤ **03** ④ **04** ③ **05** ② **06** ④ **07** ② **08** ⑤ **09** ③ **10** ③ **11** 나노 반도체, 나노 로봇, 나노 표면 소재, 휘어지는 디스플레이 등 **12** 첨단 의료 기기의 발달로 정밀한 진단이 가능하다. 원격 의료 기술이 발달하여 장소에 관계없이 의료 지원을 받을 수 있다.

01 ①, ④ 태양 중심설은 코페르니쿠스가 주장한 이론으로 망원경으로 천체를 관측하여 태양이 우주의 중심임을 발견하였다.
오답 피하기 ②, ③, ⑤ 태양 중심설은 태양이 우주의 중심이며, 지구가 태양 주위를 도는 천체라는 이론이다. 이로 인해 중세의 우주관이 틀렸다는 것을 증명하였다.

02 ㄱ. 태양 중심설로 인해 경험 중심의 과학적 사고를 중요하게 생각하게 되었다.
ㄴ. 세포의 발견으로 생물체를 보는 관점이 달라졌으며, 생물체를 작은 세포들이 모여서 이루어진 존재로 인식하게 되었다.
ㄷ. 백신의 개발로 인해 인류의 평균 수명이 연장되었다.

03 ④ 증기 기관을 이용한 기계의 발명으로 제품의 대량 생산이 가능해진 것은 공업과 교통 분야가 인류 문명의 발달에 영향을 미친 것이다.

04 ㄱ, ㄴ 정보 통신 분야의 발달로 인해 인공위성을 이용한 원거리 통신이 가능해졌고, 사물 인터넷과 인공 지능의 발달로 인류의 문명과 생활이 더욱 편리해졌다.
오답 피하기 ㄷ. 과학기술이 발전하면서 여러 가지 문제가 나타나기도 하는데, 개인의 사생활 침해와 같은 사회적 문제가 발생하기도 한다.

05 ② 공업과 제조업이 발달하면서 도시가 확대되어 사회 모습이 달라졌다.

06 ④ (가)는 생명 공학 기술에 대한 설명이고, (나)는 정보 통신 기술에 대한 설명이다.

07 ② 제초제에 내성을 가진 콩, 잘 무르지 않는 토마토, 바이타민 A를 강화한 쌀은 유전자 재조합 기술을 이용하여 만들어 낸 유전자 변형 생물이다.

08 ⑤ 휘어지는 디스플레이는 나노 기술을 이용한 것이다.

09 ㄱ, ㄷ. 공학적 설계는 과학 원리나 과학기술을 활용하여 새로운 제품이나 시스템을 개발하거나 기존 제품을 개선하는 창의적인 설계 과정으로, 일상생활에서 불편한 점을 인식하고 최적의 해결 방법을 모색한다.
오답 피하기 ㄴ. 공학적 설계는 기존의 제품을 개선할 때와 새로운 제품이나 시스템을 개발할 때 모두 적용된다.

10 ③ 전기 자동차를 개발할 때 편리성을 고려하여 한 번 충전으로 장거리 운행을 할 수 있는 큰 배터리를 사용한다.

11 **모범 정답** 나노 반도체, 나노 로봇, 나노 표면 소재, 휘어지는 디스플레이 등

채점 기준	배점
나노 기술을 이용한 분야의 예를 두 가지 모두 옳게 쓴 경우	100 %
나노 기술을 이용한 분야의 예를 한 가지만 옳게 쓴 경우	50 %

12 **모범 정답** 첨단 의료 기기의 발달로 정밀한 진단이 가능하다. 원격 의료 기술이 발달하여 장소에 관계없이 의료 지원을 받을 수 있다.

채점 기준	배점
현재 의료 분야의 변화를 두 가지 모두 옳게 쓴 경우	100 %
현재 의료 분야의 변화를 한 가지만 옳게 쓴 경우	50 %

알면 쉽고 모르면 틀리는 문제　　시험 대비 교재 **52**쪽

01 $\frac{1}{8}$(12.5 %)　**02** 열성　**03** 상염색체　**05** $\frac{1}{2}$(50 %)

01 3(Aa)과 4(Aa) 사이에서 자녀가 태어날 때, 정상인 딸 (aa)일 확률은 정상일 확률 $(\frac{1}{4})$×딸일 확률 $(\frac{1}{2})$=$\frac{1}{8}$(12.5 %) 이다.

02 정상인 부모 사이에서 유전병을 나타내는 자녀가 태어났으므로 유전병은 정상에 대해 열성으로 유전된다.

03 어머니가 열성인 유전병인데 정상인 아들이 태어났으므로 유전병을 결정하는 유전자는 상염색체에 있다.

04 유전병 대립유전자를 A, 정상 대립유전자를 a라고 하면 Aa(1)×aa(2) → Aa, aa이므로 1과 2 사이에서 자녀가 태어날 때 정상(Aa)일 확률은 $\frac{1}{2}$(50 %)이다.

알면 쉽고 모르면 틀리는 문제　시험 대비 교재 **53~54**쪽

01 2.5 m　**02** 2：3　**03** 14 m/s　**04** 10 m　**05** 260 J
06 (1) ○ (2) ○ (3) ○ (4) ○ (5) ○ (6) ○ (7) ×　**07** 500 J
08 88 Wh　**09** 1000 W　**10** 3600 J

01 처음 위치에서 운동 에너지와 최고 높이에서 위치 에너지는 같으므로 $\frac{1}{2}×2\,kg×(7\,m/s)^2=9.8×2\,kg×h$에서 최고 높이 $h=2.5\,m$이다.

02 증가한 운동 에너지는 감소한 위치 에너지와 같으므로 4 m 높이에서의 위치 에너지 : 운동 에너지=4 m : (10−4) m= 2：3이다.

03 처음 위치에서 위치 에너지와 지면에 닿는 순간의 운동 에너지는 같으므로 $9.8×2\,kg×10\,m=\frac{1}{2}×2\,kg×v^2$에서 속력 $v=14\,m/s$이다.

04 물체의 질량을 m, 위치 에너지가 운동 에너지의 2배가 되는 지점의 높이를 h라고 하면 $9.8×m×h=2×9.8×m×(15−h)$ 에서 $h=10\,m$이다.

05 A에서의 역학적 에너지=B에서의 역학적 에너지이므로 $9.8×2×(10+h)+\frac{1}{2}×2×8^2=9.8×2×h+$B에서의 운동 에너지이다. 따라서 B에서의 운동 에너지=260 J이다.

06 자석을 코일에 가까이 하거나 멀리 할 때, 코일을 자석에 가까이 하거나 멀리 할 때 전자기 유도에 의해 코일에는 유도 전류가 흐른다.

07 전기 에너지=전력×시간=100 W×5 s=500 J이다.

08 전력량=44 W×2 h=88 Wh이다.

09 3 kWh=소비 전력×3 h에서 소비 전력=1 kW=1000 W 이다.

10 전기 에너지=전력×시간=60 W×60 s=3600 J이다.

MEMO